中川牧師の一日一章

250 / 929 / 1189

第4巻 預言書

中川健一

イーグレース

はじめに

『中川牧師の一日一章』第4巻は、難産でした。コロナ入院と長引く後遺症のために、入稿予定が3か月も遅れてしまいました。体調と気力の回復を忍耐深くお待ちくださったキリスト教出版社「イーグレープ」関係者の皆様、また、励ましのことばと祈りによって執筆を応援してくださった読者の皆様に、心からの感謝を申し上げます。

マラキ書4章を書き終えた時、深い感動が襲ってきました。頭を垂れ、父なる神に心からの感謝を献げました。「主の恵みによって、書き終えることができました」と祈りました。

「わがたましいよ　主をほめたたえよ。　主が良くしてくださったことを何一つ忘れるな」

（詩103・2）

第4巻も、日々の解説を1800字前後にまとめるように努めました。ただし、小預言書の解説に関しては、予定の文字数を超過する章がいくつか出てきました。ご了解をお願いします。

今回も、執筆に際して次の2点を意識しました。①聖書本文の字義どおりの解釈にこだわる。つまり、著者の意図を探ることに重点を置いたということです。②ヘブル的視点からの解釈にこだわる。字義通りの解釈とヘブル的視点からの解釈は、コインの裏表です。

イザヤ書、エレミヤ書、エゼキエル書、ダニエル書などの素晴らしさは言うまでもありませんが、今回感動したのは、小預言書の迫力です。患難期、イスラエルの救い、メシアの再臨、千年王国という終末論の流れが、明確に、くり返し啓示されています。字義どおりに読めば、見落とすはずのない真理です。

本シリーズ執筆の目的は、日々のデボーションに役立つガイドブックの出版でしたが、読者の皆様の中には、聖書通読のための手引き書として用いてくださる方が相当数おられます。第4巻『預言書』も、そのような形で用いられるなら、こんなに嬉しいことはありません。筆者は、「聖書研究から日本の霊的覚醒（目覚め）が」というモットーを掲げて、聖書解説をさせていただいています。

残りは、第5巻新約聖書だけとなりました。マラキが預言した「契約の使者」（3・1）がついに登場します。

2023年9月

中川健一

目次

イザヤ書1章

アモツの子イザヤの幻。これは彼がユダとエルサレムについて、ユダの王ウジヤ、ヨタム、アハズ、ヒゼキヤの時代に見たものである。

(イザヤ書1・1)

この章から、以下のことを学びましょう。(1)イザヤ書の中心テーマは、裁きの先に見える希望です。(2)神は、イスラエルの民の形式的な信仰を憎まれました。(3)神は、夫が不貞の妻に呼びかけるように、民に悔い改めを呼びかけます。(4)イスラエルの民の前には、2つの道(いのちの道か死の道か)が置かれています。

裁きから希望へ

(1)イザヤ書の記述は、必ずしも年代順には並んでいません(6章の召命の記事が、時間的には最初です)。個々のメッセージは、歴史的文脈の中で解釈しなければなりません。イザヤの心を感じることこそ、神の心に触れる秘訣です。

(2)イザヤの預言は、ユダ(南王国)とエルサレムに対して語られたものです。「天よ、聞け。地も耳を傾けよ」(2節)ということばは、ヘブル語では「天」と「聞け」が韻を踏んでいますので、神の情感を伝える強力な呼びかけになっています。民は、その全身が罪と汚れで痛めつけられています。そして、その傷を癒やしてくれる人がいないのです。4種類のことばに注目しましょう。「罪深き国、咎重き民、悪を行う者どもの子孫、堕落した子ら」(4節)。

(3)イザヤは、国が荒れ果てている様子を描写します。恐らく、紀元前721年のアッシリアの侵略がその背景にあるのでしょう。しかし、突如希望の光がともります。8~9節では、神のあわれみによってエルサレム(シオンの娘)が残されたこと、さらに、「イスラエルの残りの者」がいることが告げられます。裁きの預言の中から、突如回復と希望のメッセージが聞こえ始めます。これこそ、イザヤ書の中心テーマです。

見せかけの信仰

（1）ここでは、ユダがソドムとゴモラと呼ばれています。民の礼拝は、形式的で習慣的なものになっていました。くり返し出てくる次の表現に注目しましょう。「飽きた。喜ばない」（11節）、「携えて来るな。耐えられない」（13節）、「憎む。重荷となり、疲れ果てた」（14節）、「目をそらす。聞くことはない」（15節）。次のイエスのことばを思い出しましょう。「神は霊ですから、神を礼拝する人は、御霊と真理によって礼拝しなければなりません」（ヨハ4・24）。

（2）神は民に向かって、消極的な命令と積極的な命令を出されました。消極的な命令とは、「悪から離れよ」ということであり、積極的な命令とは、「善を行え」ということです。人は、幻が見えなくなると生きる意味を失い、道を誤ります。イスラエルの民は、祭司の国としての役割を果たすために、エジプトから約束の地へと導かれました。神から選ばれたのは、全人類を祝福するという使命を果たすためでした。しかし彼らは、その使命を見失い、反逆の民となってしまいました。

2つの道

（1）神は、夫が不貞の妻に呼びかけるように、イスラエルの民に、「どうして遊女になったのか、忠実な都が」（21節）と語りかけます。イザヤの口を通して神の悲しみの声が聞こえてきます。神が罪人を招かれるのは、解決の道があるからです。「たとえ、あなたがたの罪が緋のように赤くても、雪のように白くなる」（18節）。緋色の赤は、パレスチナでは、樫の木に寄生するえんじ虫の雌から精製されました。いったん緋色に染まると、それを落とすのは至難のわざです。そのように、私たちの罪の性質も、それをぬぐい去るのは容易なことではありません。しかし神は、私たちの罪が雪のように白くなると言われます。ここに、私たちの希望があります。これは、イエス・キリストの十字架の預言です。

（2）イスラエルの民は、2つの道のいずれか一方を選ばねばならなくなります。それは、祝福（いのち）の道か、呪い（死）の道か、という選びです。「2つの道」というテーマは、モーセが申命記の中で最も重要なこととして教えたことでもあります（申30・19）。いのちの道を選んだ者の祝福が、27節に記されています。しかし、背く者の運命は悲劇的です。その様子が、28~31節に書かれています。「強い者」とは偶像のこと、「その行い」とは偶像礼拝のことです。つまり、偶像も偶像礼拝者も、ともに跡形もなく滅びるというのです。

（3）私たちが選んだ道は、いのちに至る道でしょうか。もし不安を覚えるなら、今、いのちの道を選ぶ決心をしましょう。

イザヤ書2章

まことに、万軍の主の日は、すべてのおごり高ぶる者、すべての誇る者の上にあり、これを低くする。（イザヤ書2・12）

この章から、以下のことを学びましょう。（1）「アモツの子イザヤが、ユダとエルサレムについて見たことば」（1節）。この見出しは、2~5章までの内容をカバーしています。（2）終末時代になると、エルサレムが世界の中心になることが預言されます。（3）イザヤは、傲慢な人間は低くされ、主だけが高く上げられると宣言します。

終末時代の預言

（1）1章と2章の間に、継続性はありません。見出しがつけられている場合は、そこから新しい内容が始まるということです。2章1節の見出しは、2~5章までをカバーしています。

（2）イザヤは、終末時代について預言します。「終わりの日」（2節）とは、王なるキリストが統治する千年王国が成就する時を指しています（ミカ4・1～3参照）。「主の家の山」（2節）とは、シオンの山、つまりエルサレムのことです。詩的表現で、エルサレムが世界の宗教、政治、経済の中心となることが預言されています。さらに、異邦人たちが主の教えを聞くために、エルサレムに上ってくる様子が預言されています。20世紀になるまでは、この預言は成就不可能のように見えました。しかし、1948年にイスラエルが建国され、1967年にエルサレムがイスラエルの管理下に戻ってからは、事態は一変しました。現在では、日本からも多くのクリスチャンが聖地旅行に出かけるようになりました。主イエス再臨の時、終末預言のすべてが成就します。神の預言が成就しつつある時代に生かされていることの素晴らしさを、もう一度神に感謝しましょう。

（3）ニューヨークにある国連本部の建物には、イザヤ書2章4節の一部が掲げられています。「彼らはその剣を鋤に、その槍を鎌に打ち直す。国は国に向かって剣を上げず、もう戦うことを学ばない」。国連が存在しているのは、世界平和を実現するためです。しかし国連は、文脈を無視してこの聖句を引用しています。「主は国々の間をさばき、多くの民族に判決を下す」という前半の部分が欠落しています。主とは誰でしょうか。イスラエルの聖なる方です。この方を無視しては、人類の恒久的平和はあり得ないのです。

（4）終末預言が与えられている理由は、今という時をより意味深く生きるためです。アッシリアの脅威を恐れていたイスラエルの民に、イザヤの口を通して最終的な希望が約束されました。そして、「ヤコブの家よ、さあ、私たちも主の光のうちを歩もう」（5節）という励ましの声がかかりました。絶望している人は、神に不可能はないことを覚え、立ち上がるべきです。

主だけが高められる

（1）イザヤは、民の罪を嘆いて、その現状を神に訴えかけます（6～9節）。「ヤコブの家」とは、ユダの民のことです。彼らは契約の民です。しかし、今は契約とは無関係な異邦人（ペリシテ人）のように歩んでいます。「異国人の子ら」とは、偶像礼拝者のことを指します。ユダは経済力や軍事力を持っていましたので、国が滅びる危険性はないかのように見えました。ユダの人々は、自分の手で偶像を作り、自己欺瞞の道を歩んでいました。しかし、預言者の目は、根本的な所にある腐敗を見逃すことはありませんでした。イザヤは、「こうして人間はかがめられ、人は低くされます」（9節）と叫びます。

（2）ユダの民は、傲慢の罪に陥っていました。13節から16節には、彼らが誇りとしていたものが列挙されています。つまるところ彼らは、自らの持てる物、力、そして金や銀で作られた偶像を誇っていました。これは、今の日本人の姿と同じではないでしょうか。イザヤはくり返し言います。「その日には、人間の高ぶりはかがめられ、人々の思い上がりは低くされ、主おひとりだけが高く上げられる」（17節）と。

（3）契約の民であるからといって、自動的に裁きが帳消しになるわけではありません。私たちの場合もそれと同じです。クリスチャンだからといって、神の忍耐と恵みを軽んじるような生活を続けているなら、ユダの民と同じ運命をたどるようになります。

つまり、矯正的裁きを受けるということです。今、神の前に自らの姿を吟味しようではありませんか。

イザヤ書3章

まことに、見よ、万軍の主、主は　エルサレムと ユダから、　支えと頼みになるものを除かれる。 すべての頼みのパン、すべての頼みの水、勇士と 戦士、　さばき人と預言者、占い師と長老、五十 人隊の長と身分の高い者、助言者と賢い細工 人、　巧みにまじないをかける者を。

（イザヤ書3・1〜3）

この章から、以下のことを学びましょう。（1）イスラエルの民は、聖書が厳しく禁じているものを頼りにしていました。（2）神は、深い悲しみをもって民にお語りになります。（3）イスラエルの民の堕落の原因は、指導者の堕落にあります。（4）イザヤは、エルサレムに下る神の裁きを預言します。

国家的罪

（1）３章の要点は、神の主権を無視するなら、国家的レベルでも、個人的レベルでも、混乱と滅亡を招くということです。イスラエルの民は、罪の刈り取りをしようとしていました。彼らが何を頼りにしていたかが、最初の３節で明らかになります。その中には、律法が厳しく禁じている「占い師」や「巧みにまじないをかける者」などが含まれており、当時のイスラエルの民がいかに神の道から外れていたかが分かります。

（2）４節からは、三人称での記述が突然一人称に変わり、それが7節まで続きます。これにより、神ご自身が、預言者イザヤの口を通して語っておられることが分かります。ここは、神の情感がほとばしり出ている箇所ですから、頭ではなく心で読まなければなりません。罪のゆえに、有能な指導者が取り去られ、統治能力のない若い者たちが民を指導するようになると宣言されます。平時なら支配者の地位を求める誇り高き人も、「私は傷の手当てをする者にはなれない」（7節）と叫び、民の上に立つことを拒否します。まさに絶望が全地を覆うのです。

（3）イスラエルの民の混乱の原因は、指導者の堕落です。鼻で息をする人間は、真の医者になることはできません。ただ、人として来られた神の御子イエスだけが、真の医者となってくださいます。イエスは、「医者を必要とするのは、丈夫な人ではなく病人です。わたしが来たのは、正しい人を招くためではなく、罪人を招くためです」（マコ２・17）と言われました。イエスから招かれていない人は、ひとりもいません。イザヤの時代は、イスラエルの民の罪がその極みに達した時代です。しかし、そのような暗黒時代の中にあっても、光は輝いています。イザヤは、裁きのメッセージの中で突如、「正しい人は幸いだ、と言え。その人たちは自分の行いの実を食べる」（10節）と語り、義人に与えられる神の恵みを約束します。義人とは、神の招きに応答し、信仰によって歩む人のことです。

エルサレムに下る裁き

（１）イザヤは、「シオンの娘たち」という表現をくり返し使い、エルサレムに下る神の裁きを預言します。「シオンの娘たち」とは、エルサレムの住民を指したり、エルサレムの町を指したりすることばです。神は、おごり高ぶる者を最も嫌われます。箴言には、「主を恐れることは悪を憎むこと。わたしは高ぶりと、おごりと、悪の道と、ねじれごとを言う口を憎む」（箴８・13）とあります。

（２）18～23節には、女性が好む21種の装飾品が挙げられていますが、これらはすべて人間の高ぶりを象徴的に表現したものです。審判の日には、神はそれらの装飾品（高ぶり）を、ことごとく取り除かれます。「こうして、芳香は悪臭となり、帯は荒縄、結い上げた髪ははげた頭、豪華な衣装は粗布の腰巻き、その美しさは焼き印となる」（24節）。生涯をかけて築き上げてきたものが、審判者によって全く無価値と判断されるようになります。この章は、「シオンの門は悲しみ嘆き、さびれ果てて地の上に座す」（26節）ということばで終わります。つまり、エルサレムの滅亡が、門外で地に座して嘆き悲しむ婦人の姿によって象徴的に描かれているということです。

（３）興味深いことですが、ローマ帝国がエルサレムを滅ぼした後に鋳造した貨幣には、地に座して嘆き悲しむ婦人の姿が彫られていました。もしこの婦人が私たち自身ならどうでしょうか。すべてが消え失せ、取り返しがつかない状態に置かれるのです。神は、そうなる前に、私たちが神に立ち返るように招いておられます。

イザヤ書4章

その日、七人の女が、一人の男にすがりついて言う。「私たちは自分のパンを食べ、自分の服を着ます。私たちがあなたの名で呼ばれるようにして、恥辱を取り去ってください。」
（イザヤ書4・1）

この章から、以下のことを学びましょう。（1）神の裁きが下ると、深刻な社会的混乱がもたらされます。（2）イザヤは、厳しい裁きのメッセージの後で、突然、希望の光について語り始めます。（3）希望の光は、メシアによってもたらされます。（4）メシアは、人間の姿をとって現れてくださいます。

終わりの日の祝福

（1）「その日」（1節）とは、主の裁きが下る日です。その日、多くの勇士たちが戦死し、イスラエルには男性が少ししか残らなくなります。結婚相手を求める7人の女性が、1人の男性にすがりついて、衣食は自分で責任を持つから結婚してほしいと嘆願するようになります。当時のイスラエルでは、未婚でいることは女性にとって恥と考えられていました。神の裁きは、このように深刻な社会的混乱をもたらします。

（2）しかしイザヤは、厳しい裁きのメッセージを語り終えると、突然、希望の光について預言し始めます。それが、2節以降の内容です。「その日、主の若枝は麗しいものとなり、栄光となる。地の果実はイスラエルの逃れの者にとって、誇りとなり、輝きとなる」（2節）。裁きの「その日」が、希望の「その日」に変えられます。神は、破壊のためではなく、希望を与えるために裁きを行われます。

（3）希望の「その日」は、メシアによってもたらされます。2節では、メシアとして来られる方が、「主の若枝」、「地の果実」として描かれています。これらのことばは、この方が栄光の姿ではなく、私たち人間と同じ姿をとって現れてくださることの預言となっています。その日、イスラエルの民の中から「シオンに残された者」（3節）が起こされ、彼らは聖なる民と呼ばれるようになります。そのとき彼らは、神の裁きは民を清めるために行われたことを学びます。「残された者」は、聖霊（裁きの霊、焼き尽くす霊）によって清められた者たちです。神は、彼らとともにいてくださいます。出エジプトの時代と同じように、昼は雲が、夜は火が神の臨在のしるしとなります。「昼には雲を、夜には煙と燃え立つ火の輝きを創造される」（5節）。「残された者」は、その臨在（シャカイナグローリー）に守られて歩むようになります。

（4）クリスチャンにとって最高の祝福とは、神がともにいてくださるという事実です。神がともにおられるという確信を得たなら、何も恐れるものはなくなります。神が私たちの「避け所」、「隠れ家」となってくださるからです。自分が向かう地に、神の臨在を招き入れる人は幸いです。

イザヤ書5章

「さあ、わたしは歌おう。　わが愛する者のために。　そのぶどう畑についての、わが愛の歌を。わが愛する者は、よく肥えた山腹に　ぶどう畑を持っていた。」（イザヤ書5・1）

この章から、以下のことを学びましょう。（1）神は、「ぶどう畑のたとえ」を用いて、イスラエルの民に向かって、哀願の歌を歌われます。（2）神は、6つの「わざわい」を列挙し、それに基づいて、民の上に下る裁きを予告されます。（3）神は人類の歴史に介入し、裁きを徹底的に実行することによって、自らの正義を示されます。イエス・キリストの十字架は、その預言の成就です。

ぶどう畑についての愛の歌

（1）神は、愛するイスラエルの民のために、「ぶどう畑のたとえ」を用いて哀願の歌を歌われます。「ぶどう畑」はイスラエルの民であり、「畑の所有者」は神です。神は、いかに苦労してここまでイスラエルの民を育ててきたかを切々と訴え、彼らに、「わがぶどう畑になすべきことで、何かわたしがしなかったことがあるか」（4節ａ）と厳しく迫ります。

（2）この原稿を書きながら、何年も前にユダの山地に広がるぶどう畑を初めて見たときの強烈な印象を思い出しています。日本で見るぶどう棚とはずいぶん様子が異なっていました。そこは、石地を開墾したぶどう畑でした。葉を出す前のぶどうの枝が何本も、心細そうに地面を這っていました。それを眺めながら、私はため息をつきました。この畑を開墾した農夫は、握りこぶし大の石ころを一つずつ丁寧に取り除き、気の遠くなるような時間と労力を投入したのでしょう。その農夫が、豊かな収穫を期待するのは当然と思えました。同じように、神も私たちが豊かな実をつけることを心から期待しておられます。

（3）次に神は、「なぜ、ぶどうがなるのを心待ちにしていたのに、酸いぶどうができたのか」（4節ｂ）と迫られます。いかに表面的に栄えていても、実がなければ、神を喜ばせることはできません。神は、この畑を徹底的に破壊すると預言されます。

（4）5節以降、神の裁きを表現する恐ろしいことばが続きます。神は怒っておられます。と同時に、行間から神の深い悲しみを読み取ることができます。神は、涙とともに、罪人を裁かれます。イエスもまた、エルサレムの滅亡を預言しながら、涙を流されました。「エルサレムに近づいて、都をご覧になったイエスは、この都のために泣いて、言われた。『もし、平和に向かう道を、この日おまえも知っていたら――。しかし今、それはおまえの目から隠されている』」（ルカ19・41～42）。

神の叱責

（1）8～23節まで、「わざわいだ」で始まる6つの叱責が続きます。叱責の内容は、以下のようなものです。①必要以上に不動産に対する所有欲が強い者たちの収穫は、極端に少なくなる。②神を無視して快楽の追及に没頭している者たちは、捕囚の民として他国に連れ去られる。③欲と罪で良心が麻痺した者たちは、神の審判をさえ侮るようになる。④彼らは、善を悪と言い、悪を善と言うようになる。⑤神を無視した民は、自らが知恵者であるかのような錯覚に陥る。⑥勇敢であるべき戦士が、酒に酔って悪の手先となり、義人を圧迫する。以上の6つの叱責をもとに、イザヤは、神の裁きが下ることを預言します（24～25節）。

（2）26～30節には、神が歴史の導き手であることが明確に啓示されています。アッシリア、バビロン、ペルシアなどの諸国も、主権者なる神の手の中にあって、神の計画を推進するために用いられる駒にしか過ぎません。26節以降、審判の日が近づいていることと、その日の悲惨さが、生々しく描写されていきます。この箇所を黙想するのは、辛いことです。余りにも希望がないように見えるからです。しかし、絶望の中に輝く一条の光（16～17節）を見逃してはなりません。

（3）神の裁きは、神の正義を証明する出来事でもあります。16節にある「万軍の主」は、やがて到来するメシアだと考えられます。歴史の支配者である神が、人類の歴史に介入し、裁きを徹底的に実行することによって、自らの正義を示される時がきます。その預言が成就したのが、イエス・キリストの十字架です。十字架の愛を信じた私たちは、神の子羊として神の牧場に憩うようになりました。しかし、神の敵ども（肥えた獣）は、依然として廃墟に捨て置かれます。今、十字架の主に感謝と賛美を献げようではありませんか。

イザヤ書6章

私は主が言われる声を聞いた。「だれを、わたしは遣わそう。だれが、われわれのために行くだろうか。」私は言った。「ここに私がおります。私を遣わしてください。」（イザヤ書6・8）

この章から、以下のことを学びましょう。（1）イザヤは、ウジヤ王が死んだ年に、預言者としての召命を受けました。（2）イザヤは自らの罪深さを認識しますが、その罪は、祭壇から取られた燃える炭火によって清められます。（3）イザヤに与えられた使命は、神のことばを語り続けることです。

イザヤが見た幻

（1）時間順で言うと、6章が最初に当たります。1～5章を先に置いているのは、当時のイスラエルの民の霊的状態を説明するためです。ウジヤ王は、善王のひとりに数えられた人物でした。しかし、晩年には傲慢になり、祭司のみに許された役割を自ら行いました。その結果、死ぬ日まで重い皮膚病に冒され、隔離された家に住むことになります（2歴26・19）。

（2）ウジヤ王は、民の期待を裏切ったままでこの世を去りました。その年、失意の内にあった青年イザヤは、世の栄枯盛衰を超越した所におられる主権者なる神に出会います。主は、高く上げられた王座に座しておられました。主の前で仕えるセラフィム（天使）たちは、互いに呼びかわしてこう言っていました。「聖なる、聖なる、聖なる、万軍の主。その栄光は全地に満ちる」（3節）。主の栄光に触れたイザヤは、自らの罪深さを認識し、自らの罪と共同体全体の罪を告白します。

（3）罪の赦しの確信がなければ、神の働きに就くことはできません。神は、イザヤを取り扱われました。セラフィムのひとりが、祭壇の上から燃えさかる炭を取り、それをイザヤの口につけて、こう言いました。「見よ。これがあなたの唇に触れたので、あなたの咎は取り除かれ、あなたの罪も赦された」（7節）。祭壇から取られた炭火は、清めの火です。祭壇も炭火も、ともにイエス・キリストの十字架の贖いを象徴しています。ヨハネの福音書は、この時イザヤはイエスに出会ったのだと教えています。「イザヤがこう言ったのは、イエスの栄光を見たからであり、イエスについて語ったのである」（ヨハ12・41）。

（4）罪の赦しを体験したイザヤに、召命のことばが与えられます。神の召命を静かに待つのは良いことですが、イザヤのように、自ら志願することも神に受け入れられることです。いずれの場合も、罪の赦しを経験していることが前提条件となります。

イザヤの派遣

（1）イザヤの使命は、神のことばを語り続けることでした。語っても語っても、民は悔い改めようとはしないだろうが、それでも語れというのです。ここに、預言者の戦いと孤独があります。主イエスもまた、苦難の道を歩まれました。マタイの福音書13章13～14節にはこうあります。「わたしが彼らにたとえで話すのは、彼らが見てはいるが見ず、聞いてはいるが聞かず、悟ることもしないからです。こうしてイザヤの告げた預言が、彼らにおいて実現したのです。『あなたがたは聞くには聞くが、決して悟ることはない。見るには見るが、決して知ることはない』」。主イエスは、多くのたとえ話を用いて民に語りかけました。しかし、余りの単純さに多くの者がつまずきました。ただ、聞く耳を持った者だけが、神の国の奥義を理解しました。今日でも、その状況は変わっていません。聞き分ける耳をくださいと祈りましょう。

（2）イザヤは、民の頑な心の状態がいつまで続くのかと問いかけます。それに対する神からの答えは、エルサレムの滅亡まで続くというものでした。これは、150年も先に起こるバビロン捕囚の預言です。前597年に、エホヤキン王の捕囚が起こります（2列24・10～16）。さらに、前586年に、エルサレムは完全に滅亡します（2列25章）。残されるわずかばかりの者（10分の1）とは、エルサレムに残される貧しい人たちのことです。

（3）絶望が契約の民を襲いますが、そのような暗黒の中でも、神の希望のメッセージが途絶えることはありません。この章の最後に出てくることばは、メシア預言です。「しかし、切り倒されたテレビンや樫の木のように、それらの間に切り株が残る。この切り株こそ、聖なる裔《すえ》」（13節）。この節は、7章14節の「処女降誕とインマヌエルの預言」に読者を導く役割を果たしています。神は、私たちを決して見捨ててはおられません。今、神への信頼を告白しましょう。

イザヤ書7章

「それゆえ、主は自ら、あなたがたに一つのしるしを与えられる。見よ、処女が身ごもっている。そして男の子を産み、その名をインマヌエルと呼ぶ。」（イザヤ書7・14）

この章から、以下のことを学びましょう。（1）アラムと北王国イスラエルの連合軍を恐れるアハズ王に、主からの励ましのことばが与えられます。（2）不信仰なアハズ王に、メシアの処女降誕の預言が与えられます。（3）アハズが恐れていたアラムと北王国イスラエルは数年以内に滅び、次に、アッシリアが台頭します。

主こそ主権者

（1）アラムとは、今のシリアのことです。首都はダマスコ、王はレツィンです。エフライムとは、北王国イスラエルのことです。首都はサマリア、王はレマルヤ、そしてその子がペカです。「アラムがエフライムと組んだ」（2節）というのは、アラムとイスラエルが軍事同盟を結んで、エルサレムに攻め上ろうとしているということです。これは、ユダにとっては国家的一大事です。聖書は、「王の心も民の心も、林の木々が風に揺らぐように揺らいだ」（2節）と記しています。

（2）アハズ王は、上の池の水道の端にいました。恐らく、敵の包囲に備えて、水源の安全を確認するためにそこに出向いていたのでしょう。イザヤは、息子（シェアル・ヤシュブという名前、「残りの者が帰ってくる」という意味）を連れて、アハズに会いに行きました。息子の名は、神の主権を暗示しています。イスラエルの民を滅亡から救い、残りの者を支え続けてくださるのは、イスラエルの神です。

（3）主はアハブに、こう語られました。「……あなたは、これら二つの煙る木切れの燃えさし、アラムのレツィンとレマルヤの子の燃える怒りに、心を弱らせてはならない」（4節）。

（4）続く7～9節では、詩的表現で主が主権者であることが宣言されます。①「アラムのかしらはダマスコ、そのダマスコのかしらがレツィンだから」（8節）。この文の後には、「レツィンのかしらは主なる神」ということばが省略されています。②「エフライムのかしらはサマリア、そのサマリアのかしらがレマルヤの子だから」(9節)。この文の後には、「レマルヤの子のかしらは主なる神」ということばが省略されています。つまり、省略することによって、「主こそ主権者である」という事実を強調しているのです。

主からのしるし

(1) 主はアハズに、「あなたの神、主に、しるしを求めよ。……」(11節)とお語りになりました。しかしアハズは、「私は求めません。主を試みません」と答えます。確かに、申命記6章16節には、「あなたがたの神である主を試みてはならない」(12節)とあります。アハズの答えは、一見信仰的なように見えますが、そうではありません。彼の本音は、「主に信頼するつもりはない」ということです。

(2) アハズの不信仰は、ダビデの家(契約の民)が崩壊に向かう分水嶺となりました。これ以降イスラエルの民は、アッシリアによる侵略、バビロン捕囚、ローマによるエルサレムの崩壊といった一連の苦難を通過し、世界に離散することになります。ユダヤ人の離散の源流は、アハズの不信仰にまで遡ることができます。

(3) イスラエルの民の苦難を予見しておられた神は、彼らを励ますための預言をお語りになります。「見よ、処女が身ごもっている。そして男の子を産み、その名をインマヌエルと呼ぶ」(14節)。神は、イスラエルの民とともに、また、私たちとともにおられます。マタイは、この預言が主イエスにおいて成就したと宣言しています(マタ1・23)。

(4) 「それは、その子が悪を退けて善を選ぶことを知る前に、あなたが恐怖を抱いている二人の王の土地が見捨てられるからだ」(16節)。この節は難解です。「その子」とは、メシアとして生まれる方ではなく、イザヤが連れていた息子のシェアル・ヤシュブのことです。つまりこの預言は、その幼子が判断力のある年齢(5~6歳)に達する前に、北王国イスラエルとアラムは滅びてしまい、アハズが頼ろうとしていたアッシリアが脅威となるというものです。

(5) 18~25節までの記述は実に生々しく、残虐なものです。今、歴史の支配者である神の前にひれ伏し、いかなる状況下にあっても、「インマヌエル」(神が私たちとともにいてくださる)という真理は不変であることを告白しましょう。

イザヤ書8章

私は主を待ち望む。ヤコブの家から御顔を隠しておられる方を。私はこの方に望みを置く。(イザヤ書8・17)

この章から、以下のことを学びましょう。(1)イザヤの息子(マヘル・シャラル・ハシュ・バズ)の存在は、アラムと北王国イスラエルが数年以内にアッシリアによって滅ぼされることの「しるし」となります。(2)イスラエルの民は、「シロアハの水」(主のこと)をないがしろにしたので、神の裁きを受けます。(3)神への絶対的な信頼を告白したイザヤは、迫りつつあるエルサレムとユダの破滅を鮮明に見るようになります。

北王国とアラムの滅亡

(1)神はイザヤに、1枚の板に「マヘル・シャラル・ハシュ・バズのため」と書くように命じます。この啓示は非常に重要なので、2人の証人が立てられます。その後、イザヤに息子が誕生します。すると神は、「マヘル・シャラル・ハシュ・バズ」（分捕り物は早く略奪される、の意）をその子の名とするようにお命じになります。その子の存在は、ユダの民の中にあって、預言的役割を果たすものとなります。その子が分別のつく年齢に達する前に、つまり数年以内に、アッシリアがダマスコ（アラム）とサマリア（北王国）を滅ぼすと預言されます。

（2）アラムと北王国が滅びるだけではなく、南王国にも神の審判が下ります。その理由が、美しい詩文形式で啓示されます（6～10節）。南王国は、「シロアハの水」をないがしろにし、アラムや北王国との同盟関係を模索していました。「シロアハの水」とは、エルサレムの水源であるギホンの泉から流れてくる水で、ここでは、神ご自身を象徴しています。新約聖書では、「シロアハ」は「シロアム」と呼ばれ、盲人のいやし（ヨハ9・7）の舞台となります。この水は、「ゆるやかに流れる水」です。今でも、シロアムの池の水は、実にゆるやかに流れています。この池の水は、激流であるユーフラテス川と好対照をなしています。

（3）南王国は、激流のようなアッシリアによって滅亡寸前まで追い詰められます。しかし、最後は守られます。「神が、私たちとともにおられるからだ」（10節）。神こそ、私たちの最後の砦、希望です。

イザヤへの戒め

（1）人はみな、世に受け入れられたいと願う弱さを持っています。神はイザヤに対して、イスラエルの民の判断に迎合しないように、また、彼らが恐れるものを恐れないように警告します。恐るべきお方は、主のみです。イスラエルの民は、形式的な信仰の上にあぐらをかいていました。神殿を持っていることや、神の都エルサレムに住んでいることを誇り、自分たちは決して滅びることはないと思い込んでいました。しかし、信仰という実質がなければ、神殿もエルサレムの町も、なんの保証にもなりません。逆に、主だけを恐れて生きる人には、主ご自身が「聖所」となり、「隠れ家」となってくださいます。これは、神から与えられた確実な約束です。主イエスも、「からだを殺しても、たましいを殺せない者たちを恐れてはいけません。むしろ、たましいもからだもゲヘナで滅ぼすことができる方を恐れなさい」（マタ10・28）と教えておられます。今、主だけを恐れる信仰に立たせていただきましょう。

（2）イザヤは、神から与えられた警告のことばに対して、「私は主を待ち望む。ヤコブの家から御顔を隠しておられる方を。私はこの方に望みを置く」(17節)と、高らかに宣言します。すべてのクリスチャンが、どこかの時点で、「私はこの方に、望みを置く」と告白する必要があります。そしてこの告白は、一度だけでなく、日々続ける必要があります。神のことばに信頼しない人に夜明けはないと、イザヤは言います。神への絶対的な信頼を告白したイザヤは、迫りつつあるエルサレムと南王国の破滅を鮮明に見るようになります。19節以降でイザヤは、ユダの民が地上の放浪者としてさまよい歩くさまを涙とともに預言します。

（3）イザヤは、幼子を育てながら、預言のことばが自分の肉体の一部になったように感じたことでしょう。神のことばは、神ご自身の心の深みから出てきたものです。預言を語る預言者は、心の深みから奉仕する以外に、その職務を全うする道はありません。私たちも、神だけを恐れる信仰に立ち、全人的な関わりの中で神のことばに応答しようではありませんか。

イザヤ書9章

ひとりのみどりごが私たちのために生まれる。ひとりの男の子が私たちに与えられる。主権はその肩にあり、その名は「不思議な助言者、力ある神、永遠の父、平和の君」と呼ばれる。
（イザヤ書9・6）

この章から、以下のことを学びましょう。（1）アッシリアに征服されたガリラヤ地方は、「異邦の民のガリラヤ」と呼ばれるようになります。（2）なんの希望もなくなった民の上に、突如、光が降り注ぎます。これは、メシアの来臨によってもたらされる光です。（3）この希望のメッセージは、アッシリアの攻撃におびえる王とその民のために語られるものです。（4）9章6節の預言は、イエスにあって成就しました。

メシア来臨の希望

（1）「闇の中を歩んでいた民は大きな光を見る」（2節）とあります。「闇の中を歩んでいた民」とは、ガリラヤ地方の住民のことです。アッシリアは、紀元前734年から732年にかけてガリラヤに侵入し、そこを征服しました。イザヤがこの預言を語った時点では、まだその出来事は起こっていませんでしたが、彼はそれがすでに起こったかのように語っています。神の目には、数年先のことも、数世紀先のことも、大差はありません。

（2）アッシリアは、征服したガリラヤ地方に大量の異邦人を移住させます。「異邦の民のガリラヤ」と呼ばれるのは、そのためです。希望をなくした民の上に、突如、光が降り注ぎます。その光は、メシアの来臨によってもたらされる光です。この希望のメッセージは、アッシリアの攻撃におびえていたアハズ王とその民を励ますために語られたものです。どんな人生の闇の中にあっても、神にある希望は決してなくなりません。

（3）マタイは、イザヤ書9章の預言がイエスにあって成就したことを告げています（マタ4・15～16）。イエス時代、ローマの支配の下にあったガリラヤ地方の住民は、圧政、風土病、霊的暗黒状態などで苦しんでいました。ナタナエルの、「ナザレから何か良いものが出るだろうか」（ヨハ1・46）という発言は、当時のユダヤ人一般がガリラヤ地方に対して持っていた偏見を表しています。そのガリラヤ地方が、イエスの活動の中心地となりました。

（4）6節にある「不思議な助言者、力ある神、永遠の父、平和の君」という4つの呼称は、メシアとして来られるお方が、神ご自身であることを表しています。イエスは、「ダビデの子」、「平和の君」として来られました。しかし、イスラエルの民はこの方を受け入れませんでした。彼らが期待したのは、ダビデ時代の栄華を反映させる地上の王国でした。その彼らにイエスは悔い改めを説き、神の国は「心の王国」であることを教えようとされました。私たちも今、心の中に神の国を確立していただくために、イエスを心の王座にお迎えしようではありませんか。

北王国の裁き

（1）「ヤコブ」、「イスラエル」、「エフライムとサマリアに住む者たち」などのことばは、すべて北の十部族を指します。彼らは、思い上がっていました。その彼らに、イザヤを通して「一つのことば」が与えられます。内容は、神の裁きが近いことを告げるメッセージです。「それでも御怒りは収まらず、なおも御手は伸ばされている」という表現が、くり返されます。それほどに、イスラエルの罪は深かったのです。彼らは、アッシリアに圧迫されても、自力で立ち上がることができると高ぶっていました。れんがが駄目ならもっと高価な切り石を、いちじく桑の木が駄目ならもっと高価な杉の木を、と豪語していました。神がイスラエルの民を裁くのは、彼らを神に立ち返らせるためです。もし悔い改めないなら、裁きはより厳しいものとなります。

（2）アッシリア（レツィンに敵対する者たち）、さらに、同盟国アラムや、仇敵ペリシテ人までもが、北王国を攻撃するようになるとの預言が与えられます。略奪の残虐さが生々しく描かれています。しかし、それでも北王国の民は、悔い改めようとはしませんでした。

（3）イスラエルに語られた警告のことばから教訓を学びましょう。神の計画に敵対する者は、いつの時代にも裁きに遭います。表面的に栄えている人を見ても、うらやましく思う必要はありません。ねたみ心を持つのではなく、むしろ、そのような人々のために、執りなしの祈りを献げようではありませんか。

イザヤ書10章

その日になると、イスラエルの残りの者、ヤコブの家の逃れの者は、もう二度と自分を打つ者に頼らず、イスラエルの聖なる方、主に真実をもって頼る。残りの者、ヤコブの残りの者は、力ある神に立ち返る。（イザヤ書10・20～21）

この章から、以下のことを学びましょう。（1）神は、イスラエルの民を裁くために、アッシリアを用いようとされました。（2）しかし、アッシリアは傲慢になったために、神の裁きを受けます。（3）アッシリアに対する預言が続く中で、突如希望のメッセージが語られます。（4）神の裁きは神の民を清め、本物の信仰者を産み出します。彼らは「イスラエルの残りの者」と呼ばれます。

アッシリアに下る裁き

（1）神は、イスラエルの民を裁くために、大国アッシリアを神の器として用いようとされました（イスラエルの民は、「神を敬わない国」、「わたしが激しく怒る民」と表現されています）。しかしアッシリアには、自分が神の器として用いられているという自覚が全くありませんでした。彼らは、周りの国々の征服は、すべては自力によって可能になるとうぬぼれていました。

（2）古代の戦争は、民族を守る神々の戦いであると考えられていました。アッシリアにとっては、「エルサレムとその多くの偶像」を打ち破ることは、いかにもたやすいことのように思えました。傲慢とは恐ろしいものです。彼らは、イスラエルの神を、偶像の神々と同等にしか扱わなかったのです。天地の創造主であるお方が、このような不遜な態度を見逃すはずがありません。神は、アッシリアの滅亡を預言されます。

（3）アッシリアがいかに高ぶろうとも、所詮は、神の手の中に握られている「斧」、「のこぎり」、「杖」です。「斧は、それを使って切る人に向かって高ぶることができるだろうか。のこぎりは、それをひく人に向かっておごることができるだろうか」（15節）という反語的質問が出てきます。答えはもちろん「否」です。神が主権者であり、アッシリアはその器に過ぎません。しかしアッシリアは、なおも高ぶりました。高ぶれば高ぶるほど、神の裁きも厳しくなります。イスラエルの神は、アッシリアを徹底的に裁かれます。その結果、高貴な者たちが滅び、わずかな人数しか残されなくなります。

残れる者の帰還

（1）アッシリアに対する裁きの預言が続く中で、突如希望のメッセージが語られます。「その日」（20節）とは、終末的な意味を持った日です。ここでは、アッシリアが滅びる日のことでしょう（バビロン捕囚から帰還する日や、キリスト再臨の日を指すのかもしれません）。大切なのは、次のような歴史観を理解することです。①罪に対する神の審判は必ずやってくる。②審判の出来事は、同時に神の民を清める役割を果たし、その結果、少数の本物の信仰者が残される。③彼らは、恵みによって残された者たちで、「イスラエルの残りの者」と呼ばれる。

（2）「残りの者」の出現は、歴史を貫く原則であり、預言者の歴史観とでも言えるものです。神の計画は、この「残りの者」を通して前進します。使徒パウロも、イエスを拒否した同胞イスラエル民族の中に「残りの者」がいることを啓示によって示され、こう語っています。「ですから、同じように今この時にも、恵みの選びによって残された者たちがいます」（ロマ11・5）。

（3）主は、「シオンに住むわたしの民よ、アッシリアを恐れるな」（24節）と語られます。恐れなくてもよい理由が、次に挙げられます。主はかつて、イスラエルの民をエジプトから導き出し、また、ミディアン人の手から救い出されました。今回もまた、主はアッシリアを滅し、民を救い出されます。27節の約束は、民に平安をもたらすものです。「その日になると、彼の重荷はあなたの肩から、彼のくびきはあなたの首から除かれる。くびきは脂肪のゆえに外される」。この約束は、単にイスラエルの民だけに与えられたものではなく、究極的には、イエス・キリストを信じるすべての人々の上に成就するものです。

（4）私たちも、恐れを覚えるときは、主がいかにして私たちの人生を支えてこられたかを思い起こし、恐れを投げ捨てましょう。神が、私たちを通してご自身の計画を成就しようとしておられることを認め、神に感謝しましょう。

イザヤ書11章

エッサイの根株から新芽が生え、その根から若枝が出て実を結ぶ。その上に主の霊がとどまる。それは知恵と悟りの霊、思慮と力の霊、主を恐れる、知識の霊である。（イザヤ書11・1〜2）

この章から、以下のことを学びましょう。（1）これは、メシアは、エッサイの根株と呼ばれています。これは、メシアの謙遜を示すことばです。（2）メシアの到来によって成就するメシア的王国の内容が、自然界の回復という形で預言されます。(3)イザヤは、終わりの時代に起こる異邦人の救いとイスラエルの回復を預言しています。

エッサイの根株

（1）イザヤ書11章では、戦火に苦しむ神の民に希望のメッセージが届けられます。「エッサイの根株から新芽が生え、その根から若枝が出て実を結ぶ」(1節)。これは、メシア来臨の預言です。エッサイとはダビデの父のことです。「ダビデの根株」ではなく、「エッサイの根株」と書かれている理由は、メシアの出自と生涯が、決して栄光に溢れたものではなく、むしろ謙遜に満ちたものであることを教えるためです。その預言どおりに、主イエスは、仕える者（しもべ）の姿をとって地上に現れてくださいました。このお方は、聖霊の力と導きによってその生涯を歩まれます（2節)。

（2）3〜5節では、メシアの働きの内容が描写されます。6〜9節では、将来実現する恒久的な平和が絵画的に描写されます。肉食動物が草食動物となって他の動物と共存するというイメージは、自然界が人類の堕落以前の状態に回復することを物語っています。聖書が約束する救いとは、宇宙大のものです。神の救いの計画を過小評価していないかどうか、自己吟味しようではありませんか。聖書の字義通りの解釈こそ、霊的覚醒をもたらす力です。

神の国の回復

（1）10〜16節では、異邦人の救いとイスラエルの民の回復が預言されます。「その日になると、エッサイの根はもろもろの民の旗として立ち、国々は彼を求め、彼のとどまるところは栄光に輝く」(10節)。これは、異邦人がイエスを救い主としてあがめるようになるという預言です。パウロは、ローマ人への手紙15章12節でこの聖句を引用しながら、私たち異邦人が救いに与っているのは、イザヤ書の預言の成就であることを告げています。

(2) 11~16節では、イスラエルの民の回復が預言されます。イスラエルの民が地の四隅から集められる時がきます。最近の中東情勢を確認してみましょう。1989年からの約10年間で、100万人を越えるユダヤ人たちがイスラエルに帰還しました。その大半が、旧ソ連邦からの帰還です。これは、イザヤ書11章に預言された「出エジプトよりも大規模な祖国帰還」の予表です。

(3) 私たちは、携挙と主の再臨が間近に迫っている時代に生かされています。残された日々は、ますます少なくなっています。携挙への備えができている人は、幸いです。

イザヤ書12章

「主をほめ歌え。主はすばらしいことをされた。これを全地に知らせよ。シオンに住む者よ。大声をあげて喜び歌え。イスラエルの聖なる方は、あなたの中におられる大いなる方。」

(イザヤ書12・5~6)

この章から、以下のことを学びましょう。(1) この章は、1章から11章の締めくくりの役割を果たしています。(2) ここに記された歌は、終末的な患難からの解放を歌ったものです。(3) 主の怒りは、エッサイの根株(メシア)によって取り去られます。(4) 信者は、聖霊の泉から水を汲むことができるようになります。(5) 個人的な賛美が、やがて大コーラスへと発展します。

賛美と感謝の歌

(1) この章は、1~11章の締めくくりの役割を果たしています。イザヤ書の中では最も短い章ですが、最も甘美な章でもあります。詩篇150編を「ハレルヤコーラス」と呼ぶとするなら、イザヤ書12章は、「インマヌエルコーラス」と呼べます。「その日」ということばが2回出てくることに注目しましょう。この賛歌は、イスラエルの民が経験する終末的な解放の喜びを歌ったものです。さらに、神の国において、すべての聖徒たちが一つとなって主をたたえるときに歌う賛歌でもあります。

（2）この歌は、主への個人的な感謝から始まります。「主よ、感謝します。あなたは私に怒られたのに、あなたの怒りは去り、私を慰めてくださったからです」（1節）。主の怒りは、エッサイの根株であるイエスの執りなしのわざによって取り去られました。主イエスが、そのためにどのような苦難を甘受されたかを思い起こしましょう。かつては恐れに支配されていた私たちですが、今は神を信頼し、神を自分の力とすることを学びました。そして、喜びながら、救いの泉から水を汲む者とされました。この水とは、聖霊のことです。その水を汲み上げるバケツが、信仰です。

（3）個人的な賛美は、やがて大コーラスへと発展します。「あなたがた」（4節）という複数形の主語が、それを表しています。やがて到来するメシア的王国（千年王国）では、いつもこのような大コーラスが響いていることでしょう。そして、その真ん中に、イスラエルの聖なる方、栄光の王がおられます。

（4）賛美の声は、お互いを励ます声としても響き渡ります。「主に感謝せよ。その御名を呼び求めよ。そのみわざを、もろもろの民の中に知らせよ。御名があがめられていることを語り告げよ」（4節）。その日、私たちも大コーラスを歌う群れの中に加えられます。なんという幸いな日でしょうか。喜びをもってその日を迎えるために、今から主の栄光を人々に伝える歩みを開始しようではありませんか。ハレルヤ！

イザヤ書13章

「わたしは、世界をその悪のゆえに罰し、悪しき者をその咎のゆえに罰する。不遜な者の誇りをくじき、横暴な者の高ぶりを低くする。わたしは人を純金よりも、人間をオフィルの金よりも尊くする。」（イザヤ書13・11〜12）

この章から、以下のことを学びましょう。（1）イザヤ書13章から諸国に対する審判の預言が始まり、それが23章まで続きます。（2）最初に取り上げられるのは、バビロンです。バビロンに下る激しい裁きが預言されます。(3)神は歴史の支配者です。諸国の運命は、神の御手の中に握られています。

バビロンについての宣告

（1）イザヤ書13〜23章までは、諸国に対する審判の預言が続きますが、その最初がバビロンに対するものです。不思議なことですが、イザヤはそのことを、バビロンという国が起こる前から啓示によって示されていました。バビロンに下る厳しい裁きの様子が、2節以降に詩的表現で描写されます。

（2）「わたしは人を純金よりも、人間をオフィルの金よりも尊くする」（12節）。「尊くする」とは、「得がたいものとする」という意味です。この聖句から分かるのは、主の裁きを逃れる人は、ごくわずかだということです。また、「見よ、わたしは彼らに対してメディア人を奮い立たせる」（17節）とあります。この預言どおりに、メディア帝国のキュロス王が、紀元前539年にバビロンを滅ぼすことになります。神が語られたことは、必ず成就します。

（3）バビロンの裁きは、世の終わりの裁きを暗示し、警告するものとなっています。聖書では、「バビロン」ということば自体が、神に敵対する勢力を象徴しています。世の終わりには、神に敵対するすべての者が裁きを受けます。この章では、「主の日」ということばが2回出てきます（6節、9節）が、それは、近い将来における神の訪れの時を指す場合と、世の終わりの日を意味する場合があります。「主の日」は、不信者にとっては、神の怒りと裁きの日となります（マタ10・15、ロマ2・5、16、2ペテ3・7など）。しかし、クリスチャンにとっては、復活の日（ヨハ6・39）、救いの完成の日（ピリ1・6、10）、希望と喜びの日となります。
（4）この章を通して明確に教えられることは、神が歴史の支配者であるという事実です。神の裁きは、希望が実現する過程でどうしても必要なものです。大切なことは、私たちが絶えず神の側に立っているかどうかです。「主の日」が希望の日となるような生き方を、今から始めようではありませんか。

イザヤ書14章

万軍の主が計画されたことを、だれがくつがえせるだろうか。御手が伸ばされている。だれがそれを押し戻せるだろうか。（イザヤ書14・27）

この章から、以下のことを学びましょう。（1）バビロンの滅びという文脈の中で、「イスラエルの回復」と「異邦人の救い」が預言されます。（2）バビロン滅亡の預言は、バビロンの王の背後で働くサタンの運命をも描写しています。（3）バビロン以外の諸国の滅亡も預言されます。（4）裁きの中にあっても、信者は十字架の陰に逃れることができます。

イスラエルの回復とバビロンの滅び

（1）1～3節では、「イスラエルの回復」が預言され、4～21節では、「バビロンに対する嘲りの歌」が歌われます。バビロンの滅びという文脈の中で、「イスラエルの回復」と「異邦人の救い」が預言されます。この2つの事柄は、アブラハム契約の中心テーマです（創12・1～3）。イスラエルが不真実になったからといって、アブラハム契約が破棄されるわけではありません。この契約は、新約時代にはイエス・キリストによる新しい契約へと発展し、完成します（マタ26・28）。クリスチャンとは、イエス・キリストを通して神との新しい契約関係に入った人々のことです。

（2）4～11節では、バビロンの王が虫けらのように扱われる様子が描かれます。また、全世界がバビロンの滅亡を喜ぶ様子も預言されます。イザヤは、バビロンが未だに大帝国として登場していない時期に、バビロンの傲慢と滅亡を預言しました。この預言は、バビロンの滅亡に関することであると同時に、より遠い将来に起こるすべてのバビロン的な勢力の滅亡の預言とも取れます。この預言の究極的な成就は、終末時代に起こります。

明けの明星の滅亡

（1）「明けの明星」と「暁の子」（12節）は、天にまで昇ろうとしたバビロンの王を指しています。12～15節では、そのバビロンの王の滅亡と、王の背後で働くサタンの運命が預言されます。この世の帝国（ツロ、バビロン、メド・ペルシア、ギリシア、ローマなど）は、サタンの器として操られてきました。これが、聖書の歴史観です。

（2）12～14節で、地上に罪が侵入してきた経緯と罪の本質が記されます。天使として創造されたサタンが、傲慢にも神のようになろうとしたため、罪が世界に侵入してきました。そして今も、サタンは神に敵対する働きを進めています（ヨハ7・7参照）。その悪影響は、次のような分野に及んでいます。物質主義、カルト宗教、世的価値観、世的人生観、偶像礼拝、ニューエイジ運動など。

（3）15～21節では、バビロンの王の死体が粗末に扱われることが預言されます。それは、サタンの完全な敗北を意味します。私たちは、度を超えてサタンを恐れる必要はありません。イエス・キリストは、「サタンが稲妻のように天から落ちるのを、わたしは見ました」（ルカ10・18）とお語りになりました。サタンは、イエスの十字架の死と復活によって、すでに致命的な打撃を被りました。サタンと悪霊どもに打ち勝つ方法は、主イエスの御名によって祈ることです。

諸国滅亡の預言

（1）22～23節では、バビロンの滅亡が預言されます。「わたしは……をする」ということばから、罪を憎み、正義と平和を確立しようとする神の強い意志が感じ取れます。

（2）24～27節では、アッシリアの滅亡が預言されますが、ここでも、神の強い意志が見られます。

（3）28～31節では、ペリシテの滅亡が預言されます。「折られた杖」（28節）とはアハズ王、「燃える蛇」（29節）とはアハズの子ヒゼキヤ王です。ペリシテは、アハズ王の死を喜びましたが、その子ヒゼキヤがより強力な王となることを知りませんでした。間もなく、都市連合国家であったペリシテは、アッシリアに滅ぼされます。しかし神は、イスラエルの民を守られます。神は歴史を支配し、諸国をご自身の御手の中に収めておられます。

（4）「主がシオンの礎を据えられたのだ。主の民の苦しむ者たちは、ここに身を避ける」（32節）。「苦しむ者」とは、ヘブル語では謙遜な人のことを指します（民12・3、詩25・9参照）。主が据えられた「シオンの礎」とは、十字架の救いのことです。

（5）神が最後の裁きを行われる日は、恐ろしい日です。しかし、十字架の陰に憩う私たちは、安心です。今、イエス・キリストの十字架によって、契約の民とされていることを感謝しましょう。

イザヤ書15章

「ヘシュボンとエルアレは叫び、その叫び声がヤハツまで聞こえる。それゆえ、モアブの武装した者たちはわめく。そのたましいはわななく。」（イザヤ書15・4）

この章から、以下のことを学びましょう。（1）モアブは、アブラハムの甥ロトの子孫です。（2）イザヤは、涙とともにモアブの滅亡を預言しました。（3）モアブが信頼していた2つのもの（軍事力と偶像神ケモシュ）は、モアブを救うことができませんでした。

モアブについての宣告

（1）モアブは、アブラハムの甥のロトから始まった民族です。地理的にはイスラエルの東側に位置し、死海とヨルダン川がその国境となっていました。イスラエルとモアブの関係は、ルツ記の時代には比較的良好でしたが、それ以外は敵対的状況が続いていました。イザヤ書15章と16章の内容は、そのモアブに対する預言的哀歌とでも言うべきものです。

（2）「わたしの心はモアブのために叫ぶ」（5節）とあります。イザヤは、さまざまな国の滅亡を預言しましたが、決して敵が滅びることを喜んでいたわけではありません。むしろ彼は、涙とともに神の裁きを預言しました。「泣く」という動詞や、それに類する表現が、くり返し用いられていることに注目しましょう（15・2、5、8、16・7、9）。敵であっても、同じ人間として彼らの滅亡を甘受することができなかったイザヤの心情を、深く味わう必要があります。

試練のとき、何に信頼するか

（1）この章の冒頭で、モアブ王国の主要都市の滅亡が預言されます。それらの都市の住民たちは、気が狂わんばかりに泣き叫びます。彼らが信頼していた2つのものが、全く無力であったことが明らかになったからです。1つは軍事力です。勇士であった「モアブの武装した者たち」（4節）までもが、嘆きの声を上げます。もう1つは、モアブの国家神であったケモシュです。ケモシュは、戦いの神として礼拝されていました。モアブ人たちがケモシュの前で子どもを全焼のいけにえとして献げていたことが、碑文に記されています（2列3・27参照）。

（2）モアブに危機が襲ってきたとき、頼りにしていた軍事力も偶像神も、彼らを救うことはできませんでした（エレ48・13、46参照）。私たちには、人生の危機に対する備えがあるでしょうか。私たちが信頼しているものは、本当に私たちを救うことができるでしょうか。もう一度、ヘブル人への手紙13章8節の約束の素晴らしさを確認しましょう。「イエス・キリストは、昨日も今日も、とこしえに変わることがありません」。信仰の先人たちの生き方から、教訓を学ぼうではありませんか。

イザヤ書16章

「それゆえ、モアブは　モアブ自身のために泣き叫び、すべての者が泣き叫ぶ。　ただ打ちのめされて、キル・ハレセテの干しぶどうの菓子のために嘆く。」（イザヤ書16・7）

この章から、以下のことを学びましょう。（1）モアブは、高慢のゆえに裁きを受けます。（2）イザヤは、モアブの滅びは3年以内にやってくると預言し、それがそのまま成就します。（3）モアブについての宣告は、世の終わりに起こることの預言になっています。

モアブについての宣告

（1）この章の内容（モアブの滅亡）は、15章からの続きです。1節から5節は、神からモアブへの忠告であり、助言です。モアブは、敵の攻撃から自分の身を守るために、セラ（エドムのこと）に助けを求めましたが、それは間違いです。彼らは、エドムではなく、ユダの庇護のもとに身を置くべきでした。ここでは、モアブがユダに隷属することと、国の農業や牧畜が疲弊することが、預言されます。

（2）6節~12節は、モアブに対するユダの答えです。その高慢な態度のゆえに、モアブには絶望的な状況が訪れることが預言されます。モアブは、美味なぶどうの産地として有名でした。7~10節は、詩的表現で、その豊かなぶどう畑が疲弊した姿になることを詠っています。

（3）13節と14節は、イザヤの宣言です。雇い人の年季は、勝手に変更することが許されません。そのように、モアブの滅亡も確実に3年以内にやってくると、イザヤは宣告します。実際その宣告どおりのことが起こります。紀元前701年、アッシリアのセンナケリブはモアブを滅亡させました。モアブには神から多くの良き物が与えられていました。ぶどう畑もその1つです。しかし、それらの賜物のゆえに傲慢になるなら、神の裁きを受けることになります。賜物が豊かであればあるほど、裁きの悲惨さは増し加わります。

（4）15章と16章にある預言は、モアブの滅亡以上のものを私たちに伝えています。2つの希望に目をとめましょう。①14節に「残った者」という表現が出てきます。モアブ人の中からわずかではあっても、偶像の空しさを知って真の神に立ち返る人々が出てきます。これは希望ですが、残念ながらその「残った者」の信仰は、一時的で長続きしないようです。②もう1つの希望は、5節にあるダビデ王国樹立の預言です。モアブについての宣告は、世の終わりに起こることの預言ともなっています。ここで、使徒の働き15章14~17節、ヨハネの黙示録19章17節~20章4節を読んでみましょう。それらの箇所には、獣（サタン）とその軍勢の滅び、そして、神の国の確立、という出来事が記されています。預言は、今という時をより良く生きるための神からの励ましのことばです。

イザヤ書17章

ダマスコについての宣告。「見よ。ダマスコは取り去られて都でなくなり、瓦礫の山となる。」（イザヤ書17・1）

この章から、以下のことを学びましょう。（1）ユダを攻撃しようとしていたアラムとイスラエルの上に、裁きが宣告されます。（2）アッシリアは、アラムとイスラエルを裁く器として用いられますが、そのアッシリアも神によって滅ぼされます。神は歴史の支配者です。（3）イザヤは、神の裁きの中にある恵みについて預言します。少数の者（イスラエルの残りの者）が恵みによって残されます。

ダマスコとイスラエルについての宣告

（1）この章は、ダマスコ（アラム）とエフライム（北王国イスラエル）の滅亡を預言しています。アラムとイスラエルが同盟を結び、南王国ユダを攻撃しようとしていました（イザ7〜8章参照）。それゆえ、この両国に神の裁きが下ります。

（2）9〜11節には、イスラエルに裁きが下る理由が記されています。彼らは、救いの神を忘れて偶像礼拝に走りました。「好ましい植木」と「他国のぶどうのつる」（10節）とは、偶像神タンムズのことです（タンムズは、バビロンの神話に登場する牧神で、女神イシュタルがその妻です。夫が猪に殺された後、イシュタルは、夫を生き返らせるために下界に下ります。そのとき、あらゆる収穫物は枯れますが、タンムズの復活とともにそれらはよみがえります。タンムズ礼拝は、豊穣神礼拝です）。

（3）イスラエルの滅亡から学ぶべき教訓は、次のことです。「信者が未信者と釣り合わないくびきをともにしているなら、やがて罪の生活に巻き込まれ、滅びを招くことになる」。自らの交友関係を振り返ってみましょう。私は大丈夫だと思っているなら、それは自分自身を欺いていることになります。

（4）12〜14節には、アラムとイスラエルを裁く器として用いられるアッシリアの滅亡が預言されています。「多くの国々の民のざわめき」（12節）とは、アッシリアのことです。地上の王たちではなく、神こそが歴史を支配しておられることを再確認しましょう。
（5）この章でも、絶望的に見える状況の中に、一条の希望の光が見えます。4～8節がそれです。背景にあるのは、申命記24章20節の教えです。「あなたがオリーブの実を打ち落とすときは、後になってまた枝を打ってはならない。それは寄留者や孤児、やもめのものとしなければならない」。イスラエルの民は、オリーブの実を収穫するときは、貧しい者たちへの配慮として、いくばくかの実を残すように命じられていました。イザヤは、その習慣を用いて、神の裁きの中にある恵みについて預言しました。オリーブの実を打ち落とすように、神の裁きは確実に下ります。しかし、取り残された実がいくばくか枝に残るように、「イスラエルの残りの者」が恵みによって残されます。彼らは、偶像礼拝を悔い改め、イスラエルの聖なる方を見上げるようになります。私たちクリスチャンは、「現代の残りの者たち」です。神の恵みによって救われていることの幸いを再確認しましょう。

イザヤ書18章

そのとき、背が高く肌の滑らかな民、あちこちで恐れられている民、その国土を多くの川が分けている、力強い踏みにじる国民から、万軍の主の名のある場所、シオンの山へ、万軍の主のために贈り物が運ばれて来る。（イザヤ書18・7）

この章から、以下のことを学びましょう。（1）クシュは、アッシリアの侵略におびえ、軍事同盟を結ぶためにユダに特使たちを送ります。（2）イザヤは、神がアッシリアを滅ぼそうとしているから、動揺しなくてもよいと特使たちに勧告します。（3）アッシリアの兵士たちが倒される様子が、絵画的に描写されます。（4）クシュは、シオンの山で主を礼拝するようになります。

クシュ（エチオピア）についての預言

（1）この章は、難解な章と言われています。「神の栄光」を中心テーマに据えて、本章を解釈してみましょう。クシュ（エチオピア）は、ナイル川や紅海にパピルスの船を走らせていた国、また、戦争と商売にたけていた国です。しかし、アッシリアの侵略におびえ、軍事同盟を確立するために南王国ユダに特使を送ります。2節後半の「すばやい使者よ、行け」以降は、その特使に対するイザヤの返答です。イザヤは特使たちに、神がアッシリアを滅ぼそうとしておられるから、動揺しなくてもよいと勧告します。「旗」や「角笛」は、神がアッシリアを滅ぼされるときに用いられる合図です。世界中の民族が、アッシリアの滅亡を目撃するようになります。

（2）4節以降は、神がイザヤの口を通して語られた内容です。「わたしは静まり、わたしのところから眺める」。この箇所は、詩篇46篇10節を連想させます。「やめよ。知れ。わたしこそ神。わたしは国々の間であがめられ　地の上であがめられる」。神は、天の御座に座しながら、刈り入れを待つ農夫のように、アッシリアを裁く時を待っておられます。

（3）5～6節では、アッシリアの兵士たちの死体が、鎌で刈られた枝やつるとして絵画的に描写されています。7節では、最終的にクシュも主の主権を認め、シオンの山（エルサレム）で主を礼拝するようになることが預言されます。これら一連のことを通して、主の栄光が全地に現れます。

（4）エチオピア人の先祖は、ソロモン王とシェバの女王との間に生まれたメネリク一世であると言われています。エチオピアとキリスト教との係わりは、使徒の働き8章27節以降に記録されている伝道者ピリポとエチオピアの高官の出会いにまで遡ることができます。紀元4世紀になって、フルメンティウスという人物が、エチオピアの支配階級にキリスト教を普及させ、それ以来エチオピアのキリスト教は、コプト派キリスト教として国教の地位を保持し続けてきました。エチオピアに起こったことが日本にも起こり、主の栄光が現されますようにと、祈りましょう。

イザヤ書19章

万軍の主は祝福して言われる。「わたしの民エジプト、わたしの手で造ったアッシリア、わたしのゆずりの民イスラエルに祝福があるように。」
（イザヤ書19・25）

この章から、以下のことを学びましょう。（1）この章の前半（1～17節）は、エジプトに対する裁きの預言です。この預言は、すでに成就しました。（2）後半（18～25節）は、将来起こることの預言です。（3）終末時代、神はエジプトとアッシリアを救い、両国をイスラエルとともに主に仕える民としてください ます。（4）神による人類救済計画は、イスラエルを中心に進んでいきます。

エジプトに対する警告と約束

（1）この章の前半（1～17節）は、エジプトに対する警告、後半（18～25節）は、祝福の約束となっています。前半の警告は、すでに成就しています。後半の約束は、将来起こる出来事です。

（2）イザヤは、エジプトに下る突然の裁きを預言します。2～4節で、エジプトに下る裁きは、政治的混乱、宗教的混乱を通してやってくることが説明されます。その結果、エジプトは厳しい主人の支配下に置かれるようになります。この預言どおり、イザヤの時代以降、ペルシア、マケドニア、ローマなどがエジプトの上に君臨するようになります。

（3）5～17節には、裁きの結果、エジプトがどのような状態になるかが預言されています。神は、将来の出来事を未来完了形で語っておられます。神にとっては、将来の出来事も、すでに起こったのと同じことだからです。

（4）エジプトが裁かれる姿は、終末時代における神に敵対する国々の裁きを予表しています（エジプトは異邦人諸国の代表です）。エジプトに下る神の裁きの預言は、すでに成就しました。とするなら、将来起こるはずの諸国の裁きも、必ず成就すると信じることができます。それどころか、この章の後半に記されたエジプトに対する祝福の約束も、そのまま成就すると信じることができます。ここに、神を信じる者の希望があります。エジプトは、「混乱の霊」（14節）によって惑わされました。しかし、イエス・キリストを信じる私たちは、「真理の御霊」（ヨハネ14・17）によって導かれています。

祝福されるエジプト、アッシリア、イスラエル

（1）後半で注目すべきは、5回も出てくる「その日」ということばと、23～25節に記された預言の内容です。終末時代、神はエジプトとアッシリアを救い、両国をイスラエルとともに主に仕える民としてくださいます。この預言を読むと、どんな人でも悔い改めるなら救われることが分かります。また、現代の中東問題（ユダヤ人とアラブ人の対立）も、政治的解決ではなく、再臨される平和の君イエスによって最終的な解決を見ることが分かります。この預言は、にわかには信じ難いことかもしれません。しかし、現在イスラエルでは、イエスをメシアと信じたユダヤ人とアラブ人クリスチャンの間で和解運動が進展しています。それは、遅々たる歩みかもしれませんが、メシアによる和解の先駆けとして、大いに注目されます。

（2）「その日、イスラエルはエジプトとアッシリアと並ぶ第三のものとなり、大地の真ん中で祝福を受ける」（24節）。この聖句は、神による人類救済のドラマの中で、イスラエルが中心的な役割を演じることの表明となっています。パウロは、「私は福音を恥としません。福音は、ユダヤ人をはじめギリシア人にも、信じるすべての人に救いをもたらす神の力です」（ロマ1・16）と書いています。「ユダヤ人をはじめ」と書かれているのには、訳があります。①神との契約関係は、ユダヤ人から始まりました。②時間的には、福音のメッセージを最初に委ねられたのがユダヤ人です。③地理的には、福音のメッセージはユダヤ人の都エルサレムから始まり、全世界に伝えられていきました。

（3）異邦人が救われるために、ユダヤ人が一時的に福音に敵対する状態に置かれましたが、そのユダヤ人が再びメシアを信じるときが来ます。この章を通して、神の救いの計画の全貌が見えてきます。その計画とは、異邦人もイスラエルとともに神を礼拝する民に加えられるようになるということです。なんという壮大な計画でしょうか。日本人がその祝福の輪からもれることのないように、熱心に祈り、伝道に励みましょう。

イザヤ書20章

主は言われた。「わたしのしもべイザヤが、エジプトとクシュに対するしるし、また前兆として、三年間裸になり、裸足で歩いたように、そのように、アッシリアの王はエジプトの捕虜とクシュの捕囚の民を、若い者も年寄りも裸にして、裸足のまま、尻をあらわにして、エジプトの恥をさらしたまま連れて行く。」(イザヤ書20・3〜4)

この章から、以下のことを学びましょう。(1)この章では、クシュとエジプトの滅亡が同時に預言されます。(2)イザヤは、上着を脱いで裸足で歩くことによって、クシュとエジプトの滅亡を預言しました。(3)この象徴的行為は、クシュとエジプトの軍事力に信頼を置いていたユダの民に対する教訓となりました。

預言者の象徴的行為

(1)18章と19章では、クシュ(エチオピア)とエジプトの滅亡が別々に預言されていましたが、この章では、その2つの国の滅びが同時に預言されます。主のことばがイザヤに下りました。時は、アッシリアのタルタンが地中海沿いの町アシュドデを滅ぼした年ですから、紀元前712年頃です。その約10年前に、アッシリアのサルゴン二世はサマリアを陥落させ、イスラエルの民2万7290人をメソポタミアやメディアに捕え移していました（2列17・5〜6）。

（2）当時イザヤは、悔い改めの象徴である粗布を腰にまとっていました。この状態は、死者の装束を身に着けているのと同じことです。彼はすでに、この世に対しては死んでいました。神はイザヤに、「行って、あなたの腰の粗布を解き、あなたの足の履き物を脱げ」（2節）と命じます。当時の中東の習慣では、上着を脱ぐことは裸になるのと同じで、屈辱的な行為でした。イザヤは3年間、上着を脱いで裸足で歩きました。彼の姿は、奴隷の姿、捕囚の民の姿を象徴していました。そのような姿が民衆から受け入れられるはずはありませんが、目立ったことだけは確かです。

（3）イザヤは、なぜそのようなことをしたのでしょうか。これは、預言者の象徴的行為と呼ばれるもので、クシュとエジプトの滅亡を預言するためにそうしたのです。イザヤは、神に忠実であることを第一の目標とした預言者です。義のために苦しむことは、罪で苦しむよりもはるかに幸いです。苦しみの中にも喜びと平安があり、苦しみが去ったときには、神からの栄誉が届けられるからです。

（4）イザヤの象徴的行為は、ユダの民への教訓となりました。彼らは、アッシリアの攻撃から身を守るために、エジプトとクシュに頼ろうとしていました。「海辺の住民」とは、地中海沿岸に住んでいた民のことです。彼らも、ユダの民と同じように、クシュとエジプトの軍事力に信頼を置いていました。しかし、誰であっても、神以外の被造物に信頼を置く者は恥を見るようになります。イザヤは、象徴的行為を通して、そのようなメッセージを神の民に伝えようとしました。頼りにしていた人（物）に絶望したとき、私たちはどのような選びをしたらよいのでしょうか。そのときこそ、神に立ち返るチャンスです。

イザヤ書21章

海の荒野についての宣告。　ネゲブに吹きまくるつむじ風のように、　それは荒野から、　恐ろしい地からやって来る。（イザヤ書21・1）

この章から、以下のことを学びましょう。（1）イザヤ自身が、バビロンが経験する苦痛を共有しています。（2）イザヤは、バビロン滅亡の200年も前に、この預言を語りました。バビロン捕囚を経験することになるイスラエルの民を励ますためです。（3）ドマ（エドム）とアラビアの滅びの預言も語られます。

バビロンについての宣告

（1）「海の荒野」とは、バビロンのことです。ペルシア湾に面していたので、こう呼ばれています。バビロン滅亡の預言は、すでに13章と14章に出ていました。この章の中心テーマは、バビロン滅亡を語る預言者イザヤの悲しみです。

（2）バビロンは、裏切り行為によって滅びます。2節の「裏切る者」とはエラムのこと、「荒らす者」とはメディアのことです。エラムはペルシア湾の北、チグリス川の東に位置する国であり、メディアはその北にある国です。バビロンの滅びは目前に迫っていましたが、彼らに危機感はありませんでした。彼らは、依然として大宴会に酔いしれていました（ダニエル書5章のベルシャツァルの宴会とその後の展開を参照）。

（3）3～5節は、滅亡を体験するバビロンの悲しみと苦痛を描写しています。と同時に、イザヤもその苦痛を共有しています。いかに罪深き国であっても、滅びは悲惨な出来事です。イザヤは、その惨状を、妊婦を襲う陣痛の苦しみにたとえています。この預言は、キュロス王が前539年にバビロンを滅ぼしたときに成就しました（2歴36・22～23）。イザヤは、バビロン滅亡の200年も前に、この預言を語りました。それは、やがてバビロン捕囚に引かれていくことになるイスラエルの民を励ますためでした。ここに、父なる神の先回りの愛があります。

ドマ（エドム）とアラビアについての宣告

（1）「ドマ」とは「沈黙」を意味しますが、ここでは、暗い歴史を持つエドムを指します。エドムという呼称は、ヤコブの兄エサウに由来するものです。「セイル」は「毛深い」（樹木が茂った）という意味ですが、これもエドムを指すことばです。

（2）バビロンの圧制からの解放を願うエドムの民は、イザヤに問いかけます。「夜回りよ、今は夜の何時か」（11節）と。「夜回り」とは城壁の見張り人と同義語で、ここでは預言者イザヤを指します。見張り人の使命は、敵の動きを察知し、迫り来る危険をそのまま民に伝えることです。エドムの民は、バビロンの圧制という暗闇がいつ終わるのかと問いかけました。同じ文が2回くり返されているのは、民の動揺を表現するためです。12節で、イザヤの答えが届けられます。「朝は来る。また夜も来る。尋ねたければ尋ねよ。もう一度、来るがよい」。この答えの意味はこうです。イスラエルの民には朝がきます。彼らは、バビロン捕囚から解放されるからです。しかし、エドムは解放されず、再び彼らに夜が訪れます。そうなる理由は、エドムには真の悔い改めがないからです。

（3）13～17節までは、アッシリアの攻撃の直前（前712～711年）に語られたアラビアについての宣告です。アラビアの滅亡が目前に迫っていました。「雇い人の年季のように、もう一年でケダルのすべての栄光は尽きる。ケダル人の勇士たちで、残る射手は数少なくなる」（16～17節）。これらの預言は、すべて主が告げられたことです。

（4）この章の預言は、現代に生きる私たちへのメッセージでもあります。バビロンの滅びは、終末時代に起こる、神に敵対するすべての勢力の裁きを予表しています。神が最後の裁きを実行されるときのことを思うと、イザヤが感じた以上の恐怖を感じないわけにはいきません。イザヤは、「私は心乱れて、聞くことができない。恐ろしさのあまり、見ることができない」（3節）と言いました。それにもかかわらず、彼が滅びのメッセージを語り続けたのは、それが彼の使命だったからです。「イスラエルの神、万軍の主から聞いたことを、私はあなたがたに告げたのだ」（10節）。私たちにも、神のことばをそのまま伝える使命が与えられています。たとえ人々がそれを歓迎しないことが分かっていても、私たちは語り続けるべきです。

イザヤ書22章

「わたしはまた、彼の肩にダビデの家の鍵を置く。彼が開くと、閉じる者はなく、彼が閉じると、開く者はない。わたしは彼を杭として、確かな場所に打ち込む。彼はその父の家にとって栄光の座となる。」（イザヤ書22・22〜23）

この章から、以下のことを学びましょう。（1）エルサレムの住民たちは、エルサレムには神殿が建っているという理由で、安心していました。これは迷信的信仰です。（2）彼らは、イザヤが語る警告に耳を傾けようとはしませんでした。（3）イザヤは、執事シェブナが裁かれることと、エルヤキムが後継者になることを預言しました。（4）エルヤキムは大いに用いられますが、晩年になって裁きを受けることになります。エルヤキムに関する記述は、イエス・キリストの奉仕の預言になっています。

幻の谷についての宣告

（1）幻の谷とは、エルサレムのことです。谷によって三方を囲まれているので、こう呼ばれました。この預言が語られた時期は、アッシリアのセンナケリブがエルサレムを包囲する直前（前７０１年）だと思われます。1節でイザヤは驚きの声を上げます。エルサレムの住民が、敵が攻撃して来る様子を見ようとして、屋根に上っている幻を見たからです。

（2）2～7節には、アッシリアの攻撃で苦しむ民の様子が描かれています。これを見たイザヤは深い悲しみに襲われますが、彼は一時的な慰めや、その場しのぎの気休めのことばを拒否します。

（3）8～13節は、イスラエルの民の過信を描いています。彼らは、「自分たちは契約の民であり、神の都エルサレムに住んでいる。ここには神殿も建っている。この町が滅びるはずがない」と思い込んでいました。これは、「交通安全のお守りをつけていれば、どんな運転をしても事故に遭うことはない」と豪語するのと同様、愚かなことです。危機に直面した民は、敵の攻撃に備えて町を要塞化しようとしました。そのくせ、享楽的な生き方を続け、預言者を通して語られる神のことばに耳を傾けようとはしませんでした。しかし、イザヤの耳にははっきりと神の声が聞こえていました（14節）。裁きの預言を学ぶのはつらいことです。しかし、「私の目と耳を開いてください」と祈るなら、裁きの後にやってくる神の恵みが見え始めます（イザ64・4、1コリ2・9参照）。

執事シェブナとエルヤキム

（1）イスラエルの民への叱責の後、執事シェブナの裁きが預言されます。シェブナは、補佐官としてアハブ王とヒゼキヤ王に仕えました。しかし彼は、その地位を私利私欲のために利用したようです。豪華な家を建て、シオンの山にあった貴族たちの墓地に自分の墓を設けました。一説によれば、彼は、アッシリアに対抗するためにエジプトと同盟を結ぶように主張したグループの指導者でした。イザヤは、彼はその要職を追われると預言しました。この預言は、アッシリアのセンナケリブがエルサレムを包囲したときに成就しました（前７０１年）。

（2）シェブナに代わって登用されるのが、エルヤキムです。「彼はエルサレムの住民とユダの家の父となる」（21節）とあります。これは、善政を行う指導者となるという意味です。あらゆる権威がエルヤキムに与えられ、彼は豊かに用いられます。しかし、その彼も神から退けられるという預言が語られます（25節）。理由は記されていませんが、エルヤキムでさえ、晩年には傲慢に陥るということでしょう。私たちにとって頼るべきお方は、神のみです。

（3）20～24節までのエルヤキムに関する記述を読んでみると、これがイエス・キリストの奉仕の預言にもなっていることに気づきます。真の指導者、真のエルヤキムとは、主イエスのことです。ヨハネの黙示録3章7節にはこうあります。「また、フィラデルフィアにある教会の御使いに書き送れ。『聖なる方、真実な方、ダビデの鍵を持っている方、彼が開くと、だれも閉じることがなく、彼が閉じると、だれも開くことがない。その方がこう言われる――』」。主イエスは、「確かな場所に打ち込まれた杭」（23節）です。腕の良い大工が打ち込む一本の杭が、不安定な建物を安定させるように、主イエスの十字架が、私たちの人生を祝福に満ちたものに変えます。「見よ。わたしはシオンに、つまずきの石、妨げの岩を置く。この方に信頼する者は　失望させられることがない」（ロマ9・33）。主イエスに信頼する人は、幸いです。

イザヤ書23章

だれが、王冠を戴くツロに対して　これを図ったのか。　その商人は君主たちで、　その貿易商は地で最も尊ばれていたのに。　万軍の主がそれを図り、　すべての麗しい誇りを汚して、　地で最も尊ばれている者をみな卑しめられた。
（イザヤ書23・8〜9）

この章から、以下のことを学びましょう。（1）都市国家ツロの滅びが預言されます。滅びの原因は、傲慢な態度です。（2）滅びから70年後に、ツロは復興し、商業活動から得た利益を神と人のために用いるようになります。（3）ツロは、経済大国の肥満化と傲慢の象徴です。ツロから教訓を学ぶ人は幸いです。

ツロについての宣告

（1）この章の預言を理解するために、まず、フェニキアという国について確認しておきましょう。現在のレバノンの海岸地帯、南北約２００㎞に伸びる地域がフェニキアです。ここは、アジア大陸から地中海に出るための要衝の地で、政治、経済、文化面で重要な役割を果たしていました。狭い海岸の低地が、岬や渓谷で分断されているため、統一国家ではなく、都市連合国家が発展しました。ツロ、シドン、サレプタ、アコ（新約のトレマイ）などが、フェニキアの都市としてよく知られていました。中でも、「海の砦」と呼ばれていたツロは、地中海沿岸の海洋貿易の主要地で、現在のスペインの南端にあったタルシシュの港にまで商業船を通わせるほどでした。

（2）強力な都市国家であるツロが滅びることなど、考えもつかないことでした。しかしイザヤは、ツロが主権者なる神の裁きを受けることを預言しました。その預言どおりに、ツロはアッシリアがバビロンを包囲した年に、アッシリアによって滅ぼされました（前７１０年）。滅びの原因は、傲慢にありました。ツロは、しばらくの間忘れられた存在となりますが、70年後（神の時が満ちたとき）に復興を遂げ、商業活動から得た利益を神と人のために用いるようになります。

（3）ツロは、経済大国の肥満化と傲慢の象徴です。今も、「神なき経済大国の最後は滅びである」という真理は変わりません。黙示録18章には、商業国家の終末的な裁きが預言されています。神が経済至上主義、物質主義を裁かれるとき、そこからどういう教訓を学ぶべきでしょうか。イザヤは、70年後に復興するツロは、その収益を神と人に仕えるために用いるようになると預言しました。ここに、経済至上主義の落とし穴から抜け出る鍵があります。私たちの経済活動が、神に喜ばれるものとなっているかどうか、吟味してみましょう。また、経済的な困難を経験している方々に、霊肉ともに神の祝福が注がれるように祈りましょう。

イザヤ書24章

まことに、大地の真ん中で、諸国の民の間で、オリーブを打ち落とすようなことが、ぶどうの収穫の後に　取り残しの実を集めるようなことが起こる。彼らは声をあげて喜び歌い、西の方から主の威光をたたえて叫ぶ。

（イザヤ書24・13〜14）

この章から、以下のことを学びましょう。（1）この章のアウトラインは、黙示録のそれに似ています。（2）イザヤは、全世界の裁きと「イスラエルの残りの者」についての預言を語ります。（3）預言の内容は、患難期の到来、神の敵に下る裁き、そして、千年王国の設立です。（4）千年王国の設立を信じる人は、試練の中にあっても平安な生涯を送ることができます。

全世界の裁き

（1）この章の内容は、黙示録のそれを思わせます。大まかな流れは、①患難がもたらす神の国への渇望（1～12節）、②イスラエルの残りの者の約束（13～15節）、③患難時代の到来（16～20節）、④神に敵対する勢力の裁き（21節）、⑤千年王国の成就（22～23節）となっています。

（2）まず、全世界の裁きが預言されます。人に恐怖心を与えて入信させようとするのは、カルト宗教の常套手段です。イザヤもまた恐ろしい預言を語りますが、その動機は、カルト宗教のそれとは根本的に異なります。彼は、愛のゆえに語らざるを得なかったのです。裁きは、どのような身分の人にも等しく下ろうとしています。裁きの理由は、5節に書かれています。契約の民イスラエルはモーセの律法に違反し、異邦人は良心に書かれた神の律法を破りました。イスラエル人であっても異邦人であっても、言い逃れのできる人はひとりもいません。裁きはないと考えれば、一時的に気が楽になるかもしれませんが、聖書は、「人間には、一度死ぬことと死後にさばきを受けることが定まっている……」（ヘブ9・27）と教えています。

（3）裁きの預言は、絶望のままで終わることはありません。そこには必ず希望があります。13節では、「イスラエルの残りの者」の預言が与えられます。収穫の時期に未収穫の果実が残されるように、裁きの中でも真の信仰者は残され、守られます。試練に遭うと、孤独や弱さを感じるのが私たち人間です。あの偉大な預言者エリヤでさえも、死を願うほどに落胆したことがありました。その彼に神は、「しかし、わたしはイスラエルの中に七千人を残している。これらの者はみな、バアルに膝をかがめず、バアルに口づけしなかった者たちである」（1列19・18）とお語りになりました。

救いの神への賛美

（1）13～15節は、「イスラエルの残りの者」についての預言です。神の人類救済計画は、そのような真の信仰者たち（残りの者）によって推進されてきました。20世紀後半から、イエスをメシアと信じる多くのユダヤ人たちが現れるようになり、世界的にメシアニックジュイッシュ運動が注目を浴びるようになりました。彼らは、現代の「イスラエルの残りの者」です。

（2）16～20節は、患難期の預言です。これは将来起こる出来事ですが、歴史の針は、それがいつ起こってもおかしくない地点まできています。21節は、神に敵対するサタン、悪霊ども、異邦人の諸国の裁きの預言です。22〜23節で、やがてこの地上に実現する千年王国の幻が語られます。千年王国が成就すると、月や太陽は、主イエスの栄光の輝きで色あせます。正しい歴史観、世界観を持っている人は、試練に勝ち抜く力を身につけます。

（3）預言は、将来の出来事の細部まで説明しているものではありません。未来に起こることの大枠を保証しているだけです。細かいところは分からなくても、この地上に神の国が実現することを心から信じるなら、安心して今を生きることができるようになります。「万軍の主がシオンの山、エルサレムで王となり、栄光がその長老たちの前にあるからである」（23節）。主の栄光を仰ぐその日、長老たちの群れに加えられている人はなんと幸いな人でしょうか。神は、1人の人が滅びることも喜ばれず、すべての人が神に立ち返ることを待っておられます。「神は、実に、そのひとり子をお与えになったほどに世を愛された。それは御子を信じる者が、一人として滅びることなく、永遠のいのちを持つためである」（ヨハ3・16）。滅びゆく人たちのために、執りなしの祈りを献げましょう。

イザヤ書25章

その日、人は言う。「見よ。この方こそ、待ち望んでいた私たちの神。私たちを救ってくださる。この方こそ、私たちが待ち望んでいた主。その御救いを楽しみ喜ぼう。」（イザヤ書25・9）

この章から、以下のことを学びましょう。（1）この章に記された預言は、アッシリアの攻撃に備えるイスラエルの民を励ますためのものです。（2）この章には、出エジプト記15章に記されている「解放の喜び」の再来があります。（3）メシア再臨の条件は、イスラエルによる信仰告白です。

その御救いを喜び楽しもう

（1）この章は、3つの部分に分けることができます。①解放をもたらされた神への感謝（1～5節）、②万軍の主の宴会（6～8節）、そして、③モアブ（神の敵）の滅び（9～12節）です。これらの預言は、アッシリアの勢力が迫っている中で、イスラエルの民を励ますために語られたものです。

（2）この章には、出エジプト記15章に記録されている「解放の喜び」の再来があります。出エジプト記では、喜びのゆえにモーセとイスラエルの民が歌い、女預言者ミリアムが踊りました。それと同じことが、再び起こります。いつの時代であっても、試練のときに必要なのは信仰です。神は今も、信じる者にとって「砦」、「避け所」となってくださいます（4節）。

（3）この章は、神の国への序曲ともなっています。神の国が到来するための前提が、9節に記されている祈りです。メシアであるイエスを拒否したイスラエル民族が、「見よ。この方（イエス）こそ、待ち望んでいた私たちの神。私たちを救ってくださる。この方こそ、私たちが待ち望んでいた主」と祈るとき、イエスの再臨の条件が整ったことになります。その後、モアブに代表される神の敵は滅び、救われた者たちは、子羊の婚宴に招かれるようになります。

（4）8節には、「永久に死を呑み込まれる。**神**である主は、すべての顔から涙をぬぐい取り、全地の上からご自分の民の恥辱を取り除かれる」とあります。パウロは、「そして、この朽ちるべきものが朽ちないものを着て、この死ぬべきものが死なないものを着るとき、このように記されたみことばが実現します」（1コリ15・54）と書いています。またヨハネは、「神は彼らの目から涙をことごとくぬぐい取ってくださる」（黙21・4）と預言しています。パウロもヨハネも、地上生活を歩みながら、御国の祝福に生きていたことが分かります。彼らの信仰に倣う人は、幸いです。

イザヤ書26章

あなたの死人は生き返り、私の屍は、よみがえります。覚めよ、喜び歌え。土のちりの中にとどまる者よ。まことに、あなたの露は光の露。地は死者の霊を生き返らせます。さあ、私の民よ。あなたの部屋に入り、うしろの戸を閉じよ。憤りが過ぎるまで、ほんのしばらく身を隠せ。

（イザヤ書26・19～20節）

この章から、以下のことを学びましょう。（1）この章の預言は、イスラエルの民を励ますために語られたものです。（2）2つの都(神の都と地上の都)が戦っていますが、最終的には、神の都が勝利します。（3）主に信頼した人は、神の都に入り、主の平安を体験するようになります。（4）19節にはイスラエル回復の預言がありますが、これは旧約聖書で最初の明確な復活の預言となっています。（5）約束のものを手に入れるために必要なのは、忍耐です。

2つの都の物語

（1）この章の預言は、イスラエルの民がアッシリアの侵攻におびえていたときに、彼らを励ますために語られたものです。「その日」（1節）とは、モアブによって象徴される神の敵が裁かれる終末の日です。その日、地上の諸国民は、神こそ真の審判者であり、信頼すべきお方であることを認めるようになります。

（2）この章は、「2つの都の物語」という視点から読むことができます。①「強い都」（1節）とは、神がお建てになる都エルサレムです。②「高い所、そびえ立つ都」（5節）とは、人の手によって建てられる都です。この2つの都が戦っており、前者が栄えると後者は衰え、後者が栄えると前者は衰えます。しかし、最終的には、神の都とそこに住む者たちが勝利を収めます。

（3）神の都に入るための条件は、主への「信頼」です。主を信頼して神の都に入る人たちには、主からの平安が約束されます。19節にはイスラエル回復の預言がありますが、これは旧約聖書で最初の明確な復活の預言となっています。「あなたの死人は生き返り、私の屍は、よみがえります。覚めよ、喜び歌え。土のちりの中にとどまる者よ。まことに、あなたの露は光の露。地は死者の霊を生き返らせます」。この聖句は、第一義的には、イスラエルについての預言ですが、そこには現代的適用もあります。私たちの前には2つの道（信仰の道と不信仰の道）が置かれています。信仰の道を選ぶなら、神の都の城門は内側から開かれます。19節にある復活の希望は、私たちのものでもあるのです。

裁きから逃れよ

（1）最終的な神の栄光が現れる前に、患難が襲います。しかし、主に信頼する者は、守られます。裁きの中で神の民が守られた例が、いくつかあります。①出エジプト記にある過越の祭り。神がエジプトを裁かれた夜、イスラエルの民は安全に守られました。それは、子羊の血を取って、門柱と鴨居につけたからです。②ヨシュア記に登場するエリコの女ラハブ。窓に赤いひもを結びつけたので、彼女とその家族は殺戮を免れました。

（2）苦難のとき、私たちにできる最善のことは、祈りによってイエスの内に身を避けることです。イエスの血潮は、あらゆる苦難から私たちを守る神の力です。ヘブル人への手紙の著者は、苦難を経験している人にこう勧めます。「あなたがたが神のみこころを行って、約束のものを手に入れるために必要なのは、忍耐です」(ヘブ10・36)。「ほんのしばらく身を隠せ」と語られる神の声に聞き従い、忍耐する人は幸いです。そういう人は、地上生涯の先に、肉体の復活、神の都の祝福、主を賛美する者たちの大コーラスを見ることになります。約束のものを手に入れるために必要なのは、忍耐です。

イザヤ書27章

その日、主はあの大河からエジプト川まで 穀物の穂を打ち落とされる。 イスラエルの子らよ、あなたがたは一人ひとり拾い上げられる。その日、大きな角笛が鳴り渡り、 アッシリアの地にいる失われていた者や、 エジプトの地に追いやられた者たちが来て、 エルサレムの聖なる山で主を礼拝する。(イザヤ書27・12〜13)

この章から、以下のことを学びましょう。(1)アッシリアの脅威におびていたイスラエルの民に、イザヤは励ましの預言を語ります。(2)契約の民であっても、罪を犯すなら、神の裁きが下ります。(3)その裁きは、神の民を滅ぼすためではなく、清めるためのものです。(4)最後の2節では、イスラエルの祖国帰還と異邦人の救いが預言されます。

イスラエルの回復

(1)この章では、神の敵の滅びと、イスラエルの守りが預言されます。預言のメッセージを理解するためには、絶えずその預言が語られた時代背景を頭に入れておく必要があります。ここでは、神の民が、アッシリア侵攻の可能性におびえていたことが背景にあります。イザヤは、神の敵が滅びるだけでなく、やがてイスラエルに神の祝福が注がれる日がくると預言します。「時が来れば、ヤコブは根を張り、イスラエルは芽を出し、花を咲かせ、世界の面を実で満たす」（6節）。この預言は、苦難の中にあった人々にどれほどの勇気と励ましを与えたことでしょうか。

（2）7節から11節で、イザヤは、契約の民であっても、罪を犯すなら、神の裁きが下ることを明確に教えています。しかし、異邦人の場合とは裁きの目的が異なります。神がイスラエルを裁くのは、ご自身の民を清め、本来の姿に戻すためです。神は、いつもご自身の民が悔い改めて神に立ち返るのを待っておられます。

（3）イザヤは、次のような反語的質問を投げかけます。「主は、イスラエルを打った者を打ったように、イスラエルを打たれただろうか。イスラエルを殺した者を殺したように、イスラエルを殺されただろうか」（7節）。神は、ご自身の民を不信者とは区別して取り扱われます。この真理を、パウロは次のように述べています。「あなたがたが経験した試練はみな、人の知らないものではありません。神は真実な方です。あなたがたを耐えられない試練にあわせることはなさいません。むしろ、耐えられるように、試練とともに脱出の道も備えていてくださいます」（1コリ10・13）。

（4）この章の最後の2節では、イスラエルの祖国帰還と異邦人の救いが預言されます。これは、終末時代に成就する幻です。イザヤ書7章3節で、自分の息子に「シュアル・ヤシュブ」（残りの者は帰って来る）という名をつけたイザヤにとって、この幻は万感胸に迫るものがあったことでしょう。

（5）時がくると、神の計画はすべて成就します。神は、私たちを耐えられない試練に遭わせるようなことはなさいません。私たちの周りに、試練の中で絶望している人はいないでしょうか。自分の手に負えないという理由で、その人を避けていなかったでしょうか。勇気を出して、イエス・キリストにあっては希望があることを伝えようではありませんか。

イザヤ書28章

それゆえ、嘲る者たちよ、主のことばを聞け。エルサレムでこの民を治める者たちよ。あなたがたがこう言ったからだ。「われわれは死と契約を結び、よみと同盟を結んでいる。たとえ、洪水が押し寄せても、それはわれわれには届かない。われわれは、まやかしを避け所とし、偽りに身を隠してきたのだから。」それゆえ、神である主はこう言われる。「見よ、わたしはシオンに一つの石を礎として据える。これは試みを経た石、堅く据えられた礎の、尊い要石。これに信頼する者は慌てふためくことがない。」
（イザヤ書28・14〜16）

この章から、以下のことを学びましょう。（1）エフライム（北王国）は、傲慢のゆえに裁かれます。アッシリアが裁きの器として用いられます。（2）イザヤは、ユダ（南王国）もエフライムと同じように神の裁きを受けるようになると預言します。しかし、彼のことばは、意味不明の外国語のようにしか受け取られません。（3）自然界の法則があるように、霊的法則も存在します。霊的法則とは、神の義に反する者は裁かれるということです。（4）イザヤは、「シオンに据えられた一つの要石」に信頼せよと、希望のメッセージを語ります。

もつれた舌で語る預言者

（1）エジプトで生まれたヨセフの息子エフライムの子孫は、12部族の1つとなり、やがてその名が北の10部族を指すようになりました。エフライム族が相続した地（国の中央部）は、政治と宗教の中心地となりました。神は、エフライムをご自身の「冠」と「麗しい飾り」にしようとされましたが、エフライムは、「泥酔」と「傲慢」を自らの「冠」と「飾り」にしてしまいました。その結果、エフライムの栄華は急速にしぼむことになりました。

（2）エフライムを裁くために用いられる「荒れ狂う雹の嵐」（2節）とは、アッシリアのことです。エフライムの滅びは、砂漠から吹く熱風によってしぼむ花のように、また、すぐにもぎ取られてしまう初なりの果実のように、突如やってきます。どんな国でも、「泥酔」や「傲慢」を自らの冠としている限り、その栄えは長続きしません。

（3）5～15節までは、ユダに下る裁きの預言です。「民の残りの者」（5節）とは、南の2部族（ユダの民）を指します。彼らのためには、神ご自身が「輝かしい冠」と「栄えの飾り輪」となられます。しかし、そのユダが、指導者たち（祭司と預言者）の堕落によってエフライムと同じ罪に陥ります（7～8節）。イザヤは、ユダの民に切々と悔い改めを訴えかけますが、彼のことばは、意味不明の外国語のようにしか受け取られません。

シオンに据えられたかしら石

（1）神は、霊的法則（16～22節）と自然界の法則（23～29節）について語られます。もし農夫が自然界の法則を無視したら、結果は悲惨なものになります。自然界の法則があるように、霊的な法則も存在します。神は、「わたしは公正を測り縄とし、義を重りとする」（17節）と語られました。神の前で無罪を主張できる人は、ひとりもいません。ここでは、裁きが確実であることを示すために、２つの歴史的出来事が例として挙げられます。①バアル・ペラツィムの戦い（ダビデ王がペリシテ人を撃破した戦い、2サム5・18〜20）と、②ギブオンの戦い（ヨシュアがアモリ人の王たちを追撃した戦い、ヨシ10・10）がそれです。

（2）神の公正な裁きの前に、「よみとの同盟を結んでいる者たち」は、絶望するしかありません。しかしイザヤは、再び希望を語り始めます。「シオンに据えられた一つの要石」に信頼せよというメッセージが、それです。「要石」とは、建物全体をまとめ、全重量を支える礎石のことで、比ゆ的にイエス・キリストを指しています。

（3）詩篇118篇22節には、「家を建てる者たちが捨てた石　それが要の石となった」とありますが、イエスご自身が、この聖句をご自分に適用しておられます（マタ21・42、使4・11〜12、ロマ9・33など参照）。またペテロは、イザヤ書28章16節を引用し、イエス・キリストに信頼する者がいかに幸いであるかを論じています（1ペテ2・6）。イエス・キリストは、永遠に変わることのないお方です。この方に信頼を置く者の将来は、永遠に安泰であることを覚えましょう。イエス・キリストにある者の幸いは、尽きることがありません。

イザヤ書29章

もうしばらくすれば、確かに、レバノンは果樹園に変わり、果樹園は森に見えるようになる。その日、耳の聞こえない人が、書物のことばを聞き、目の見えない人の目が、暗黒と闇から物を見る。（イザヤ書29・17〜18）

この章から、以下のことを学びましょう。（1）イザヤは、エルサレムの滅亡を思い、大いに嘆きます。これは、主イエスの嘆きとも重なります。（2）神は、アッシリアとバビロンを用いて、エルサレムの不信仰を裁かれます。（3）イスラエルの民は、自分が粘土であることを忘れ、陶器師である神に向かって反抗します。（4）イザヤは、異邦人に福音が伝えられる時代が来ることを預言します。（5）さらに、ユダヤ人の救いの時が来ることも預言します。

「ああ。アリエル、アリエル」

（1）アリエルとは、エルサレムのことです（「神の獅子」、「神の炉」という意味）。エルサレムに神の審判が下ろうとしています。裁きの預言を語るイザヤの嘆きが、読む者の心を打ちます。その嘆きは、「エルサレム、エルサレム」と嘆かれたイエス・キリストの御声とも重なってきます（マタ23・37、ルカ13・34）。

（2）イザヤの時代のエルサレムの霊的な状態は、イエス時代のエルサレムのそれと酷似していました。①人々の信仰は表面的であり、偽善宗教の域を出ていませんでした。②神は、ご自身の民を清めるために、裁きの御手を伸ばされます。そのとき、祭壇で屠られるいけにえのように人々の血が流され、うめきと嘆きが町に満ち溢れます。③歴史の主である神は、アッシリアとバビロンを用いてエルサレムを裁かれます。④その目的が果されたなら、次は、エルサレムを滅ぼした者たちを裁かれます。

（3）イザヤは、イスラエルの民の思い違いを明るみに出します（9〜16節）。①彼らは、自分たちが霊的に盲目であることに気づいていませんでした。②彼らは、口先だけのことばで、神を満足させられると思っていました。神は不快感を表し、「その心は遠く離れている」と語られました。③彼らは、自らが粘土であることを忘れ、陶器師である神に対抗し、「彼にはわきまえがない」（16節）と言っていました。以下の聖句を読みながら、神が陶器師であり、私たちが粘土であることの意味を黙想してみましょう（イザ45・9、64・8、エレ18・1〜6、ロマ9・20〜21）。

異邦人の救いとユダヤ人の回復

（1）エルサレムに下る裁きを預言しながら、イザヤは突如、希望のメッセージを語り始めます。「もうしばらくすれば、確かに、レバノンは果樹園に変わり、果樹園は森に見えるようになる」（17節）。「レバノン」とは、異邦人を象徴することばです。果樹園とは、霊的に豊かな実を結ぶ地を表しています。一方、森とは霊的に荒廃した地のことです。つまり、今まで霊的な実をつけることのなかった異邦人の地（レバノンの森）が霊的に実り多い地となり、それとは逆に、エルサレム（ユダの地）が霊的に不毛の地（森）となるということです。これは、世界宣教の時代を預言したものです。主イエスご自身が、「目の見えない者たちが見、足の不自由な者たちが歩き、ツァラアトに冒された者たちがきよめられ、耳の聞こえない者たちが聞き、死人たちが生き返り、貧しい者たちに福音が伝えられています」（マタ11・5）と語っておられます。これは、イザヤ書29章18〜19節の引用です。

（2）エルサレムが滅ぼされるのは、傲慢と見せかけの信仰のゆえですが、へりくだる者には祝福が用意されています。「神の知恵により、この世は自分の知恵によって神を知ることがありませんでした。それゆえ神は、宣教のことばの愚かさを通して、信じる者を救うことにされたのです」（1コリ1・21）。

（3）「ユダヤ人の回復」（22〜24節）は、イザヤ書ではくり返し出てくる重要なテーマです。①ユダヤ人の回復は、アブラハム契約（創12・1〜3）と深く関連しています。②ユダヤ人が一時的につまずいたのは、異邦人である私たちに福音が宣べ伝えられるためです。③終わりの日には、ユダヤ人は民族的な回心を体験します（ロマ11・28〜29参照）。

（4）神は必ずご自身の約束を守られるお方です。

それゆえ、私たちは、どんなときにも神のことばに信頼を置いて歩むべきです。私たちの救いは、神の約束の確かさに基礎を置いていることを再確認しようではありませんか。

イザヤ書30章

それゆえ主は、あなたがたに恵みを与えようとして待ち、それゆえ、あわれみを与えようと立ち上がられる。主が義の神であるからだ。幸いなことよ、主を待ち望むすべての者は。（イザヤ書30・18）

この章から、以下のことを学びましょう。（1）危機に直面したイスラエルの民は、神よりもエジプトに頼ろうとしました。しかしそれは、滅びを招く道でした。（2）イスラエルの民にとって最善の方法とは、エルサレムにとどまって、主を待ち望むことでした。（3）主に立ち返り、熱心に祈りを献げる者は、祝福を受けます。（4）アッシリアの裁きが預言されますが、これは、すべての神の敵が裁かれることを預言したものです。

何もしないラハブに頼るな

（1）この章の背景となっているのは、アッシリアのセンナケリブ王がユダに攻め上って来た出来事だと思われます。ユダは政治的判断を下し、エジプトに助けを求める道を選びました。しかし神は、その判断に不快感を示され、どんなに貢ぎ物を納めても、エジプトはなんの助けにもならないと語られました。「何もしないラハブ」とは、援助に駆けつけてくれないエジプトという意味です。

（2）イザヤは、エジプトとの同盟関係は、滅びを招くと警告を発します。しかし、ユダはその警告に耳を傾けようとしません。ここから、いくつかの適用を導き出すことができます。①神の御心を求めないで、独断で物事を決定するのは罪です。②神以外のものに信頼するのは罪です。③神のことばを軽視するのは罪です。

（3）15～18節には、主を待ち望む者の祝福が書かれています。神はこう語られました。「立ち返って落ち着いていれば、あなたがたは救われ、静かにして信頼すれば、あなたがたは力を得る」。つまり、イスラエルの民にとって最善の方法とは、エルサレムにとどまって、主を待ち望むことだったのです。出エジプト記の中に、同じ真理が語られている箇所があります。「モーセは民に言った。『恐れてはならない。しっかり立って、今日あなたがたのために行われる主の救いを見なさい。あなたがたは、今日見ているエジプト人をもはや永久に見ることはない』」（出14・13）。どんなに危険に見えても、神の導きの場にいることが最善の方法なのです。

主に叫ぶ者の祝福

（1）19～26節では、主に立ち返り、熱心に祈りを献げる者の祝福が語られています。人は、食物が乏しくなることを恐れます。確かに、アッシリアのセンナケリブ王によるエルサレム包囲が現実のものとなれば、食物の飢饉がやってきます。しかし、それ以上に恐れるべきことは、神のみことばの飢饉です。イザヤは、どんなに物質的な欠乏状態がやってきても、霊的な欠乏状態に陥ることはないと約束します。悪魔は、私たちが神の道からそれることを願っています。しかし神は、ご自身の教師を立て、背後から、「これが道だ。これに歩め」（21節）と語ってくださいます。ここで語られている教師とは、聖霊の声、信仰の友の助言、目の前に開かれている摂理的な状況、などです。しかし、神がくださる祝福は、霊的なものだけではありません。それに続いて、①偶像礼拝から離れよとの勧め、②勤労の実の祝福、③全人的な祝福、などが語られます。

（２）27～33節で、アッシリアの裁きが預言されます。しかしこれは、アッシリアだけでなく、すべての神の敵が裁かれることを預言したものです。その究極的な成就は、終末時代におけるサタンの裁きです。ここでは、特に33節に注目してみましょう。「すでにトフェトも整えられ、実に王のためにも備えられている。それは深く、広くなっていて、そこには火と多くの薪がある。主の息が硫黄の流れのように、それを燃やす」。「トフェト」とは、エルサレムの南西にある谷（ベン・ヒノムの谷）を指します。イザヤやエレミヤが活動した時代、人々はこの谷で幼児を犠牲として献げていました（２列16・3、２歴33・６参照）。神は、トフェトを虐殺の谷とし、永遠の刑罰を象徴する地とするとお語りになりました（エレ7・31～32、マタ25・41参照）。ここは、アッシリアが滅びる地となり、サタンが永遠の刑罰を受けることを象徴する地となります。

（３）私たちの人生には、右にしようか、左にしようか、迷うことが多々あります。究極の教師である聖霊の声を聞き、イエス・キリストに従いましょう。主の祝福を求め続ける人は、幸いな人生を歩むことができます。

イザヤ書31章

「万軍の主は、舞い飛ぶ鳥のように　エルサレムを守る。　これを守って救い出し、これを助けて解放する。」（イザヤ書31・5）

この章から、以下のことを学びましょう。（1）イスラエルの民は、神ではなくエジプトに頼ろうとしていました。（2）神は、反逆の民に向かって、ご自分のもとに帰るように呼びかけます。（3）神は、ご自身が力と恵みに満ちていることを示されます。（4）神は、鷲が雛《ひな》を守るように、ご自身の民を守られます。

反逆の子らへの招き

（1）神はイザヤを通して、反逆の民イスラエルに語りかけます。「帰れ、イスラエルの子らよ。あなたがたが反抗を強めているその方のもとに」（6節）。神が私たちを招かれる理由は、神ご自身が、力と恵みに満ちておられるからです。

（2）神の力に注目してみましょう。イスラエルの民は、アッシリアの攻撃から身を守るために、エジプトと軍事同盟を結ぼうとしていました。しかし、「イスラエルの聖なる方」に目を向けず、エジプトの戦車と騎兵隊に依り頼むことは、大きな罪でした。神は、このまま進むなら、イスラエルの民もエジプトも共倒れになると宣言されました。神の力は、「獅子、あるいは若獅子」の力として比ゆ的に表現されています。獅子が羊を獲物として奪い去ろうとするとき、羊飼いたちは相集い、なんとかしてその羊を取り返そうと獅子に脅しをかけます。しかし獅子は、全く動じる様子を見せず、口にくわえた羊を放そうともしません。まさに百獣の王の威厳があります。神は、そのような獅子の力をもって、エルサレム（シオンの山）をお守りになります。アッシリアがいかにエルサレムを攻めようとも、神の守りは確かです。

（3）次に、神の恵みに注目してみましょう。「万軍の主は、舞い飛ぶ鳥のようにエルサレムを守る。これを守って救い出し、これを助けて解放する」（5節）。鷲は空高く旋回しながら、巣の中にいる雛を優しく見守ります。危険が迫ってくると、鷲はただちに急降下し、雛を救い出します。そのように、神は天からご自身の民を見守り、危険が迫るとただちに救助に来てくださいます。アッシリアのセンナケリブ王がエルサレムを包囲したとき、神はまさに飛びかける鳥のようにエルサレムを守り、救い出してくださいました。出エジプトのとき、イスラエルの民を助けて解放してくださったのと同じです。

（4）神は、今も恵み深いお方として、私たちの前にご自身を現しておられます。私たちが心から罪を言い表すなら、神はその罪を赦し、私たちを受け入れてくださいます。恵みの神に、どのように応答すべきか黙想してみましょう。

イザヤ書32章

見よ。一人の王が義によって治め、首長たちは公正によって支配する。彼らはそれぞれ、風を避ける避け所、嵐を避ける隠れ場のようになり、砂漠にある水の流れ、乾ききった地にある、大きな岩の陰のようになる。

（イザヤ書32・1～2）

この章から、以下のことを学びましょう。（1）1～5節は、メシア的王国におけるメシアの統治を預言しています。（2）6～8節は、イザヤの時代の人々の罪の生活を描写しています。（3）9～15節は、ユダの民の上に下る裁きの預言です。（4）16～20節は、メシア的王国での生活の預言になっています。

メシア預言

（1）聖書預言には、近い将来に成就するものと、遠い将来に成就するものが、並んで書かれていることがよくあります。イザヤ書においては、その傾向が強く見られます。この章の内容は、4つの部分に分けて考えることができます。①1～5節は、メシア的王国におけるメシアの統治を預言しています。②6～8節は、イザヤの時代の人々の罪の生活を描写しています。③9～15節は、ユダの民の上に下る裁きの預言です。④16～20節は、メシア的王国での生活の預言になっています。

（2）メシア的王国におけるメシアの統治（1～5節）。「見よ。一人の王が義によって治め、首長たちは公正によって支配する」（1節）。「一人の王」とは、メシアのことです。メシア的王国におけるメシアの統治は、義による統治です。エルサレムを守られる主は、最終的には、義による統治をもたらされます。メシア的王国に入るのは、信者だけです。それゆえ、「首長たちは公正によって支配する」と預言されているのです。もはや、愚か者やならず者が評価されることはなくなります。首長たちはお互いに、①風を避ける避け所、②嵐を避ける隠れ場、③砂漠にある水の流れ、④大きな岩の陰のようになります。

（3）イザヤと同時代の人々の罪の生活（6～8節）。イザヤの時代、エルサレムの住民は、霊的に傲慢になり鈍感になっていました。「なぜなら、愚か者は愚かなことを語って、心で不法を企み、不敬虔なことを行って、主に向かって迷いごとを語るからだ。飢えている者を飢えさせて、渇いている者に飲み物を与えない」（6節）。彼らは、裁きの時が近づいていることを認識することができませんでした。

（4）ユダの民の上に下る神の裁き（9～15節）。「安逸を貪る女たち」、「うぬぼれている娘たち」とは、聖都エルサレムの住民を指します。彼らは、霊的に鈍感になっていたため、アッシリアを通して神の裁きが下ろうとしていたことに気づきませんでした。神の裁きは、神の民を清め、「残りの者」（真の信仰者）を生み出す役割を果たします。神は、裁きの後にくる祝福を約束されます。

（5）メシア的王国での生活（16～20節）。神の民イスラエルは、メシアとして来られたイエスを受け入れることができませんでした。その結果、彼らは地上をさまよう民となりました。しかし神は、決してイスラエルを見捨ててはおられません。裁きに続いて、後の雨が豊かに降り注ぐ時、リバイバルの時、イスラエル回復の時がやってきます。その時、罪によって呪われたこの地は新しく生まれ変わり、「平和な住まい」、「安全な家」、「安らかな憩いの場」となります。メシア的王国では、公正と義が統治原則となります。

（6）イエス・キリストを信じた者たちは、新しくなった地に住むようになります。なんと幸いなことでしょうか。今しばらくは、試練の時が続くかもしれません。しかし、神は義なるお方ですから、私たちが行った信仰と愛のわざを決してお忘れになることはありません。失望せずに、信仰の道を歩き続けましょう。

イザヤ書33章

主よ、あわれんでください。私たちはあなたを待ち望みます。朝ごとに私たちの腕となり、苦難の時の、私たちの救いとなってください。
（イザヤ書33・2）

この章から、以下のことを学びましょう。（1）エルサレムを攻撃するアッシリアは、神の裁きを受けます。（2）イザヤは窮状を神に訴え、ただちにその祈りに対する答えを得ます。神は、公正と正義をもってエルサレムを統治されます。（3）義人が受ける祝福は、究極的にはメシア的王国において成就します。そのとき私たちの目は、「麗しい王」（メシア）を見るようになります。

朝ごとに主を待ち望め

（1）この章の預言の背景にあるのは、アッシリアによるエルサレムの略奪です。1節で神は、アッシリアへの裁きを宣言されます。「わざわいだ。自分は踏みにじられなかったのに、人を踏みにじり、裏切られなかったのに、人を裏切るあなたは。自分が踏みにじることを終えるとき、あなたは踏みにじられ、裏切りをやめるとき、あなたは裏切られる」。国家であっても個人であっても、種を蒔けばその刈り取りをするようになります。武力で征服しようとする者は、武力によって滅ぼされます。それが神の法則です。

（2）イザヤは、神に祈りを献げます。「主よ、あわれんでください。私たちはあなたを待ち望みます。朝ごとに私たちの腕となり、苦難の時の、私たちの救いとなってください」（2節）。これは、すべての信仰者が朝ごとに祈るべき祈りです。たとえ1日でも神が私たちから離れてしまわれるなら、私たちは全く無力な者となってしまいます。しかし神は、信仰の祈りに答えてくださいます。その答えが、4～6節です。神は速やかに立ち上がり、公正と正義をもって神の都エルサレムを統治されます。

（3）7～9節は、アッシリアの攻撃によってイスラエルの民が経験する苦難を預言しています。「地は喪に服してしおれ」（9節）という状態を想像してみましょう。人間的には絶望するしかない状態ですが、人間的な頼みが尽きた時、神は立ち上がってくださいます。そのとき、神の前に立ちおおせる敵は誰もいません。どんなに栄華を誇っていた国も、火で焼かれた石灰のようになってしまいます。

（4）13～16節には、罪人の裁きと、義人の祝福が記されています。この祝福の預言は、究極的には、メシア的王国において成就します。

麗しい王

（1）17～24節は、終末的な意味での解放を預言しています。「麗しい王」（17節）とは、栄光の王イエスのことであり、「遠く広がる国」とはメシア的王国のことです。そこでは、数々の祝福が私たちを待っています。①威厳ある主が、私たちとともにおられます（21節）。②幅の広い川があります。シオン（エルサレム）には、このような川はありませんが、神の恵みの豊かさを象徴するものとして、「幅の広い川」ということばが使われています。③主は、義の律法をもって私たちを治められます。④病苦のない世界がついに実現します。

（2）誰にでも、夕空の美しさに感動を覚え、いつまでもそこにたたずんでいた経験があるはずです。そのことを思い出しながら、麗しい王に直接お目にかかる瞬間を想像してみましょう。栄光の王イエスは、自然界のどのような美しさよりもさらに麗しいお方です。今、信仰の目をもって、麗しい王イエスを見上げようではありませんか。主イエスを喜ぶことは、私たちの力となります。

イザヤ書34章

天の万象は朽ち果て、天は巻物のように巻かれる。その万象は枯れ落ちる。ぶどうの木から葉が枯れ落ちるように。いちじくの木から実がしぼんで落ちるように。（イザヤ書34・4）

この章から、以下のことを学びましょう。（1）この章の内容は、「ハルマゲドンの戦い」を想起させます。（2）イザヤは、終わりの日に諸国民に下る神の裁きを預言しました。（3）エドムの裁きが預言されますが、ここでのエドムは、神に敵対する全勢力の象徴となっています。

ハルマゲドンの戦いの預言

（1）この章は、諸国民の裁きを預言してます。その内容は、ハルマゲドンの戦いを想起させます。ハルマゲドンとは、悪の勢力が最終的に神に挑むために集結する地名です（黙16・16）。神と、その地に集結した悪の勢力の戦いを、「ハルマゲドンの戦い」と言います。この戦いによって、神の最終的な勝利が確定します。確かに、この章に預言されているような大戦争は、人類の歴史上まだ起こっていません。ハルマゲドンの戦いを想定するなら、この預言の意味がよく理解できます。

（2）アッシリアの滅亡後、イスラエルの民は一時的な平安を得ましたが、それも長続きしませんでした。地平線の彼方には、新たな暗雲（バビロン）が見え始めていました。イザヤは、目を上げ、神の御心を求めました。そのとき見えてきたのは、近未来の出来事ではなく、人類の歴史の終末に起こる驚くべき出来事でした。その内容を要約すると、「神は、忍耐をもって人類が悔い改めるのを待たれた。しかし、今や神の復讐の日が来た。神に敵対する勢力は、すべて滅ぼされる」となります。

（3）5節以降、エドムへの厳しい裁きが預言されます。エドムの地は、イサクの子エサウの住んだ地です。そこには、アカバ湾からシリア・メソポタミアに通じる「王の道」と呼ばれる通商路がありました。また、エジプトとアラビアを結ぶ交通の要衝になっていましたので、農耕のみならず、通商や貿易の面でも大いに栄えていました。しかし、エドム人は常にイスラエル人とは敵対関係にありました。ここで使われている「エドム」ということばは、神に敵対する全勢力（諸国民）を象徴しています。

（4）神の敵は、やがてすべて滅び去ります。それが聖書の歴史観です。「主の書物を調べて読め」（16節）とあります。主の書物とは、イザヤ書を含む聖書全体のことです。聖霊によって啓示された真理は、すたれることがありません。20世紀に起こったイスラエル国家の回復は、聖書預言が真実であることを証明しています。私たちは、主イエスの再臨が近い時代に生かされています。私たち日本人クリスチャンは、この国の「残りの者」（真の信仰者）です。神が日本をあわれんでくださるように、熱心に祈りましょう。

イザヤ書35章

弱った手を強め、よろめく膝をしっかりさせよ。心騒ぐ者たちに言え。「強くあれ。恐れるな。見よ。あなたがたの神が、復讐が、神の報いがやって来る。神は来て、あなたがたを救われる。」（イザヤ書35・3〜4）

この章から、以下のことを学びましょう。（1）34章の裁きの預言に続いて、この章では祝福の預言が語られます。（2）メシアがもたらす終末的祝福は、まず、物質的な形を取って現れ、次に、霊的祝福として現れます。（3）この章の預言は、あらゆる時代の信者を励ますためのものです。

終末的希望の預言

（1）34章では終末的な裁きが預言されていましたが、35章では神の民の救い、エルサレムの回復、新しい天と新しい地の出現、などが預言されます。この章は、黙示録21章と22章の旧約版と言えます。

（2）1〜2節に、荒野と砂漠に花が咲く様子が描かれていますが、これは自然界の回復の預言です。この預言は、必ず成就します。１９４８年にイスラエルが建国されて以来、荒れ果てていた砂漠地帯は、その様子を一変させました。イスラエル人たちは、ネゲブ（南部の砂漠地帯）にも入植し、そこを人の住める地に変えつつあります。イスラエルの未来は、砂漠をどれだけ緑化するかにかかっていると言っても過言ではありません。イスラエルの現状は、自然界回復の預言が必ず成就することの予表です。イザヤ書では、裁きの預言がくり返し出てきますが、裁きの預言の後には、必ず祝福の約束が続きます。裁きと祝福とは、表裏一体です。神は、理由なしに私たちを試練に遭わせることはなさいません。嵐の後には青空が、冬の後には春が、必ずやってきます。

（3）3節以降で、イザヤは恐れ戸惑っているユダの「残りの者」に、励ましのメッセージを語ります。「強くあれ。恐れるな。見よ。あなたがたの神が、復讐が、神の報いがやって来る。神は来て、あなたがたを救われる」。これは、あらゆる時代の信仰者に対する励ましでもあります。

（4）メシアがもたらす終末的祝福は、まず、物質的な形を取って現れます（5～7節）。肉体的な癒やしが起こり、呪われた自然界が祝福を取り戻します。次に、霊的な祝福が与えられます（8～10節）。神に贖われた者だけが通ることのできる大路が開かれます。その大路は、「聖なる道」と呼ばれます。汚れた者は、その道を通れません。黙示録21章の新天新地に関する預言にも、同様の約束があります。「しかし、すべての汚れたもの、また忌まわしいことや偽りを行う者は、決して都に入れない。入ることができるのは、子羊のいのちの書に記されている者たちだけである」（黙21・27）。

（5）１９９０年代に入って、ロシアから多くのユダヤ人たちがイスラエルに帰還して来ました。筆者は、飛行機から降りて来たユダヤ人たちが、感激のあまりに大地に口づけする姿を何度も見たことがあります。私たちにも、やがて天のシオンに帰還する日がきます。その日、私たちが味わう喜びは、どれほどのものでしょうか。そのことを思い、今、弱った手を強め、よろめく膝をしっかりさせようではありませんか（3節）。

イザヤ書36章

人々は黙って、彼に一言も答えなかった。「彼に答えるな」というのが、王の命令だったからである。（イザヤ書36・21）

この章から、以下のことを学びましょう。（1）アッシリアの王センナケリブは、ラブ・シャケを派遣し、ユダに降伏を迫ります。（2）ラブ・シャケは、ヘブル語で雄弁に語り始めますが、その内容は虚偽に満ちたものでした。（3）イスラエルの民は沈黙を守りました。ヒゼキヤ王が、民に沈黙を命じていたからです。

ラブ・シャケの雄弁

（1）36～39章までは歴史的記録です。この部分は、イザヤ書の前半（1～35章）と後半（40～66章）を結ぶ橋渡しの役割を果たしています。36章の平行記事は、列王記第二18章、歴代誌第二32章にあります。

（2）アッシリアの王センナケリブは、ラブ・シャケ（アッシリアの高官の称号）を遣わし、ヒゼキヤ王に降伏を迫ります。ラブ・シャケはユダの国情に通じており、ヘブル語で話すこともできました。彼は、2つのグループに向かって、センナケリブからのメッセージを伝えます。まずヒゼキヤ王に仕える大臣たちに向かって、次に城壁の上にいるイスラエルの民に向かって。ヒゼキヤ王の大臣たちは、ラブ・シャケにアラム語で話してくれるように申し出ますが、彼はそれを無視して、ヘブル語を使って大声で呼ばわり始めます。

（3）ラブ・シャケの雄弁には、聞く者を納得させる力がありましたが、その内容は虚偽に満ちていました。①それは、悪意から出た雄弁でした。②それは、イスラエルの神への冒涜でした。③それは、嘘で固めたものでした。最大の嘘は、「主が私に『この国に攻め上って、これを滅ぼせ』と言われたのだ」（10節）という箇所です。これは、イスラエルの民に、主は彼らを見捨てたという誤解を与えるものでした。ラブ・シャケの雄弁は、悪魔の声だと言えます。

イスラエルの民の沈黙

（1）イスラエルの民は、沈黙を守りました。「彼に答えるな」という命令が王から下っていたからです。そしてそれが、この場合の最善策でした。主イエスの姿を思い出しましょう。「キリストは罪を犯したことがなく、その口には欺きもなかった。ののしられても、ののしり返さず、苦しめられても、脅すことをせず、正しくさばかれる方にお任せになった」（1ペテ2・22～23）。

（2）私たちも、沈黙を守ったほうが良い場合があります。神を冒涜する人物に対して神のことばを語っても、豚に真珠を投げるようなものです。沈黙したからといって、敗北を受け入れたことにはなりません。人間的な方策がないときは、神のチャンスがきていることを認めましょう。神は必ず正義を行われると信じた人は、幸いです。

イザヤ書37章

「私たちの神、主よ。今、私たちを彼の手から救ってください。そうすれば、地のすべての王国は、あなただけが主であることを知るでしょう。」

(イザヤ書37・20)

この章から、以下のことを学びましょう。(1)ヒゼキヤ王は、使節団をイザヤのもとに送り、執りなしの祈りを要請します。(2)イザヤは、主からの励ましのことばを語ります。(3)センナケリブからの脅迫文を受け取ったヒゼキヤ王は、神の前にそれを広げ、感動的な祈りを献げます。(4)イザヤは、アッシリアの滅亡とエルサレム回復を預言します。

センナケリブからの脅迫文

(1)ラブ・シャケの冒涜的なスピーチを聞いたヒゼキヤ王は、自分の衣を裂き、粗布をまとって神の前に出ます。と同時に、使節団(宮廷エルヤキム、書記シェブナ、年長の祭司たち)をイザヤのもとに送ります。彼らにも粗布をまとわせたのは、深い悲しみを表現するためです。ヒゼキヤは、イスラエルの民が直面している状況を、「子どもが生まれようとしているのに、それを産み出す力がない」と表現しました。つまり、危機を乗り越える力や方法がないという意味です。ヒゼキヤは、使節団を通して、イザヤに執りなしの祈りを要請します。イザヤは、こう答えます。「あなたがたの主君にこう言いなさい。『主はこう言われる。あなたが聞いたあのことば、アッシリアの王の若い者たちがわたしをののしった、あのことばを恐れるな』」(6節)。

(2)次に、センナケリブからの脅迫文が、ヒゼキヤ王のもとに届けられます。その内容は、36章でラブ・シャケが語った冒涜的なスピーチと同じです。王は、その手紙を持って神殿に入り、神の前にそれを広げて祈ります。彼は、神への絶対的な信頼を告白します。①神は、栄光に富んだお方である。②神は、契約の神、イスラエルの神である。③神は、地上の王国と歴史を支配するお方である。④神は、天地の創造主である。

(3)ヒゼキヤの祈りの結論は、20節にあります。

「私たちの神、主よ。今、私たちを彼の手から救ってください。そうすれば、地のすべての王国は、あなただけが主であることを知るでしょう」。私たちの神概念は、どの程度大きなものでしょうか。神概念の大きさに比例して、祈りのサイズも大きくなります。

ヒゼキヤの祈りへの答え

（1）イザヤは人を遣わして、主からの答えを伝えます。その内容は、極めて預言的です。①エルサレムの住民は、センナケリブをあざけるようになる（22節）。②センナケリブは、主権者である神を認めず、自力で諸国の征服を達成したと錯覚しているが、それは愚かなことである（23～28節）。③その傲慢と冒涜のゆえに、センナケリブは裁かれる（29節）。④エルサレムは平安を回復する（30～35節）。「今年は」、「二年目は」、「三年目は」といったことばは、「ユダの残された者」を中心に、エルサレムが徐々に再生していくさまを表しています。

（2）この預言は、短期間のうちに成就しました。それが、36～38節の内容です。主の使いが、18万5千人のアッシリア兵を打ち殺しました。センナケリブはニネベに逃亡しますが、そこで自分の息子たちに暗殺されます。これらの出来事は、神が主権者であり、歴史の支配者であることを証明するものです。

（3）神がエルサレムを守られたのは、ヒゼキヤが祈ったからというだけではありません。それ以上の理由が35節に記されています。エルサレムを都として建設したのはダビデです。かつて神は、ダビデと契約を結ばれました（2サム7・5～16参照）。その契約（ダビデ契約）に基づいて、神はエルサレムをお守りになったのです。

（4）私たちも、神との契約関係を常に意識すべきです。イエスは、このように弟子たちにお教えになりました。「またわたしは、あなたがたがわたしの名によって求めることは、何でもそれをしてあげます。父が子によって栄光をお受けになるためです」（ヨハ14・13）。イエスの名によって祈るとは、イエスを通して神との契約関係に入っていることを意識して祈ることでもあります。聖書が教える救いとは、契約関係を基にした救いです。このことを理解している人は、力強い祈りを献げることができます。

イザヤ書38章

ああ、私の味わった苦い苦しみは　平安のためでした。　あなたは私のたましいを慕い、　滅びの穴から引き離されました。　あなたは私のすべての罪を、　あなたのうしろに投げやられました。

（イザヤ書38・17）

この章から、以下のことを学びましょう。（1）イザヤから死の予告を受けたヒゼキヤは、自分が忠実な歩みをしてきたことを思い出してほしいと神に祈ります。（2）神はその祈りに答え、彼のために15年の寿命を追加します。（3）その15年の間に、ヒゼキヤに子が与えられます。その結果、ダビデの家系の断絶は回避されます。（4）癒やされたヒゼキヤは、主をたたえる祈りを献げます。

ヒゼキヤ王の癒やし

（1）38章と39章は、年代的には36章と37章よりも前の出来事です。ヒゼキヤ王のもとにイザヤがやって来て、こう告げます。「主はこう言われる。『あなたの家を整理せよ。あなたは死ぬ。治らない。』」（1節）。この宣告を聞いたヒゼキヤ（当時38歳前後）は、うろたえます。なぜなら、当時ユダは、アッシリアの攻勢という国家的危機に直面していたからです。指導者の死は、一層の混乱をもたらします。

（2）彼は、顔を壁に向けて主に祈ります。ヒゼキヤの祈りを読むと、彼が死を恐れたり、寿命を延ばしてほしいと願ったりした形跡はありません。彼は大声で泣きながら、自らの忠実な歩みを思い出してほしいと神に祈りました。確かに彼は、そのような歩みをした王でした（2列18・5）。神はその祈りに答え、ヒゼキヤのために15年の寿命を追加されました。神は、砕かれた心から出る祈りを無視されるお方ではありません。

（3）この箇所から、人の寿命を支配されるお方は神であることと、死に直面したとき、祈りこそ最もふさわしい準備であることを学ぶことができます。私たちの祈りがヒゼキヤと異なるのは、私たちにはイエス・キリストの十字架の恵みがあるため、自らの業績を主張しなくてもよいということです。

（4）ヒゼキヤには、子どもがいませんでした。このままでは、ダビデの家系が途絶えることになります。ヒゼキヤの病をめぐる戦いは、ヒゼキヤの戦いであると同時に、神の戦いでもあったのです。神は、15年の寿命を加えることによって、ヒゼキヤに子が与えられることをお許しになりました。「あなたの父ダビデの神、主」（5節）ということばが使われています。これによって、神がダビデ契約を基に語っておられるのがよく分かります。また主は、ご自身がアッシリアを支配していることを理解させるためにも、ヒゼキヤの寿命を引き伸ばされました。彼に与えられた主からのしるしは、日時計の影を10度、後に戻すことでした。

ヒゼキヤ王の感謝の祈り

（1）病から回復したときにヒゼキヤが祈った祈りを、4つの部分に分けて学んでみます。①苦痛の叫び（10〜15節）。「生涯の半ばで私はよみの門に入る」とあります。彼の口から、絶望的なことばが溢れてきます。「私は主を、生ける者の地で主を見ることはない」、「私の住まいは牧者の天幕のように引き抜かれ」、「主は私を、機《はた》から断ち切られる」、「私を終わりに近づけられます」などなど。②祈り（16節）。しかし、16節を境に祈りの内容が一変します。彼は、すべてを支配される神の御手に自らを委ねました。③感謝と賛美（17～19節）。癒やしを体験したヒゼキヤは、神をたたえ始めます。「ああ、私の味わった苦い苦しみは　平安のためでした」ということばは、彼の喜びをよく表現しています。この部分は、詩篇１１９篇71節を思わせます。「苦しみにあったことは　私にとって幸せでした。それにより私はあなたのおきてを学びました」。④信仰と献身の決意(20節)。苦難の中で神の恵みを体験した人は、献身の生活へと導かれます。

（2）新約時代の聖徒たちの祈りとヒゼキヤの祈りの相違点は、死後のいのちの捉え方です。彼の祈りの中には、死後のいのちの希望が見えません。しかし、キリストのよみがえりを信じた私たちは、死後の希望を告白する者となりました。人生の終わりを迎えたパウロのことばに注目しましょう。「あとは、義の栄冠が私のために用意されているだけです。その日には、正しいさばき主である主が、それを私に授けてくださいます。私だけでなく、主の現れを慕い求めている人には、だれにでも授けてくださるのです」（2テモ4・8）。死は、もはや私たちを脅かすものではなくなったことを、神に感謝しようではありませんか。

イザヤ書39章

そのころ、バルアダンの子、バビロンの王メロダク・バルアダンは使者を遣わして、手紙と贈り物をヒゼキヤに届けた。彼は病気だったが元気になった、と聞いたからである。（イザヤ書39・1）

この章から、以下のことを学びましょう。（1）バビロンの王は、ヒゼキヤの回復を祝うために使者を派遣します。（2）気を良くしたヒゼキヤは、神殿の宝物倉にあった財宝をその使者たちに見せます。（3）そのことを知ったイザヤは、ヒゼキヤに向かってバビロン捕囚の預言を語ります。（4）バビロン捕囚の預言は、次に続く40章～46章の預言の土台となっています。

バビロン捕囚の預言

（1）この章は短いですが、サタンの策略がいかに巧妙なものであるかをよく表しています。ヒゼキヤ王は、アッシリアの攻勢にはよく耐え、死に至る病も信仰の祈りによって乗り越えました。しかし彼は、敵が友人の姿を装って近づいてきたときには、騙されてしまいます。

（2）ヒゼキヤの病が癒やされたことを聞いたバビロンの王は、使者を遣わし、贈り物を届けさせます。気を良くしたヒゼキヤは、宝物倉にあったすべての財産を、その使者たちに見せます。これは、バビロンの野望に火をつける結果を招きました。ヒゼキヤには気の緩みがあったのでしょう。あるいは、傲慢が彼の心を支配していたのかもしれません。ここで、サタンの策略を確認しておきましょう。①サタンは、気の緩みに付け込んで来ます。②サタンは、友人のような姿（光の天使）を装って近づいて来ます。

（3）ヒゼキヤが宝物倉の隅々まで見せたことを知ったイザヤは、驚くべき預言を語ります。当時バビロンは、アッシリアに対抗する勢力として頭角を表しつつありました。イスラエルの民は、そのバビロンに捕囚の民として連れ去られるようになるというのです。このような預言は、聖霊の啓示なしに語れるものではありません。

（4）バビロン捕囚の預言に対して、ヒゼキヤは、

「あなたが告げてくれた主のことばはありがたい」(8節)と答えます。続いて、「彼は、自分が生きている間は平和と安定があるだろう、と思ったのである」と書かれています。多くの聖書学者たちは、「ヒゼキヤは自分さえよければいいと思ったのではない。むしろ、裁きの日までに、時間的な余裕が与えられたことを感謝したのだ」と説明します。たとえそうだとしても、ヒゼキヤにはある種の失望を感じないわけにはいきません。彼も、弱さを持ったひとりの人間に過ぎなかったのです。

(5)バビロン捕囚の預言は、次に続く40章～46章の預言の土台となっています。神の民は、救い主を必要とする段階にまで追い詰められます。その民に、「慰めよ、慰めよ、わたしの民を」(イザ40・1)と語る声が聞こえてきます。私たちの人生においても、同じことが起こります。追い詰められたように感じるときは、神による「慰めの時」が近づいていることを覚えましょう。神による解放を信じ、心に平安をいただきましょう。

イザヤ書40章

しかし、主を待ち望む者は新しく力を得、鷲のように、翼を広げて上ることができる。走っても力衰えず、歩いても疲れない。

(イザヤ書40・31)

この章から、以下のことを学びましょう。(1)イザヤ書の前半部(1～39章)の主要テーマは、「神の裁き」でしたが、後半部(40～66章)の主要テーマは、「回復と解放」です。(2)40～48章は、バビロン捕囚からの解放の預言です。(3)バビロン捕囚からの解放が起こる170年以上も前に、イザヤは、この預言を語りました。(4)試練の中で力を受ける秘訣は、主を待ち望むことです。

神のことばは永遠に立つ

(1)ここからイザヤ書の後半部(40～66章)に入ります。前半部(1～39章)の主要テーマは、「神の裁き」でしたが、後半部の主要テーマは、「回復と解放」です。40～48章は、バビロン捕囚からの解放の預言です。

（2）この章は、素晴らしい呼びかけで始まります。「慰めよ、慰めよ、わたしの民を。――あなたがたの神は仰せられる――エルサレムに優しく語りかけよ。これに呼びかけよ。その苦役は終わり、その咎は償われている、と。そのすべての罪に代えて、二倍のものを主の手から受けている、と」（1節）。イスラエルの民に慰めを語るべき理由が、3つ挙げられています。①その労苦は終わった。②その咎は償われた。③民の罪にもかかわらず、神は2倍の祝福をくださった。

（3）このメッセージは、バビロン捕囚からの解放を預言したものですが、イザヤがこれを語ったのは、それが起こる170年以上も前のことでした。イスラエルの民は、今後170年も続く試練の時を迎えようとしていました。イザヤは、試練を通過することになるイスラエルの民に、励ましのメッセージを語りました。解放の時は必ず来るから、常に主に忠実に歩むようにと。

（4）この章の預言には、現代的適用があります。①神の約束（ことば）は、永遠に変わりません。つまり、神がアブラハムと結んだ契約は永遠に有効であるということです。②神は、イスラエルの民を慰めるように命じておられます。異邦人クリスチャンには、イスラエルを慰めるという重大な使命が与えられています。③イスラエルの民を慰める最善の方法は、イエス・キリストの福音を伝えることです。

偶像礼拝の愚かさ

（1）神の偉大さを説明するために、質問（12～14節）と答え（15～17節）という文学形式が用いられます。12～14節に、「だれ」という疑問詞が4度も出てきます。答えの部分では、「見よ」という感嘆詞が2度出てきます（15節）。神が創造された宇宙の中では、アッシリアやバビロンのような大帝国も、大海の一滴に過ぎません。ましてや、私たち人間など、なきに等しいのです。その私たちのために、創造主は、ひとり子を犠牲にしてくださいました。

（2）18～26節では、偶像礼拝の愚かさが説かれます。ここでも、質問と答えという文学形式が用いられています。質問①「あなたがたは神をだれになぞらえ、神をどんな似姿に似せようとするのか」。

質問②「あなたがたは知らないのか。聞いていないのか。初めから、告げられていなかったのか。悟っていなかったのか。地の基のことを」。質問③「それなのに、あなたがたは、わたしをだれになぞらえ、だれと比べようとするのか」。これらの質問に答えることで、偶像礼拝の愚かさが明らかになります。

弱さの中に現れる神の力

（1）イスラエルの民は、アッシリアの圧迫におびえ、「私の道は主に隠れ、私の訴えは私の神に見過ごされている」（27節）と言うまでになりました。しかし神は、「ヤコブよ、なぜ言うのか。イスラエルよ、なぜ言い張るのか」と優しくお語りになります。目に見える現実がいかに厳しくても、契約に基づく神の愛は変わりません。ヤコブ、イスラエルという呼び名が、それを示しています。

（2）この章のメッセージは、当時のイスラエルの民への慰めとなっただけではなく、後にバビロン捕囚を経験するようになる人々にとっても、また、現代の私たちにとっても、慰めとなります。特に31節は、信仰の神髄を言い表しています。「しかし、主を待ち望む者は新しく力を得、鷲のように、翼を広げて上ることができる。走っても力衰えず、歩いても疲れない」（31節）。時代が激変する中で、私たちに最も必要なのは、力の源であるお方とつながり続けることです。疲れを覚えるとき、信仰の根本に立ち返ろうではありませんか。

イザヤ書41章

「恐れるな。わたしはあなたとともにいる。たじろぐな。わたしがあなたの神だから。わたしはあなたを強くし、あなたを助け、わたしの義の右の手で、あなたを守る。」（イザヤ書41・10）

この章から、以下のことを学びましょう。（1）神は、諸国との対話の中で、イスラエルの民のバビロンからの帰還を預言されます。（2）神は、アブラハム契約に基づいて、イスラエルの民に「恐れるな」と語りかけます。（3）神は、イスラエルをどう扱ったかによって諸国を裁かれます。（4）偶像は無力ですが、イスラエルの神は将来の出来事を預言されます。それによって、イスラエルの民を励ますためです。

神と諸国の対話

（1）神は、諸国の民を招いて対話されます（1～4節）。その内容を読むと、神が歴史の支配者であることがよく分かります。神は、まだ起こっていない出来事を予見し、バビロン捕囚からの解放を啓示されます。その解放のために用いられるのが、「東から起こる一人の者」（ペルシアのキュロス王）です。

（2）バビロンからの帰還は、イスラエルの民にとっては「第2の出エジプト」と呼ばれるほどの重大な出来事でした。しかし1990年代には、それよりもさらに大規模な「第3の出エジプト」、つまり、旧共産圏からのユダヤ人の祖国帰還が起こりました。わずか10年ほどの間に、100万人近いユダヤ人たちがイスラエルに帰還しました。「だれが、最初から代々の人々に呼びかけてこれらをなし、これらを行ったのか。主であるわたしだ」（4節）ということばを、深く味わってみましょう。

（3）ここで、歴史観が欠落した民（解放された体験のない異邦の民）がどうなるのか、見てみましょう。主権者である神を知らない民は、歴史の転換期には、必ず偶像礼拝に走ります。その理由は、アイデンティティ（自己認識）の喪失が起こり、自分がどこに立っているか分からなくなるからです。本来神が果たすべき領域に、国や政府や宗教などが介入し始めると、それらの権威が神となり、偶像礼拝が始まります。主権者である神を知ること以外に、世界に真の平和が訪れることはありません。

恐れるな

（1）神はアブラハムを、「わたしの友」（8節）と呼ばれました。これ以上栄誉ある呼び名があるでしょうか。神は、アブラハムと交わした契約を基に、民に励ましのことばを語ります。その内容は、2点に集約されます。①「わたしはあなたとともにいる」。神は、徹底的にイスラエルを守られます。②「イスラエルに敵対する者に神の裁きが下る」。神は、イスラエルの民をどう扱ったかによって、諸国を祝福したり、裁いたりされます。

（2）以上述べたことは、第一義的にはイスラエルの民に当てはまりますが、信仰によってアブラハムの子とされた私たちクリスチャンも、同じような祝福に与ることができます。父親が小さな子どもの手を取るように、神は私たちの右手を固く握り、「恐れるな。わたしがあなたを助ける」と語りかけてくださいます。

偶像の神々との対話

（1）次に、神と偶像の神々の対話が展開されます。その対話の形式は、1〜7節で見たような法廷論争の体裁を取ります。「あなたがた」とは、偶像の神々への呼びかけのことばです。神は偶像の神々に、歴史上起こった出来事の意味を説明するように迫ります。また、将来何が起ころうとしているかを預言せよと追及します。しかし、人の手で作った偶像は無力です。それどころか、偶像礼拝は、悪霊との交流に道を開く危険な行為です。

（2）神は、歴史の導き手であり、将来の出来事を預言することのできる唯一のお方です。当時のイスラエル人たちにとって重要な2つの預言が語られます。①ペルシアのキュロス王（今度は「北からの人」と表現されている）が起こり、イスラエルの民をバビロン捕囚から解放する。②エルサレムは再び回復される。これらの預言は、バビロン捕囚が起こる前に与えられたものです。神は、超自然的な啓示をもって、ご自身の民を慰めてくださいます。

（3）キュロス王によるイスラエルの民のバビロンからの解放は、将来起こるより大きな解放を予表しています。それは、王の王であるイエスによる罪と死の束縛からの解放です。私たちは、イエスを信じる信仰によって義とされ、永遠のいのちを与えられました。私たちをすべての患難から救い出してくださるお方は、主イエスのみです（ロマ5・8～10参照）。

イザヤ書42章

「見よ。わたしが支えるわたしのしもべ、わたしの心が喜ぶ、わたしの選んだ者。わたしは彼の上にわたしの霊を授け、彼は国々にさばきを行う。彼は叫ばず、言い争わず、通りでその声を聞かせない。傷んだ葦を折ることもなく、くすぶる灯芯を消すこともなく、真実をもってさばきを執り行う。衰えず、くじけることなく、ついには地にさばきを確立する。島々もそのおしえを待ち望む。」（イザヤ書42・1～4）

この章から、以下のことを学びましょう。（1）この章は、4つの「しもべの歌」の第1番目のものです。（2）マタイは、この章から引用し、イエスがメシアであることを証明しています。（3）イエス・キリストは、イスラエル人だけでなく、異邦人のためのメシアでもあります。（4）神の預言を信じた人は、主に向かって新しい歌を歌うようになります。（5）イスラエルの民は、いのちの道と死の道のいずれかを選ぶように命じられます。

しもべの歌

（1）イザヤ書には、4つの「しもべの歌」が出てきますが、この章は、その第1番目に当たります。マタイは、イエスがメシアであることを証明するために、この章から引用しています（マタ12・18～21参照）。メシアの性質には、以下のようなものがあります。①聖霊が宿ったお方。イエスは、聖霊に導かれて歩まれました。②謙遜を身につけた平和の君。イエスは、神の子としての権利を一度も主張されませんでした。③あわれみと忍耐に富んだ方。イエスは、「傷んだ葦を折ることもなく、くすぶる灯芯を消すこともない」お方です。

（2）イエスは、イスラエル人のためのメシアであると同時に、諸国民（異邦人）のためのメシアでもあります。この方は、死と悪魔の束縛の中に座っている人々を解放されます。それは、偶像の神々には不可能なことです。神は御名にかけて、偶像に栄誉を渡すようなことはなさいません（8節）。ここには、神の強い決意と、偶像礼拝者への警告が込められています。

（3）9節は、「しもべの歌」の結語です。「初めのことは、見よ、すでに起こった。新しいことを、わたしは告げる。それが起こる前にあなたがたに聞かせる」。この聖句は、過去に関する預言はすべて成就したことと、将来に関する預言もすべて成就するであろうことを告げています。

主に向かって新しい歌を歌え

（1）神が語られた預言は、御名の栄誉のゆえにすべて成就します。その約束を額面どおりに受け取った人は、嬉しさの余り歌い始めます。この新しい歌は、イスラエル人だけでなく、海の民も、砂漠の民も、山の民も、島々に住む者も、歌うようになります。

（2）神が啓示された解放のメッセージには、3つの喜びが宿っています。①メシアは、私たちを死と悪魔の支配から解放して、神に立ち返らせてくださる。②メシアは、信仰によって罪の赦しを得させてくださる。③メシアは、聖なる人々とともに、私たちに御国を受け継がせてくださる。

（3）神は、聖徒たちの賛美に対して、力強く応答してくださいます。そのさまは、「激しく奮い立ち、ときの声をあげて叫び、敵に向かって力を見せつける」（13節）戦士のようです。敵とは、人々を支配し、神の栄光を破壊しようとしている悪魔のことです。

いのちの道か、死の道か

（1）主の「しもべ」が来臨するときの状況が、14〜17節で語られます。これは、イエス・キリストの姿を描写する預言です。イエスは、①盲人を導かれる方です。②盲人の通る道を整えてくださる方です。③盲人を決して見捨てない方です。ここに書かれている「盲人」とは、創造主を知らずに、自分勝手な道を歩んでいた私たちのことです。

（2）18〜25節では、イスラエルの民への忠告が語られます。彼らは契約の民であり、預言者たちを通して神の声を聞く特権に与ってきた民です。しかし、彼らは不信仰に陥り、偶像に信頼する道を歩んできました。神は彼らのことを、「耳の聞こえない者」、「目の見えない者」と呼んでおられます。しかも彼らは、主の厳しい裁きを受けながら、それでも悔い改めようとはしませんでした。

（3）神がイスラエルの民の頑な心を厳しく糾弾されたのは、彼らを愛しておられたからです。神は、イスラエルの民だけでなく、愛する者を叱責し訓練されます。神から叱責されているように感じるなら、それは、悔い改めの時が来ている証拠かもしれません。今が神に立ち返るチャンスです。

イザヤ書43章

「あなたがたはわたしの証人、――主のことば――わたしが選んだわたしのしもべである。これは、あなたがたが知って、わたしを信じ、わたしがその者であることを悟るためだ。わたしより前に造られた神はなく、わたしより後にも、それはいない。わたし、このわたしが主であり、ほかに救い主はいない。」（イザヤ書43・10～11）

この章から、以下のことを学びましょう。（1）神は、イスラエルの民が世界各地から帰還するという、終末時代に成就する預言をお語りになります。（2）イスラエルの民は、神の証人として召され、神の愛が永遠に変わらないことを証言します。（3）神は、バビロン捕囚が起こる前に、捕囚からの帰還を預言されました。苦難の中を通過することになるイスラエルの民を励ますためです。（4）神の恵みによって、イスラエルの民の罪は赦されます。

神の変わらない愛

（1）この章は、終末的平和とイスラエル回復の預言です。神はヤコブ（イスラエル）に、「恐れるな」とお語りになりました。その理由は、①神がイスラエルを形造られ、②神がイスラエルを贖ってくださったからです。贖いとは、代価を払って買い取るという意味ですから、イエスの十字架こそ究極的な贖いの代価です。③神がイスラエルの名を呼び、④神がともにいてくださるからです。⑤そして、イスラエルは、神の目には高価で尊いからです。

（2）5～6節には、イスラエルの民が世界各地（東西南北）から帰還するという預言があります。これは、終末時代における祖国帰還の預言です。

偶像の証人と神の証人

（1）神は、厳しい口調で偶像礼拝者たちに語りかけます。偶像には目があっても見えず、耳があっても聞こえません。そのように、偶像礼拝者たちも「目があっても見えない民、耳があっても聞こえない者たち」です。神は、キュロス王がイスラエルの民をバビロンから解放するようになると預言されました。それは、全知全能の神だけができることで、偶像の神々にはそのような力はありません。

（2）神は、捕囚の民を証人として招集されます。彼らに与えられた使命とはなんでしょうか。①彼らは、神が唯一のお方であることを証言します(10節)。②彼らは、神が啓示の神であり、恵みの神であり、約束を守る神であることを証言します（12節）。③神は、「これから後もわたしは神だ」（13節）とお語りになりました。それゆえ彼らは、神の愛は永遠に変わらないことを証言します。

見よ。わたしは新しいことをする

（1）かつて神は、水の中に通り道を設けてイスラエルの民をエジプトから解放されました。そして今、その解放ではない「新しいこと」が起ころうとしています。それは、バビロン捕囚からの解放です。この預言は、ユダの民が捕囚に引かれて行く前に語られたものです。神は、先回りの愛によって、ご自身の民を支えてくださいました。彼らが、苦難の重みによって押しつぶされないためです。

（2）バビロンからの解放は、神の一方的な恵みによって起こることです。イスラエルの民には、なんの功績もありません。①人類の先祖アダムは罪を犯し、その子孫である私たちは皆、アダムの性質を引き継いでいます。②イスラエルの民は、神の律法を与えられながら、罪と不義で神を煩わせてきました。③律法を民に教えるために立てられていた祭司や律法学者たちも、神に背きました。

（4）イスラエルの罪が満ちたとき、神はバビロンがエルサレムを破壊することを許されます。その結果、神殿は崩壊し、民はバビロン捕囚に引かれていきます。しかし、これでイスラエルに対する神の計画が終わるわけではありません。イスラエルの民が悔い改めを通して真の信仰者になるために、神はこの悲劇が襲ってくることを許されたのです。

（5）イスラエルの神は、歴史を支配される方、聖なる方です。その神が、イスラエルの民の解放と赦しを約束されます。神の恵みがなければ、いったい誰が神の前に立ち得るでしょうか。神は罪人を招いて、「わたし、このわたしは、わたし自身のために　あなたの背きの罪をぬぐい去り、もうあなたの罪を思い出さない」（25節）と語られます。神は全知全能ですから、忘れることはありませんが、私たちが犯した罪については、二度と思い出さないと言われるのです。

イザヤ書44章

「おののくな。恐れるな。わたしが、以前からあなたに聞かせ、告げてきたではないか。あなたがたはわたしの証人。わたしのほかに神があるか。ほかに岩はない。わたしは知らない。」（イザヤ書44・8）

この章から、以下のことを学びましょう。（1）イスラエルの民の将来の祝福が預言されます。祝福の源は、聖霊にあります。（2）イスラエルの民は、神の証人として召されました。（3）偶像礼拝者の欺瞞と矛盾が糾弾されます。偶像は、無力です。（4）神は、ペルシアのキュロス王が出現する100年も前に、キュロス王の出現、バビロン帝国の崩壊、エルサレム神殿の再建などを預言されます。

今、聞け、イスラエルよ

（1）バビロンからの解放と偶像礼拝の愚かさが、印象的に語られます。「わたしのしもべヤコブ」、「わたしの選んだイスラエル」、「わたしの選んだエシュルン」など、さまざまな呼び名が使われています。エシュルンは、「正しい者」、「高潔な者」を意味します。このことばは、2つの目的で使われています。①イスラエルの民の努力によってではなく、神の贖いのわざのうえに、彼らは「正しい者」とされます。②イスラエルの民には、「高潔な者」にされたという自覚を持って生きることが期待されます。

（2）神は、将来の祝福を約束されました。その祝福は、物質的であると同時に霊的なものでもあります。祝福の源は聖霊にあります。乾いた地を潤す水のように、聖霊は民の渇いた心を潤し、豊かないのちで満たします。その結果、真の神から遠く離れていた異邦人たちも、イスラエルの神との契約関係に入ることを願うようになります。この預言は、ペンテコステの日に部分的に成就したと言えますが、将来、それが完全に成就する日がやってきます。

（3）イスラエルの民は、神の証人として召されました。イエス・キリストを信じる私たちもまた、証人として召されました。証人は、少なくとも次の3点を証ししなければなりません。①聖書の神は、初めであり、終わりである。②聖書の神は、歴史を支配している神である。③聖書の神以外に、「岩」（信頼できるお方）はない。

偶像礼拝者の欺瞞と矛盾

（1）「偶像を造る者はみな、空しい。彼らが慕うものは何の役にも立たない。それら自身が彼らの証人だ。見ることもできず、知ることもできない。彼らはただ恥を見るだけだ」（9節）。この聖句は、9～20節のイントロダクションであり、結論でもあります。この聖句から学ぶべき真理は、3つあります。①偶像は、なんの役にも立ちません。細工したのが人間ですから、人間以上のものにはなりません。②偶像を造る者は、恥を見る者です。③偶像礼拝の愚かさに気づかない理由は、自己欺瞞の中に安住しているからです。イザヤは、そのことに気づかせるために、皮肉を込めて、木の偶像の制作過程に言及します。彼らは、木の半分を薪として利用し、その残りで神を造り、偶像とします。そしてその偶像に、「私を救ってください」と祈るのです。

（2）自己欺瞞から抜け出す方法は、自問自答することです。「私の右の手（偶像を作る手）に偽りはないだろうか」、「自分の人生観や世界観は、惑わしによってできたものではないだろうか」と、問うことです。未信者の隣人や家族が、自己欺瞞に気づくように祈ろうではありませんか。

神の民の解放

（1）偶像と比較して、イスラエルの神がいかに素晴らしいお方であるかが語られます。①神は、イスラエルを造り上げた契約の神です。ですから、決してイスラエルを忘れることはありません。②神は常に、ご自身に背を向けた民を招いておられます。③神の贖いのわざは、最終的にはイエス・キリストによって成就します。

（2）罪は、空を覆う雲のようです。黒雲が広がると、太陽も青空も見えなくなります。しかし、風が吹いて雲を払いのけると、再び青空が広がってきます。罪の赦しを受けるとは、そのようなことです。罪赦された者は、恵み深い神を賛美せざるを得なくなります（23節）。

（3）神は、将来起こるエルサレムの再建を預言されます。神は、ペルシアのキュロス王が出現する100年も前に、キュロス王の出現、バビロン帝国の崩壊、エルサレム神殿の再建などを預言されました。私たちの神概念を広げましょう。どういう神を見上げているかによって、その人の生き方が変わってきます。何が起ころうとも、神のお許しなしには何ひとつ起こり得ないことを思い、平安をいただきましょう。

イザヤ書45章

「地の果てのすべての者よ。わたしを仰ぎ見て救われよ。わたしが神だ。ほかにはいない。わたしは自分にかけて誓う。ことばは、義のうちにわたしの口から出て、決して戻ることはない。すべての膝はわたしに向かってかがめられ、すべての舌は誓い、わたしについて、『ただ主にだけ、正義と力がある』と言う。主に向かっていきり立つ者はみな、主のもとに来て恥を見る。」（イザヤ書45・22〜24）

この章から、以下のことを学びましょう。（1）キュロス（油注がれた者）は、イスラエルの民を解放する器として立てられます。（2）イスラエルの民は、その計画に不満を述べます。まるで粘土が陶器師に反抗しているかのようです。しかし、神の主権を認めない者は、愚か者です。（3）神は、偶像礼拝をしている異邦人たちを招き、彼らを救われます。

油注がれた者キュロス

（1）「わたしの牧者」（イザ44・28）と呼ばれていたキュロスが、ここでは「油注がれた者」（1節）と呼ばれています。このことばは、「メシア」と同じ語源から出たもので、異邦人がこのように呼ばれるのは異例のことです。神がキュロスを祝福し、あらゆる敵に打ち勝つ力をお与えになったのは、3つの理由からです。①キュロス自身が、イスラエルの神がキュロスを立てたことを知るため。②キュロスが、イスラエルの民を解放するための器として用いられるため。③イスラエルの民が、神は歴史を支配している神であることを知るため。

（2）キュロスには、イスラエルの神に用いられているという認識はありませんでした。しかし神は、キュロスをご存じでした。それと同じように、私たちが神を無視して生きていたときも、神は私たちのことをご存じで、私たちの名を呼んでおられました。神に知られているという確信は、私たちの生き方を変える力となります。

陶器師に抗議する粘土

（1）異教の王キュロスが用いられるという預言を聞いて、イスラエルの民は反発します。彼らは、イスラエル解放のために用いられる人物は、ダビデの家系から出た者でなければならないと考えました。神の主権への反抗は、イスラエルの民の専売特許ではありません。現代人もまた、すべてを人間中心に考えるという特徴を持っています。

（2）神は、イスラエルの反抗を見て、驚きの声を上げます。まるで、粘土が陶器師に抗議しているかのようです。創造主なる神の主権を認めない者は、愚か者です。その者は、最後に恥を見ることになります。

（3）私たちの場合も、試練の中に置かれると、神の御心が分からなくなることがあります。そのような場合は、①神の偉大さを思い描き、人間の理性の範囲を越えて働かれる神をあがめましょう。②神のご計画は常に最善であることを信じましょう。③今直面している問題を、永遠の視点から眺めてみましょう。「わたしは主。正義を語り、公正を告げる者」（19節）ということばは、真実なものです。

異邦人の回心

（1）イスラエルの解放とエルサレムの回復は、最終的には諸国民の救いにつながります。創造主なる神は、偶像を礼拝する諸国の民に対して、「地の果てのすべての者よ。わたしを仰ぎ見て救われよ。わたしが神だ。ほかにはいない」（22節）と宣言されます。①この方以外に神はなく、救いもありません。偶像の神々は無力です。②神は恵みによって、一方的に罪人を招いておられます。この方を仰ぎ見れば救われます。③神の約束は永遠に変わりません。救いは、神がくださる賜物です。

（2）油注がれた者キュロスは、真の油注がれた者（メシア）であるイエス・キリストを予表しています。キュロスによるバビロンからの解放は、イエス・キリストによる罪と死からの解放を予表しています。異邦人の救いは、イスラエルの回復と連動した極めて終末的な祝福です。

（3）終末時代には、エジプト人もクシュ人もセバ人も、イスラエルの民のところに上って来て、こう言うようになります。「神はただあなたのところにだけおられ、ほかにはなく、ほかに神々はいない」(14節)。これは、終末時代における異邦人の救いと、メシアによる普遍的な平和の成就を預言したものです。そのとき、イスラエルの神に敵対してきた者たちは恥じ入り、信仰によってアブラハムの子孫とされた私たちは、イエス・キリストを通して義とされたことを誇るようになります。

イザヤ書46章

「ヤコブの家よ、わたしに聞け。イスラエルの家のすべての残りの者よ。胎内にいたときから担がれ、生まれる前から運ばれた者よ。」
(イザヤ書46・3)

この章から、以下のことを学びましょう。(1)バビロンの偶像は、バビロンの人々を救うことができません。(2)イスラエルの神は、イスラエルの人々が生まれる前から彼らを運び、老年になっても運んでくださいます。(3)神は、反抗するイスラエルの民を悔い改めへと招かれます。(4)キュロスによる解放は、終わりの日に起こる素晴らしい出来事の、ほんの始まりに過ぎません。

頑なな民への招きのことば

(1)この章でも、偶像の神々の無力さが語られ、それとの対比で、創造主であるイスラエルの神の至高性が宣言されます。最後に、頑なイスラエルの民への招きのことばが語られます。

（2）ベルはバビロンの主神であり、ネボはその子です。1~2節で、バビロンの偶像の無力さが語られます。古代世界では、強力な神を拝している民が、戦争に勝つと考えられていました。したがって、イスラエルがバビロンに屈することは、イスラエルの神がバビロンの神々に敗北したことを意味します。バビロン人たちは、イスラエルの神を愚弄しました。しかし主は、ベルもネボもバビロンの助けにはならないと宣言されます。

（3）偶像は、人々を運ぶ代わりに民の重荷となり、人々によって運ばれるようになります。それに比べて、イスラエルの神は、イスラエルの民が生まれる前から彼らを運び、老年になっても運んでくださいます。ここには、神の永遠の愛が約束されています。神は、「遠い大昔のことを思い出せ」（9節）と言われます。イスラエルの民は、民族の歴史を振り返り、神の恵みが絶えることはなかったことを思い起こすように命じられます。

（4）神は、イスラエルの民を招かれます。「わたしに聞け、頑なな者たちよ。正義から遠く離れている者たちよ」（12節）。神は、遠い地（ペルシア）から猛禽（キュロス）を送り、シオンに救い（バビロンからの解放）を与えてくださいます。しかもこれは、終わりの日に起こる素晴らしい出来事の、ほんの始まりに過ぎません。神の恵み深い計画とご性質を知りながら、なおも強情な姿勢を貫こうとする者には、もはや救いの道は残されていません。

（5）個々のクリスチャンの体験は、イスラエルの歴史に起こったことの縮小版だと言えます。①私たちが生まれる前から、神は私たちを知っておられました。②私たちが白髪になっても、神は私たちを運び続けてくださいます。③私たちの将来に、神は素晴らしい計画を用意しておられます。④神に立ち返るようにと、神は今も罪人を招いておられます。自らの人生を振り返り、神の恵みが豊かにあったことを神に感謝しようではありませんか。

イザヤ書47章

「あなたは自分の悪に拠り頼み、『私を見ている者はいない』と言う。 あなたの知恵と知識、これがあなたを迷わせた。 だから、あなたは心の中で言う。『私だけは特別だ。』」

（イザヤ書47・10）

この章から、以下のことを学びましょう。（1）バビロンが大国として台頭する前に、その滅びが預言されます。（2）バビロンが裁かれる理由は、イスラエルの民にあわれみを示さなかったからです。（3）バビロンは、自らの力を誇り、神のように振る舞いました。バビロンの失敗から教訓を学ぶ人は幸いです。

バビロン破滅の預言

（1）バビロンが世界の大国として台頭する前に、この預言が語られました。外敵の侵略を受けたことのないバビロンは、ここでは、「おとめ、娘バビロンよ」と呼ばれています。栄華を誇り、「優しい上品な女」とも呼ばれたバビロンは、神の裁きを受けて、「王座のない地面に座る女」、「ひき臼で粉をひく娘」と呼ばれるようになります。ともに、奴隷状態を表現することばです。

なぜバビロンは、神の裁きを受けることになるのでしょうか。6節で、神はこう語っておられます。「わたしは、わたしの民を怒って、わたしのゆずりの民を汚し、彼らをあなたの手に渡したが、あなたは彼らをあわれまず、老人にも、ひどく重いくびきを負わせた」。つまり、バビロンはその残忍さのゆえに裁かれるのです。

（2）バビロンは、イスラエルの民を裁く神の器として立てられました。神は、ご自身の民を清めるために、異邦人の王たちを裁きの器として用いることがあります。しかしバビロンは、そのことに理解が及びませんでした。彼らは傲慢になり、自らの力で世界を征服したのだと思い込んだのです。その結果、あわれみの心を閉ざし、イスラエルの民を残酷に扱いました。自らの身分をわきまえないバビロンは、神の大いなる怒りを招くことになります。

（3）イスラエルとバビロンの失敗から、いくつかの教訓を学ぶことができます。①試練に遭ったときは、神が私たちを清めようとしておられることを思い出しましょう。神は、決して私たちをお見捨てになりません。むしろ、私たちが神に立ち返ることを願っておられます。②繁栄の絶頂にあるときは、自分の力でそこに至ったのではないことを思い起こし、謙遜になりましょう。神の計画を祈り求め、失望している人々にあわれみの心を示しましょう。③特に、神の民イスラエルに対して、愛を示しましょう。神は、イスラエルを祝福する人々を祝福されます。

バビロンの傲慢

（1）バビロンは、「私だけは特別だ」（10節）と思い込んでいました。このことばを直訳すると、「私だけで、ほかにはいない」となります。驚くべきことに、この表現は、イスラエルの神がご自身の唯一性を宣言する時にお用いになるものです。バビロンは、世界の列強との戦いに勝利し、支配者の地位に就いたとき、自らを神と同等の位置に置くようになりました。従って、「私だけは特別だ」という表現は、「私は神だ」と宣言しているのと同じなのです。

（2）バビロンが誇りとしたものがほかにもあります。宗教、占星術、知恵と知識。こうしたものが、彼らに誤った安心感を与えていました。しかし神は、バビロンの安心を打ち砕くと宣言されます。誤った安心は、人を破滅に導きます。宗教も、科学も、人間の知識や知恵も、私たちを救うことはできません。

（3）バビロンの失敗から教訓を学びましょう。①神の裁きを軽く見てはいけません。罪人には永遠の滅びが待っているのです。これは、厳粛な事実です。②謙遜を身につけましょう。バビロンの最大の問題点は、自らを神の地位に置いたことにあります。③神に信頼しましょう。これが知恵であり、いのちです。順風のときも、逆風のときも、神とともに歩むことほど安全な道はありません。

イザヤ書48章

「見よ。わたしはあなたを錬ったが、銀のようにではない。わたしは苦しみの炉であなたを試した。わたしのため、わたしのために、わたしはこれを行う。どうしてわたしの名が汚されてよかろうか。わたしの栄光を、ほかの者に与えはしない。」（イザヤ書48・10～11）

この章から、以下のことを学びましょう。（1）神は、バビロン捕囚とそこからの解放を預言されます。それが起こったときに、イスラエルの神がそれを為したことが明らかになるためです。（2）神は、ご自身の栄誉のためにイスラエルの民を贖われます。（3）バビロンからの解放は、第2の出エジプト体験です。イスラエルの民は、喜びの歌を歌い、平安で満たされるようになります。

開かれた秘め事

（1）この章は、イスラエルの民への呼びかけで始まります。彼らは、ヤコブの子孫であり、イスラエルと呼ばれることを誇りとしていました。また、エルサレムとその神殿を所有していることに安住していました。しかし彼らは、イスラエルの神を礼拝しながら、一旦祈りが聞かれると、偶像の神に感謝するような愚かな民でした。その民に、神はこれから起ころうとしていることをお告げになります。それは、その預言が成就したとき、イスラエルの神がそれを為したことが明らかになるためです。

（2）預言の内容は、以下のようなものです。①やがてバビロン捕囚の時代がやってくる。②それは、イスラエルを清めるための神からの懲らしめである。③その後に、捕囚からの解放、平和の回復が与えられる。

（3）神がイスラエルの民を見捨てないのは、まさに奇跡です。神は、「見よ。わたしはあなたを錬ったが、銀のようにではない。わたしは苦しみの炉であなたを試した」（10節）とお語りになります。①銀は火で精錬されますが、信仰者は試練によって清められていきます。②銀の場合は、金かすと銀がより分けられ、銀だけが集められます。私たちは金かすのようですが、神はそれを見捨てることなく、高価な銀のように扱ってくださいます。神がイスラエルを贖う理由は、イスラエルにその価値があるからではありません。神は、ご自身の栄誉のためにこれを行われるのです。

バビロンから出よ

（1）バビロンからの解放の預言を語っているのは、イザヤです。彼は、頑なな民に大胆に語りかけます。イザヤの確信と力は、どこからきているのでしょうか。彼はこう証ししています。「今、**神**である主は、私をその御霊とともに遣わされた」（16節）。聖霊の油注ぎのもとで語ることこそ、勝利の秘訣です。それは、主イエスのうちにも見られる真理です。イエスは、ナザレの会堂で、こうお語りになりました。「主の霊がわたしの上にある。貧しい人に良い知らせを伝えるため、主はわたしに油を注ぎ、わたしを遣わされた」（ルカ4・18）。イザヤの体験は、私たちクリスチャンが共有すべき体験でもあります。神は、私たちを救うだけではなく、神の子としてふさわしい歩みができるように、聖霊で満たしてくださいます。

（2）聖霊によってイザヤが語った預言は、バビロンからの解放、そして、祝福と繁栄の約束です。神は、イスラエルの民のために益となる計画をお立てになりました。神の祝福に与るための唯一の条件は、従順になることです。「あなたがわたしの命令に耳を傾けてさえいれば、あなたの平安は川のように、正義は海の波のようになったであろうに」（18節）。

（3）バビロンから解放されたイスラエルの民は、出エジプトのときのように、喜びの歌を歌うようになります。バビロンからの解放は、第2の出エジプトです。神は、彼らを約束の地へと導かれます。そのとき、イスラエルの民は大いなる平安を経験します。しかし、不信者については、「悪しき者には平安がない」（22節）と主は言われます。平安とは、「シャローム」ということばです。ヘブル語のシャロームには、単なる平安ということ以上の意味が含まれています。それは、神と和解した者に与えられる全人的、終末的な祝福です。心が騒ぐとき、平安がないとき、復活のイエスを見上げましょう。復活のイエスが弟子たちに語った最初のことばは、「平安があなたがたにあるように。」（ヨハ20・19）でした。今、主イエスから平安をいただきましょう。

イザヤ書49章

主はこう言われる。「恵みの時に、わたしはあなたに答え、救いの日に、わたしはあなたを助ける。わたしはあなたを見守り、あなたを民の契約とし、国を復興して、荒れ果てたゆずりの地を受け継がせる。」（イザヤ書49・8）

この章から、以下のことを学びましょう。（1）49～57章の主要テーマは、「受難のしもべ」です。この章は、その預言の始まりです。（2）1～6節は、「第2のしもべの歌」と呼ばれています。これはメシアの奉仕に関する預言です。（3）7～13節は、メシアの来臨とメシア的王国の預言です。（4）14～26節では、神はイスラエルを決して見捨てないという約束が語られます。

第2のしもべの歌

（1）文脈を確認しましょう。イザヤ書の後半（40～66章）は、3つの部分に分けることができます。①40～48章の主要テーマは、「バビロンからの解放」です。解放者となるのは、ペルシアのキュロス王です（イザ44・28〜45・1）。②49〜57章の主要テーマは、「受難のしもべ」です。メシアは、罪人たちのために贖いの死を遂げます（イザ52・13〜53・12）。③58〜66章の主要テーマは、「イスラエルと世界の回復」です。メシアは、回復のわざを行うために再臨されます（61〜63章）。これらの預言は、バビロン捕囚が起こる100年以上も前にイスラエルの民に与えられました。彼らを励ますためです。

（2）1〜6節は、「第2のしもべの歌」と呼ばれています。ここに出てくる「私」とは誰のことでしょうか。表面的にはイスラエルの民を指しているかのように読めますが、これはメシアであるイエスです。次の聖句を見ると、そのことが分かります。「あなたがわたしのしもべであるのは、ヤコブの諸部族を立たせ、イスラエルのうちの残されている者たちを帰らせるという、小さなことのためだけではない。わたしはあなたを国々の光とし、地の果てにまでわたしの救いをもたらす者とする」（6節）。神は、ご自身のしもべ（メシア）を生まれる前から知っていて、彼をご自身のしもべとして形造られました。そして彼に、「国々の光」（6節）となる使命をお与えになりました。

恵みの時、救いの日

（1）7〜13節は、メシア来臨のときに実現する祝福（メシア的王国）の預言です。神の救いが実現するその日には、身分の逆転が起こります。王や政治的指導者たちは低くされ、苦しみの中にいる者たちは、高く上げられます。神はその日を、「恵みの時、救いの日」（8節）と呼ばれました。その日には、神はイスラエルとの契約が永遠に有効であることを確認されます。①彼らを、束縛から救い出し、約束の地に導かれます。②世界中から神の民が帰還できるように、道を備えられます。

（2）14〜26節では、エルサレムが滅亡しても、神は決してイスラエルの民を見捨てないとの励ましのメッセージが語られます。イスラエルの民は、「主は私を見捨てた。主は私を忘れた」（14節）と言うようになりますが、それは事実ではありません。そのことを伝えるために神は、「女が自分の乳飲み子を忘れるだろうか。自分の胎の子をあわれまないだろうか。たとえ女たちが忘れても、このわたしは、あなたを忘れない」（15節）と言い、「見よ、わたしは手のひらにあなたを刻んだ」（16節）とも言われます。恋人の名を手に刻むように、イスラエルの民の名は神の手のひらに刻まれ、それが消されることはないのです。

（3）20世紀のイスラエルの歴史を学ぶと、聖書預言が確かに成就しつつあることが分かります。①ホロコーストの悲劇から、イスラエル国家の再建（1948年）という祝福が生まれました。それはまさに、「子に死なれた女、子を産めない女」（21節）に多数の子どもたちが与えられるような出来事でした。②エルサレムは、1967年にイスラエルの手に回復されました。かつて廃墟であったエルサレムですが、今では大いに栄えています。③神は、異邦人のクリスチャンたちを奮い立たせ、彼らをユダヤ人の祖国帰還の助け手としておられます（22節）。

（4）この世のすべての権力が、神の「しもべ」を礼拝するときが近づきつつあります（23節）。その「しもべ」とは、イエス・キリストのことです。「すべての舌が『イエス・キリストは主です』と告白して、父なる神に栄光を帰するためです」（ピリ2・11）。正確な時代認識を持って生きる人は幸いです。

イザヤ書50章

あなたがたのうちで主を恐れ、主のしもべの声に聞き従うのはだれか。闇の中を歩くのに光を持たない人は、主の御名に信頼し、自分の神に拠り頼め。（イザヤ書50・10）

この章から、以下のことを学びましょう。（1）バビロン捕囚は、神がイスラエルの民を見捨てたという証拠にはなりません。（2）神は、イスラエルの民がご自身に立ち返ることを待っておられます。（3）イスラエルの民を回復するために、神は「しもべ」を遣わされます。（4）「第3のしもべの歌」は、メシア預言です。主イエスは、その預言の成就です。

従順な主のしもべ

（1）神は、イスラエルの民を裁き、彼らをバビロン捕囚に送り込むようになります。だからといって、神がイスラエルの民を見捨てたことにはなりません。1〜3節で、神は、問答形式でイスラエルの民に語りかけます。①「あなたがたの母」（エルサレム）は離婚され、完全に縁を切られたのではない。一時的に、神に罰せられただけなのだ。もちろん離縁状などあるはずがない。②神は、イスラエルの民を借金の肩代りに債権者に売り飛ばして、親子の縁を切ったのではない。債権者など存在しないのだ。

（2）神は、バビロン捕囚という裁きを通して、イスラエルの民が悔い改めて神のもとに帰ってくることを願われました。

第3のしもべの歌

（1）イスラエルの民の回復を実現するために、神は「しもべ」をお遣わしになります。そのことが、4〜9節に書かれています。この箇所は、「第3のしもべの歌」と呼ばれています。ここで「私」と言われている「しもべ」は、メシアです。イエスは、この預言どおりに、主なる神によってことばを与えられ、疲れた者を励まし、父なる神に聞き従う「しもべ」としての生涯を歩まれました。また、苦しめられても沈黙を守り、侮辱されても耐え忍ばれました。そして最後は、主権者である神の助けにより、勝利者となられました。

（2）イザヤは、この「しもべ」に聞き、信頼するように勧めています。結局のところ、自分自身のわずかな知恵（火をつけた燃えさし）に頼る者は、苦しみのうちに伏し倒れるようになります。イザヤは、この「しもべ」に信頼することによって、真の回復がくると語っています。私たちも、問題に直面したときは、自分の知恵ではなく、主のしもべ、約束のメシアであるイエス・キリストに依り頼みましょう。主イエスのうちに、あらゆる問題に対する解決が隠されています。

イザヤ書51章

「まことに、主はシオンを慰め、そのすべての廃墟を慰めて、その荒野をエデンのようにし、その砂漠を主の園のようにする。そこには楽しみと喜びがあり、感謝と歌声がある。」
（イザヤ書51・3）

この章から、以下のことを学びましょう。（1）イスラエルの民は、民族の起源がいかに取るに足りないものであったかを思い出すべきでした。（2）イスラエルの民は偶像を礼拝していましたが、神は一方的な呼びかけによって、彼らの回復を預言されます。（3）神の裁きは、イスラエルの民を清めるための神の方法です。

イスラエル回復の預言

（1）この章は、試練の時を迎えようとしていたイスラエルに対する慰めのメッセージとなっています。神はイスラエルの民に、「あなたがたが切り出された岩、掘り出された穴に目を留めよ」（1節）

とお語りになります。「切り出された岩、掘り出された穴」とは、先祖アブラハムとサラのことです。①イスラエルの民は、民族の起源がいかに取るに足りないものであったかを思い出すべきでした。神は、死者のようになっていたアブラハムとサラを用いて、一大民族をお造りになりました。②彼らは、神がいかに恵み深い方であるかを思い出すべきでした。神は、イスラエルの民と永遠の契約を結び、彼らを用いて全人類を救う計画をお立てになりました。

（2）イスラエルの民は、神に背を向け、偶像を神として仰いでいました。しかし神は、一方的な呼びかけによって、彼らを回復しようとされました。「まことに、主はシオンを慰め、そのすべての廃墟を慰めて、その荒野をエデンのようにし、その砂漠を主の園のようにする。そこには楽しみと喜びがあり、感謝と歌声がある」（3節）。この文は、ヘブル語では預言的完了形が使用されています。つまり、イスラエル回復は、すでに起こったこととして語られているのです。それを前提に、神以外の何者をも恐れないようにとの勧告が与えられます。神に敵対する勢力は、一時的に栄えても、やがては滅びるというメッセージは、私たちにも慰めと希望をもたらしてくれます。今、神以外のものを恐れないという信仰をいただきましょう。

（3）イザヤは、民の側に立って、執りなしの祈りを献げます。「目覚めよ、目覚めよ。力をまとえ、主の御腕よ」（9節）とは、「力ある主よ、どうか目覚めてください。あなたの御力を見せてください」という意味です。この祈りの背後には、出エジプトの奇跡を行われた主への信頼があります。この祈りの最後は、エルサレムの勝利を確信する預言的賛美で終わっています。この勝利は、メシアによって実現する終末的な解放です。

（4）イザヤの祈りに対する神からの答えが、12～16節の内容です。「わたし、わたしこそ、あなたがたを慰める者」（12節）。これは、神の強い決意を表したもので、他の神々ではなく、このわたしが、という意味です。やがてイスラエルの民は、「あなたはわたしの民だ」（16節）と呼ばれるようになります。

苦難とそれに続く解放

（1）イザヤは一貫して、①罪に対する神の裁きと、②その後にくる回復の希望を語りました。彼は、イスラエルの民が霊的眠りから覚めるように、「目覚めよ、目覚めよ。エルサレムよ、立ち上がれ」（17節）と呼びかけました。「憤りの杯を飲み」（17節）とは、神の裁きを受けることを意味します。イザヤは、暴行と破滅、飢饉と剣がエルサレムを襲う日を、霊的な目で見ていました。それゆえ、黙ってはいなかったのです。

（2）神の裁きを語ったイザヤは、21節以降で、その裁きは一時的であり、逆に神がイスラエルの敵（バビロン）を裁かれるときが来ることを告げます。神が一時的にご自身の民を罰したのは、彼らを清め、真のイスラエルとして整えるためであったことが明らかにされます。

（3）神は、「見よ。わたしはあなたの手から、よろめかす杯を取り上げた。あなたはわたしの憤りの大杯を　もう二度と飲むことはない」（22節）とお語りになりました。私たちも、神の怒りの杯を飲まねばならない存在でした。しかし主イエスは、私たちに代わってその杯を飲み干してくださいました。「父よ、みこころなら、この杯をわたしから取り去ってください。しかし、わたしの願いではなく、みこころがなりますように」（ルカ22・42）。イエスのこの祈りのゆえに、私たちは怒りの杯を飲まなくてもよくなったのです。イエスの犠牲に感謝し、神の民として整えられることを心から願いましょう。

イザヤ書52章

良い知らせを伝える人の足は、山々の上にあって、なんと美しいことか。平和を告げ知らせ、幸いな良い知らせを伝え、救いを告げ知らせ、「あなたの神は王であられる」とシオンに言う人の足は。(イザヤ書52・7)

この章から、以下のことを学びましょう。(1)イザヤはバビロン捕囚からの解放を預言しますが、その預言の究極的な成就は、メシアによってもたらされます。(2)52章13節から53章12節までは「第4のしもべの歌」と呼ばれています。この歌は、53章に含まれるべきものです。(3)主のしもべは、神と同等の位にまで高められるようになりますが、その前に、想像を絶するような苦難を通過します。これは、メシアであるイエスが通過する苦難の預言です。

良い知らせを伝える者の足

(1)当時、アッシリアが北王国イスラエルを滅ぼし、その勢力はエルサレムにまで迫っていました。しかし、エルサレムを滅ぼすのはアッシリアではなく、バビロンです(前586年)。イザヤは、そのことが起こる前にこの預言を語り、イスラエルの民に希望と励ましを与えようとしました。

(2)イザヤは、エルサレム滅亡の後にバビロンからの解放がくることを預言します(1～3節)。①エルサレムがバビロンによって滅ぼされ、その民がバビロンに捕囚として連れ去られるのは、歴史の支配者である神の計画に基づくことです。②それゆえ、バビロンからの解放も、主権者なる神の計画によって為されるのです。

(3)「……聖なる都エルサレムよ。無割礼の汚れた者は、もう二度とあなたの中に入っては来ない」(1節)とありますので、この預言の最終的な成就は、メシア的王国において起こることが分かります。「良い知らせを伝える人」(7節)とは、メシアが王として来られたという喜びの知らせを宣言する人のことです。

栄光の前に来る苦難の道

（1）52章13節から53章12節までは、「第4のしもべの歌」と呼ばれています。この預言によって、究極的な解放はメシアであるしもべによってもたらされることが明らかにされます。52章13～15節は、実際は53章に含めるべきもので、「第4のしもべの歌」の序言となっています。

（2）13～15節では、2つの重要なことが預言されます。①「わたしのしもべ」と呼ばれる人物は、神と同等の位にまで高められるようになる。②しかしその前に、想像を絶するような苦難の道がある。これは、メシアであるイエスに起こることの預言です。

（3）神は、御子イエスの犠牲によって、罪人である私たちを贖ってくださいました。それは、私たちの真ん中にあって、主イエスが王となってくださるためです。これは良い知らせ、つまり福音です。パウロは、「遣わされることがなければ、どのようにして宣べ伝えるのでしょうか。『なんと美しいことか、良い知らせを伝える人たちの足は』と書いてあるようにです」（ロマ10・15）と書いています。これは、イザヤ書52章7節からの引用です。イザヤは、バビロン捕囚からの回復という希望を語りながら、究極的には、終末時代における世界宣教の希望を預言していたのです。

（4）今はまさに、世界宣教の時代です。神は、「去れ、去れ。そこから出て行け。汚れたものに触れてはならない」（11節）と語っておられます。私たちは、今、救い主イエスを信じ、罪の世界を去った者たちです。今、自分が「良い知らせを伝える人」になっているかどうか、自己吟味をしてみましょう。「主イエスよ、私の王となってください」と祈りましょう。

イザヤ書53章

私たちはみな、羊のようにさまよい、それぞれ自分勝手な道に向かって行った。しかし、主は私たちすべての者の咎を彼に負わせた。彼は痛めつけられ、苦しんだ。だが、口を開かない。屠り場に引かれて行く羊のように、毛を刈る者の前で黙っている雌羊のように、彼は口を開かない。（イザヤ書53・6〜7）

この章から、以下のことを学びましょう。（1）新約聖書では、イザヤ書からの引用が80か所ほどありますが、大半がこの章から出たものです。（2）この章の受難のしもべの預言は、主イエスにおいて成就しました。（3）罪人を救うために、しもべを痛めることは、父なる神の御心でした。（4）しもべは、最後まで従順にその御心に従われました。

メシアの代償的死

（1）この章は、イザヤ書の「至聖所」と呼ばれます。またこの章は、イザヤ書の後半（40〜66章）のちょうど中間に当たります。新約聖書では、イザヤ書からの引用が80か所ほどありますが、大半がこの章から出たものです。この章では、メシアであるしもべの生涯が詳細に預言されます。それは、イエス・キリストの生涯そのものです。以下のポイントを一つずつ黙想しながら、主イエスの愛に感謝を表そうではありませんか。

（2）メシアは、決して人から尊ばれるような姿で来られるのではありません。むしろ、人々が顔をそむけるような姿で来られます。「ひこばえ」（切り株から出た若枝）、「砂漠の地から出た根」、「悲しみの人で、病を知っていた」などの語句に注目しましょう。すべて、メシアの受肉とへりくだりを預言したものです。

（3）メシアの死は、身代わりの死、代償的な死です。それは、自分勝手な道に向かっていた私たちに、平安と癒やしをもたらすための死です。主イエスが、どんなに私たちを愛してくださったか、黙想しましょう。私たちのためにいのちを捨ててくださったのは、主イエスだけです。

（4）メシアは、そのような身代わりの死、悲惨な死を、従順な態度で受け入れます。主イエスは、死に至るまで父なる神に忠実に歩まれました。

（5）メシアをこのように痛めることは、父なる神の御心でした。ひとり子を犠牲にされた父なる神の御苦しみについて、黙想しましょう。神の愛は、犠牲的な愛、無条件の愛です。この愛は、すべての人に差し出されています。私たちは、その愛を受け取り、父なる神と和解しました。

（6）メシアの死は、敗北ではなく、勝利となりました。メシアは復活し、天に上り、父なる神の右に座して、大祭司としての働きを開始するようになりました。よみがえられた主イエスが、今は天において大祭司として、私たちのために執りなしをしておられます。このことを知ると、私たちの生き方は大きく変わります。

イザヤ書54章

「これは、わたしにはノアの日のようだ。ノアの洪水が、再び地にやって来ることはないと、わたしは誓った。そのように、わたしはあなたを怒らず、あなたを責めないと、わたしは誓う。たとえ山が移り、丘が動いても、わたしの真実の愛はあなたから移らず、わたしの平和の契約は動かない。――あなたをあわれむ方、主は言われる。」（イザヤ書54・9～10）

この章から、以下のことを学びましょう。（1）この章の預言は、メシア的王国において成就するものです。（2）神とイスラエルの民の関係が、夫婦関係にたとえられます。(3)荒廃したエルサレムは、やがて祝福された状態に回復されます。契約に基づく神の愛によって、その約束が成就します。

エルサレム回復の預言

（1）この章の預言は、メシア的王国（千年王国）において成就するものです。これが語られたのは、エルサレムがアッシリアに圧迫されていた時代です。アッシリアに続いてバビロンが脅威となりますが、そうなる前から、神は、エルサレム回復の希望を告げておられました。それは、イスラエルの民を励ますためでした。神は今も、私たちが受ける試練を知っておられ、先回りの愛で私たちを支えてくださいます。

（2）聖書では、神とイスラエルの民の関係が、よく夫婦関係にたとえられます。ここでも、神が、妻であるエルサレム（イスラエルの民）に優しく語りかけるという形式が取られています。それは、神の愛を知性のレベルではなく、情感のレベルで伝えるためです。私たちも、この箇所は、頭ではなく心で読むように努めなければなりません。

（3）「子を産まない不妊の女よ」、「産みの苦しみを知らない女よ」（1節）などの呼びかけのことばは、荒廃したエルサレムを指しています。「喜び歌え」、「喜び叫べ」（1節）は、荒廃の後に来る回復の希望を指すことばです。エルサレムはバビロンに滅ぼされ、まるで「夫に捨てられた女」のようになります。しかし、それは一時的な裁きであって、やがてエルサレムは優しい夫によって回復させられ、以前にも増して祝福されるようになります。神は、「若いころの妻をどうして見捨てられるだろうか」（6節）とお語りになります。これは、イスラエルの民への約束ですが、同時に私たちクリスチャンにも適用される祝福です。神が私たちを見捨てることは、決してありません。

（4）9～10節では、神がノアに誓った約束が持ち出されます。神はノアに対して、再びそのような悲惨なこと（洪水）は起こさないと明言されました。契約に基づく神の愛のゆえに、そう言われたのです。エルサレムも、この「契約に基づく神の愛」によって守られます。

（5）回復の後には、三重の祝福が与えられます。①物質的な繁栄の祝福。②霊的な繁栄の祝福。③国家的安全または平和という祝福。これらの祝福は、メシアであるイエス・キリストの再臨によって完全に成就するものです。

（6）私たちも、試練の中でくじけそうになるときがあります。そのようなとき、私たちに必要なのは忍耐です。神の約束は必ず成就します。神の時を信じ、勇敢に歩もうではありませんか。

イザヤ書55章

「ああ、渇いている者はみな、水を求めて出て来るがよい。金のない者も。さあ、穀物を買って食べよ。さあ、金を払わないで、穀物を買え。代価を払わないで、ぶどう酒と乳を。」

(イザヤ書55・1)

この章から、以下のことを学びましょう。(1)神はご自身を物売りにたとえ、民への招きのことばを語られます。(2)生活に必要なものは、すべてメシアによって与えられます。(3)この招きは、ダビデ契約に基づいたものです。(4)祝福を受ける秘訣は、神のことばへの全面的な信頼です。

物売りの声

(1)この章は、実に麗しい章です。イザヤの時代、物売りが通りを歩きながら水を売っていました。神はご自身を水売りにたとえて、「渇いている者」への招きのことばをお語りになりました。

(2)この物売りは、普通の物売りとはいくつかの点で異なっています。①すべての人が招かれています。②必要なものが、無代価で買えます。③水だけでなく、ぶどう酒、乳、穀物など、生活に必要な物は、すべて手に入ります。これらの祝福は、メシアであるイエスによって与えられるものです。イエスは、この真理を別のことばでお語りになりました。「さて、祭りの終わりの大いなる日に、イエスは立ち上がり、大きな声で言われた。『だれでも渇いているなら、わたしのもとに来て飲みなさい。わたしを信じる者は、聖書が言っているとおり、その人の心の奥底から、生ける水の川が流れ出るようになります』」（ヨハ7・37〜38）。水はいのちのために、乳は力のために、ぶどう酒は喜びのために与えられるものです。イエスのうちには、すべての人の必要を満たす祝福が用意されています。

（3）3節では、この神の招きはダビデ契約に基づいたものであることが明らかにされます。サムエル記第二7章12〜14節を読んでみましょう。そこでは、以下のような点が約束されています。①ダビデの子孫からメシアが現れる。②そのメシアは、ダビデの王位を継承する。③メシア的王国は、永遠に続く。その約束の成就として来られたのが、イエス・キリストです。メシアであるイエス・キリストを通してでなければ、ユダヤ人であっても異邦人であっても、誰ひとり、父なる神のもとに行くことはできません。

主を呼び求めよ

（1）祝福は、自分の努力によってつかみ取るものではなく、神から与えられるものです。祝福に関するすばらしい約束を語った後、預言者イザヤは、悪を離れて神に立ち返れとイスラエルの民に強く勧めます。その理由は、神の計画は人間のそれとは異なるからです。①どんな罪人でも悔い改めるなら赦される。罪が深ければ深いほど、受ける恵みも深くなります。②神の赦しは完全である。神は、私たちの罪を完全に赦してくださいます。③神の祝福の約束は永遠に変わらない。

（2）神の約束が確実に実現することを示しているのが、9〜11節です。神が雨や雪を地に降らせるのは、作物を実らせるためです。雨や雪はその働きを忠実に行って、もとの場所に戻って行きます。神のことばもそれと同じです。「そのように、わたしの口から出るわたしのことばも、わたしのところに、空しく帰って来ることはない。それは、わたしが望むことを成し遂げ、わたしが言い送ったことを成功させる」(11節)。

(3) 新約聖書には、神のことばを完全に信頼したので、イエスの賞賛を受けた百人隊長の話が出てきます。「しかし、百人隊長は答えた。『主よ、あなた様を私の屋根の下にお入れする資格は、私にはありません。ただ、おことばを下さい。そうすれば私のしもべは癒やされます』」(マタ8・8)。また、天使の御告げを受けたマリアの例もあります。「マリアは言った。『ご覧ください。私は主のはしためです。どうぞ、あなたのおことばどおり、この身になりますように。』すると、御使いは彼女から去って行った」(ルカ1・38)。神のことばを完全に信頼する人は、幸いです。

(4) 神は、呪いを祝福に変えてくださるお方です。呪いの結果生えてきた「茨」と「おどろ」は、神の祝福を表す「もみの木」と「ミルトス」に取って代えられます。神を信頼する者の将来は、希望に満ちています。今、神の招きのことばに応答しましょう。

イザヤ書56章

幸いなことよ。　安息日を守って、これを汚さず、どんな悪事からもその手を守る人は。　このように行う人、　このことを堅く保つ人の子は。

（イザヤ書56・2）

この章から、以下のことを学びましょう。（1）この章は、キリストの来臨を預言していますが、同時に異邦人の救いの預言ともなっています。（2）幸いな人とは、①安息日を守る人、また、②どんな悪事にも手を出さない人です。（3）全的献身こそ、真の礼拝です。

神に従う者の幸い

（1）この章では、成熟した預言者としてのイザヤの姿が見えます。次の3点に注目しましょう。①イザヤは、同時代のイスラエルの民に、真の礼拝を献げる民になれと語りかけます。その理由は、やがてメシアが来られるという希望があるからです。②この章は、キリストの来臨を預言していますが、同時に異邦人の救いの預言ともなっています。③メシアがもたらす希望は、終末時代において、すべて成就します。

（2）イザヤがイスラエルの民に将来の希望を語ったのは、彼らが今という時を力強く生きることができるようになるためです。神は、「主はきっと、私をその民から切り離される」（3節）と言ってはならないと語っておられます。私たちの場合も、もし神から見捨てられたと感じることがあるなら、歴史の支配者であるお方が終末まですべてを見通しておられることを思い、感謝と礼拝を献げるべきです。

（3）「幸いなことよ」（2節）という表現は、詩篇1篇やマタイの福音書5章（山上の垂訓）を思い出させます。では、どういう人が「幸いな人」なのでしょうか。①安息日を守る人。安息日とは土曜日のことですが、これは土曜礼拝を教えているのではありません。安息日は、シナイ契約のしるしとして与えられました。したがって、安息日を守るとは、つまり、労働を休んで出エジプトの恵みを覚えること、つまり、神の贖罪の恵みを覚えることです。私たちクリスチャンにとっては、キリストの十字架を覚え、心からの礼拝を献げることです。②どんな悪事にも手を出さない人。神を礼拝する民は、清い生活を志すべきです。真の礼拝者の姿を最もよく表しているのが、ローマ人への手紙12章1節です。「ですから、兄弟たち、私は神のあわれみによって、あなたがたに勧めます。あなたがたのからだを、神に喜ばれる、聖なる生きたささげ物として献げなさい。それこそ、あなたがたにふさわしい礼拝です」。生活のあらゆる局面に、主イエスをお迎えしましょう。そのとき私たちは、神の目に「幸いな人」となるのです。

イザヤ書57章

「あなたが叫ぶとき、あなたが集めたものどもに、あなたを救わせよ。風が、それらをみな運び去り、もやがそれらを連れ去ってしまう。しかし、わたしに身を寄せる者は、地を受け継ぎ、わたしの聖なる山を所有することができる。」

（イザヤ書57・13）

この章から、以下のことを学びましょう。（1）偶像礼拝者は裁きを受け、真の神を礼拝する者は地を受け継ぎます。（2）イザヤは、民の心を整え、救い主をお迎えする道備えをするように命じられます。（3）イザヤは、新約時代になってから啓示される福音の本質について預言します。（4）救いは、イスラエル人だけでなく、異邦人にも提供されます。

偶像礼拝に対する叱責

（1）この章では、義人の死と偶像礼拝者の結末が対比されます。義人にとって、死は敗北ではなく勝利であり、苦難から取り去られて平安に入れられることです。新約聖書の中には、義人の死がいかに祝福されたものであるかを教える箇所がいくつかあります。「たとえ私たちの地上の住まいである幕屋が壊れても、私たちには天に、神が下さる建物、人の手によらない永遠の住まいがあることを、私たちは知っています」(2コリ5・1。これ以外に、マタ25・21、ルカ16・22なども参照)。

(2) イスラエルの民の中には、指導者層も含めて、偶像礼拝に走る人々が多数いました。神は、彼らを「姦夫と遊女の子孫」と呼ばれます。彼らの罪が具体的にリストアップされていきます。①正しい生き方をしている同胞へのあざけり。②豊作を求める儀式としての性行為。③幼児をモレクの神にいけにえとして献げること。④谷川の水で滑らかになった石にささげ物を献げること。⑤死者の霊と交信するために霊媒に頼ること。

(3) すべての偶像はむなしく、神の審判の前にはなんの役にも立たず消え去ってしまいます。真の神に信頼する者だけが地を受け継ぎ、神の聖なる山を所有することができるのです。

主の道を整えよ

(1) 14節で、神はイザヤに1つのことを命じます。「盛り上げよ。土を盛り上げて、道を整えよ。わたしの民の道から、つまずきを取り除け」。この命令は、ルカの福音書3章5～6節に記されているバプテスマのヨハネの使命を思い出させます。イザヤもバプテスマのヨハネも、人々の心を整え、救い主をお迎えする道備えをした人物です。

(2) 15節以降で、イザヤが語るべきメッセージが示されます。ここには、福音の本質がすべて含まれています。①神は、いつまでも怒ってはおられない。②それでも人間は神に背き、自分勝手な道に進もうとしている。③神は、そのような人間に祝福を与えようと、今も忍耐をもって待っていてくださる。④救いは、契約の民イスラエルだけでなく、異邦人にも提供されている。「遠くの者」とは、契約とは無関係である異邦人を指す婉曲語です。⑤救いの内容は、主イエス・キリストを通した神との平和である。キリストを通して神と和解した者は、心に平安を得ます。その結果、心の奥底から感謝と賛美が湧き上がるようになります。それが「唇の実」です。

（3）エペソ人への手紙2章13～17節にはこうあります。何度も読み返してみましょう。「しかし、かつては遠く離れていたあなたがたも、今ではキリスト・イエスにあって、キリストの血によって近い者となりました。実に、キリストこそ私たちの平和です。キリストは私たち二つのものを一つにし、ご自分の肉において、隔ての壁である敵意を打ち壊し、様々な規定から成る戒めの律法を廃棄されました。こうしてキリストは、この二つをご自分において新しい一人の人に造り上げて平和を実現し、二つのものを一つのからだとして、十字架によって神と和解させ、敵意を十字架によって滅ぼされました。また、キリストは来て、遠くにいたあなたがたに平和を、また近くにいた人々にも平和を、福音として伝えられました」（エペ2・13～17）。

（4）私たちの唇から、いつも賛美と感謝のことばが湧き上がっているでしょうか。もしそうでないなら、もう一度、信仰の原点である十字架の赦しと愛に立ち返ろうではありませんか。

イザヤ書58章

「わたしの好む断食とはこれではないか。悪の束縛を解き、くびきの縄目をほどき、虐げられた者たちを自由の身とし、すべてのくびきを砕くことではないか。」（イザヤ書58・6）

この章から、以下のことを学びましょう。（1）偶像礼拝者の次に叱責を受けるのは、偽善者たちです。彼らの宗教は、見せかけの宗教です。（2）特に、見せかけの断食が糾弾されます。（3）正しい断食とは、愛とあわれみを実践することです。（4）安息日を守る者には、祝福が約束されます。

偽善者たちへの呼びかけ

（1）神の叱責の声は、偶像礼拝者たちから偽善者たちに向けられます。彼らの宗教は、見せかけの宗教でした。彼らは、いつも神の律法に従ってきたかのような顔をして神に近づき、こう言うのです。「なぜあなたは、私たちが断食したのに、ご覧にならず、自らを戒めたのに、認めてくださらないのですか」（3節）。新約聖書の中に、同じようなことを言った有名な人物がいます。それは、あの放蕩息子の兄です。彼は父にこう言いました。「ご覧ください。長年の間、私はお父さんにお仕えし、あなたの戒めを破ったことは一度もありません。その私には、友だちと楽しむようにと、子やぎ一匹下さったこともありません」（ルカ15・29）。彼の問題点は、父とともに住みながら、父への愛や感謝が全くなかったことです。彼は、見せかけの親子関係を演じていたに過ぎません。

（2）偽善的態度の中で、特に断食が糾弾されます。断食の本来の目的は、罪を悲しみ、罪から離れることです。しかし偽善者たちは、断食をしながら、プライド、貪欲、闘争心などを育てていました。このような見せかけの断食が、神を喜ばせるはずがありません。神が喜ばれる断食とは、愛を実践することです。神を愛し、人を愛することなしに、生きたクリスチャン生活を営むことは不可能です。

愛の人に下る祝福

（1）この章の後半では、正しい断食がなんであるかが示されます。神は、「わたしの好む断食とはこれではないか」（6節）と語り、具体例を挙げていかれます。それらの行為を要約すると、「助けを必要としている人々への愛とあわれみの心」ということになります。

（2）愛を実行する人に、神の祝福が約束されます。①神の臨在の約束。「そのとき、あなたが呼ぶと主は答え、あなたが叫び求めると、『わたしはここにいる』と主は言う」（9節）。②困難が喜びに変えられるという約束。「あなたの光は闇の中に輝き上り、あなたの暗闇は真昼のようになる」（10節）。③エルサレム回復の約束。「あなたは代々にわたる礎を築き直し、『破れを繕う者、通りを住めるように回復する者』と呼ばれる」（12節）。

（3）次に、安息日を正しく守る者への祝福が語られます。その人は、約束の地カナンで平安に暮らすことができるようになります。ユダヤ人にとって、安息日は非常に重要な意味を持っています。神は、人を祝福するために、安息日をお与えになりました。割礼がアブラハム契約のしるしであったように、安息日はシナイ契約（神がシナイ山でイスラエルの民と結んだ契約）のしるしとなりました（出31・13）。（4）新約時代に生きる私たちの場合は、どうでしょうか。私たちは、神を礼拝することに関して、時間や場所に制約されなくなりました。むしろ、御霊と真理によって礼拝するように勧められています（ヨハ4・24）。真の礼拝を回復する者は、地上生涯で神の祝福を体験するだけでなく、天のエルサレムの建設という神の壮大な計画のために用いられるようになります。

イザヤ書59章

見よ。主の手が短くて救えないのではない。その耳が遠くて聞こえないのではない。むしろ、あなたがたの咎が、あなたがたと、あなたがたの神との仕切りとなり、あなたがたの罪が御顔を隠させ、聞いてくださらないようにしたのだ。（イザヤ書59・1～2）

この章から、以下のことを学びましょう。（1）この章は、人間の罪の深刻さを暴いています。（2）人間には、自力救済は不可能です。その認識が、救い主の到来を待つという信仰を生み出します。（3）神の救いは、異邦人にも届けられるようになります。（4）そしてついに、イスラエルの民も救いに入れられます。

罪の深刻さ

（1）終わりの日には、キリストの支配による平和が実現し、神の栄光が全地を覆います。しかしその前に、人間の罪の性質が取り除かれる必要があります。58章では、偽善的な祈りや断食が糾弾されましたが、この章では、人間の罪の深刻さが暴かれていきます。人間は、自分で自分を救うことができません。救いは、アブラハム契約のゆえに、神によって与えられるものです。

（2）3〜8節では、さまざまな比ゆ的表現を用いて、罪がリストアップされていきます。9節に入ると、「彼ら」という主語が「私たち」に代わります。イザヤは、民の罪を指摘しながら、自分もその仲間であることを認めています。彼は、こう告白します。「それは、私たちの背きが御前で多くなり、私たちの罪が不利な証言をするからだ。まことに、私たちの背きは私たちとともにあり、私たちは自分の咎をよく知っている」（12節）。彼は、自力救済は不可能であるとの結論を出さざるを得ませんでした。その結果、救い主の到来を待つという信仰へと導かれます。

（3）イザヤの結論は、新約聖書の教えと一致します。「神の恵みにより、キリスト・イエスによる贖いを通して、価なしに義と認められるからです」（ロマ3・24）。「したがってイエスは、いつも生きていて、彼らのためにとりなしをしておられるので、ご自分によって神に近づく人々を完全に救うことがおできになります」（ヘブ7・25）。神が私たちの罪を厳しく指摘される理由は、罪に対する解決策があるからです。イエス・キリストの贖いこそ、私たちを救う力です。そして、その救いを受け取る管が、信仰です。

罪人を捜す神

（1）神は、義人や執りなす者がいないのを見て、唖然とされます。「唖然とされた」（16節）という表現は、擬人法と呼ばれる文学的手法で、その驚きの大きさを表現しています。この神の驚きは、イザヤの時代も、イエスの時代も、そして今も変わっていません。「イエスは彼らの不信仰に驚かれた。それからイエスは、近くの村々を巡って教えられた」（マコ6・6）。そこで神は、ご自身の一方的な恵みによって、救いをもたらそうと決心なさいました。イエス・キリストの十字架は、義の衣を私たちに着せるためのものです。

（2）神の救いのわざは、異邦人にも届けられるようになります。「主の栄光が恐れられる」（19節）とは、「神を敬い恐れること」、「罪を憎むこと」などを指します。「日の昇る方」（19節）とは、エルサレムから見た東の端です。つまり、すべての地上の民が、神の栄光を仰ぐようになるという預言です。

（3）そしてついに、イスラエルの民も、救いに入れられるようになります。「しかし、シオンには贖い主として来る。ヤコブの中の、背きから立ち返る者のところに。――主のことば」（20節）。この聖句は、終末時代におけるユダヤ人の救いを預言しています。パウロは、こう書いています。「こうして、イスラエルはみな救われるのです。『救い出す者がシオンから現れ、ヤコブから不敬虔を除き去る。これこそ、彼らと結ぶわたしの契約、すなわち、わたしが彼らの罪を取り除く時である』と書いてあるとおりです」（ロマ11・26～27）。

（4）神は、イスラエルを見捨てておられません。と同時に、イエス・キリストを信じた私たちをお見捨てになることもありません。救いの確かさが、神の契約（約束）の確かさにあることを信じるなら、浮き沈みの激しい信仰生活から解放されます。

イザヤ書60章

「起きよ。輝け。まことに、あなたの光が来る。主の栄光があなたの上に輝く。見よ、闇が地をおおっている。暗黒が諸国の民を。しかし、あなたの上には主が輝き、主の栄光があなたの上に現れる。」（イザヤ書60・1～2）

この章から、以下のことを学びましょう。（1）千年王国においては、エルサレムが異邦人の関心の中心となります。そこにシャカイナグローリーがとどまるからです。（2）異邦人諸国は、世界各地の宝をエルサレムに運び込むようになります。（3）新しいエルサレムでは、神ご自身が光となってくださいます。

シオンの救い

（1）神の人類救済計画に関して、次のようなステップが見えてきます。①神は、異邦人も含めた全人類を救うために、イスラエル民族を選ばれた。「わたしはあなたを国々の光とし、地の果てにまでわたしの救いをもたらす者とする」（イザ49・6、使13・47も参照）。②しかしイスラエルの民は、異邦人の光となるという使命を忘れ、メシアであるイエスを拒否した。そのために彼らは全世界に散らされた。③終わりの時代に、神は再びイスラエルの民を国家として回復される（エレ3・18）。④そしてイスラエルは、異邦人の関心の中心となる。

（2）イザヤ書60章10～14節によれば、千年王国におけるエルサレムは、異邦人の関心の中心となります。異邦人は、エルサレム建設に参加し、常に開かれた12の門を通って世界各地の宝をそこに運び込みます。なぜエルサレムが、諸国の関心の中心となるのでしょうか。それは、そこにシャカイナグローリー（神の栄光）がとどまるからです。「見よ、闇が地をおおっている。暗黒が諸国の民を。しかし、あなたの上には主が輝き、主の栄光があなたの上に現れる」（2節）とあるとおりです。

（3）ヨハネの福音書12章20～21節の記事は、異邦人が神の栄光を求めて集まってくることの予表になっています。「さて、祭りで礼拝のために上って来た人々の中に、ギリシア人が何人かいた。この人たちは、ガリラヤのベツサイダ出身のピリポのところに来て、『お願いします。イエスにお目にかかりたいのです』と頼んだ」。今、私たちの魂も叫んでいます。「イエスにお目にかかりたいのです」と。千年王国時代に実現する祝福を、私たちは今、聖霊を通して味わうことができます。王なるイエスを見上げ、心からの礼拝を献げようではありませんか。

主が永遠の光となる

（1）19～22節は、終末に出現する新しい都エルサレムを描写しています。新しいエルサレムでは、神ご自身が光となってくださるので、太陽や月の光が不要になります。暗やみが全く存在しない世界が出現するのです。

（2）最後に、神の民の祝福が約束されます。①イスラエルの民は、みな正しくなり、新しい地を所有するようになります（21節）。その正しさとは、自分の努力によるものではなく、イエスの十字架によるものです。②このとき、イスラエルの民は大いに栄えます（22節）。

（3）地上生涯においては、今しばらく試練の時が続きます。しかし私たちは、ともにいてくださる主イエスから励ましをいただきながら、義の道を歩むことができます。「イエスは再び人々に語られた。『わたしは世の光です。わたしに従う者は、決して闇の中を歩むことがなく、いのちの光を持ちます。』(ヨハ8・12)。世の光であるイエスから目を離さないようにしましょう。

イザヤ書61章

神である主の霊がわたしの上にある。貧しい人に良い知らせを伝えるため、心の傷ついた者を癒やすため、主はわたしに油を注ぎ、わたしを遣わされた。捕らわれ人には解放を、囚人には釈放を告げ、主の恵みの年、われらの神の復讐の日を告げ、すべての嘆き悲しむ者を慰めるために。(イザヤ書61・1～2)

この章から、以下のことを学びましょう。(1)1～3節で、メシアの使命に関する預言が与えられます。イエスは、ナザレの会堂でのメッセージで、この箇所を引用されました。(2)イスラエルの民は、初臨のメシアを拒否した結果、神の裁きを受けました。しかし神は、彼らを見捨ててはおられません。(3)4節以降で、イスラエルの回復と祝福が預言されます。

終末におけるシオンの繁栄

(1)この章は、終末におけるシオンの繁栄を預言しています。それは、メシアを通して与えられる終末的繁栄の約束です。1～3節は、メシアの使命に関する預言です。イエスは公生涯の最初に、ナザレの会堂でこの箇所を引用し、この預言が成就したと語っておられます。それは、イエスによるメシア性の宣言でもあります。「イエスは人々に向かって話し始められた。『あなたがたが耳にしたとおり、今日、この聖書のことばが実現しました。』」(ルカ4・21～22)。

（2）メシアの初臨の際には、イスラエルの民はこの方を拒否しました。その結果、彼らは神の裁きをその身に招きました。それが、紀元70年に起こったエルサレム崩壊の出来事です。それが、紀元70年に起こったエルサレム崩壊の出来事です。しかし神は、イスラエルの民を見捨ててはおられませんでした。裁きを受けた民が、再び約束の地に集められ、祝福を受けるときが来ます。

（3）4節以降で、イスラエルの回復と祝福が預言されます。そのときイスラエルは、廃墟となった町々を再建するようになります。また、異邦人たちもイスラエルの民の祝福に加えられ、イスラエルとともに労するようになります。イスラエルの民は、異邦人に神のことばを解き明かします。イスラエルは、二度と異邦人から辱めを受けることがなくなります。それどころか、二倍の祝福を受けるようになります。これらの祝福は、新しい契約（とこしえの契約）が結ばれた結果与えられるものです（8節）。そのとき、諸国民は、イスラエルこそ神によって選ばれた民であることを認めるようになります（9節）。

（4）神は、明確な人類救済プログラムを持っておられます。それどころか、私たち一人ひとりのために、完璧な計画を用意しておられます。今困難な境遇に置かれている人はいますか。もしそうなら、信仰の目を上げて、神は最善をなさることを信じましょう。きょうも、信仰によってこの世に出て行こうではありませんか。

イザヤ書62章

あなたはもう、「見捨てられた」と言われず、あなたの土地は「荒れ果てている」とは言われない。かえって、あなたは「わたしの喜びは彼女にある」と呼ばれ、あなたの国は「夫のある国」と呼ばれる。それは、主の喜びがあなたにあり、あなたの国が夫を得るからである。

（イザヤ書62・4）

この章から、以下のことを学びましょう。（1）イザヤは、終末における新しいエルサレムの栄光を見ました。（2）神は、エルサレムのために城壁の上の見張り人たちを置かれました。（3）千年王国のエルサレムを特徴づけるキーワードは、喜びと平安です。

新しいエルサレムの栄光

（1）イザヤは、バビロンによるエルサレムの崩壊と捕囚を預言しながらも、いつかエルサレムが回復されると信じていました。この章では、彼は単なるエルサレムの回復以上のもの、つまり、終末における新しいエルサレムの栄光を見ています。①エルサレムは、義と光によって特徴づけられた町となります。②エルサレムには、新しい名が与えられます。エゼキエル書48章35節にはこうあります。「町の周囲は一万八千キュビト。この町の名は、その日から『主はそこにおられる』となる」。ヘブル語では、この名は「アドナイ・シャマ」と言います。これは、主の臨在がいつもあることを表したものです。③エルサレムは、二度と敵に踏みにじられることがなくなります。④神は、この約束が必ず実現することを保証するために、城壁の上に見張り人たちを置かれました。これは、エルサレムに関する約束がすべて成就するように、神の前に執りなしの祈りを献げる天使たち、あるいは、神のしもべたちを指しています。

（2）千年王国のエルサレムを特徴づける2つのキーワードは、喜びと平安です。①喜び。イザヤ書65章17～19節にはこうあります。「見よ、わたしは新しい天と新しい地を創造する。先のことは思い出されず、心に上ることもない。だから、わたしが創造するものを、いついつまでも楽しみ喜べ。見よ。わたしはエルサレムを創造して喜びとし、その民を楽しみとする。わたしはエルサレムを喜び、わたしの民を楽しむ。そこではもう、泣き声も叫び声も聞かれない」。②平安。イザヤ書66章12～14節にこうあります。「主はこう言われる。『見よ。わたしは川のように繁栄を彼女に与え、あふれる流れのように国々の栄光を与える。あなたがたは乳を飲み、脇に抱かれ、膝の上でかわいがられる。母に慰められる者のように、わたしはあなたがたを慰める。エルサレムであなたがたは慰められる。あなたがたがこれを見るとき、その心は喜び、骨は若草のように生き返る。……』」。神に信頼する者には、喜びと平安が約束されています。

（3）喜びと平安は、イエス・キリストを信じた者に与えられる祝福でもあります。私たちは、千年王国の出現を待たずとも、生きているこの瞬間に、喜びと平安を経験することができます。それは、主がともにいてくださるとの確信からくる喜びと平安です。きょうも、この喜びと平安を確認し、神にお従いしようではありませんか。

イザヤ書63章

「エドムから来るこの方はだれだろう。ボツラから深紅の衣を着て来る方は。その装いには威光があり、大いなる力をもって進んで来る。」「わたしは正義をもって語り、救いをもたらす大いなる者。」（イザヤ書63・1）

この章から、以下のことを学びましょう。（1）イザヤは、希望のメッセージを語り、最後に感動的な祈りを献げます。(2)祈りの内容は、パウロがローマ人への手紙9～11章で解き明かしている真理と同じものです。（3）神は、やがて背信の民イスラエルを、ご自身の契約のゆえに回復されます。

イザヤの祈り

（1）1～6節で、エドムの裁きが預言されます。「ボツラ」とは、エドムの主要都市です。エドムはエサウの子孫で、南王国ユダが困難に直面したときに援助をしなかったために、神の裁きを受ける存在となりました（イザ34・5～17）。「ボツラから深紅の衣を着て来る方」とは、エドムに裁きを下す再臨のイエスを指しています。その裁きの日は、エドムにとっては「復讐の日」、神の民にとっては「贖いの年」となります。

（２）エドムは、神に敵対する勢力の象徴ともなっています。神は、ご自身やご自身の民に敵対する者を必ず滅ぼされます。神を無視する者が一時的に勝ち誇ったように見えても、動揺する必要はありません。イエスを主と告白する者こそ、最後に勝利を得るからです。

（３）7～19節でイザヤは、希望のメッセージを必要としていたイスラエルの民に語りかけ、最後に感動的な祈りを神に献げます。イザヤが、背信の民イスラエルの将来について、なおも希望を抱き得た理由は次のようなものです。①神は、イスラエルとの間に親子関係を結ばれた。「まことに、あなたは私たちの父です。たとえ、アブラハムが私たちを知らず、イスラエルが私たちを認めなくても、主よ、あなたは私たちの父です。あなたの御名は、とこしえから『私たちの贖い主』」（16節）。イザヤのこの熱烈な祈りは、アブラハム契約を通して示された神の真実さに基礎を置いたものです。②しかしイスラエルは、神に背く民となる。③その民を、神はバビロン捕囚のような出来事を通して厳しく裁かれる。④しかし、その裁きは、神がイスラエルを永遠に見捨てたというしるしではない。神はやがて背信の民を、ご自身の契約のゆえに回復される。

（４）イザヤが祈りの中で展開した内容は、使徒パウロがローマ人への手紙9～11章で解き明かしている真理と同じものです。私たちは、イザヤのように御心に沿った祈りを献げているでしょうか。神の計画が完成する日を待ち望み、目の前の困難を乗り越える力をいただいているでしょうか。イエス・キリストを通して示された神の愛は、永遠に変わることがありません。そのことを思い、平安を受け取りましょう。

イザヤ書64章

しかし、今、主よ、あなたは私たちの父です。私たちは粘土で、あなたは私たちの陶器師です。私たちはみな、あなたの御手のわざです。
（イザヤ書64・8）

この章から、以下のことを学びましょう。（1）イスラエルのための執りなしの祈りが続きます。（2）イザヤは、過去に行われた恵みの御業を思い起こし、再びそのようなことを行ってくださいと主に祈ります。（3）イザヤは、イスラエルは粘土であり、神は陶器師であることを告白し、神による回復を願い求めます。（4）パウロもまた同じテーマを取り上げ、粘土である私たちが陶器師である神に言い逆らうのは愚かであると教えています（ロマ9・20〜24）。

イザヤの祈り

（1）この章でも、イザヤの祈りが続きます。この祈りは、イスラエルのための執りなしの祈りです。と同時に、私たちが祈るべき祈りのパターンでもあります。さらにこの祈りは、メシアの再臨を求める終末的な祈りともなっています。

（2）祈りの内容を見てみましょう。①イザヤは、過去に神が行われた恵みの御業を思い起こし、感謝を献げています。②イザヤは、再びそのような御業を行ってくださいと神に願い求めています。③イザヤは、自分も含めたイスラエルの罪を告白しています。「私たちはみな、汚れた者のようになり、その義はみな、不潔な衣のようです。私たちはみな、木の葉のように枯れ、その咎は風のように私たちを吹き上げます」（6節）。④イザヤは、イスラエルは粘土であり、神は陶器師であることを告白し、神による回復を願い求めています。「しかし、今、主よ、あなたは私たちの父です。私たちは粘土で、あなたは私たちの陶器師です。私たちはみな、あなたの御手のわざです」（8節）。

（3）旧新約聖書を通して、神が陶器師であるというテーマは、くり返し出てきます。①イスラエルの民は、自分たちが陶器師である神によって造られた器であることを忘れていました。②それどころか、彼らは陶器師である神の計画に背を向けていました。③しかし最後には、神が最善をなさることを受け入れるようになります。そこに、イスラエルの希望があります。

（4）ローマ人への手紙9章20～24節で、パウロは同じテーマを取り上げ、粘土である私たちが陶器師である神に言い逆らうのは愚かであると教えています。神は、怒りの器であった私たちを、あわれみの器として、ユダヤ人の中からだけでなく、異邦人の中からも召してくださいました。心の奥底に、神への不信や怒りの感情を宿している人はいないでしょうか。もしそうなら、陶器師である神は、粘土にしか過ぎない私たちに最善を為してくださると信じるべきです。神の計画に沿った生き方をする人は、幸いです。

イザヤ書65章

「わたしはエルサレムを喜び、わたしの民を楽しむ。そこではもう、泣き声も叫び声も聞かれない。そこにはもう、数日しか生きない乳飲み子も、寿命を全うしない老人もいない。百歳で死ぬ者は若かったとされ、百歳にならないで死ぬ者は、のろわれた者とされる。」

（イザヤ書65・19～20）

この章から、以下のことを学びましょう。（1）65章と66章は、イザヤの祈りに対する神からの答えです。（2）この章では、異邦人の救いが預言されます。また、イスラエルの民に対する神の愛は不変であることが宣言されます。（3）神はイスラエルの民の中に、「残りの者」を用意しておられます。彼らは、神の祝福を受けます。（4）イザヤは、千年王国での祝福を列挙しています。

イザヤの祈りへの神の答え

（1）65章と66章は、イザヤの祈り（63章と64章）

に対する神からの答えです。66章の内容を理解するために、ローマ人への手紙10章20～21節を読んでみましょう。その箇所でパウロは、イザヤ書65章1～2節を引用し、異邦人とユダヤ人の関係、さらに神の計画の全貌について解説しています。

（2）パウロの解説を参考にしながら、イザヤ書65章の預言について学んでみましょう。①神は、異邦人を救いに入れてくださいます（1節）。「わたしの名を呼び求めなかった国民」とは、異邦人のことです。ここでは、やがて異邦人も救われることが預言されています。②イスラエルは反逆の民となり、神の裁きを受けます。だからといって、神が彼らを見捨てたわけではありません。「わたしは終日、頑なな民に手を差し伸べた」（2節）とあるように、イスラエルに対する神の愛は、永遠に変わりません。③神はイスラエルの中に、いつの時代でも真の信仰者、つまり「残りの者（レムナント）」と呼ばれる人々を用意しておられます。この人々は、「主のしもべ」と呼ばれ、神からの祝福を受けます。しかし、反逆するイスラエル人たちは、厳しい裁きに遭います。

（3）18～25節でイザヤは、千年王国におけるエルサレムの祝福を描写しています。ちなみに、17節に「新しい天と新しい地」ということばが出てきますが、これは、黙示録21～22章に登場する「新天新地」とは区別すべきです。イザヤは、地上の千年王国を「新しい天と新しい地」と表現したのです。

（4）「残りの者」が受ける千年王国での祝福を数え上げてみましょう。①長寿が回復されます。最終的な死への勝利は、千年王国の終わりにサタンが滅ぼされるときに与えられます（黙20・7～14）。②そこは、喜びと平安に満ちた世界です。③勤労の実として、豊かな収穫が約束されています。

（5）イエス・キリストを信じる私たちは、異邦人の中の「残りの者」です。もし、孤独な戦いをしているように感じることがあるなら、このみことばを思い出しましょう。「わたしは、わたし自身のために、男子七千人を残している。これらの者は、バアルに膝をかがめなかった者たちである」（ロマ11・4）。神が「残りの者」に与えると約束された祝福を思い出すなら、力が湧いてくるはずです。

イザヤ書66章

エルサレムとともに喜べ。すべて彼女を愛する者よ、彼女とともに楽しめ。すべて彼女のために悲しむ者よ、彼女とともに喜び喜べ。あなたが彼女の慰めの乳房から飲んで満ち足り、その豊かな乳房から吸って喜びを得るために。（イザヤ書66・10〜11）

この章から、以下のことを学びましょう。（1）創造主が、祝福と裁きを宣言されます。真の信仰者は祝福を受け、偽善者は裁きを受けます。（2）神がイスラエルのためにお立てになった計画は、人間の頭では考えられないようなものです。（3）患難期の最後にイスラエルの民は霊的に回復され、それからメシアの再臨が起こります。（4）本書の最後は、警告のことばで終わります。

イザヤの祈りへの神の答え

（1）天地の創造主であるお方が、祝福と裁きを宣言されます（1〜5節）。神の祝福を受けるのは、「貧しい者、霊の砕かれた者、わたしのことばにおののく者」たちです。しかし、いかに宗教的な儀式を行っていても、偽善的であるなら、神の裁きを免れることはできません。

（2）イザヤが宣言したこの霊的真理は、新約聖書の中にも引き継がれています。福音書の中には、イエスとパリサイ人の論争が多数出てきます。論争の原因は、パリサイ人たちの偽善にありました。当時のパリサイ人たちは、「肉体的にアブラハムの子孫として生まれたならば、それだけで天国に入る保証が与えられている」と教えていました。それに真っ向から挑戦されたのが、イエス・キリストです。イエスは、「人は、新しく生まれなければ、神の国を見ることはできません」（ヨハ3・3）と言われ、パリサイ派の神学を粉砕されました。クリスチャンとは、自分の努力によってではなく、聖霊によって霊的に誕生した人のことです。

（3）8節に、「だれが、このようなことを聞き、だれが、これらのことを見たか」とあります。確かに、神がイスラエルのためにお立てになった計画は、人間の頭では考えられないようなものです。①反逆の民イスラエルは、患難期（産みの苦しみの時代）に突入します。しかしイスラエルは、そのはるか以前に「男の子」（イエスのこと）を産み落としていました。この子をメシアとして受け入れなかったことが、彼らに悲劇をもたらしたのです。②イスラエルは、患難期を通過する過程で、霊的な回復を経験します。「ところがシオンは、産みの苦しみと同時に子たちを産む」（8節）という箇所が、それを預言しています。③イスラエルが霊的に回復されたとき、キリストの再臨が起こります。10～14節は、キリストの再臨によって実現する千年王国の祝福を預言しています。

審判か祝福か

（1）イザヤ書最後の章の締めくくりは、審判と祝福（15～21節）のどちらを選ぶかを迫るものです。この形式は、呪いと祝福という当時の契約文の結語の形式と同じものです。この書の締めくくりとして、厳粛な宣告が与えられていると理解すべきです。あいまいな態度は許されません。私たちも、神に従うか、反抗するかのどちらかを選ぶように迫られています。

（2）メシア再臨の時に起こることが、順を追って啓示されていきます。①神に反抗する者たちの上に神の激しい審判が下ります（15～17節）。②しかし、神に従う者たちは祝福を受けます。エルサレムが世界の中心となり、そこに異邦人も上ってきます。そして、世界の民が神の栄光を知るようになります。これは、神を礼拝するために創造された人間本来の姿が回復されるとの預言です（18～21節）。③最後にイザヤは、イスラエルの民が受ける祝福は、いつまでも途絶えることはないと預言します。

（3）イザヤ書は、警告のことばをもって終わります（24節）。この章から、いくつかの霊的教訓を学んでみましょう。①私たちは今、終末時代に生きています。②私たちには、神に従うか、神に反抗するかの2つの道があります。いずれを選ぶかで、祝福か呪いかが決まります。中立的な態度は許されません。③神に従う者は、天に国籍を持つ民となります（ピリ3・20、ヘブ3・14）。④神の計画の全貌を理解し、信じる者には輝く将来が約束されていることを自覚することこそ、地上生涯において勝利する秘訣です。自分が天に国籍を持つ者だということを自覚する人は、幸いです。その自覚は、生き方を変える力となります。神に反抗する者たちの悲惨な最期を思い、その人たちが悔い改めに至るように、執りなしの祈りを献げようではありませんか。

エレミヤ書1章

次のような主のことばが私にあった。「わたしは、あなたを胎内に形造る前から　あなたを知り、あなたが母の胎を出る前からあなたを聖別し、　国々への預言者と定めていた。」

（エレミヤ書1・4〜5）

この章から、以下のことを学びましょう。（1）エレミヤが召命を受けた経緯が紹介されます。この情報をもとに、エレミヤ書の記述が展開していきます。（2）エレミヤは、神のことばを忠実に語るように命じられます。（3）忠実な奉仕に対して、神の守りが約束されます。

人物紹介

（1）エレミヤという名の意味は、「主は高く上げてくださる」です。彼は、アナトテ出身で、祭司ヒルキヤの子でした（ヨシヤ王の時代の大祭司ヒルキヤとは別の人物）。預言者としての活動は、ヨシヤ王の第13年（前627年）に始まり（当時25〜30歳くらい）、バビロン捕囚（前587年）の頃まで続きます。生涯独身で、約40年にわたって預言者としての活動を続けます。彼以前の預言者としては、イザヤ、ホセア、ミカなどがいます。同時代の預言者としては、前半期には、ナホム、ハバクク、ゼパニヤなど、後半期には、エゼキエル、ダニエルなどがいます。

（2）ユダの王の中で、マナセ王は最悪の人物でした。マナセの罪のゆえに、神はエルサレムの崩壊を予告されます。マナセの息子ヨシヤは善王でしたが、彼の善政も、根本的な解決にはつながりませんでした。そのような状況のもと、エレミヤは、民を悔い改めに導くという使命を神から与えられます。

召命

（1）神は、エレミヤが誕生する前から彼を預言者として選んでおられました。歴史の転換期には、その時代に必要な人物が神によって用意されます。エレミヤは、そのような人物の1人でした。

（2）エレミヤは、国の滅亡の預言と悔い改めのメッセージを語りますが、いくら語っても、民は彼のメッセージに耳を傾けようとはしません。しかし彼は、経験を積むにしたがって、知恵と理解力において成長していきます。彼の人生から、①神に選ばれたという確信、②神との交わりによる力、③試練を通した人格の完成という3つの教訓を学ぶことができます。

（3）彼の召命体験には、2つの幻が伴っていました。最初の幻は、アーモンドの枝です。①アーモンドは、春先に最初に花を咲かせる木です。②神とエレミヤの会話には、「ことば遊び」があります。アーモンドはヘブル語で「シャーケード」ですが、このことばは、「見張る」という意味のヘブル語「ショーケード」から派生したものです。③この幻の意味は、次のようなものです。「アーモンドが春の到来を告げるように、エレミヤが語る神のことばも神の約束の成就を告げている。神は、ご自身の約束を成就するために、エレミヤが語ることばをじっと見張っておられる」。

（4）次の幻は、煮え立った釜です。この幻は、ユダに対する神の裁きが北からこようとしていることを示しています。エレミヤが召された年、アッシリアのアッシュール・バーン・アプリ王が死に、バビロンを初めとする近隣諸国やエジプトが、覇権争いを演じるようになりました。そのような政治的背景のもとで与えられたこの幻は、次のことを教えています。①北の諸国がユダに攻め上って来る。②神は、彼らを用いてユダを裁こうとしておられる。③ユダが裁かれる理由は、偶像礼拝の罪にある。

守りの約束

（1）神はエレミヤに、人の顔を恐れないで、命じられたことはすべて語るようにと命じます。さらに、エレミヤに敵対するのは次のような人々であるとの警告を与えます。①ユダの4人の王たち（エホアハズ、エホヤキム、エホヤキン、ゼデキヤ）。②首長たち。③祭司たち。④ユダの住民たち。

（2）もし恐れたり、ひるんだりするなら、神は彼を裁くと言われます。信仰から出ていないことは、すべて罪だからです。しかし神は、忠実な奉仕に伴う約束も与えます。①神がともにいてくださる。②エレミヤは敵に対して、「要塞の町、鉄の柱、青銅の城壁」となる。つまり、敵によって滅ぼされることはないという意味です。③神が救い出すので、エレミヤが殉教の死を遂げることはない。

（3）エレミヤは、成功するためにではなく、忠実に神のことばを語るために召されました。神を知らない人の成功の定義と、クリスチャンの成功の定義は、大いに異なります。神のことばに忠実に歩む人は、幸いです。

エレミヤ書2章

「さあ、行ってエルサレムの人々に宣言せよ。『主はこう言われる。わたしは、あなたの若いころの真実の愛、婚約時代の愛、種も蒔かれていなかった地、荒野での　わたしへの従順を覚えている。』」（エレミヤ書2・2）

この章から、以下のことを学びましょう。（1）この章からユダに関する預言が始まります（2〜45章）。（2）イスラエルは「初穂の民」ですが、彼らは背信の民となりました。（3）一般の民も指導者たちも堕落し、約束の地を偶像礼拝で汚しました。（4）背信の民を待っているのは、捕囚という悲劇です。

若かった日の誠実

（1）神はイスラエルの民の3つの良い点を覚えておられます。①若いころの真実の愛。「真実の愛」とは、シナイ契約に対する忠実さを意味しています。②婚約時代の愛。「婚約時代」とは、出エジプトの出来事からシナイ契約が結ばれるまでの期間です（出12～19章）。③荒野での従順。

（2）イスラエルの民は、「初穂の民」です。初穂は、それに続く豊かな収穫を象徴するものです（出23・19、民18・12）。つまり、イスラエルの民は、諸国民が救いを受けるということの象徴です。しかし彼らは、背信の民となりました。

背信

（1）カナンの地に入ると、民は、その豊かで清らかな地を偶像礼拝で汚しました。①祭司たちは、カナン人の宗教の影響を受け、自らの責務を放棄しました。②レビ人たちの役割は、各地に分散して住み、民に律法を教えることでした。しかし彼らは、その使命を忘れました。③政治的指導者たちは、外国と条約を結ぶことに熱心でした。④預言者たちは、バアル礼拝に傾倒しました。

（2）神は、過去の世代、今の世代、そして、将来の世代のすべてを訴えます。「それゆえ、わたしはなお、あなたがたと争う。――主のことば――また、あなたがたの子孫と争う」（9節）。イスラエルの民は、2つの罪を犯しました。①いのちの水の泉（イスラエルの神）を捨て、②壊れた水溜め（偶像）を自分たちのために掘りました。

（3）エレミヤは、民が堕落していくさまを描写します。①エジプトから解放された民は、次第に束縛に陥っていきます。②やがて、奴隷になってしまいます。この奴隷は、金で買われた奴隷で、将来自由になる可能性があります。③さらに、「家に生まれたしもべ」のようになります。これは、奴隷よりも悪い状態です。一生奴隷として仕えなければならないからです。④最終的な運命は、他国の獲物になることです。

（4）エレミヤは、アッシリアとエジプトの間で揺れ動くユダを糾弾します。①「若獅子」は、アッシリアを象徴しています。エレミヤは、北王国の悲劇を思い起こしながら、南王国の住民に警告を発したのです。②「メンフィスとタフパンヘス」は、ともにエジプトの都市です。エレミヤは、エジプトの保護を求めに行くなら、必ず恥を見るようになると預言します。

偶像を慕い続ける民

（1）民は、くびきを砕いて歩き回る家畜のようです。「くびきを砕く」とは、シナイ契約を破棄し、バアル礼拝に走ったことを指しています。彼らは、「純種の良いぶどう」として植えられたのに、「質の悪い雑種のぶどう」に変わりました（イザ5・1～7参照）。彼らは、さかりのついた「雌のらくだ」や「野ろば」のように、霊的、肉体的淫行を求めて走り回っています。「谷」とは、ベン・ヒノムの谷のことです。民は、その谷で、子どもをいけにえとして偶像（モレク）に献げていました（2列23・10参照）。

（2）神は、彼らを天の法廷に引き出し、彼らの主張にはなんの根拠もないことを証明します（29節）。①彼らは、神が送った預言者たちを殺しました（26・20～23参照）。②彼らは、荒野から彼らを導き出した神を忘れ、再び荒野に帰って行こうとしています。③おとめが、未婚であることを示す飾り物を忘れることはありません。また、花嫁が自分の飾り帯を忘れることもありません。しかしイスラエルの民は、主である方を忘れてしまいました。④彼らは、淫行に長けた民となりました（33節）。⑤自分に罪はないと言い張る民を待っているのは、捕囚という悲劇です。

（2）昔の状態に回帰するという危険性は、私たちにもあります。「キリストは、自由を得させるために私たちを解放してくださいました。ですから、あなたがたは堅く立って、再び奴隷のくびきを負わされないようにしなさい」（ガラ5・1）。もとの生活に戻ることがないように、霊の目を覚まし続けようではありませんか。

エレミヤ書3章

「背信の子らよ、立ち返れ——主のことば——。わたしが、あなたがたの夫であるからだ。わたしはあなたがたを、町から一人、氏族から二人選び取り、シオンに連れて来る。」

（エレミヤ書3・14）

この章から、以下のことを学びましょう。（1）主は、離縁された女（イスラエル）に、悔い改めて立ち返るように呼びかけます。（2）姉（北王国）は偶像礼拝の罪によって滅びました。しかし妹（ユダ）は、そこから教訓を学ぼうとはしません。その結果、バビロン捕囚が彼らを襲います。（3）悔い改めによって与えられる祝福は、メシア的王国において成就するものです。

悔い改めへの招き

（1）律法の規定によれば、一度離縁された女は、再婚した男性が亡くなっても、もとの夫と復縁することは許されません（申24・1〜4）。それにもかかわらず、主は、悔い改めて立ち返るようにと民に呼びかけます。これは、律法と矛盾したものではありません。民は、主から離れはしましたが、ほかの男（偶像）と結婚したわけではなかったからです。彼らの罪は、遊女のように偶像と戯れていたということです。

（2）民は、偶像礼拝の罪を犯していました。①彼らは、遊牧民が砂漠を通過する隊商を待つように、淫行の相手を待っていました。②罪に対する裁きは、干ばつです。豊かな収穫をもたらす雨は、神の祝福の象徴です（申28・12、23〜24）。③民は、言行不一致の問題を抱えていました。信仰的なことばを語りながら、できる限りの悪を行っていたのです。

歴史から学ばない南王国

（1）北王国が姉に、南王国が妹にたとえられます。まず、姉から見てみましょう。①イスラエルは、偶像礼拝に情欲を燃やし、霊的淫行を行いました。②主は、忍耐して待たれましたが、彼らは、悔い改めて主に立ち返ることはしませんでした。③ついに主は、彼らに離縁状を渡されました。それが、前722年に起こったアッシリア捕囚です。

（2）妹は、姉の失敗から、どのような教訓を学んだのでしょうか。それどころか、①ユダは、何も学びませんでした。それどころか、ユダもまた偶像礼拝にふけり、聖なる目的のために与えられた約束の地を汚しました。②ヨシヤ王の時代（前640～609年）に、一時的なリバイバルが起こりましたが、それも表面的な改革に終わりました。③姉から教訓を学ばなかった妹にも、離縁状が渡されることになります。それが、前586年のバビロン捕囚です。

悔い改めがもたらす回復

（1）エレミヤは、北の方（捕囚の地アッシリア）に叫びます。「背信の女イスラエルよ、帰れ」（12節）と。神はイスラエルに離縁状を出されましたが、再び彼らを妻として受け入れようと言われるのです。

（2）悔い改めるなら、驚くべき祝福が与えられるという預言が語られます（14～18節）。この約束は、メシア的王国において成就するものです。①彼らは、回復されます（14節）。回復される人数は少数のようですが、これは、「イスラエルの残りの者」という概念と一致します。②彼らには、主の心に適った牧者が与えられます。③契約の箱は、不要になります。ちなみに、メシア的王国にも神殿は建っていますが（エゼ40～48章）、そこに契約の箱はありません。メシアご自身が栄光の光となられるからです。④エルサレムは「主の御座」と呼ばれ、異邦人もそこに上って来るようになります。御座に着かれるのは、メシアご自身です（エレ23・5～6）。⑤ユダの家とイスラエルの家は一つとなり、再び分裂することはなくなります。

祝福に先行する悔い改め

（1）祝福の預言（14～18節）が成就するためには、罪の告白が先行しなければなりません。イスラエルの悔い改めの祈りが預言されます（21～25節）。①彼らは、「裸の丘の上」（偶像礼拝の場）で哀願の泣き声を上げるようになります。②彼らは、偶像礼拝がいかに大きな罪であったかを悟ります。③彼らは、バアルが良きものを食い尽くす敵であることを悟るようになります。それが分かったとき、彼らは恥の中に伏すようになります。

（2）個人であっても国家であっても、祝福を回復するためには、悔い改めが先行しなければなりません。この原則は今も変わりません。ダビデが祈った祈りの内容は、今も真理です。「神へのいけにえは　砕かれた霊。打たれ　砕かれた心。神よ　あなたはそれを蔑まれません」（詩篇51・17）。このことばから、教訓を学びましょう。

エレミヤ書4章

まことに、主はユダの人とエルサレムに、こう言われる。「耕地を開拓せよ。茨の中に種を蒔くな。ユダの人とエルサレムの住民よ。主のために割礼を受け、心の包皮を取り除け。そうでないと、あなたがたの悪い行いのゆえに、わたしの憤りが火のように出て燃え上がり、消す者もいないだろう。」（エレミヤ書4・3～4）

この章から、以下のことを学びましょう。（1）エレミヤは、ユダに対して祝福と警告のメッセージを語ります。（2）心の割礼は、新しい契約によって可能となります。（3）エレミヤは、頑なな民の上に裁きが下ることを預言します。

祝福と警告のメッセージ

（1）2節は、驚くべき祝福を啓示しています。「また、あなたが真実と公正と義によって『主は生きておられる』と誓うなら、国々は主によって互いに祝福し合い、互いに主を誇りとする」（2節）。

イスラエルの救いは、異邦人に大きな祝福をもたらします。それは、アブラハム契約の中に盛り込まれていた真理です（ロマ11・12参照）。

（2）3～4節は、民への警告です。主は、「耕地を開拓せよ。茨の中に種を蒔くな」と言われました。耕地とは、何も生えていない処女地のことであり、茨の中とは、偶像礼拝によって汚された土地のことです。つまり、悔い改めという良い種を、良い心の地に蒔かなければならないということです。

（3）割礼は、アブラハム契約のしるしです。割礼は、内面の悔い改めを表すものでなければなりません。ここで、民に2つの道が提示されます。①心の割礼（回心）によって主に立ち返る道と、②頑な生活を続け、神の憤りを受ける道（マタ13・40参照）です。31章に入ると、心の割礼が新しい契約によって可能になることが預言されます。新しい契約は、メシアの血によって結ばれるものです。

神の裁き

（1）「角笛を吹く」（5節）とは、危機が迫っていることを知らせる行為です。北からの敵（獅子であるバビロン）が迫っています。神の裁きを免れる唯一の方法は、粗布をまとって悲しみ嘆くこと、つまり、主なる神に立ち返ることです。しかし、民にはそのような信仰はありません。

（2）民が悔い改めないために、神の裁きは避けられないものになります。その時、王や高官たち、祭司たち、そして預言者たちは、大いに悲しむようになります。ここで、苦痛に耐えられなくなったエレミヤは、神に抗議します（10節）。しかし、神に責任があるわけではありません。問題は、民の不信仰にあります。攻めてくる敵が「熱風」にたとえられます。これは、草花が瞬時に枯れてしまうほどの乾燥した熱風です。

エレミヤの苦悩

（1）エレミヤは、ついに叫び出します。「私のはらわた、私のはらわたよ、私は悶える。私の心臓の壁よ、私の心は高鳴り、私は黙っていられない」（19節）。彼は、このような悲しい預言をいつまで語り続けなければならないのかと問います（21節）。神の答えは、民の不信仰と愚かさが取り除かれない限り、悲惨な預言は続くというものです（22節）。結果的には、彼の奉仕は約40年間も続くことになります。

（２）23～26節は、エレミヤの絶望を詩的に表現しています。①裁きの状態が、天地創造前の「混沌」にたとえられます（創１・２）。②次に、１人の人間もいなくなり、空の鳥も飛び去った状態が描かれます。③さらに、全地の荒廃は、主の燃える怒りが下った結果であると説明されます。

（３）27～28節は、希望の預言です。①全地は荒れ果てるが、民が完全に滅びるわけではない。「残りの者たち」が約束の地に帰還し、そこで国を再建するようになります。②しかし、審判は必ず下る。４つの動詞（語り、企て、悔いず、やめることもしない）は、神の意思が確実に定まっていることを表しています。

（４）29～31節は、実際にどのように審判が下るかを預言しています。ユダの最後が、２つの姿で表現されます。①出産時に死を迎える婦人の姿と、②敵の手によって殺される人の姿。

（５）この章の預言には、私たちへの教訓があります。①神の忍耐を軽んじて、いつまでも罪にとどまっていてはいけません（ロマ２・４）。②私たちを罪から解放できるのは、イエス・キリストだけです（ロマ５・９）。キリストを通して、神に立ち返る人は幸いです。

エレミヤ書5章

「エルサレムの通りを行き巡り、さあ、見て知るがよい。その広場を探し回って、もしも、だれか公正を行う、真実を求める者を見つけたなら、わたしはエルサレムを赦そう。彼らが、主は生きておられる、と言うからこそ、彼らの誓いは偽りなのだ。」（エレミヤ書5・1〜2）

この章から、以下のことを学びましょう。（1）エレミヤは、どこにも義人はいないと嘆きます。（2）神は、背信の民を裁くために外敵を送ります。（3）神は、外敵の攻撃に一定の制約を設けます。（4）民は、異邦人のようになっています。

義人はいない

（1）エルサレムの堕落した状態が、絵画的に描かれます。エレミヤは、各家庭や広場を行き巡り、義人を探し出そうとします。「公正を行う」者とは、モーセの律法に従って生きている人のことです。「真実を求める者」とは、信仰を求める人と同義語です。エレミヤは、「主は生きておられる」と口で告白する多くの人々に出会いますが、彼らは偶像礼拝者たちであり、その誓いは偽りです。失望したエレミヤは、国の指導者たちを訪ねますが、彼らもまた庶民と同じ状態にありました。

（2）背信の民に対して、神は外敵を送り、裁きを実行されます。「森の獅子」、「荒れた地の狼」、「豹」などの猛獣は、いずれもバビロン軍を指しています。神が民を罰する理由は、彼らが霊的にも肉体的にも、姦淫の罪を犯したからです。「このような国に、わたしが復讐しないだろうか」（9節）とあります。「国」は「異邦人の国」を指すことばです。つまり、契約の民は神を知らない異邦人のレベルにまで堕落したということです。

侵略者への命令

（1）神は敵に、ユダを攻撃する許可を与えます。民の罪は、大きく分けて2つあります。①「主は何もしない」と言って主に信頼しなかったこと。②預言者たちを認めなかったこと。彼らには、主の預言者とバアルの預言者の区別がつかなかったのです。

（２）ユダの敵がバビロンだということは、まだ明かされません。しかし、敵の特長は説明されます。ユダを攻めるのは、遠くの国、昔からある国、異なったことばを話す国、戦争に長けた国です。彼らは、ユダの国土を荒廃させます。

（３）絶望的に見える箇所ですが、ここにもかすかな希望は残されています。敵の攻撃に一定の制限が設けられます（４・27、５・10、18参照）。神は、アブラハム契約のゆえに、イスラエルの民を守られます。ここに民の希望があります。

（４）後になって子孫たちが、「なぜ神がこのような裁きを下されたのか」と聞くなら、こう答えるようにとの指示が下ります。①民は、神を捨てた。②民は、自分の地で異国の偶像の神々に仕えた。③それゆえ民は、外国で他国人に仕えるようになった（バビロン捕囚のこと）。

頑迷で愚かな民

（１）主は、エレミヤを通して民の罪を糾弾されます。彼らは、「目があっても見ることがなく、耳があっても聞くことがない」民です。このことは、すでにイザヤによって語られていました（イザ６・９）。主イエスも、同時代のユダヤ人たちについて同じように語っておられます（マタ13・14）。

（２）ここでは、４つの大きな罪が列挙されます。①自然界は創造主である神に従っているのに、契約の民はその神に背いている。②彼らには、神に対する恐れも感謝もない。彼らは、主が雨を降らせ、収穫を与えてくださることを忘れている。③富裕層は、社会の寄生虫のようになっている。彼らが富む者となったのは、悪事を行ったからである。④法廷では、弱者の権利が蹂躙《じゅうりん》されている。

（３）神は、異邦人の国のようになったユダを罰しないわけにはいかないと言われます。最後の２節（30～31節）で、神は大いに驚かれます。①預言者たちはバアルに仕え、偽りの預言をしている。②民に律法を教えるという使命を持った祭司たちが、偽預言者たちと歩調を合わせている。③そればかりか、民はそれを喜んでいる。④神は驚かれ、嘆かれた。偽預言者たちの預言が外れ、神の審判が下る日、あなたがたはどうするのか、と。

（４）パウロはテモテに、次のように警告しています。「終わりの日には困難な時代が来ることを、承知していなさい。そのときに人々は、自分だけを愛し、金銭を愛し、大言壮語し、高ぶり、神を冒涜し、……。こういう人たちを避けなさい」（2テモ3・1～5）。神の審判が下る日、安心して主の前に立てる人は幸いです。その日を覚え、忠実な地上生涯を送ることを決心しましょう。

エレミヤ書6章

ベニヤミンの子らよ、エルサレムの中から逃れ出よ。テコアで角笛を吹き、ベテ・ハ・ケレムでのろしを上げよ。わざわいが北から見下ろしているからだ。大いなる破壊が。（エレミヤ書6・1）

この章から、以下のことを学びましょう。（1）イスラエルの民は、エルサレムを出て南に逃れるように助言されます。（2）敵は徹底的にイスラエルの民を攻撃しようとしています。（3）エレミヤは、民の不信仰に対して義憤を覚えますが、民は頑なな態度をとり続けます。（4）主は彼らを、「捨てられた銀」として取り扱われます。

エルサレムの中から逃れ出よ

（1）4章5節では、エルサレムに逃げ込めとの命令が下りましたが、状況はより絶望的なものになりました。生き延びるためには、ユダの荒野に逃れるしか道はありません。民は、南に逃れるように助言されます。テコアとベテ・ハ・ケレムは、ともにエルサレムの南にある町です。

（2）敵の攻撃が徹底したものであることが、牧場の比ゆで説明されます（2節）。敵は戦闘意欲に燃えています。古代人にとって、すべての戦争は神々にお伺いを立てて行う聖戦です。特にこの場合は、主が命じた戦いなので聖戦です。敵は、昼間戦うだけではなく、夜の時間でも攻撃して来るというのです。

（3）万軍の主は、敵（バビロン）にこう言われます。「ぶどうの残りを摘むように、イスラエルの残りの者をすっかり摘み取れ。ぶどうを収穫する者のように、あなたの手をもう一度、その枝に伸ばせ」（9節）。これは、敵の攻撃が果てしなく繰り返され、被害を受けない人はいないという意味です。これを聞いたエレミヤは、憤りを抑えられなくなります。

（4）エレミヤの義憤を見た神は、その憤りをぶちまけてもよいと言われます。エレミヤの怒りは、次の5つのグループに向けられます。①道端にいる幼子、②青年男子、③結婚した男女、④年寄り、⑤死期の近い人たち。支配階級から庶民に至るまで、みな悪を行ったために、捕囚に引かれて行きます。最も重大な罪は、「平安だ、平安だ」という偽の預言が語られていたことです。民は、そのような甘いことばを好みました。

昔からの道を求めよとの勧め

（1）神はなおも民が従順になるように励まされますが、彼らはその声を無視します。「いにしえからの通り道」とは、律法に導かれて歩む道です。もしこの道を歩まないなら、異邦人に仕えることになります。それでも民は、その通り道を「歩まない」と答えます。

（2）「見張り」（17節）とは、預言者のことです。神は預言者たちを立て、迫りくる裁きから逃れるように民に警告を発します。しかし彼らは、その警告を無視します。「つまずき」（21節）とは、北から攻めて来る敵（バビロン）のことです。敵の侵略によって、エルサレムの中と外に、苦しみと恐れが広がります。「恐怖が取り囲んでいる」ということばは、本書のキーワードの1つです。神に背を向けるなら、「恐怖が取り囲んでいる」状況に陥ります。民の悲しみは、「ひとり子を失った」悲しみのようです。つまり、最悪の悲しみだということです。

（3）この預言は実に悲惨なものですが、ここにも希望の光があることを見落としてはなりません。民は、もう一度、「ひとり子を失った悲しみ」を体験するようになります。その時に流す涙は、悔い改めの涙です。ゼカリヤは、こう預言しています。「わたしは、ダビデの家とエルサレムの住民の上に、恵みと嘆願の霊を注ぐ。彼らは、自分たちが突き刺した者、わたしを仰ぎ見て、ひとり子を失って嘆くかのように、その者のために嘆き、長子を失って激しく泣くかのように、その者のために激しく泣く」（ゼカ12・10）。これは、終末時代に民が主イエスをメシアとして信じるようになる預言です。

（4）民の頑なさが青銅や鉄や鉛にたとえられます。民は吹子《ふいご》によって精錬されましたが、不純物（金かす）は取り除かれませんでした。主は彼らを、「捨てられた銀」として取り扱われます。「『主はその愛する者を訓練し、受け入れるすべての子に、むちを加えられるのだから。』。訓練として耐え忍びなさい。神はあなたがたを子として扱っておられるのです。……」（ヘブ12・6～7）。主の懲らしめを受けるとき、イスラエルの民のように、心を頑なにしてはなりません。神は愛する者を訓練されます。

エレミヤ書7章

「あなたの長い髪を切り捨て、裸の丘の上で哀歌を歌え。主が、御怒りを引き起こした世代を退け、捨てられたからだ。」（エレミヤ書7・29）

この章から、以下のことを学びましょう。（1）エレミヤは、神殿で民の罪を糾弾するメッセージを語ります。（2）エレミヤは、執りなしの祈りを禁じられます。神の怒りが頂点に達したからです。（3）民は、汚れたナジル人のようになりました。（4）モレクの神に幼児を献げた場所は、完全に破壊されます。

神殿での説教

（1）エホヤキム王が即位した年（前６０９年）、エレミヤは神殿で説教するように命じられます。彼は、どれかの巡礼祭で説教したと思われます。彼は、民の迷信を糾弾します。「これは主の宮、主の宮、主の宮だ」（4節）とは、「主の宮が建っているエルサレムは、永遠に滅びない」という意味です。しかしこれは、迷信です。この迷信が生まれた背景はこうです。イザヤの時代に、アッシリアのセナケリブがエルサレムに攻め上って来たことがありました。ヒゼキヤ王は、主の前に悔い改め、助けを祈り求めました。その結果、1日のうちに18万5千人のアッシリア兵が死にました（イザ36～37章参照）。この出来事がきっかけで、エルサレムは滅びないという迷信が民の間に広がりました。

（2）さらにエレミヤは、民の罪を責めたてます。①民は、「私たちは救われている」（10節）と告白しているが、それは真の悔い改めが伴わない告白である。②民は、主を礼拝しながら、偶像礼拝も行っている。③民が祭りに上って来るのは、礼拝のためではなく、お祭り騒ぎが好きだからである。そのため、神殿は強盗の巣になっている（マコ11・17参照）。④かつて礼拝の中心地であったシロも、今は滅びている（前１０５０年にペリシテ軍によって破壊された）。神は、同じことをエルサレムに対して行うことができる。⑥公義を行い、不義を避けることこそ、真の安全を得る方法である。

いけにえではなく従順を

（1）エレミヤは、執りなしの祈りを禁じられました。民の偶像礼拝に対して、神の憤りが頂点に達したからです。民は、「天の女王」を礼拝していました。「天の女王」とは、バビロンの女神イシュタルのことです（アモ5・26）。偶像礼拝は、マナセの時代に最悪の状態を迎えました（2列21・3、23・4～14）。エレミヤは、家族全員が偶像礼拝に関わっている悲しい姿を描き出します。両親の信仰が子どもに悪影響を与えているのです。

（2）民は、律法をないがしろにし、神が送った預言者たちにも耳を傾けず、自分勝手な道を歩んでいました。そこで神は、最も大切なことは、いけにえではなく従順であるとお語りになります。

哀歌を歌え

（1）2つのことが命じられます。①「あなたの長い髪を切り捨て」（29節）。この背景には、「ナジル人の誓い」（民6章）があります。ナジル人は、神に誓約をした場合、髪を伸ばし、期間が満ちると、それを切って祭壇に献げました。しかし、死体に触れて汚れを受けた場合、ただちに髪を切りました。その髪は、もはや聖なるものではなくなったからです。ここでは、イスラエルの民が汚れたナジル人にたとえられています。②「裸の丘の上で哀歌を歌え」。裸の丘とは、偶像礼拝の場所です。哀歌を歌う理由は、神が彼らを見捨てたからです。

（2）トフェトには、モレクの神に幼児を献げるための祭壇が築かれました（2列23・10）。幼児を献げることは、律法で明確に禁じられていました。神は、トフェトを民の墓場とすると言われます。そこは、「虐殺の谷」と呼ばれるようになります（新約聖書では、ゲヘナと呼ばれるようになります）。犯死体が放置され、動物がそれを食い荒らします。犯罪人でさえ墓に葬られた（申21・23）ことを思うと、これは実に悲劇的な出来事です。

（3）ここに預言された内容が実際に起こったのは、ローマ軍がエルサレムを滅ぼした時です（70年）。エルサレムの崩壊は、ユダヤ人の歴史の中ではホロコーストと並ぶほどの最悪の出来事でした。しかし、これよりもさらに厳しい裁きが、神がキリストにあって全世界を裁かれるときに下ります。罪赦された人の口には賛美があります。一方、罪人の口には哀歌があります。滅び行く人の悲惨な姿を思い、熱心に伝道に励もうではありませんか。

エレミヤ書8章

「わたしは彼らを刈り入れたい。――主のことば――　しかし、ぶどうの木には、ぶどうがなく、いちじくの木には、いちじくがなく、葉はしおれている。わたしはそれらをそのままにしておく。」（エレミヤ書8・13）

この章から、以下のことを学びましょう。（1）裁かれた者たちの悲惨な状態を見て、敵から逃れて生き延びた者たちは、死を選ぶようになります。（2）民は、自然法則に反して、背教者の道から立ち返ろうとしません。（3）民は自らの罪に気づきますが、すでに手遅れでした。（4）エレミヤは、民のために代理的苦しみを経験します。

すべての人が裁かれる

（1）1節には、「ユダの王たちの骨、首長たちの骨、祭司たちの骨、預言者たちの骨、エルサレムの住民の骨」とあります。これは、すべての人を指すことばです。偶像礼拝者たちの骨は、偶像の前にさらされることになります。その状況があまりにも悲惨なので、敵の侵略を逃れて生き延びた者たちは、いのちよりも死を選ぶようになります。

（2）エレミヤは、なおも民の背信を責めます。彼らは、自然法則に反して行動しています。神はそのことに驚かれます。①人は倒れたら起き上がるものですが、民は倒れた（背教者となった）のに起き上がろうとはしません。罪を悔いないばかりか、戦いに突入する馬のように、滅びへの道をまっしぐらに走っています。②空の鳥は、移動する季節や、自分が巣に帰る時間を知っています。鳥たちは主の定めを知っているのに、民はそれを理解しようとはしません。

（3）エレミヤは、神の裁きの理由を列挙します。①書記たちの律法曲解の罪。旧約聖書の中で、職業的集団としての「書記」が出てくるのは、ここが初めてです。②むさぼりの罪。これは、国民すべての罪です。③預言者と祭司の罪。これは、平安がないのに、「平安だ、平安だ」と言う罪です。④偶像礼拝の罪。

遅過ぎた罪の自覚

（1）民が、再びぶどうの木にたとえられます。①2章21節では、彼らは「純良種の良いぶどう」として植えられたのに、「質の悪い雑種のぶどう」に変わったと言われていました。②6章9節になると、万軍の主は敵（バビロン）にこう言われました。「ぶどうの残りを摘むように、イスラエルの残りの者をすっかり摘み取れ。ぶどうを収穫する者のように、あなたの手をもう一度、その枝に伸ばせ」。③そして、8章13節では、ぶどうの木の葉はしおれています。民の状態が悪化しているのが分かります。

（2）ここに至ってようやく、民は自らの罪に気づきます（14～15節）。①彼らは、偽預言者たちのことばが偽りであったことに気づきますが、すでに悔い改めのタイミングを失っています。②絶望した彼らは、「城壁のある町々に逃げ込もう」とつぶやきますが、そこに希望があるわけではありません。③北からの敵が、すでに侵攻を開始しています。ダンは北からの脅威を最初に受ける町です（1列4・25）。ここでもまだ、バビロンという名は明かされていません。

涙の預言者

（1）エレミヤは、民の悲惨な将来を思い、死ぬほどの悲しみに襲われます。①彼は、預言者の目をもって、バビロン捕囚が成就することを見ています。②民の嘆きの声が聞こえてきます。「主はシオンにおられないのか。シオンの王は、そこにおられないのか」（19節）。この質問が出てくる背景は、7章で説明されていました。民は、「これは主の宮、主の宮、主の宮だ」と叫んでいました。③神の答えが返ってきます。シオンに主がおられるかどうかではなく、民の偶像礼拝こそが問題なのだと。

（2）民は、捕囚となった自らの運命を嘆きます。「刈り入れ時は過ぎ、夏も終わった。しかし、私たちは救われない」（20節）。これは、収穫の時が来ているのに収穫の喜びがない、つまり、捕囚からの解放がないという意味です。民が傷ついているので、エレミヤも深い悲しみに襲われます。ここには、民のために代理的に痛んでいるエレミヤの姿があります。

（3）私たちの罪のために苦しみ、私たちの傷を癒やしてくださったのは、主イエス・キリストだけです。エレミヤの代理的苦しみは、主イエスの十字架を象徴しています。私たちは、主イエスの打たれた傷、流された血潮によって癒やされました。その結果、私たちは罪と悪魔の支配から解放されました。主イエスに愛で応答する人は、幸いです。

エレミヤ書9章

「誇る者は、ただ、これを誇れ。悟りを得て、わたしを知っていることを。わたしは主であり、地に恵みと公正と正義を行う者であるからだ。まことに、わたしはこれらのことを喜ぶ。

――主のことば。」（エレミヤ書9・24）

この章から、以下のことを学びましょう。（1）契約の民が異邦人の国のようになっています。神には、裁きを通して彼らを矯正する道しか残されていません。（2）エルサレム崩壊の預言が、絵画的に語られます。（3）試練の日には、自らの力ではなく、主を知っていることを誇るべきです。

民の罪を嫌悪するエレミヤ

（1）ユダの崩壊を予知したエレミヤは、敵の侵略によって殺害される人々の悲惨さを思い、涙を流します。彼には、どれほど泣いても泣き足りないという思いと、背信の民の罪の影響を受けるよりは、ひとりで荒野に逃れ住むほうが良いという思いがあります。

（2）3節の後半から9節までは、神の嘆きの声です。①民は悪事を働き、悔い改めようとはしない。②民は、神を知ろうともしない。ヘブル語の「知る」とは、単なる知識のことではなく、より深い人格的な交わりを指します。③契約の民が、異邦人の国のようになった。9節には、「このような国に、わたしが復讐しないだろうか」とありますが、ここでの「国」は、異邦人を指す「ゴイ」ということばです。④神には、この民を罰する以外に道は残されていない。神がご自分の民を罰するのは、彼らを炉の中で精錬するように清め、再び建て上げるためです。

エルサレム崩壊の預言

（1）エルサレム崩壊の様子が、絵画的に描かれます。この描写によって、エレミヤの悲しみが、より一層伝わってきます。青草を茂らせていた牧草地は焼き払われ、不毛の地となります。家畜の群れは逃げ去り、空の鳥まで姿を消します。城壁の町エルサレムは石くれの山となり、ジャッカルだけが住む廃墟と化します。

（2）嘆き悲しむエレミヤの姿は、オリーブ山からエルサレム見て涙を流された主イエスの姿と重なります（マタ24章、マコ13章、ルカ21章参照）。イエス時代、エルサレムの神殿は表面的には大いに栄えていました。しかし、エルサレムに起ころうとしている悲劇を予見したイエスは、涙されました。

（3）エレミヤは、「何のために、この国は滅びたのか」（12節）と問います。それに対する神の答えはこうです。①民は神の律法を捨てた。②民は、頑なな心のままに歩み、先祖から引き継いだバアル礼拝を止めなかった。③神に残された可能性はただ1つ、民の罪を裁き、彼らを悔い改めに導くという道である。④その方法として用いられるのが、バビロン捕囚という出来事である。

（4）16節の預言が全面的に成就するのは、バビロン捕囚のときではなく、ローマ軍によってエルサレムが陥落したとき（70年）だと言えるでしょう。そのとき以来、ユダヤ民族は約2千年にわたって流浪の民としての生活を送るようになります。

主を誇れ

（1）神は、泣き女（泣くことを職業にしている女）を呼んできて、嘆きの声をあげさせよと言われます。その理由は、ユダの滅亡の状況があまりにも悲惨だからです。「死が、私たちの窓によじ登り、私たちの高殿に入り、道端で幼子を、広場で若い男を絶ち滅ぼすからだ」（21節）。エレミヤは「死」を擬人化することで、この預言をより強く印象づけます。敵は、老若男女の区別なく民を虐殺します。

（2）絶望したとき、何に信頼すればよいのでしょうか。①誇ってはならないものが、3つあります。自分の知恵、自分の力、自分の富です。②「悟りを得て、主を知っていること」こそ、誇るべきことです。「わたしは主であり、地に恵みと公正と正義を行う者であるからだ」（24節）。ここで「恵み」と訳されていることばは、ヘブル語の「ヘセッド」で、「契約に基づく忠実な愛」を意味します。

（3）裁きを受ける国々（無割礼の者たち）の名が列挙されますが、これらの国々は、エジプトをリーダーとして反バビロン同盟を形成していたと思われます。民は、その頑なさのゆえに、「心に割礼を受けていない者」、つまり、「無割礼の者」と見なされています。
(4) 私たちは、何を誇りとして生きるべきでしょうか。信仰が与えられていることと、主イエスの十字架によって義とされていることを誇ろうではありませんか。神の国の大使としての誇りを持って、生活の場に出て行きましょう。

エレミヤ書10章

「それは、きゅうり畑のかかしのようで、ものも言えず、歩けないので、運んでやらなければならない。そんなものを恐れるな。害になることも益になることもしないからだ。」
(エレミヤ書10・5)

この章から、以下のことを学びましょう。(1) エレミヤは、真の神と偶像の対比をくり返し語ります。(2) 偶像は無力ですが、真の神は「国々の王」です。(3) 民は、バビロンで偶像礼拝の愚かさを学び、2度と同じ罪を犯さなくなります。(4) エレミヤの執りなしの祈りから、祈りの方法を学びましょう。

偶像と真の神の対比

(1) 古代バビロニヤ帝国では、天に現れる現象(日食、月食、星の異象など)は、災いをもたらす不吉なしるしとして恐れられていました。ヨシヤ王が行った宗教改革では、この種の習慣が取り除かれました（2列23・5、11参照）。今も多くの人々が、軽い気持ちで星占いと関わっていますが、私たちは星占いとは完全に手を切る必要があります。理由は、これが悪霊との交流に門戸を開くものであり、真の神がそれを嫌っておられるからです。

（2）真の神と偶像との対比が、くり返されます。①偶像は、木工が木から造って、銀と金で飾ったものです。きゅうり畑のかかしのようで、ものも言えず、歩くこともできません（3～5節）。それに対して真の神は、「大いなる方」、「力ある大いなるもの」、「国々の王」です（6～7節）。②偶像は、外国から輸入した金銀を木の像にかぶせたものです。どんな名匠がそれを造ったとしても、所詮はいのちのないものです（8～9節）。真の神は、「まことの神」、「生ける神」、「とこしえの王」です。どんな権力者であっても、この方の前に立ちおおせる者はいません（10節）。③偶像は、人の手の作品であり、やがて天の下から滅びる運命にあります（11節）。真の神は、天地を創造されたお方、今も、雨を降らせ、私たちの生活を守っておられるお方です（12～13節）。④偶像は、その中に息のない偽りの神です。それを造る者も、それに信頼する者も、ともに恥を見るようになります（14～15節）。真の神は、「万物を造る方」、「万軍の主」です（16節）。

（3）人々はなぜ、真の神と偶像の違いに気づかないのでしょうか。それは、「この世の神」（悪魔）が不信者の目に覆いをかけているからです（2コリ4・4参照）。

迫りくる裁き

（1）民が捕囚に引かれて行く時が近づきました（17～18節）。民は、約束の地からバビロンの地に追放されます。その理由は、彼らが偶像礼拝に陥ったからです。その責任は、指導者たち（牧者たち）にありました。バビロンは、民があれほど慕っていた偶像で満ちた地です。その地で彼らは、偶像礼拝のむなしさを嫌というほど知らされることになります。バビロン捕囚以降、民は2度と偶像礼拝の罪を犯さなくなります。

（2）エレミヤは、深い悲しみに打ちひしがれます（19～22節）。①天幕が荒らされ、すべての綱が断ち切られるからです。これは、約束の地が踏みにじられることの比ゆ的表現です。②さらに、民が捕囚に連れ去られるからです。③エレミヤは、そのような悲しみに耐えることは、預言者として負うべき当然の責務であると考えています。

（3）エレミヤの執りなしの祈りには（23〜25節）、私たちが見習うべき祈りの原則が書かれています。①まず彼は、神がすべてのものごとの支配者であることを認めています。人の道は、神によってのみ確かなものとなります。箴言16章9節にはこのようにあります。「人は心に自分の道を思い巡らす。しかし、主が人の歩みを確かにされる」。②次に、神の裁きが厳し過ぎないように祈っています。つまり、民が滅亡するような裁きではなく、立ち上がることのできる程度の懲らしめであってほしいと願っているのです。③最後に彼は、イスラエルの民を攻撃する諸国（バビロンとその同盟軍）に裁きが下るようにと祈っています。これは、詩篇79篇6〜7節からの引用です。これは、個人的な復讐心から出たものではなく、神の義が全うされることを願った祈りです。創世記12章3節によれば、異邦人はイスラエルの民をどのように扱ったかで、神の祝福を受けるか、裁きを受けるかが決まります。

（4）エレミヤの執りなしの祈りから、教訓を学びましょう。神はすべてのものの支配者です。きょうも、神が私たちの道を確かなものにしてくださるように祈りましょう。

エレミヤ書11章

「わたしは、あなたがたの先祖をエジプトの地から導き出したとき、厳しく彼らを戒め、また今日まで、『わたしの声を聞け』と言って、しばしば戒めてきた。しかし彼らは聞かず、耳を傾けず、それぞれ頑なで悪い心のままに歩んだ。そのため、わたしはこの契約のことばをことごとく彼らの上に臨ませた。わたしが行うように命じたのに、彼らが行わなかったからである。」
（エレミヤ書11・7～8）

この章から、以下のことを学びましょう。（1）神は、契約のことばに耳を傾けるように民に迫ります。不従順な生活を続けるなら、裁きが下るからです。（2）神は、過去の世代と今の世代をともに糾弾されます。（3）エレミヤ暗殺計画が立案されますが、神はそれを阻止されます。

契約のことばを聞け

（1）神は、イスラエルの民と契約を結ばれました。しかしその契約は、民の側から一方的に破棄された状態になっています。そこで神は、エレミヤの口を通して、「この契約のことばを聞け」（2節）と民に迫ります。エレミヤがこのメッセージを語ったのは、前621年頃だと思われます。その年、大祭司ヒルキヤが神殿で律法の書を発見し、それがヨシヤ王の宗教改革につながりました（2列22～23章）。

（2）「この契約のことば」とは、具体的には申命記のことです。申命記は、古代中近東の「王と臣下の契約」（宗主権契約）に則って書かれています。その方式では、契約書の最後に、祝福と呪いが付記されます。①神は、アブラハム、イサク、ヤコブに対して、カナンの地を与えると約束されました（アブラハム契約の条項）。したがって、カナンの地は永遠にイスラエルの民の所有物です。②シナイ契約は、約束の地での祝された生活を保障するために与えられました。③民がその契約に忠実に生きるなら、彼らは祝福を味わいます。しかし、不従順な生活を続けるなら、その地から追い出されます。これは、所有権は保持しているが、占有権（居住権）が剥奪された状態です。

焼かれるオリーブの木

(1) 聖書を読んでいると、なぜ民は、いつも同じ罪を犯しているのだろうかと思うことがあります。実は、世代が代わっても、その前の世代と同じ罪を犯すので、いつも同じ罪を犯しているかのように見えるのです。これは、父の悪癖が子に影響を与えることの一例です。

(2) 神は、2つの世代を糾弾されます。①過去の世代の不従順(6~8節)。彼らは、シナイ契約の条項に違反したばかりか、神が遣わされた預言者たちの警告に耳を傾けることもしませんでした。②今の世代の罪(9~13節)。今の世代も先祖たちと同じように、偶像礼拝に陥っています。民は、偶像の神々を町の数ほど作り、そのための祭壇をエルサレムの通りの数ほど設置していました。

(3) エレミヤは、執りなしの祈りを禁じられます。その理由は、民が契約を破棄したからです。①神は彼らを、「わたしの愛する者」と呼ばれました。その彼らが、偶像礼拝にふけっていたのです。ヨシヤ王の宗教改革も、民の内面を変えるまでには至りませんでした。②彼らは、不従順なだけでなく、神に反抗することを喜んでいました。③かつては「実りの良い、緑のオリーブの木」と呼ばれた民は、木が落雷に打たれ、その枝が焼かれるように、神の裁きを受けます。それは、彼らが悪を行い、契約を破棄したからです。

エレミヤ暗殺計画

(1) エレミヤは、いのちの危険に直面します。①最初彼は、暗殺計画に気づいていませんでした。「木を実とともに滅ぼそう」(19節)とは、エレミヤとその業績を完全に破壊するという意味です。②神は彼に、同胞(アナトテの人々)による暗殺計画があることを知らせます。アナトテは、エレミヤの故郷であり、祭司の町です。

(2) 暗殺計画を知ったエレミヤは、祈ります(20節)。①彼は、神の義が守られるように、つまり、神の義がなるように祈ります。②また彼は、すべての裁きを神に委ねます。復讐は、神のされることだからです。

(3) 神はエレミヤの祈りにお答えになります

（21〜23節）。アナトテの人々の罪は、エレミヤの預言を阻止したことです。それは、神のことばに対する罪です。神はアナトテの人々を裁かれます。「彼らには残る者がいなくなる」とは、暗殺計画に加わった者たちが完全に滅び去るという意味です。私たちの場合も、迫害を受けたときは、主に委ねることを学びましょう。主はすべてをご存じで、ご自身に敵対する者たちを裁かれます。

エレミヤ書12章

「主よ。私があなたと論じても、あなたのほうが正しいのです。それでも、私はさばきについてあなたにお聞きしたいのです。なぜ、悪者の道が栄え、裏切りを働く者が　みな安らかなのですか。」（エレミヤ書12・1）

この章から、以下のことを学びましょう。（1）エレミヤは、なぜ悪人が栄えるのかと神に問います。（2）神は、「疑問を呈するよりは、将来の苦難に耐えることができるように、信仰を増し加えよ」と答えます。（3）神は、裁きを受ける民のために哀歌を歌われます。（4）最後に、異邦人への警告のメッセージが語られます。

エレミヤの不満

（1）「神が義なら、なぜ善人が苦しみ、悪人が栄えるのか」。旧約の聖徒たちは、この疑問と格闘しました（ヨブ記全体、詩篇37篇、73篇参照）。ここでは、エレミヤがその疑問を呈します。①彼は、神が正しいことをまず認めています。②次に、それでも理解できないことがあると、食い下がります。なぜ、悪人が栄えているのか。③しかも、神が彼らを栄えさせているように見えるが、それはなぜなのか。④エレミヤは、悪人を裁いてほしいと祈ります。⑤最後に彼は、国土の荒廃はいつまで続くのかと問います。

（3）神はエレミヤの問いに、間接的に答えます。①エレミヤが今直面している困難は、今後起こることに比べれば、大したことではない。②親しい家族でさえもエレミヤを裏切るようになるのだから、どんな人をも信用してはいけない。③神に疑問を呈するよりは、将来の苦難に耐えることができるように、信仰を増し加えるべきである。

主による哀歌

（1）エレミヤは、アナトテの人々から裏切られ、家族からも裏切られるとの啓示を受けます。神は、エレミヤの悲しみを知っておられます。なぜなら、神ご自身が最愛の者から裏切られるという経験をされたからです。①「わたしの家」、「わたしのゆずりの地」とは、イスラエルの民のことです。②「わたしが心から愛するもの」も、やはりイスラエルの民のことです。神は彼らを、敵の手中に渡したと言われます。その事実はまだ起こってはいませんが、神の目にはすでに起こった出来事です（預言的未来形）。③民は、「一羽の斑《まだら》の猛禽」です。これは珍しい色をした猛禽のことで、それに嫉妬を感じたほかの猛禽の攻撃を受けるようになります。ユダヤ民族の歴史をひも解くと、彼らがほかの民族とは異なっていたために迫害を受けた、という事実が浮かび上がってきます。④「わがぶどう畑」、「わたしの地所」もイスラエルの民のことです。それを踏み荒らし、「恐怖の荒野」にしたのは、誤った判断をした指導者たちです。彼らが民を滅亡に導いたのです。

異邦人へのメッセージ

（1）カナンの地は、永遠にイスラエルの所有物です。しかし、所有権とは別に、占有権という概念があります。イスラエルの民がシナイ契約に忠実に生きるなら、彼らはその土地に住むという祝福を味わいます。しかし、不従順な生活を続けるなら、その地の占有権を失います。つまり、その地から追い出されるということです。

（2）以上のことを前提に、神はこのようにお語りになります。①民が捕囚に連れて行かれて以降、カナンの地に侵入する隣国の民は、その土地から必ず追い出される。確かに、バビロン捕囚以降、サマリア人、ナボテヤ人、エドム人、モアブ人、ペリシテ人などがカナンの地に侵入しましたが、最後には、彼らはそこから追い出されました。②民は、捕囚の地から引き抜かれ、約束の地に帰還する。確かに、イスラエルの民は、バビロンから帰還しました。

（3）ここに書かれている異邦人への裁きとイスラエルの民の祖国帰還は、20世紀になって実現しました。紀元70年にエルサレムが滅んで以降、カナンの地に侵入したのは、主にアラブ人たちでした。しかし、そのアラブ人たちが取り除かれ、ユダヤ人たちが再び約束の地に住むようになりました。

（4）異邦人は、真の神に信頼し、イスラエルの民を祝福すれば、それぞれの相続地で安らかに住むことができるようになります（ゼカリヤ書8章と14章は、祝福を受ける異邦人国家の様子を預言しています）。結論的には、パレスチナの土地問題は、神の約束が真実かどうかを巡る戦いです。約束の地の所有権は、イスラエルの民のものです。アラブ人であっても日本人であっても、神の計画に反抗していては、滅びを招くだけです。神の計画を理解し、それに従うことを学びましょう。

エレミヤ書13章

「帯が人の腰に着けられるように、わたしはイスラエルの全家とユダの全家をわたしに着けた――主のことば――。それは、彼らがわたしの民となり、名声となり、栄誉となり、栄えとなるためだった。しかし彼らはわたしに聞き従わなかったのだ。」（エレミヤ書13・11）

この章から、以下のことを学びましょう。（1）エレミヤは、神から不思議な3つの命令を受けます。エレミヤの行為を通して、神のメッセージが伝わるためです。（2）神の怒りが満ちたことが、壺を満たすぶどう酒のたとえによって、明らかにされます。（3）指導者層が捕囚に引かれて行くことは、民全体が捕囚を経験することと同じです。

不思議な命令

（1）エレミヤは、主から不思議な命令を受けます。それは、彼の行為を通して、主からのメッセージが民に伝わるためです。彼は、亜麻布の帯を買い、それを腰に締めるように命じられます。帯は、イスラエルの民が祭司の国であることを象徴しています（レビ16・4、出19・6参照）。彼は、その命令に従います。

（2）次に、第2の命令が与えられます。その帯を、ユーフラテス川の岩の裂け目に隠せというのです。ユーフラテス川までは往復1100㎞ほどの旅になります。長距離ですが、エレミヤは実際にバビロンのユーフラテス川に行ったと考えた方が、この行為の解き明かしにより深い意味が出てきます。彼にとっては、これがバビロンと接触する最初の機会となりました。

（3）多くの日数を経て、第3の命令が下ります。神は、その帯を川から取り出すようにお命じになります。エレミヤが再びユーフラテス川に行ってその帯を取り出すと、それは、ぼろぼろになっていました。それに関する神からの解き明かしは、こうです。①イスラエルの民は、この帯である。神は彼らを、この帯のようにご自身に結びつけられた。②しかし、民は神に反逆して偶像に従ったので、この帯のように役に立たなくなる。③彼らは、バビロンの地で辱めを受ける。

壺を満たすぶどう酒のたとえ

（1）「酒壺には酒が満たされる」とは、当時よく知られていた格言でした。その格言を用いて、神は霊的メッセージをお語りになります。①壺とは、民のことです。②壺に満たされるぶどう酒とは、神の怒りのことです。③民は、王たちから庶民に至るまで、すべての年代の者が、神の怒りに満たされた器となります。

（2）神の怒りが民に迫っています。それを避ける唯一の方法は、高ぶりを捨て、バアルではなく神に栄光を帰すことです。もし御声に従わないなら、捕囚という裁きしか残されていません。その悲惨さを思うと、エレミヤは涙せざるを得ませんでした。

迫りくる破滅

（1）裁きは、なんの前触れもなくやってくるのではありません。神は、さまざまな方法を通して、民に語りかけておられました。エレミヤは、数年後に起こるユダの崩壊について警告を発します。「王と王母」とは、エホヤキン王とその母ネフシュタです（2列24・8）。エホヤキンは18歳で父エホヤキムのあとを継ぎましたが、年が若かったために、王母が権力を握っていました。エホヤキン王は、即位から3か月後、母とともに捕囚となります。「一人残らず捕らえ移される」（19節）とは、誇張法による表現です。実際にバビロン捕囚になるのは、国の指導者層が中心ですが、彼らが捕囚になるということは、国民全体が捕囚になることを意味しました。この背後には、ある特定の人々が共同体の代表として裁きを受けるという考え方があります。これは、「いけにえの祭儀」や「主イエスの十字架の贖い」の土台となる考え方です（ヨハ11・51～52参照）。

（2）民は、エレミヤの警告を受け取ろうとしません。北から攻めて来るというバビロンは、かつての同盟国です。どうしてそんなことになり得るのでしょうか。しかし、神の裁きは避けることのできない事実です。エチオピア人（クシュ人）の肌の色を変えたり、豹の斑点を変えたりするのは不可能なことです。そのように、民の心を変えるのは不可能だとの判断が下ります。神を忘れた民に残されているのは、離散の悲劇だけです。
（3）人の心を変えることができるのは、聖霊だけだということを覚えましょう。今、聖霊の満たしを求めましょう。聖霊に満たされるとは、聖霊の導きに従うことです。

エレミヤ書14章

「イスラエルの望みである方、苦難の時の救い主よ。どうしてあなたは、この地にいる寄留者や、一晩だけ立ち寄る旅人のようにされるのですか。なぜ、あなたは驚いているだけの人や、人を救えない勇士のようにされるのですか。主よ。あなたは私たちのただ中におられ、私たちはあなたの御名をもって呼ばれているのです。私たちを置き去りにしないでください。」
（エレミヤ書14・8～9）

この章から、以下のことを学びましょう。（1）不従順の結果、日照りがくることが預言されます。（2）エレミヤは、イスラエルの民を救うために、3回にわたって執りなしの祈りを献げます。（3）結論としては、エレミヤの祈りは聞かれませんでした。しかし、十字架上の主イエスの祈りは聞かれました。

日照りの預言

（1）カナンの地では水が重要です。聖書的には、雨は祝福の象徴で、シナイ契約によれば、神に従順であれば豊かに雨が降り、不従順であれば日照りがくると預言されていました（申28・23以降）。日照りに関して、エレミヤに主のことばが下ります。①「日照り」ということばは、複数形です。つまり、日照りは1度ではなく、何度もくるのです。②そのため、国全体が喪に服したような状態になります。高貴な人々の飲み水がなくなるほどの日照りがくるからです。③農夫は、秋の雨が降らないので、畑を耕すことも、種を蒔くこともできません。日照りが続くと、飢餓が全土を襲います。④野の雌鹿さえ、子を産んでも捨てるようになります。日照りで、若草が全く生えないからです。

執りなしの祈り

（1）霊的な指導者に大きな責任が委ねられているのは当然ですが、だからと言って、一般の人々の責任がなくなるわけではありません。エレミヤは執りなしの祈りを献げます（7～9節）。①彼は、民の罪を自分の身に負って、身代わりの告白と祈りを献げます。②彼は神に対して、「イスラエルの望みである方」、「苦難の時の救い主よ」と呼びかけます。③彼は、神とイスラエルの親密な関係に言及して、「私たちを置き去りにしないでください」と懇願します。

（2）それに対する神の答えはこうです（10～12節）。①エレミヤは、民のために祈ってはならないと命じられます。その理由は、民が、偶像から偶像へとさまよったからです。②神は、彼らの祈りと宗教的儀式を拒否すると言われます。③民は、剣と飢饉と疫病で、ことごとく滅ぼされます。

（3）エレミヤはそれでも諦めずに、第2の祈りを献げます（13節）。①彼は、偽預言者たちが民に偽りの平安を説いていると訴えます。②それゆえ、裁きは偽預言者たちだけに限定してほしいと懇願します。

（4）それに対する神の答えはこうです（14～18節）。①神は、偽預言者たちを遣わしてはいない。②神は、偽預言者たちだけでなく、偽預言者たちに従った者たちも罰する。民には、真の預言者と偽預言者を区別する責任があったからです。

（5）エレミヤは、3つの理由を挙げて、第3の祈りを献げます。エレミヤは、3つの理由を挙げて、私たちを退けないでほしい。もし、民が滅ぼされるなら、神の御名に傷が付くことになります。①御名のために、私たちを退けないでほしい。②栄光の御座を辱めないために、私たちを退けないでほしい。栄光の御座とは、エルサレムとそこにある神殿、さらにその中の至聖所のことです。神の栄光（シャカイナグローリー）は、至聖所の中に宿っていました。③契約を覚えて、それを破らないでほしい。神が民との契約を破棄するなら、神のことばは信頼できないものになってしまいます。

（6）結論から言うと、エレミヤの祈りは聞かれませんでした。しかし、御子イエスの十字架上の祈りは聞かれました。その結果、イエスを信じる者には永遠のいのちが約束されました。私たちは、自分の意志で、イエスをキリスト（救い主）として受け入れているでしょうか。人任せにしないで、自分で判断し、自分で責任を負うべきです。決断の時がきています。最善の選択をする人は、幸いです。

エレミヤ書15章

「私はあなたのみことばが見つかったとき、それを食べました。そうして、あなたのみことばは、私にとって　楽しみとなり、心の喜びとなりました。　万軍の神、主よ、　私はあなたの名で呼ばれているからです。」（エレミヤ書15・16）

この章から、以下のことを学びましょう。（1）神は、イスラエルの民を裁こうとしておられます。モーセとサムエルが現れて執りなしの祈りを献げても、これは変わりません。（2）捕囚の地で生き延び、約束の地に帰還する人たちが出ます。ここに希望があります。（3）エレミヤは自分の運命を嘆き、神を冒涜するようなことばを語ります。（4）神の叱責によって、エレミヤは悔い改めに導かれます。

最終的な答え

（1）エレミヤは、3つの理由を挙げて祈りましたが（14章）、それはそのまま、民が裁きを受ける理由となっていました。民は偶像礼拝によって、神との契約を破棄してしまいました。神の心は定まりました。神は、モーセとサムエルが現れて執りなしの祈りを献げても、この決定を覆すことはできないと言われます。この2人には、民のために執りなしをて、それが聞き入れられたという実績がありました（出32・11～14、1サム7・5～9を参照）。

（2）民は、次のいずれかの裁きを受けます。「死に定められた者は死に、剣に定められた者は剣に、飢饉に定められた者は飢饉に、捕囚に定められた者は捕囚に」（2節）。最初の3つは肉体的な死を意味しますが、4番目は死ではなく捕囚です。つまり、捕囚の地で生き延びる人々がいるということです。神は、ご自身の契約を守るために、約束の地に帰還する民を残しておかれるのです。ここに希望があります。

自分の運命を嘆くエレミヤ

（1）エレミヤは、自分の運命を嘆き、生まれて来たことを後悔します。嘆きの理由は、2つあります。①エルサレムの滅亡という極めて残酷で悲惨な預言を、民に語らねばならないからです。②彼にはなんの責任もないのですが、国中が彼に敵対し、彼を呪っているからです。

（2）神はエレミヤに、励ましのことばをおかけになります。「必ずわたしはあなたを解き放って、幸せにする」（11節）。次に神は、今敵対している人々が、必ず執りなしを頼みに来るようになるとお語りになります。後になって、このことばは成就します（21・1～2、37・3、42・1～6参照）。最後に神は、エルサレム滅亡の預言は必ず成就するから恐れるなと、エレミヤを励まします（12～14節）。

再び不平を口にするエレミヤ

（1）クリスチャンになったために、新しい問題や葛藤を抱え込むことがよくありますが、まさにエレミヤはそのような状態にあります。①彼は、親戚の者たちまでも敵に回してしまいました。②彼は、神のみことばを聞き、それを自分の一部になるほどに吸収しました。③彼は、聖なる怒りに満たされていたため、民が行っていた戯れのわざには参加しませんでした。④それにもかかわらず、彼の傷は癒やされませんでした。⑤そして彼は、言ってはならないことを口にします。「あなたは、私にとって、欺く小川の流れ、当てにならない水のようになられるのですか」（18節）。「小川」とは、ワジ（水なし川）のことです。エレミヤは、神を当てにならない水なし川にたとえたのです。

（2）神の答えを見てみましょう。①神は、彼を叱責します。「もし、あなたが帰って来るなら」（19節）とは、悔い改めを促すことばです。もし悔い改めないなら、預言者としての召命を失うというのです。もし悔い改めるなら、神は彼を受け入れ、再びその職務に就かせてくださいます。②エレミヤが忠実に神のことばを伝えるなら、彼は神の口のようになります（出4・16参照）。③預言者が民に迎合するのではなく、民が預言者のメッセージに立ち返るべきであるということが確認されます。④最後に神は、ご自身の約束を再確認されます。エレミヤは、民に対して堅固な青銅の城壁のようになります。敵は、エレミヤを打ち負かすことができません。これは、エレミヤ書1章18〜19節で与えられた約束の再確認です。

（3）これ以降、エレミヤは再び不平を口にすることはなくなりました。ここから何を学ぶことができるでしょうか。私たちを迫害する人がいても、恐れてはなりません。信仰の姿勢を鮮明にしているなら、必ずその人たちが執りなしを頼みに来るようになります。そのことを信じて、神から勇気と力をいただきましょう。

エレミヤ書16章

「それゆえ、見よ、その時代が来る――主のことば――。そのとき、もはや人々は『イスラエルの子らをエジプトの地から連れ上った主は生きておられる』と言うことはなく、ただ『イスラエルの子らを、北の地から、彼らが散らされたすべての地方から上らせた主は生きておられる』と言うようになる。わたしは彼らの先祖に与えた彼らの土地に彼らを帰らせる。」

（エレミヤ書16・14～15）

この章から、以下のことを学びましょう。（1）エレミヤは、3つの自己否定を通して民に警告のメッセージを伝えます。（2）エレミヤは、バビロン捕囚を預言しながら、そこからの解放の希望も語ります。（3）民は、出エジプトの出来事以上の解放の体験をするようになります。

3つの自己否定

（1）メッセージは、ことばだけで伝わるものではありません。「ことばを超越したことば」もあるのです。それは、私たちの行動、生活ぶり、人格などです。エレミヤは、当時の習慣からすると非常識なことを3つ命じられます。①結婚が禁じられました。ホセアの場合は、結婚するように命じられましたが、その結婚は幸いなものではありませんでした。エレミヤの結婚が禁じられたのは、子を儲けても、その子が虐殺されるという悲劇が襲ってくるからです。②葬儀への列席が禁じられました。余りにも死者が増え過ぎるからです。「身を傷つけ、髪を剃ること」（6節）は、死者に対する悲しみを表す行為です。本来は、この種の行為は禁じられていましたが（レビ19・28、21・5、申14・1参照）、当時はユダでも行われていたようです。③結婚式などの祝宴の席に出ることが禁じられました。喜びが一瞬のうちに取り去られるようになるからです。

（2）エレミヤの不思議なライフスタイルを見た民は、なぜそのようなことを行っているのかと問いかけます（10節）。それに対してエレミヤは、捕囚の預言を明確に語ります。民が捕囚に引かれて行く理由は2つです。①先祖たちの偶像礼拝の罪。②民自身の不信仰と偶像礼拝の罪。民は、先祖が犯した罪よりも大きな罪を犯しています。その結果、彼らは未知の国に引かれて行き、そこでほかの神々に仕えるようになります。捕囚期の初期、イスラエルの民は偶像礼拝を継続していました。ダニエルと３人の友人たちの信仰は、むしろ例外的なものです。

新しい出エジプト

（1）将来に希望があるなら、人はどんな苦難も乗り越えることができます。エレミヤは、捕囚を目前に控えた民を励ますために、将来の希望も語ります。「それゆえ、見よ、その時代が来る」（14節）とは、預言的未来を語る際の定型句です（本書には、この表現が15回出てきます）。彼が語った希望のメッセージを見てみましょう。①捕囚の民は、必ずバビロンから解放されるようになる。②この解放は、規模において、恵みの大きさにおいて、出エジプト以上のものとなる。③その結果、出エジプトの記憶は薄れ、民は、「イスラエルの子らを、北の地から、彼らが散らされたすべての地方から上らせた主は生きておられる」（15節）と言うようになる。

（2）しかしその前に、罪に対する裁きが行われなければなりません。神は、敵を用いて民を裁かれます。その様子が、漁夫が網を打って魚を捕るさま、狩人が獲物を捕るさまにたとえられています。民が嗣業の地を罪と咎で満たしたので、神は彼らに2倍の報復をすると語られます（イザ40章参照）。多く与えられた者には、多くの責任が伴うのです。

（3）民の回復が、異邦人の回心につながることが預言されます（19～21節）。特に、「諸国の民が地の果てから来て言うでしょう」（19節）とは、終末時代の出来事を表しているように思えます。また、「イスラエルの子らを、……すべての地方から上らせた」（15節）という表現も、バビロン捕囚からの帰還以上の出来事を預言しているように思えます。もしそうなら、この箇所は、70年に起こるユダヤ人の世界離散からの帰還を預言していることになります。

（4）１９９０年代以降、多くのユダヤ人たちが共産圏から祖国に帰還しています。これを聖書預言の成就だと考える学者が多くいます。私たちに関しては、神の契約は永遠に変わらないことと、イスラ

エルと契約を結ばれたお方は全世界の統治者である
ことを覚え、御名をほめたたえましょう。

エレミヤ書17章

「私を癒やしてください、主よ。そうすれば、私は癒やされます。私をお救いください。そうすれば、私は救われます。あなたこそ、私の賛美だからです。」（エレミヤ書17・14）

この章から、以下のことを学びましょう。（1）罪の性質は、イスラエルの民族性の奥深くにまで刻み込まれています。（2）神に信頼する人と、そうでない人の対比が語られます。（3）エレミヤは、自らのために3つの願いを神に祈ります。（4）エレミヤは民に、「安息日を守れ」と呼びかけます。これは、悔い改めの呼びかけです。

民族性の中に刻まれた罪の性質

（1）罪の性質が、イスラエルの民族性の奥深くにまで刻み込まれていることが宣言されます（1～4節）。①ユダの罪は、鉄の筆と金剛石（ダイヤモンド）の先端で記されたかのように、彼らの心の板に刻まれています。②さらに、彼らの罪は祭壇の角にまで刻まれています（レビ4・7参照）。そこに罪が刻まれているとは、神の御前で赦されることがないという意味です。③その罪は、彼らの子どもたちにも伝わっています。④それゆえ神は、エルサレムの財宝を敵の手に渡すと宣言されます。民は約束の地を追われ、捕囚となって敵に仕えるようになります。

（2）次に、神に信頼する人と、そうでない人との対比が語られます（5～8節）。①人間に信頼を置く人、自力を頼みとする人は、呪われます。②しかし、神に信頼する人は、水のほとりに植えられた木のようです。そういう人は、日照りの年も心配なく、いつまでも実をつける人生を歩みます。

（3）悪人が栄えているのを見て、うらやむ必要はありません（9～11節）。悪人は、自分で産まなかった卵を抱いているしゃこのようです。孵化した雛が、偽の親鳥から離れて行くように、不正な方法で蓄えた財は、突然その人の手からこぼれ落ちてしまいます。

エレミヤの祈り

（1）預言者の召しには、孤独感と痛みが伴います。エレミヤは、信仰の目を上げて、真の希望がどこからくるのかを確認します。①彼は、神殿があるエルサレムこそ、神の栄光が宿る王座であることを確認します。②彼は、主こそイスラエルの望みであると告白します。③その主から離れるなら、イスラエルに希望は残されていません。

（2）エレミヤは、3つの願いを神に祈ります。①まず、心が癒やされることを願います。なぜなら、人々は彼を「偽預言者」と見なしていたからです。彼はエルサレムの滅亡を預言していましたが、それが成就しないので、人々は彼をあざ笑うようになっていました。②また彼は、「私を恐れさせないでください」と祈ります。③最後に彼は、「敵が恥を見るようにしてください」と祈ります。この祈りは、個人的な復讐心から出たものではなく、神の義が全うされるようにという願いです。

安息日を守れ

（1）裁きの預言は、民を悔い改めに導くためのものです。神は最後まで、ご自分の民に悔い改めの機会を提供されました。安息日を守れという命令が出されます。これは、神との契約関係に立ち返れという呼びかけです。もし民がその声に聞き従い、安息日を守り始めるなら、彼らに悔い改めの心が生まれたことが分かります。

（2）エレミヤは、エルサレムのすべての門に立って、身分の高い者から低い者に至るまで、全住民に神のことばを伝えます。その内容は、安息日を守れというものでした。彼らの先祖たちは、その命令を無視し、頑なな心で歩んで来ました。そして今、新しい世代の者たちに、再び「安息日を守れ」という命令が下りました。神の命令には、祝福と呪いが伴います。もし民が安息日を守るなら、3つの祝福が与えられます。①ダビデの家系の王たちによる統治が続きます。②エルサレムは、民の永遠の住居となります。③エルサレムの神殿が、国民生活の中心となり、国のあらゆる地域から礼拝者が上って来るようになります。しかし、もし安息日を守らないなら、神の裁きが下ります。その裁きとは、エルサレムの崩壊です。つまり、ユダが崩壊するということです。

（3）神は、民に悔い改めの機会を提供されましたが、それさえも拒否されます。その結果、民を矯正する方法としては、捕囚しか残されていないことがより明らかになります。神の恵みを拒否し続けると、自らの上に呪いを招く結果になります。心が頑なになる前に、主に立ち返ることを学びましょう。

エレミヤ書18章

陶器師が粘土で制作中の器は、彼の手で壊されたが、それは再び、陶器師自身の気に入るほかの器に作り替えられた。（エレミヤ書18・4）

この章から、以下のことを学びましょう。（1）陶器師と粘土の関係から、霊的教訓が語られます。（2）陶器師である神は、硬くなった粘土であるイスラエルの民を壊されます。（3）エレミヤに対する第2の暗殺計画が明らかになります。（4）エレミヤは、暗殺計画に対抗するために、3つのことについて祈ります。

陶器師の家に下るエレミヤ

（1）神はエレミヤに、陶器師の家に行くよう命じます。彼が陶器師の家に行くと、ちょうど陶器師が器を制作しているところでした。その陶器師は、出来上がった器が気に入らなかったようで、すぐにそれを壊し、自分の気に入った器に作り替えました。粘土が軟らかかったので、これができたのです。

（2）聖書では、陶器師と粘土の関係が、たびたび象徴的な意味で用いられます（イザ29・16、45・9、64・8、ロマ9・20〜23、黙2・27など）。①イスラエルの民は、神の御手の中にある粘土である。神は彼らの上に、完全な主権を行使しておられる。②たとえイスラエルの民の滅びが預言されていても、もし彼らが悔い改めるなら、災いは撤回される。③その反対に、祝福が約束されていても、もし不従順に陥るなら、祝福は取り去られる。

（3）神は、裁きの預言が成就しないことを願い、民に悔い改めを迫られました。しかし民は、悔い改めようとはしませんでした。彼らは、硬い粘土になっていたのです。

陶器師によって壊される器

（1）陶器師は、粘土に対して絶対的な権威を持っています。この原則が、イスラエルの民に適用されます。神は、民の現状を見て驚かれます。①このようなことは、異邦人の間でも見られないものである。確かに異邦人は偶像を礼拝していますが、その彼らであっても、自分が礼拝している偶像を取り替えるようなことはしません。②真の神を知っているイスラエルの民が、その神を忘れ、虚しいもの（偶像）に香を焚いている。③ヘルモン山の雪が消えたり、そこから流れてくる水が干上がったりすることはない。自然界は、神が命じたように一定の法則に従って動いているが、神の民には一貫性がない。

（2）反逆の民に、神の裁きが下ります。①イスラエルの民は、「いにしえの道（契約に従って歩む道）」から迷い出て、「まだ整えられていない道（不安定な道）」に入り込みます。②カナンの地を通過する旅人たちは、イスラエルの民の悲惨な状態を見て、彼らをあざけるようになります。③草花が東風によって一瞬のうちに枯れてしまうように（エゼ17・10参照）、イスラエルの民も敵によって追い散らされてしまいます。

第2のエレミヤ暗殺計画

（1）エレミヤ暗殺計画が明らかになります。これは、11章のアナトテの人々による暗殺計画とは別のものです。エレミヤの敵は、自分たちの間には祭司、知恵のある者、預言者が住んでいるのだから、エレミヤのことばに耳を傾ける必要はないと主張しました。ところが、彼らが頼りにしていた指導者たちは、すべて堕落していました。①祭司たちは、律法を自分勝手に書き換えていました。②知恵ある者たちは、民が喜ぶように律法解釈を曲げていました。③預言者たちも、民の聞きたいと思うことを語っていました。彼らは、偽預言者です。

（2）暗殺計画を知ったエレミヤは、主に祈ります。①彼は、事実を神に報告します。②次に、自分の無実を主張します。これまで自分は、民に対して善しか行わなかったと。③最後に、神の裁きが彼らの上に下るように願います。

（3）敵の滅亡を願う祈りは、詩篇の中でもよく出てきます。これは、個人的な復讐心の表れではなく、神の義が軽んじられないことを願う祈りです。しかし新約時代になると、より崇高な基準が啓示されます。「次のようにも書かれています。『もしあなたの敵が飢えているなら食べさせ、渇いているなら飲ませよ。なぜなら、こうしてあなたは彼の頭上に燃える炭火を積むことになるからだ。』」（ロマ12・20）。「彼の頭上に燃える炭火を積むことになる」とは、愛の行為によって、私たちの敵であった人でさえも恥を感じるようになるという意味です。愛の行為は、人を悔い改めと救いへ導くきっかけとなります。「愛による復讐」を、自分の生活に適用してみましょう。

エレミヤ書19章

「そこであなたは、同行の人たちの目の前でその瓶を砕いて、彼らに言え。『万軍の主はこう言われる。陶器師の器が砕かれると、二度と直すことはできない。このように、わたしはこの民と、この都を砕く。人々はトフェトに空き地がないまでに葬る。』」（エレミヤ書19・10〜11）

この章から、以下のことを学びましょう。（1）ベン・ヒノムの谷で、民は子どもたちを全焼のささげ物として献げていました。（2）怒った神は、その谷が「虐殺の谷」と呼ばれるようになると宣告されます。（3）エレミヤは、焼き物を指導者たちの前で砕き、イスラエルの民はこのように破壊されると預言します。（4）エレミヤのメッセージは、民から拒否されます。

エレミヤの象徴的行為

（1）神は、仰天し、悲しみ、怒られました。それは、到底考えられないような残酷な行為が、ベン・

ヒノムの谷で行われていたからです。ベン・ヒノムの谷とは、エルサレムの南にある谷です。「陶片の門」とは、恐らく「糞門」と呼ばれている門のことでしょう。民はその谷で偶像礼拝をしていました。しかも、バアルのために自分の子どもたちを全焼のささげ物として献げていました（2列21・16参照）。そこで神は、やがてそこが「虐殺の谷」と呼ばれるようになると、エレミヤを通して宣告されます。これは、敵によって殺された民の死体が、その谷に積み重なるという預言です。

（2）神のことばが、目に見える形で民に伝えられます。それが、焼き物を買うという象徴的行為の意味です。この焼き物は、イスラエルの民を象徴しています。①彼らは柔らかい粘土ではなく、硬い器となりました。②エレミヤは、その器を民の指導者たちの前で砕きました。③砕かれた器は、修復することができません。そのように、イスラエルの民も、その頑なさのゆえに修復不可能な程に砕かれます。これが、エルサレムとその住民に降りかかる運命です。

拒否されるエレミヤ

（1）指導者が知恵ある判断を下しているうちは、国は安泰です。しかし、指導者が間違った道に進めば、国全体がその方向に進みます。それほどに、指導者の責任は重大なものです。

（2）エレミヤは、焼き物を砕くという象徴的な行為の総仕上げとして、神殿の庭に立って、裁きのメッセージを語ります。これは、非常に勇気ある行為、いのちがけの行為です。エレミヤは、ただちに逮捕されます。エレミヤを捕えたのは、主の宮のつかさ、また監督者である、イメルの子、祭司パシュフルでした（次章で取り上げます）。

（3）新約聖書にも、器への言及があります。パウロが弟子テモテに書き送った励ましのことばを見てみましょう。「ですから、だれでもこれらのことから離れて自分自身をきよめるなら、その人は尊いことに用いられる器となります。すなわち、聖なるものとされ、主人にとって役に立つもの、あらゆる良い働きに備えられたものとなるのです」（2テモ2・21）。神は、私たちという器を用いることを喜んでおられるでしょうか。有益な器となるために、何をすべきか、黙想しましょう。

エレミヤ書20章

「私が、『主のことばは宣べ伝えない。もう御名によっては語らない』と思っても、主のことばは私の心のうちで、骨の中に閉じ込められて、燃えさかる火のようになり、私は内にしまっておくのに耐えられません。もうできません。」

(エレミヤ書20・9)

この章から、以下のことを学びましょう。(1)エレミヤを捕えた祭司パシュフルに、「恐怖が取り囲んでいる」という新しい名が与えられます。(2)この名は、彼が語る偽預言を聞いた民が、バビロン捕囚に引かれて行くことを預言したものです。(3)エレミヤは、落胆と勝利を交互に体験します。(4)彼は、自分が生まれた日を呪います。彼の祈りは、ゲツセマネの園での主イエスの祈りに似ています。

パシュフルの悲劇

(1)エレミヤを捕えたのは、主の宮のつかさ、また監督者である、イメルの子、祭司パシュフルでした。彼は神殿警備の長官でしたが、同時に、偽預言者でもありました（14・14以下参照）。①彼は、エレミヤを打ちました。恐らく40回のむち打ちでしょう（パウロの時代、むち打ちは39回になっていました。２コリ11・24参照）。②次に、エレミヤを一晩中足かせにつなぎました。③翌朝、エレミヤを解放しました。

（２）パシュフルにとっての誤算は、エレミヤが軟弱な人物ではなかったということです。エレミヤは、パシュフルに主からの新しい名を与えました。「恐怖が取り囲んでいる」というのがそれです。その名は、パシュフル自身だけでなく、彼の偽預言を聞いたすべての人が、バビロン捕囚に引かれて行くことを預言したものです。ここで初めて、「バビロンの王」（４節）という名が出てきます。

エレミヤの落胆と勝利

（１）エレミヤもまた、私たちと同じ弱さを持った人間です。彼は、絶望的な祈りを献げます。①彼は、主が自分を惑わしたから、そして、主の力に反抗するのは不可能だから、預言者になったと言います。これは、神の意志が強靭であることを表現したものです。②彼は、自分は一日中、同胞の物笑いになっていると訴えます。エレミヤの預言は、成就までに約40年もかかりました。しかも、彼の預言は、「暴虐だ。暴行だ」という否定的なものばかりでした。③彼は、もう主のことばは語りたくないと、心のうちを吐露します。しかし、黙せば黙すほど、主のことばが内側で燃えさかる火のようになります。④エレミヤの親しい友までが、エレミヤがつまずくのを待つようになります。彼らがエレミヤに与えたあだ名は、「恐怖が取り囲んでいる」です。この名は、主が偽預言者パシュフルに与えたものと同じです。

（２）絶望的な祈りが、突然勝利の祈りに変わります。きっかけになったのは、「主は私とともにいて」（11節）という短い句です。①彼は、主がともにおられるのだから、預言は必ず成就すると確信しました。②彼は、神に敵対する者たちは、必ず恥を見ると宣言します。③最後に、主に向かって賛美し、希望を告白します。以上の祈りは、それまでの祈りと比較すると、まるで別人の祈りのようです。ここには、落胆から勝利への瞬間的な飛躍があります。人は、神が見えないときは落胆し、神が見えたときには勝利するのです。

生まれた日を呪うエレミヤ

（1）11～13節にあった勝利の祈りはどこかに消え、再び落胆がエレミヤを覆います。「私の生まれた日は、のろわれよ。母が私を産んだその日は、祝福されるな」。これは、ヨブの叫びと同じです（ヨブ3章）。彼がこれほどまでに自分の誕生を呪ったのは、預言者としての使命に生きることが余りにも苦しかったからです。

（2）エレミヤは、考えうる限りの表現で自らの痛み、不安、不平を神にぶちまけます。しかし、これが神に対する単なる反抗でないことは明らかです。彼は信頼しながら神に体当たりし、神はそのエレミヤを、しっかりと恵みの御手で受け止められたのです。この箇所は、ゲツセマネの園で天の父と格闘された主イエスの姿を思い出させます。主イエスを勝利へと導いたのは、この祈りでした。「それからイエスは少し進んで行って、ひれ伏して祈られた。『わが父よ、できることなら、この杯をわたしから過ぎ去らせてください。しかし、わたしが望むようにではなく、あなたが望まれるままに、なさってください。』」（マタ26・39）。信頼しながら神と格闘する人を、神は祝してくださいます。

エレミヤ書21章

「あなたは、この民に言え。『主はこう言われる。見よ、わたしはあなたがたの前に、いのちの道と死の道を置く。この都にとどまる者は、剣と飢饉と疫病によって死ぬ。出て行ってあなたがたを囲んでいるカルデア人に降伏する者は生き、自分のいのちを戦勝品として得る。』」

(エレミヤ書21・8〜9)

この章から、以下のことを学びましょう。(1)ゼデキヤ王は、人を遣わし、エレミヤに執りなしの祈りを要請します。(2)主からの答えは絶望的なものでしたが、希望の道も示されます。それは、バビロンに下り、その地で生き延びるというものでした。(3)エレミヤは、ユダの王家に向かって、公正な政治を行うように迫ります。(4)民は、目に見えるもの(神殿やエルサレム)に信頼するという迷信信仰に生きていました。

王への回答

(1)エレミヤは人々から迫害されていましたが、神は必ず国のリーダーたちが彼のところに来て、執りなしの祈りを依頼するようになると語っておられました。そしてついに、その時がやってきました。ゼデキヤ王は、ユダの最後の王です(前597〜586年)。その彼が、人々をエレミヤのもとに遣わし、バビロンの攻撃から守られるよう祈ってほしいと懇願します(前588年)。王の脳裏にあったのは、神がアッシリア軍を滅ぼされたという出来事です(2列19・35〜36参照)。

(2)エレミヤは、主からの答えを伝えます。①ユダはバビロンと戦っているように見えるが、実際は神ご自身と戦っているのである。②彼らがどれほど主に助けを求めても、もはや手遅れである。③エルサレムに籠城する者たちの多くが、疫病と飢饉で死ぬ。次に、生き残った者たちの多くが、バビロンの剣によって殺される。

(3)これは、絶望的な答えです。しかし、状況がどんなに悪くても、神のことばには希望がありす。民の前に、再び「いのちの道と死の道」が置かれます。エルサレムにとどまるなら、それは死の道です。しかし、バビロンに投降するなら、捕囚民として生き延びることができます。これが、いのちの道です。前586年のエルサレム陥落を目前にした緊張感が伝わってくるようです。神は、捕囚の地でイスラエルの民を再訓練し、彼らに希望を与えようとしておられました。

（4）主イエスは、「狭い門から入りなさい。滅びに至る門は大きく、その道は広く、そこから入って行く者が多いのです」（マタ7・13）とお語りになりました。神の計画の道（狭い門）を選ぶ者こそ、人生の勝利者となれます。

ユダの王家に対する宣言

（1）エレミヤは、ユダの王家に対して神のことばを語ります。これは、最後のアピールとでも言えるものです。エレミヤは依然として、悔い改めによって神の裁きを免れうると考えていたようです（後になって、エレミヤの希望は叶わなかったことが明らかになります）。彼は王家に対して、朝ごとに、公正に裁きを行えと迫ります。「朝ごとに」ということばから、事態の緊急性が伝わってきます。「公正に裁きを行う」とは、社会正義を実施することで、これが王に与えられた使命です。歴代の王の中で有名なのは、ソロモンです。彼は、正しい裁きを行うために、主からの知恵を求めました（1列3・9）。しかし、ソロモンが示した良き伝統は、すでに消え去っていました。エレミヤは、もし正しい政治が行われないなら、神の激しい怒りが下ると宣言します。

（2）一方、エルサレムの住民たちは、誤った安心感の中で暮らしていました。彼らは、エルサレムは安全で、そこを攻め落とせる者はいないと考えていました。①彼らには、ヒゼキヤ王の時代の先例がありました（イザ37章参照）。その時代、エルサレムに侵攻してきたアッシリア軍は、神の力によって敗走させられました。②また彼らには、3つの谷に囲まれた天然の要塞都市エルサレムは不滅であるという確信がありました。それは、ダビデ契約に基づく信仰的確信でした。

（3）しかし、このような確信は、信仰ではなく迷信です。エルサレムの住民たちは、契約の民としての神の前における自らの役割を忘れ、シオンの山、神殿などの物理的存在に信頼を置いていたのです。私たちも、目に見えるものに信頼を置いているなら、それは見当外れの信仰です。目に見えない神に信頼を置く人こそ、真の信仰者です。そしてその人は、神の御心を行う人です。

エレミヤ書22章

「ダビデの王座に着くユダの王よ。あなたも、これらの門の内に入って来るあなたの家来も、またあなたの民も、主のことばを聞け。主はこう言われる。公正と正義を行い、かすめ取られている者を、虐げる者の手から救い出せ。寄留者、みなしご、やもめを苦しめたり、いじめたりしてはならない。また、咎なき者の血をここで流してはならない。」（エレミヤ書22・2～3）

この章から、以下のことを学びましょう。（1）エレミヤは、エホヤキム王に向かって警告を発します。（2）エホアハズとエホヤキムは、ともに善王ヨシヤの息子ですが、弟のエホアハズが先に王になりました（在位わずか3か月）。彼は、エジプトで死にます。（3）兄のエホヤキムは暴虐政治を行い、その結果、悲惨な死を遂げます。（4）ユダの同盟国の捕囚が預言されます。（5）エコンヤ（エホヤキン）は、神から与えられた機会を生かすことができませんでした。

ユダの王たちへの警告

（1）22章の記事は、21章よりも前の出来事です。エホヤキム王（18節）は、ゼデキヤ（21・1）の2代前の王でした。エレミヤは、ユダの王たちに神のことばを伝えます。このことばは、神とイスラエルとの契約関係を前提としたものです。①王は、弱い立場の人々に配慮して政治を行わなければならない。②もし王が神との契約を守り、その命令に聞き従うなら、王の権威は保証される。③しかし不従順に歩むなら、エルサレムは廃墟と化する。

エホアハズとエホヤキム

（1）エホアハズ(別名シャルム)とエホヤキムは、ともにヨシヤ王の息子です。ヨシヤ王は、宗教改革を行った善王としてよく知られています。彼は、前609年に、エジプトの王ネコと戦い、メギドで戦死しました（2列23・29～30)。民はその後任にエホアハズを選びました（在位わずか3か月)。エホアハズが弟で、エホヤキムが兄です。

（2）ヨシヤ王の死は悲劇的なものでしたが、その子エホアハズの死はさらに悲劇的なものになるとの預言が語られます。彼はエジプトに捕囚となり、そこで死ぬからです（2列23・31～34)。

（3）エホアハズの次に、兄のエホヤキムが王となりました。彼は、民に重税を課し、労働者に正当な報酬を支払いませんでした。そして、宮殿の増改築を行い、贅沢三昧の生活を送りました。エホヤキムは、自らの罪の刈り取りをするようになります(暗殺され、死体は門の外に投げ捨てられる)。

同盟国の滅び

（1）民は、山に登って叫び声を上げるように命じられます。叫ぶ内容は、ユダの同盟国の滅びです。「あなたの恋人」とは同盟国のこと､「あなたの牧者」とは国の指導者たちのことです。彼らもまた、捕囚の民の中に加えられます。

エコンヤ

（1）エコンヤは、神から与えられた貴重な機会を生かすことのできなかった人です。彼は3つの名で呼ばれています（エホヤキン、エコンヤ、エコヌヤ)。彼には様々な学びの機会が与えられていました。①父エホヤキムは、エレミヤの預言が記された巻物を切り裂いて火で焼き、神のことばを冒涜しました(36・23、32)。彼は、父を反面教師とすることができたのです。②彼の青年時代、エレミヤは活発に預言活動を続けていました。ですから、そこから学ぶこともできたはずです。③バビロンの王ネブカドネツァルの脅威が迫る中で、彼は王となりました。主に信頼する機会が与えられたのですが、王であった3か月間、彼は主の目の前に悪であることを行いました(2列24・9)。

(3)エレミヤは、エコンヤ(エホヤキン)に関して次のような預言を語ります。①神はエコンヤを、バビロン王の手に渡される。②背後で実権を握っていた母ネフシュタもまた、捕囚に引かれて行く。③エコンヤは捕囚の地で死に、二度とエルサレムを見ることはない。エレミヤは、世界を証人に呼び出し(3度も、「地よ、地よ、地よ、」と叫んで)、彼の子孫が王座から取り除かれるという主のことばを宣言します。彼には7人の息子がいましたが(1歴3・17〜18)、その中から王位継承者は一人も出ませんでした。これによって、400年以上続いたユダ王朝の系譜は途絶えました。

(4)繁栄しているときから、神の声に聞き従うことを学びましょう。また、危機に直面したときは、信仰を発揮する良い機会がきたと受け取りましょう。試練の中で、すべてを益とされる神を見上げましょう。(ロマ8・28)。

エレミヤ書23章

「見よ、その時代が来る。　――主のことば――

そのとき、わたしは　ダビデに一つの正しい若枝を起こす。　彼は王となって治め、栄えて、この地に公正と義を行う。彼の時代にユダは救われ、イスラエルは安らかに住む。　『主は私たちの義』。　それが、彼の呼ばれる名である。」

（エレミヤ書23・5～6）


この章から、以下のことを学びましょう。（1）ダビデ家に属する新しい王の登場が預言されます。（2）この王は、「主は私たちの義」と呼ばれるようになります。（3）偽預言者たちへの裁きが預言されます。（4）偽預言者たちは、「主の宣告」という定型句の使用を禁じられます。

新しい王の到来

（1）21章と22章は、最後の邪悪な4人の王についての預言でした。そのことが、冒頭でくり返し語られます。しかし、3節に入ると、突如希望のメッセージが語られ始めます。①神は、「イスラエルの残りの者」を約束の地に連れ戻されます。②神は、新しい指導者たちをお立てになります。帰還した民は、それらの指導者のもとで大いに栄えます。祝福の預言は、その先のことにまで及びます。

（2）「見よ、その時代が来る」というのは、終末時代の預言を紹介するときの定型文です。①ユダ王朝はエコンヤ（エホヤキン）で途絶えました。しかし、終わりの日には、ダビデ家に属する新しい王が登場し、民を平安へと導きます。②「若枝」は、ダビデの子孫として生まれてくるメシアを指しています。（3）この王は、「主は私たちの義」と呼ばれるようになります。信仰によって義とされるという新約時代の真理が預言されています（エペ2・8）。（4）イスラエルの民は、全世界から祖国に帰還するようになります。この帰還は、出エジプトの出来事よりも大いなる奇跡として語り継がれるようになります。

偽預言者たちへの宣告

（1）偽預言者たちに対する裁きが、宣告されます。①彼らは、空しいものしか提供しません。②彼らは、自分の頭に浮かんだアイデアや幻を語っているだけです。③彼らは、平安の預言しか語りません。真の預言者は、民を悔い改めに導きます。

（2）神は、偽預言者たちに耳を傾けるなと警告します。①彼らは、神が主催される天の会議（1列22・19～22、ヨブ1・6～12、2・1～6）には連なっていません。②彼らは、主のことばを聞いてはいません。③神は、遣わされなかったのに走り続けている偽預言者たちを裁かれます。④終わりの日には、主の御心と真実がすべて明らかになります。これは、エルサレムが崩壊するとき（前586年）ではなく、それよりもさらに先に起こることです（エレ30～33章）。特に素晴らしいのが、31章31～34節に出てくる新しい契約の約束です。

（3）真の預言者とそのメッセージは麦のようですが、偽預言者とそのメッセージは藁のようです。麦は人に栄養と活力を与えますが、藁は動物の食糧にはなっても、人になんの益ももたらしません。偽預言者は、自らの夢を神の啓示と主張します。また、真の預言者のことばを聞き、それを盗んで自分のメッセージとして語ります。彼らは、偽りと自慢話で民を惑わします。

主の重荷

（1）ヘブル語の「マッサー」ということばには、「宣告」という意味と、「重荷」という意味があります。それを予備知識として、この箇所を読んでみましょう。人々（民、預言者、祭司）はエレミヤに、次のように質問します。「主のマッサー（宣告）とは何か」。この質問は、神の裁きばかりを語るエレミヤを揶揄したものです。それに対するエレミヤの答えはこうです。「あなたがたこそが、主のマッサー（重荷）だ。あなたがたがマッサー（重荷）になったので、主はあなたがたをお捨てになる」。ここには、語呂合わせによる強烈な皮肉と裁きのメッセージがあります。

（2）さらに神は、偽預言者たちにこう宣告されます。①今後、「主の宣告」という定型句を使って預言してはならない。②それでも「主の宣告」と言うなら、主からの厳しい裁きが下る。

（3）主に反抗するなら、私たちは「主の重荷」

となり、捨てられてしまいます。しかし、主に信頼するなら、主が私たちの重荷を担いでくださいます。「すべて疲れた人、重荷を負っている人はわたしのもとに来なさい。わたしがあなたがたを休ませてあげます」(マタ11・28。詩55・22、詩68・19も参照)。今、イエス・キリストの前に重荷を下ろすことを学びましょう。

エレミヤ書24章

「イスラエルの神、主はこう言う。わたしは、この場所からカルデア人の地に送ったユダの捕囚の民を、この良いいちじくのように、良いものであると見なそう。」(エレミヤ書24・5)

この章から、以下のことを学びましょう。(1)エレミヤは、2かごのいちじくの幻を見ます。初なりのいちじくと、腐ったいちじくの幻です。(2)初なりのいちじくは、バビロン捕囚になった民のことで、彼らは祝福を受けます。(3)腐ったいちじくは、約束の地にとどまった民のことで、彼らは三重苦によって滅びます。(4)イスラエルの民の祖国帰還と、霊的回復が約束されます。

いちじくの幻

(1)バビロン捕囚は、3度にわたって起こりました。①前605年。この時、ダニエルとその友人たちが捕囚に引かれて行きました。②前597年。この時、エゼキエルがバビロンに移されました。③

前586年。これが最終的な捕囚です。

（2）この章の記事は、2回目の捕囚直後の出来事です。エレミヤは、2かごのいちじくの幻を見ます。①1つのかごのいちじくは、初なりのいちじくの実のようでした。これは、6月に収穫される美味ないちじくのことです（イザ28・4、ホセ9・10参照）。②もう1つのかごのいちじくは、腐って食べられないものでした。

（3）良いいちじくは、バビロンへ捕え移された民を表しています。悪いいちじくは、エルサレムに残っている者、エジプトに住みついている者などを指します。前者は祝福を受け、後者は3重の患難（剣、飢饉、疫病）で滅びます。神の守りは、前者とともにあります。

（3）神は捕囚に引かれて行った民を、その地で祝福しようとされました。それが、「この良いいちじくのように、良いものであると見なそう」（5節）の意味です。1回目と2回目の捕囚でバビロンに引かれて行った民は、そこで安定した生活を確立することができました。職人や鍛冶屋が捕え移されたのは、王宮建設のために彼らの技能が必要とされたからです。

（4）また神は、捕囚民たちを約束の地に帰還させ、そこで彼らの国を永遠に確立すると約束されました（6節）。

（5）さらに神は、イスラエルの民の霊的回復まで約束されました（7節）。祖国帰還と霊的回復の約束は、前536年に起こるバビロンからの帰還以上の内容を含んでいます。これらの約束は、終末時代に全面的に成就するものです（23・5～8参照）。バビロン捕囚は、神の民が主との契約を破棄した結果起こったことでしたが、それが新しい契約の始まりとなりました（31・33にある「新しい契約」参照）。

（6）無から有を、絶望から希望を生み出される神を見上げましょう。いかなる場合でも、諦めは、信仰者にふさわしくありません。

エレミヤ書25章

「見よ、わたしは北のすべての種族を呼び寄せる——主のことば——。わたしのしもべ、バビロンの王ネブカドネツァルを呼び寄せて、この国とその住民、その周りのすべての国々を攻めさせ、これを聖絶して、恐怖のもと、嘲りの的、永遠の廃墟とする。」（エレミヤ書25・9）

この章から、以下のことを学びましょう。（1）エレミヤは、捕囚が70年で終わるという預言を語ります。（2）この預言は、ダニエルに希望を与えます。（3）エレミヤは、諸国に下る神の裁きを預言します。イスラエルを祝福する者は祝福され、呪う者は呪われます。

70年の捕囚の預言

（1）この章の預言は、前６０５年に語られたものです。この年は、非常に重要な年です。①ネブカドネツァルがバビロン王に即位した年です。②エレミヤがバルクに巻物を記述させ、神殿で読ませた年です（36・1～8）。③エレミヤの長年にわたる預言が成就し始めた年です。エレミヤはここまで23年間、活動してきました（最初の19年間はヨシヤ王、その後エホアハズ王、エホヤキム王と続く）。彼の預言がすべて成就するのは、召命を受けてから約40年後でした。

（2）エレミヤは、ユダについての預言を語ります。まず、神がユダを裁かねばならない理由が語られます。神は、民の不服従のゆえにバビロンを呼び寄せ、ユダを廃墟とされます。バビロンの王ネブカドネツァルが、「わたしのしもべ」（9節）と呼ばれています。彼は、神の裁きを実行する器として用いられます。

（3）民の捕囚生活については、その期間が70年であることが預言されます。捕囚という悲劇が起こる前に、神はその期間を定めて、民に希望をお与えになりました。さらに、神がバビロンを滅ぼすということまで預言されます。イスラエルを呪う者は、神から呪われます。

（4）70年の数え方は、2通りあります。①前６０５年（第1回捕囚）～前５３６年（キュロス王の勅令）までの70年間。②前586年（神殿の崩壊）～前515年（神殿の再建）までの70年間。70年の預言は、バビロンにいたダニエルに大きな影響を与えます（ダニ9・2参照）。70年の預言を知ったダニエルは、祖国への帰還のために具体的に祈り始めます。神のことばは必ず成就すると信じた人は、幸いです。

全世界への裁きの宣言

（1）「この憤りのぶどう酒の杯」（15節）とは、神が審判のために送る剣を象徴しています（イザ51・17、22、ゼカ12・2、エレ49・12、51・7、哀4・21など参照）。神はエレミヤに、諸国の民に「憤りのぶどう酒」を飲ませよとお命じになります。エレミヤは、主の御手からその杯を取り、主が遣わされるすべての国々に飲ませました。諸国民への奉仕は、召命を受けた時からエレミヤの使命の中に含まれていました。神が裁かれる諸国が列挙されます。神の裁きは、エルサレムから始まり、バビロンにまで及びます。

すべての者が神の裁きに服す

（1）この箇所の内容は、エレミヤ書46～51章（諸国民の裁きの預言）の序曲のようなものです。諸国に対する主の怒りが、3つの比ゆによって表現されます。①主の怒りは、獅子の叫び声のように全地に響き渡ります。②主の怒りは、ぶどうを踏む者たちのかけ声のように、地の全住民に向けられます。③主の怒りは、戦いの時の騒音のように地の果てにまで響き渡ります。

（2）「その日、主に殺される者が地の果てから地の果てまでに及び、彼らは悼み悲しまれることなく、集められることなく、葬られることもなく、地の面の肥やしとなる」（33節）。これは、実に恐ろしい光景です。これらの預言が全面的に成就するのは、バビロンが諸国民を征服する時ではなく、終わりの日です（黙14・10、16・19など参照）。

（3）来たるべき神の裁きを真剣に受け止めるなら、2つのことを決意しないわけにはいきません。①ますます主イエスを信頼し、主とともに歩むこと。どのような裁きがこようとも、主イエスを信じる者は恐れる必要がありません。私たちは、キリストにあって神と和解し、神との平和をいただきました。ハレルヤ！　②ますます宣教に励むこと。主イエスを信じていない人々の最後は悲惨です。イエス・キリストの福音を知ったお互いは、滅び行く魂のために叫ばざるを得ません。「こういうわけで、神が私たちを通して勧めておられるのですから、私たちはキリストに代わる使節なのです。私たちはキリストに代わって願います。神と和解させていただきなさい」（2コリ5・20）。

エレミヤ書26章

主はこう言われた。「主の宮の庭に立ち、主の宮に礼拝しに来るユダのすべての町の者に、わたしがあなたに語れと命じたことばを残らず語れ。一言も省くな。」（エレミヤ書26・2）

この章から、以下のことを学びましょう。（1）エレミヤは、神殿に行って悔い改めのメッセージを語るように命じられます。（2）祭司と預言者とすべての民は、エレミヤを逮捕し、裁判にかけます。（3）エレミヤの弁明を聞いた首長たちは、エレミヤが無罪であることを認めます。（4）同時代の預言者ウリヤは、エジプトに逃れますが、最後は連れ戻されて殺されます。（5）エレミヤの場合は、援助者が現れて九死に一生を得ます。

神殿でのメッセージ

（1）エホヤキムの治世（前６０９～５９７年）の最初の年、神のことばがエレミヤに下ります。①エレミヤは、神殿に行って「ユダのすべての町の者」

に、神からのメッセージを語るよう命じられます。②内容は、もしこのメッセージを聞いて悔い改めるなら、災いは撤回されるが、そうでなければ、神の裁きが下るというものです。

（2）そのメッセージを聞いた祭司と預言者とすべての民は、ただちにエレミヤを逮捕します。彼らは、エレミヤを偽預言者だと判断したのです（申18・20参照）。彼らは、エレミヤを裁判にかけ、ユダの首長たちの前でエレミヤに死刑を求刑します。

（3）神はエレミヤに、「わたしがあなたに語れと命じたことばを残らず語れ。一言も省くな」（2節）と命じておられました。ここから分かるのは、エレミヤが語ったすべてのことばが神の霊感を受けていたということです。いつの時代でも、聖書の霊感から離れて行くなら、信仰の土台そのものが揺れ動きます。

エレミヤの弁明

（1）裁判の席で、エレミヤは次のように弁明します。①自分を遣わされたのは、神ご自身である。②もし民が悔い改めるなら、神は裁きを思い直される。③自分を殺すなら殺してもよい。しかし、罪のない者を死刑にした場合、その報いを受けることになる。

（2）その弁明を聞いた首長たちは、彼が無罪であることを認めます。「この地の長老たち」も、その判断を支持します。彼らは、預言者ミカの時代に起こったことを例に引き、エレミヤの無罪を主張します。ミカは、イザヤと同時代の預言者で、エレミヤよりも約１００年前の人でした。ミカが主からのメッセージを語ったとき（ミカ３・12）、ヒゼキヤ王は悔い改めました。その結果、ユダとエルサレムはアッシリアの侵略から守られました。

預言者ウリヤ

（1）預言者ウリヤという人物が、エレミヤと同じ時代に活躍していました。このふたりは、多くの面で似通っていましたが、結末は大いに異なりました。①ウリヤは、キルヤテ・エアリム（エルサレムの西約12㎞）出身でした。②彼は、エレミヤと同じようなメッセージを取り次いでいました。③彼は、王が自分を殺そうとしているのを知り、エジプトへ逃れます。エレミヤの場合は、自然死を迎えるという神からの約束がありましたが、ウリヤにはそのようなことばが与えられていなかったのでしょう。④しかし、エジプトに逃れることは、得策ではありませんでした。エホヤキムはエジプトに使者を送り、ウリヤを連れ戻して処刑します。エホヤキムはエジプトの傀儡王でしたので、このことが簡単にできたのでしょう。⑤ウリヤの死体は、ケデロンの谷の共同墓地に葬られます。

（2）エレミヤの場合は、援助者が現れ、九死に一生を得ます。登場人物を見てみましょう。①エルナタン（22節）。彼の父はアクボルです。アクボルは、ヨシヤ王の宗教改革を実施した人物で、非常に霊的な人でした（2列22・12、14）。その息子のエルナタンも霊的な人で、王が巻物を焼くのに反対します（36・12、25）。②アヒカム（24節）。彼の父はシャファンです。このシャファンは、ヨシヤ王の宗教改革時代の書記官で（2列22・3）、非常に霊的な人物でした。その息子のアヒカムは、エレミヤのいのちを助け、その息子のゲダルヤもまた、エレミヤを助けます（39・14）。③さらに、シャファンのもうひとりの息子ゲマルヤもまた、霊的な人物でした。彼はエルナタンとともに、巻物を焼かないように主張します（36・25）。

（3）悪王の治世下にも、霊的な人々がいたことに慰めを覚えます。霊的な父が、霊的な子や孫を産んでいます。自分の家系は、先祖から何を受け継ぎ、子孫に何を残そうとしているのか、黙想してみましょう。

エレミヤ書27章

主は私にこう言われた。「あなたは縄とかせを作り、それをあなたの首に付けよ。そうして、エルサレムのユダの王ゼデキヤのところに来る使者たちによって、エドムの王、モアブの王、アンモン人の王、ツロの王、シドンの王に伝言を送り、彼らがそれぞれの主君に次のことを言うように命じよ。『イスラエルの神、万軍の主はこう言われる。あなたがたは主君にこう言え。』」

（エレミヤ書27・2〜4）

この章から、以下のことを学びましょう。（1）エレミヤは、くびきを作り、それを首につけます。（2）さらに諸国からの使者たちにくびきを与え、反バビロン同盟は愚かな企みだというメッセージを自国の王たちに伝えるように命じます。（3）エレミヤは、神はバビロンを用いてユダを裁こうとしておられるので、偽預言者たちのメッセージに耳を傾けてはならないと語ります。（4）エレミヤは、バビロンの支配は一時的であり、やがて祖国に帰還する時がくることを預言します。

諸国の使者に対するメッセージ

（1）この章から、エレミヤの勇気と知恵について学んでみましょう。彼は再び、ある象徴的行為を行うように命じられます。①「ユダの王、ヨシヤの子のエホヤキムの治世の初めに」（1節）とありますが、これは写本上のミスで、正しくは「ゼデキヤの治世」です。恐らく前597年のことでしょう。②エレミヤは、「縄とかせ」を作り、それを首につけます。つまり、くびき（複数形）を作り、それを首につけたということです。③さらにエレミヤは、周辺諸国からの使者たちにくびきを与え、神からのメッセージを自国の王たちに伝えるようにと命じます。④5つの国の名が挙がっています。エドム、モアブ、アンモンの3国は、ユダの東にある国々、ツロとシドンの2国は、ユダの北にある国々です。これらの国々は、バビロンに対する反軍事同盟を結ぼうとして協議を始めていました。

（2）エレミヤは、彼が行った象徴的行為の意味を解き明かします。①神は、世界の主権者である。

その神が、被造世界をバビロン王の支配下に置こうとしておられる。②しかし、バビロンの支配は一定期間で終わる（ネブカドネツァルから3代後に、バビロンは近隣諸国の奴隷となります）。③神は、バビロンに服さない者を罰するので、バビロンに反抗して軍事同盟を結ぶのは、愚かなことである。④民は、バビロンに服する必要はないという者たち（預言者、占い師、夢見る者、卜者、呪術者）の偽りのことばを聞いてはならない。⑤神がバビロンを用いて、ユダの民を追放される。しかし、バビロンに服する者には、神の守りの御手が伸ばされる。神はバビロンの地において、ご自分の民を祝福される。

王と祭司たちに対するメッセージ

（1）エレミヤのメッセージが、ゼデキヤ王に向けられます。①今すでにしているように、バビロンに仕えよ。そうしなければ国が滅びる。「剣と飢饉と疫病」という3つ一組のことばは、エレミヤが神の裁きを表現するときに使う定型句です。②偽預言者たちは、「バビロンの王に仕えることはない」と語っているが、それは神からのものではないから、聞き従ってはならない。

（2）次に、祭司たちとすべての民に向けてメッセージが語られます。内容は、ゼデキヤ王へのメッセージとほぼ同じです。新しい要素は次のような点です。①偽預言者たちは、バビロンに持ち去られた神殿の器はすぐに返還されると預言しているが、これは偽りの慰めである（神殿の器は、2回目の捕囚で奪われました）。②今神殿に残っている器も、バビロンに運ばれるようになる。「神殿の柱」とは、神殿の玄関に立てられた2本の青銅製の柱（1列7・15～22）のことです。また、「海」とは、鋳物で出来た円形の器（1列7・23～26）、「車輪付きの台」とは、洗盤を乗せる青銅の台のことです。③しかし、バビロンの支配は一時的であり、やがて民は、神殿の器を携えてエルサレムに帰還するようになる。祖国帰還の預言は、バビロンを破ったペルシアのキュロス王の勅令によって成就します（前536年）。

（3）この預言を聞いた祭司たちは、大いに励まされたことでしょう。将来の神殿の回復が約束されたからです。どんな危機に直面しても、希望を失ってはなりません。必ず、神の約束が成就する時が来るからです。神に信頼を置くなら、どんな逆境に遭遇しても、へこたれることはありません。

エレミヤ書28章

「昔から、私と、あなたの先に出た預言者たちは、多くの地域と大きな王国について、戦いとわざわいと疫病を預言した。平安を預言する預言者については、その預言者のことばが成就して初めて、本当に主が遣わされた預言者だ、と知られるのだ。」（エレミヤ書28・8～9）

この章から、以下のことを学びましょう。（1）エレミヤは、偽預言者ハナンヤと対決します。（2）ハナンヤは、2年以内にバビロンは滅びると預言します。（3）エレミヤは、預言したことが成就しないなら、その者は偽預言者であると応じます。（4）エレミヤはハナンヤの滅びを予告し、それから2か月後に、ハナンヤは死にます。

偽預言者ハナンヤ

（1）この章のテーマは、偽預言者ハナンヤとの対決です。この箇所を通して、主の御名によって語るということが、いかに厳粛な責務であるかを学んでみましょう。
（2）前593年、ギブオン出身の預言者ハナンヤが神殿に行き、祭司たちと民との前で預言します。ギブオンは、エルサレムの北西約10㎞にある祭司の町で（ヨシ21・17）、エレミヤの出身地アナトテよりさらに北に位置していました。以下、ハナンヤの預言です。①神は、バビロンを打ち砕かれる。②2年以内に、バビロンに運び去られた神殿の器具は、エルサレムに送り返されてくる。③捕囚に連れ去られた王（エホヤキン＝エコンヤ）と民も、エルサレムに帰還するようになる。
（3）ハナンヤの預言を聞いたエレミヤは、次のように答えます。①祖国に祝福が下ることを願わない者はいない。その意味では、自分もハナンヤの預言どおりになることを望まないわけではない。それが、「アーメン。そのとおりに主がしてくださるように」の意味です。②しかし、自分が預言している内容は、それまでの時代の預言者たちが預言してきたものと一致する。すなわち、「戦いとわざわいと疫病」の預言である。③一方、ハナンヤの預言はそれとは異なり、平安の預言である。平安を預言した場合、それが神からのものであるかどうかを判定するためには、その預言が成就するのを待つ必要がある。それが成就して初めて、その者が偽預言者でないことが証明される。
（4）エレミヤは、真の悔い改めと、神との契約に対する従順さがなければ、平安を回復することはできないということを知っていました。ハナンヤが語る「平安の預言」は、真の悔い改めを妨害する以外の何ものでもありません。
（5）ハナンヤは激怒し、エレミヤの首についていた木のくびきを取って砕き、次のように預言します。①主は、2年以内にバビロンを破り、捕われの身となっている国々を自由にする。彼が2年以内という数字を挙げたのは、エレミヤの「70年の預言」を意識してのことでしょう。②木のくびきを砕く行為は、バビロンの圧制からの解放を象徴するものです。
（6）くびきを砕くという行為や、2年という数字を挙げたことは、ハナンヤがいかにドラマチックに振舞おうとしているかを証明しています。一方のエレミヤはどうでしょうか。驚くのは、エレミヤが木のくびきをつけていた期間です。なんと、計算すると4年間にもなります（27章の初めと28章の初めを比較すると、そうなります）。真の預言者は、神のことばに忠実です。そのような神の器に、さらに神のことばが下るのです。

（7）その後、神はエレミヤに語られます。①2年以内にバビロンが滅びるどころか、その権力は増大する。②ユダは捕囚から解放されるどころか、より深刻な事態を迎える。③ハナンヤの預言は、自由ではなく、鉄のくびきをもたらすものとなる。「鉄のくびき」は、「木のくびき」に比べ、一層厳しい状況を象徴しています。そこでエレミヤは、ハナンヤにこう告げます。①神はハナンヤを遣わされなかった。②2年も待つ必要はない。ハナンヤは1年以内に裁きを受けて死ぬ。

（8）エレミヤのこの預言はわずか2か月後に成就し、ハナンヤは死にます。申命記13章5節は、偽預言者の死を命じています。神の御名によって偽預言を語ることは、何よりも重大な神への反抗となるからです。同じような例が、聖書にはいくつか出てきます。エゼキエル書11章13節の「ベナヤの子ペラテヤ」の死、使徒の働き5章1～11節の「アナニヤとサッピラ」の死などがそうです。神のことばを曲げて語ることは、恐ろしい罪です。牧師、伝道者、宣教師たちのために、執りなしの祈りを献げましょう。

エレミヤ書29章

「イスラエルの神、万軍の主はこう言われる。『エルサレムからバビロンへわたしが引いて行かせたすべての捕囚の民に。家を建てて住み、果樹園を造って、その実を食べよ。妻を迎えて、息子、娘を生み、あなたがたの息子には妻を迎え、娘を嫁がせて、息子、娘を産ませ、そこで増えよ。減ってはならない。わたしがあなたがたを引いて行かせた、その町の平安を求め、その町のために主に祈れ。その町の平安によって、あなたがたは平安を得ることになるのだから。』」

（エレミヤ書29・4〜7）

この章から、以下のことを学びましょう。（1）エレミヤは、捕囚民に4つの原則を書き送ります。（2）神は、イスラエルの民に平安を与える計画を立てておられます。（3）偽預言者シェマヤは、エレミヤに敵対しますが、最後は神によって滅ぼされます。

捕囚民への手紙

（1）前597年、2回目の捕囚が起こり、多数の者がバビロンに引かれて行きました。彼らの間には、祖国帰還の時は近い（2年以内）という誤った期待感が広がりつつありました。そこでエレミヤは、偽預言者が語る事実無根の楽観論に惑わされないようにと、手紙を書き送ります。

（2）その手紙には、危機管理の4原則が書かれていました。①家を建てて、その地に定住する覚悟をせよ。②畑を作って、その実を食べよ。つまり、経済基盤を確立せよということです。③結婚し、子孫を増やせ。これは、捕囚の間も人口を減らしてはならないという命令です。④その地の繁栄と平和を祈れ。繁栄していれば、迫害が起こりにくくなります。この4原則は、バビロン捕囚の間に適用されるべきものですが、同時に、「世界離散」のための準備ともなっています。紀元70年にエルサレムが崩壊して以降、約1900年にわたって、ディアスポラ（離散）のユダヤ人たちは、この4原則を実行してきました。

平安を与える計画

(1) 11～14節は神の長期計画です。①14節は、世界離散からの回復の預言です。この約束が成就するのは、終末時代においてです。②そのとき神は、彼らの祈りを聞き、彼らは神を見出すようになります。その前提となるのが、民族的な悔い改めと祈りです。③エレミヤの「70年の預言」を理解して、その実現のために祈り始めるのがダニエルです(ダニ9章)。

(2) 捕囚の地では、多くの偽預言者たちが出現しました。彼らは、ユダに残っている王族や民は、バビロン捕囚が短期間で終わることのしるしであると預言し、民に偽りの希望を与えていました。人々は、偽預言者たちの預言を信じていました。自分が信じたいことを信じるというのが、人間の罪の本質です。

(3) エレミヤは、ユダに残った人々に対して預言します。その中には、ゼデキヤ王も含まれていました。要点は、捕囚の民よりもユダに残った民のほうが、より悲惨な結果を経験するようになるということです。①神は、彼らに災いを送る。「剣と飢饉と疫病」の3点セットです。②彼らは、周辺の民からあざけられる存在となる。③裁きの理由は、彼らが真の預言者に聞き従わなかったからである。

(4) バビロンで活動する偽預言者の代表が、コラヤの子アハブとマアセヤの子ゼデキヤです。彼らは、バビロンの王に渡され、その結果、神から呪いを受けた偽預言者の実例として後代に語り継がれるようになります。

偽預言者シェマヤ

(1) 偽預言者シェマヤは、捕囚民の中で活動していた政治的指導者です。彼は、エレミヤの手紙を読んで激怒し、エルサレムの祭司たちに手紙を送ります。その内容は、祭司には神殿の管理が委ねられているのだから、気がふれて預言をする者(エレミヤのこと)を逮捕すべきであるというものでした。

(2) シェマヤの手紙を受け取った祭司ゼパニヤは、それをエレミヤに読んで聞かせますが、それ以上のことはしませんでした。今度はエレミヤが、シェマヤに手紙を送ります。①神はシェマヤを遣わされなかった。②シェマヤは反逆の罪を犯している。③

シェマヤの反逆の罪は、神ご自身が罰する。この結果、シェマヤのみならず、彼の家系がバビロン捕囚の間に滅びてしまいます。

（3）神のことばを曲げたり、否定したりするのは重大な罪です。パウロのこのことばから教訓を学びましょう。「私たちは、多くの人たちのように、神のことばに混ぜ物をして売ったりせず、誠実な者として、また神から遣わされた者として、神の御前でキリストにあって語るのです」（2コリ2・17）。

エレミヤ書30章

「その権力者は彼らのうちの一人、その支配者はその中から出る。わたしは彼を近づけ、彼はわたしに近づく。いのちをかけてわたしに近づく者は、いったいだれか。――主のことば――」（エレミヤ書30・21）

この章から、以下のことを学びましょう。（1）ここから「慰めの書」が始まります（33章まで）。（2）エレミヤは、メシア的王国で成就する祝福を預言します。（3）祝福が与えられる前に、ヤコブは苦難の時を通過しますが、それが悔い改めの機会となります。（4）21節は、メシア預言です。イスラエルの民を救うのはメシアです。

「慰めの書」

（1）30～33章は、本書の中でも特筆すべき箇所です。エレミヤは、主が語られる慰めのことばを書き記します。書き記す理由は、エレミヤ自身のためでもあります。「書き記せ」（2節）は、「あなたのために書け」とも訳せます。
（2）エレミヤが語る慰めのメッセージは、次のようなものです。①「見よ、その時代が来る」（3節）。「その日」、「主の日」、「その時代」などの表現は、預言的未来を指しています。②その日、イスラエルとユダの民は、捕囚（離散）の地から祖国に帰還します。③彼らは、約束の地を所有するようになります。これは、アブラハム契約の中に含まれている土地の約束の成就です。

ヤコブの苦しみの時

（1）4～11節は、終末時代の預言です。終わりの時代には、大いなる患難が襲ってきます。①子を産めない男がみな、産婦のように腰に手を当てて陣痛の苦しみを経験します。②陣痛の苦しみということばは、メシア的王国（千年王国）が到来する前に患難時代がくることを預言しています。③苦難は人類一般に及びますが、特にユダヤ人たちにとっては厳しい時（ヤコブの苦難の時）となります（マタ24・15～28参照）。
（2）しかし、ヤコブ（イスラエルの民）には希望があります。①この患難は、ヤコブに悔い改めをもたらします。②「その日」、主は反キリストを裁き、ヤコブを解放されます。③ヤコブは千年王国で、復活したダビデとともにイスラエルを統治するようになります（エゼ34・23～24参照）。④ヤコブは散らされた先の国々から約束の地に帰還し、そこで安らかに住まうようになります。

ヤコブの回復

（1）神はまず、ヤコブがいかに絶望的な状態にあるかを説明されます。①その傷は、いつまで経っても完治することがありません。②かつて同盟を結んでいた国々も、ヤコブを見捨てるようになります。しかし主は、「わたしはあなたの傷を治し、あなたの打ち傷を癒やす」と言われます（17節）。主がヤコブを助ける理由は、異邦人たちがヤコブのことをあざけっているからです。
（2）エレミヤの預言を要約すると、次のようになります。①世界に散らされているイスラエルの民は、約束の地に帰還するようになる。②彼らは、かつて栄えていた場所に町々を建て、大いに繁栄するようになる。③彼らを攻撃する者があれば、主がその者たちを罰する。④21節が預言の中心箇所です。「その権力者は彼らのうちの一人、その支配者はその中から出る。わたしは彼を近づけ、彼はわたしに近づく。いのちをかけてわたしに近づく者は、いったいだれか。――主のことば――」。これは、メシア預言です。イスラエルの民は、メシアを通して神に立ち返ります（22節）。

神の怒り

（1）「終わりの日に」（24節）ということばがありますので、24節も預言的未来を語っていることが分かります（ヘブル語聖書では、31章1節までが30章になっています）。①神の怒りが、「主のつむじ風」ということばで表現されています。②「主の燃える怒りは、去ることはない。主が心の思うところを行って、成し遂げるまでは」（24節前半）とあります。つまり、その暴風は、主が命じたことを最後まで成し遂げるということです。③しかし、神の怒りの目的は、ヤコブを悔い改めへと導くことでした。「終わりの日に、あなたがたはそれを悟る」（24節後半）とあるとおりです。

（2）これらの預言は、現代的意味を持っています。ゼカリヤ書12章10節は、悔い改めたヤコブが、信仰によって再臨のメシアを迎えるようになることを預言しています。つまり、イスラエルの救いが再臨の条件になっているということです。そういう意味では、ユダヤ人の救いのために祈ることは、再臨を早める道でもあります。患難の先にある希望を見上げ、神とともに歩む決断をする人は、幸いです。

エレミヤ書31章

「見よ、その時代が来る――主のことば――。そのとき、わたしはイスラエルの家およびユダの家と、新しい契約を結ぶ。」（エレミヤ書31・31）

この章から、以下のことを学びましょう。（1）イスラエルの民は、患難を通して悔い改めへと導かれます。（2）イスラエルの民の祖国への帰還は、神ご自身が行われることです。（3）30章1節から31章25節は、夢の中で与えられた啓示です。（4）神は、イスラエルの民と新しい契約を結ぶと約束されます。

イスラエルの民の回心

（1）ヘブル語聖書では、31章は2節から始まります。イスラエルの民は、患難を通して悔い改めへと導かれます。「剣を免れて生き残った民」とは、患難時代を生き延びた人々です（ゼカ13・8～9参照）。彼らは、患難期の後半に荒野（ボッラ周辺）に逃れます。荒野に逃れた彼らは、魂の安息を得るようになります（2節）。

（2）エレミヤは、イスラエルの民にもたらされる数々の祝福を列挙します（12～14節）。①民は、「おとめイスラエルよ」と呼ばれるようになる。②民には喜びの声が戻ってくる。③民は、安心して農作物を植え、それを収穫するようになる。④エルサレムが神の国（千年王国）の中心となり、民はそこで主を礼拝するようになる。

（3）「イスラエルの残りの者」が約束の地に帰還して来ます。彼らは、「北の国」から、そして「地の果てから」集められて来ます。イスラエルの民の祖国への帰還は、神ご自身が行われることです（10節）。11節には「ヤコブより強い者」とありますが、これは患難時代に登場する反キリストのことです。神は、反キリストからイスラエルの民を取り戻されます。

将来の繁栄

（1）主に立ち返ったイスラエルの民には、大いなる祝福と繁栄が約束されます。ここで突如エレミヤは目覚めます。このことから、読者は初めて30章

1節から31章25節の内容が、夢の中で与えられた啓示であったことを知るのです。

（2）これまでエレミヤは、主の厳しい裁きを見てきましたが、今度は祝福の約束を見ます。29節の「その日には」ということばは、預言的未来を指しています。「父が酸いぶどうを食べると、子どもの歯が浮く」とは、捕囚の民が使っていた格言で、「父たちが犯した罪のために、子どもたちが苦しんでいる」という意味ですが、メシア的王国では、これに代わって、「人はそれぞれ自分の咎のゆえに死ぬ。だれでも、酸いぶどうを食べる者は歯が浮くのだ」という新しい格言が語られるようになります。

新しい契約

（1）新しい約束は、神がイスラエルの民（十二部族すべて）と結ばれるものです（31節）。シナイ契約は、イスラエルの民が一方的に破棄しました。この契約は、条件付き、かつ一時的な契約でした。この契約の弱点は、律法を実行する力が備えられていなかった点にあります。

（2）新しい契約は、無条件、かつ永遠の契約です。しかも、律法が石の板ではなく心に書き記されるという契約です。これは、神の御心を行うために、聖霊の助けが与えられるという契約です。この契約を通して、イスラエルの民がすべて救われる時がきます（34節）。これは、パウロがローマ人への手紙11章で語っている内容と合致します。新しい約束のこの部分（イスラエルの民の救い）は、まだ成就していません。

（3）宇宙の法則を定め、その運行を支配しておられる神は、宇宙が規則正しく動いている限り、イスラエルの民が滅びることはないと約束されます。

新しいエルサレムに関する預言が与えられますが、これはメシア的王国におけるエルサレムであって、黙示録21～22章の「新しい天と新しい地」における「新しいエルサレム」ではありません。メシア的王国におけるエルサレムは、聖別された町となります。さらに、罪と呪いの中にあったベン・ヒノムの谷でさえも清められ、主の栄光を現す場と変えられます。

（3）新しい契約と教会の関係を理解する鍵は、エペソ人への手紙2章と3章にあります。かつては、イスラエル人と異邦人の間には、「隔ての壁」（律法）がありました（エペ2・14～16）。しかし神は、キリストの十字架によって律法の要求を満たし、この「隔ての壁」を打ち壊されました。その結果、異邦人もイスラエル人と同じように、神の祝福に与る者とされました。イスラエル人と異邦人とが1つとなってできる共同体を、パウロは、「新しい一人の人」と呼びました。これが聖書的教会です。

エレミヤ書32章

「見よ。わたしは、かつてわたしが怒りと憤りと激怒をもって彼らを散らしたすべての国々から、彼らを集めてこの場所に帰らせ、安らかに住まわせる。彼らはわたしの民となり、わたしは彼らの神となる。」（エレミヤ書32・37～38）

この章から、以下のことを学びましょう。（1）主はエレミヤに、アナトテの土地の買い戻しを命じます。（2）エレミヤの疑問は、「神はエルサレムをバビロン軍の手に渡そうとしているのに、なぜアナトテの畑を買うよう命じられたのか」というものです。（3）神は、エルサレムの崩壊と、エルサレムの回復を予告します。アナトテの土地を買うのは、再びその地が栄えるようになるからです。

土地の買い戻し

（１）ユダの王ゼデキヤの第10年（前５８８～５８７年）、主のことばがエレミヤに下ります。その前の年、ゼデキヤはエジプトの援助を得て、バビロン軍を一時的にエルサレムから撃退しました。その結果、民の中には、バビロンに勝利するかもしれないという楽観的な見通しが生まれました。しかしエレミヤは、エルサレムの滅亡を預言し続けました。そのため彼は、不吉な預言者と見なされ、ユダの王の家にある監視の庭に監禁されました(監禁生活は、約1年半続きます)。

（2）主はエレミヤに、「おじシャルムの子ハナムエルが来て、アナトテにある自分の畑を買い戻してくれと申し出るだろう」とお語りになります。①買い戻しとは、レビ記25章にある規定です。経済的に困窮し土地を売った場合、親戚の者に買い戻しの権利が与えられることになっていました。②エレミヤは、その畑を買い戻します。③エレミヤが払った土地の代価は、銀17シェケルです（1シェケルは、およそ11・4g)。④当時の習慣に従って、正式な売買契約が結ばれます。証書が2部作られますが、1つは書き換えを防ぐために封印されました。この証書は、土の器の中で保管されました。

エレミヤの祈り

（1）エレミヤは、理解できないことがあったので、主に祈り始めます。①まず彼は、神の偉大さをほめたたえます（17〜19節)。②次に、神の偉大さを象徴するものとして、出エジプトの出来事を挙げます。③さらに、出エジプトの結果、イスラエルの民は土地の祝福を受けたことを確認します。④しかし民は、神に反抗しました。その結果、神は彼らに災いを下そうとしておられます。エレミヤは、カルデア人（バビロン）が目前に迫り、エルサレムは今まさに陥落しようとしていると訴えかけます。

（2）エレミヤがこの祈りを祈ったのは、次のような疑問があったからです。「神はエルサレムをバビロン軍の手に渡されようとしている。それにもかかわらず、神はなぜ、アナトテの畑を買うよう命じられたのか」。

神からの答え

（1）神からの答えは、前半が「エルサレムの崩壊」、後半が「エルサレムの回復」となっています。神は、エルサレム崩壊の理由を列挙されます。①イスラエルの2つの家（イスラエルの子らとユダの子ら）は、若い頃から、罪を犯し続けて来ました。②神はしきりに彼らに教えましたが、彼らは律法も預言者も退け、モレク（偶像神）に人身供養をするという考えられないような蛮行を行いました。それが行われたのが、エルサレムの南にあるベン・ヒノムの谷です。③罪のリストを読みながら心に痛みを感じる人は、幸いです。罪の認識こそ、メシアであるイエス・キリストに近づく最初の第一歩となるからです。

（2）神は、エルサレムの回復を預言されます。①イスラエルの民は、将来、祖国に帰還します。帰還の目的は38節に書かれています。「彼らはわたしの民となり、わたしは彼らの神となる」。②神は、イスラエルの民と新しい契約を結ばれます。その契約は、「永遠の契約」であり、彼らとその子孫とを幸福にするためのものです。③神は、彼らが幸せになることを大いに喜ばれます（41節）。

（3）最後に、エレミヤの疑問への回答が与えられます。カルデア人が滅ぼそうとしているこの地で、再び畑が買われるようになります。その理由は、人々が祖国に帰還し、そこが祝された地、高価な地となるからです。回復されるのは、エルサレムだけでなく、約束の地の全土です。アナトテの畑を買うという行為は、将来起こる祝福の先駆けとなる象徴的な行為でした。私たちも、将来祝福が与えられることを前提に、人生の選びをしようではありませんか。

エレミヤ書33章

「地を造った主、それを形造って堅く立てた主、その名が主である方が言われる。『わたしを呼べ。そうすれば、わたしはあなたに答え、あなたが知らない理解を超えた大いなることを、あなたに告げよう。』」（エレミヤ書33・2〜3）

この章から、以下のことを学びましょう。（1）主はエレミヤに、エルサレムの回復を約束されます。（2）「過去と将来の対比」という視点から、新しいエルサレムの状況が描写されます。（3）ダビデ契約とレビ的祭司制度は、メシア的王国においても有効であることが確認されます。（4）イスラエルの民は、永遠に選びの民です。

エルサレムの回復

（1）監禁中のエレミヤに再び主のことばが下ります。内容は、エルサレムの回復の再確認です。「わたしを呼べ。そうすれば、わたしはあなたに答え、あなたが知らない理解を超えた大いなることを、あなたに告げよう」（3節）。「大いなること」とは、エルサレムの回復です。

（2）5〜9節は、「過去と将来の対比」という視点から読むことができます。崩壊したエルサレム（過去）が、回復されたエルサレム（将来）に変わります。①エルサレムとその住民の健康の回復が保証されます（6節）。②イスラエルの民の約束の地への帰還が保証されます（7節）。③罪の赦しが約束されます（8節）。④エルサレムは、栄誉と栄光の町となります(9節)。そうなったとき、異邦人諸国(世界の国々）は恐れを抱くようになります。恐れの理由は、イスラエルの回復と異邦人諸国の裁きが、同じ時期に起こるからです。

（3）10〜13節でも、キーワードは、「過去と将来の対比」です。崩壊したエルサレム（過去）の将来は、劇的に変化します。その変化の様子が、5つの声で表現されます。①楽しみの声、②喜びの声、③花婿の声、④花嫁の声、⑤主の宮に感謝のいけにえを携えて来る人たちの声。

ダビデ契約とレビ的祭司制度

（1）「その時代」、「その日」ということばは、預言的未来を指しています。これらの預言は、メシア的王国において成就します。まず、ダビデ契約は有効であることが、再確認されます（2サム7章と1歴17章参照）。①「イスラエルの家とユダの家に語ったいつくしみの約束」とは、メシアによる統治の約束です。②主は、ダビデ契約に基づいて、「義の若枝」を芽生えさせると言われます。これは、ダビデの子孫であるメシアのことです。③メシアは、公義と正義によってメシア的王国を統治します。④その結果、エルサレムは安らかな町、「主は私たちの義」と呼ばれる町となります。

（2）次に、祭司たちにも約束が与えられます。神殿が崩壊すれば、祭司たちは職を失います。しかし主は、レビ的祭司制度は永遠であることを再確認されます（民25・10～13）。①祭司たちの活動が再開されるのは、メシア的王国で神殿が再建されたときです。②エゼキエル書40～48章には、新しい神殿の姿とレビ人たちの役割が、詳細に預言されています。③新しい神殿で献げられるいけにえは、罪の赦しのためではなく、メシアの死を記念するためのものです。

神の選びの永遠性

（1）イスラエルは選びの民ですが、だからと言って、彼らが自動的に救われているわけではありません。救いは、いつの時代でも、信仰により恵みによって与えられます。信仰のないイスラエル人は、個人としては滅びます。「イスラエルの選び」とは、神がイスラエルに与えた使命は永遠に変わらないということです。その使命が全うされる前に、イスラエルが滅ぼされることはあり得ません。

（2）イスラエルの民は、自分たちは神から見捨てられたと思っていました。しかし神は、夜と昼の法則、天地運行の法則が変わらない限り、彼らと結んだ契約が破棄されることはないと、力強く宣言されます。神は契約に基づいて、イスラエルの民を祖国帰還へと導かれます。

（3）以上のことは、異邦人クリスチャンにも重要な意味を持っています。①イスラエルが神によって選ばれたのと同じように、私たちもまた選ばれました。しかも、天地創造の前からの選びです（エペ1・4〜5）。②この選びは、永遠に変わることがありません（ロマ8・30参照）。イエス・キリストを通して私たちに与えられた特権は、人間のことばでは到底語り尽くすことのできないほど素晴らしいものです。主に心からの感謝を献げましょう。

エレミヤ書34章

バビロンの王ネブカドネツァルとその全軍勢、および彼の支配下にある地のすべての王国とすべての民族が、エルサレムとそのすべての町を攻めていたとき、主からエレミヤに次のようなことばがあった。（エレミヤ書34・1）

この章から、以下のことを学びましょう。（1）エレミヤは、ゼデキヤ王に対してエルサレム陥落を預言します。（2）エレミヤは、自分の身に危険が及ぶことを恐れずに、忠実に主のことばを語ります。（3）イスラエルの民は、状況が好転したのを見て、奴隷を解放するという契約を撤回します。（4）神はバビロンを用いて、イスラエルの民の不信仰を裁かれます。

ゼデキヤ王に対する預言

（1）本書は、年代順ではなくテーマ順に並べられています。34〜39章のテーマは、「エレミヤと王たちの葛藤」です。王たちとは、エホヤキン王とゼデキヤ王です。この章では、ゼデキヤ王が登場します。時は、バビロン軍によるエルサレム攻略の真最中です(前588年)。この攻撃には、バビロンによって征服された国々も参加していました。そのような状況下で、神はエレミヤに語りかけます。①ゼデキヤ王の所に行き、エルサレムはバビロンの手に落ちると告げなければならない。②ゼデキヤ王は、捕虜としてバビロンに連れ去られる。③しかし、戦死したり処刑されたりすることなく、安らかに死ぬ(自然死を迎える)。④彼は、それ以前の王たちと同じように、ユダヤ人の習慣に従って丁重に葬られる。

(2)この預言の成就は、エレミヤ書39章4～7節、52章8～11節に記録されています。ゼデキヤ王は、両眼をえぐり取られ、最後は獄中で死にます。ゼデキヤ王の寿命は、なぜ引き延ばされたのでしょうか。考えられる理由は、悔い改めの時を与えるためです。もし彼が獄中で悔い改めていたなら、その死は本当の意味で、「安らかな死」となっていたことでしょう。それは、罪人のまま宮殿で死ぬよりは、はるかに幸いな死です。

(3)エレミヤの忠実さに目を向けましょう。①当時バビロン軍は、ラキシュ(エルサレムの南西45㎞)とアゼカ(ラキシュの北東16㎞)を攻めていました(7節)。ラキシュの遺跡から、エルサレム陥落当時の戦況を伝える司令官の書簡21通(土器の上に書かれたもの)が発掘されています。これらは、ラキシュ書簡と呼ばれています。第4書簡は、すでにアゼカが滅びたことを報告しています。そういう状況の中で、エレミヤは、主からのことばを忠実にゼデキヤ王に伝えます。エレミヤの忠実さから、教訓を学びましょう。

契約に違反する民

(1)ゼデキヤ王とエルサレムの住民の間に、奴隷を解放するという契約が成立しました。当時エルサレムは、陥落の危機に直面していました。ゼデキヤ王は、恐らく神の祝福を期待して、民に奴隷の解放を提案したのでしょう。民はその契約に同意し、それまで所有していた奴隷を自由の身にしました。①この奴隷は、イスラエル人の奴隷です。当時は、借金をするとその肩代わりに身売りをしていました。②モーセの律法では、奴隷は6年間働いて、7

年目に解放されることになっていました（出21・2～6、申15・12～18）が、イスラエル人の先祖たちは、常にこの命令に違反していました。③この世代のイスラエル人たちは、ついにこの律法に従順に歩む決心をしたのです。

（2）奴隷解放の契約は、神を喜ばせました。しかし、民はすぐにその契約を撤回します。①エジプトの介入によって、バビロンが一時的にエルサレムの包囲を解くという事態が発生したからです。それを見た民は、奴隷を取り返したいという思いになりました。②神は、彼らの心変わりを悲しまれ、もう1つの解放を宣言されます。それは、「剣と疫病と飢饉の解放」です。つまり、イスラエルの民を裁くということです。③民は契約違反者として、2つに引き裂かれた動物のようにされます。一旦は退却したバビロン軍が引き返して来て、エルサレムとユダの町々を破壊します。「住む者もいない荒れ果てた地とする」とは、厳しいことばですが、その通りのことが起こります。

（3）著名な考古学者のオルブライトは、ユダの山地の町々で、バビロン捕囚の間、継続して人が住んだ町は一つもないと証言しています。私たちも、神の前で約束したことを撤回することのないように、信仰による選びを継続しましょう。

エレミヤ書35章

「イスラエルの神、万軍の主はこう言う。行って、ユダの人とエルサレムの住民に言え。『あなたがたは訓戒を受け入れて、わたしのことばに聞き従おうとしないのか――主のことば――。レカブの子ヨナダブが、酒を飲むなと子らに命じた命令は守られた。彼らは先祖の命令に聞き従ったので、今日まで飲んでいない。ところが、わたしがあなたがたにたびたび語っても、あなたがたはわたしに聞き従わなかった。』」（エレミヤ書35・13〜14）

この章から、以下のことを学びましょう。（1）神は、レカブ人の忠実さを試されます。（2）その忠実さこそ、イスラエルの民が必要としていたものです。（3）イスラエルの民には裁きが、レカブ人には祝福が宣言されます。

忠実なレカブ人

（1）まず、レカブ人とは誰なのかを確認してみましょう。①先祖ハマテからケニ人が出ましたが（1歴2・55）、このケニ人の血を引くのがレカブです。レカブは、レカブ人の祖となりました。②レカブの子ヨナダブは、偶像礼拝を非常に憎みました。彼は、北王国でエフーとともにバアル礼拝の根絶に努めました（2列10・15〜27）。③ヨナダブは、子孫に次のような誓いを守り通すように命じました。ぶどう酒を飲まない、家を建てない、種を蒔かない、ぶどう畑を作らない、所有しない、一生天幕生活を送る。④これらの誓いの目的は、世俗化を避け、宗教的純血を守るためでした。レカブ人たちは、イスラエルの民の中に住みながら、寄留者としての生活を保持し続けました。

（2）さて、神はエレミヤに、レカブ人たちを神殿の一室に連れて行き、そこで彼らにぶどう酒を飲ませよとお命じになります。彼らの忠実さを試すためです。彼らの忠実さこそ、イスラエルの民が最も必要としていたものです。サタンは、罪を犯させるために私たちを誘惑しますが、神は、信仰を成長させるために私たちを試されます。

（3）エレミヤがぶどう酒を勧めると、レカブ人たちは次のように答えます。①自分たちは、先祖レカブの子ヨナダブの命令に従い、今日まで一切ぶどう酒を飲まず、遊牧民としての生活を続けてきた(250年もそのような生活を続けていた)。②今自分たちがエルサレムに定住しているのは、ネブカドネツァルが侵攻して来たからであり、止むを得ないことである。③しかし、エルサレムに住んでいても、先祖が命じたようにぶどう酒は飲まず、天幕生活を続けている。

レカブ人からの教訓

(1)神はエレミヤに、イスラエルの民に次のように語りかけよと命じます。①レカブ人たちは、先祖の命令を今日まで守り、ぶどう酒を飲まなかった。②それとは対照的に、イスラエルの民は、預言者が語り続けた神のことばに聞き従わず、自分勝手な道を歩んで来た。ここで注意すべきことがあります。神はレカブ人たちの遊牧生活を推奨しているのではありません。もし彼らがイスラエル人であるなら、彼らは家を建て、ぶどう畑を所有し、定住生活をすべきです。モーセの律法がそれを命じているからです。しかし、レカブ人たちは異邦人です。神が喜ばれたのは彼らの忠実さであり、悲しまれたのはイスラエルの民の不信仰です。

(2)ここで、神の民に対する裁きの宣言が下ります(17節)。①裁きは、ユダとエルサレムの全住民に向けられたものです。②裁きの内容は、「わたしが彼らについて語ったすべてのわざわい」です。つまり、裁きの内容は、すでに預言者たちによって何度も預言されていたということです。③裁きの理由は、彼らが神の声に応答しなかったということです。

(3)次に、レカブ人たちへの祝福が宣言されます(18~19節)。「レカブの子ヨナダブには、わたしの前に立つ人がいつまでも絶えることはない」。①これは、レカブ人は永遠に途絶えることがないという意味です。②「わたしの前に立つ」とは、祭司職を意味する表現です。『ミシュナ』(ユダヤ教の経典)には、「ヨナダブの子孫が神殿の祭壇で燃やす薪を持ってくる人である」との記録があります。③さらに、イザヤ書66章18~21節で、千年王国においてはイスラエル人だけでなく、異邦人の祭司も立てられると預言されています。レカブ人たちもその中に含まれるのでしょう。
（4）聖書の神は、契約の神です。神は、神の子どもたちがご自身に似た性質を身につけることを願っておられます。自らの誓いに忠実であること、また、神の約束を信頼して歩むこと、これこそが、神が私たちに期待しておられることです。

エレミヤ書36章

ユダの王、ヨシヤの子エホヤキムの第四年に、主からエレミヤに次のようなことばがあった。「あなたは巻物を取り、わたしがあなたに語った日、すなわちヨシヤの時代から今日まで、わたしがイスラエルとユダとすべての国々について、あなたに語ったことばをみな、それに書き記せ。」
（エレミヤ書36・1〜2）

この章から、以下のことを学びましょう。（1）エレミヤは、預言の内容を口述筆記し、巻物を完成させます。（2）エホヤキム王は、その内容を嫌い、巻物を焼きます。（3）神は、エホヤキム王とその子孫に対して、裁きを宣言されます。（4）エレミヤは、より素晴らしい第2の巻物を完成させます。

巻物を書くようにとの命令

（1）時は、ヨシヤの子、ユダの王エホヤキムの第4年です。この年（前605年）は、ネブカドネツァルがバビロン王に即位した年であり、エレミヤが捕囚は70年で終わるという預言を語り始めた年でもあります。この年、神はエレミヤに、約25年間にわたって彼が預言してきた内容のすべてを書き記せと命じます。文字に残す理由は、神のことばを明確に民に伝えるためです。

（2）エレミヤは、ネリヤの子バルクに口述した預言を筆記させます。巻物が完成した時、エレミヤはバルクに、神殿に行ってそれを民に読み聞かせるように命じます。

首長たちの反応

（1）エホヤキムの第5年、バルクは、書記シャファンの子ゲマルヤの部屋で巻物を読みました。シャファンの子ゲマルヤの子ミカヤがそのメッセージを聞いていました。バルクが語った内容に驚いたミカヤは、別室にいた首長たちに、その内容をすべて報告します。首長たちは、知恵ある行動を起こします。①ただちにバルクを召喚して、内容を確かめます。②その巻物は、エレミヤが口述した内容をバルクが筆記したものであることを確かめます。③バルクから聞いた内容を、ただちにエホヤキム王に報告します。④しかし、王に報告する前に、バルクとエレミヤに身を隠すように助言します。エレミヤが預言者ウリヤのように殺されるのを恐れたからです（エレ26・23参照）。

巻物を焼くエホヤキム王

（1）首長たちの報告を聞いたエホヤキム王は、その巻物を持って来させ、それをユディに読ませます。激怒した王は、巻物を数段ごとに切り刻んで燃やします。王も家来たちも、主の前で悔い改めようとはしませんでした。王は、バルクとエレミヤを逮捕するように命じます。

（2）かつて、エホヤキム王の父であるヨシヤ王は、書記シャファンが巻物を朗読するのを聞いて、深い悔い改めを表しました（2列22・11）。その結果、ヨシヤの改革といわれる霊的リバイバルが起こりました。しかしエホヤキムは、父がしたようにはせず、神のことばが記された巻物を焼きました。このような冒涜を、神が見過ごされるはずがありません。

第2の巻物

（1）神はエレミヤに、エホヤキム王に次のように語れと命じます。①巻物を燃やしたことは、重大な罪である。②それゆえ、エホヤキム王は裁きを受ける。③彼の子孫からは、ダビデの王位の継承者がいなくなる。③さらに、エホヤキム王だけでなく、その一族、国民全体に神の裁きが下る。

（2）エレミヤは、再びバルクの前で預言を口述し、第2の巻物を完成させます。エホヤキム王は、神のことばを破壊しようとしましたが、結果的に、彼とその子孫が破壊されました。エホヤキムの子エコンヤ（エホヤキンとも呼ばれる）に関しては、次のような預言があります。「主はこう言われる。この人を『子を残さず、一生栄えない男』と記録せよ。彼の子孫のうち一人も、ダビデの王座に着いて栄え、再びユダを治める者はいないからだ」（22・30）。エコンヤは、エホヤキムの後を継いで王位に就きますが、わずか3か月でその在位が終わります。彼には7人の息子がいましたが（1歴3・17～18）、その中から王位継承者は1人も出ませんでした。これによって、400年以上続いたユダ王朝の系譜は途絶えました。エレミヤの預言どおりです。

（3）第1の巻物は焼かれましたが、より素晴らしい第2の巻物が完成しました。私たちが今読んでいるエレミヤ書は、第2の巻物です。神のことばを破壊しようとする試みは、必ず失敗に終わります。それは歴史が証明しています。私たちも、祝福が取り去られたようになったときこそ、神のことばに信頼し、すべてが益となるという信仰に立ちましょう。

エレミヤ書37章

ヨシヤの子ゼデキヤは、エホヤキムの子エコンヤに代わって王となった。バビロンの王ネブカドネツァルが彼をユダの地の王にしたのである。彼も、その家来たちも、民衆も、預言者エレミヤによって語られた主のことばに聞き従わなかった。（エレミヤ書37・1～2）

この章から、以下のことを学びましょう。（1）ネブカドネツァルは、ゼデキヤをユダの傀儡王に任命します。（2）ゼデキヤは、エレミヤに執りなしの祈りを要請しますが、エレミヤは、エルサレムの崩壊を預言します。（3）エレミヤは逮捕され、投獄されます。次に彼は、監視の庭に置かれます。

祈りを要請するゼデキヤ

（1）36章と37章の間には、18年の年月の経過があります。ちなみに、時間の経過どおりに出来事を並べると、次のようになります。34章1～7節、37章1～10節、34章8～22節、37章11～21節、38章、39章。

（2）前597年、第2回バビロン捕囚が起こり、エホヤキン王（エコンヤ）がバビロンに連れ去られます。ネブカドネツァルは、エホヤキン王のおじマタンヤをゼデキヤと改名させ、傀儡王としてユダの王に任命します。ところが、このゼデキヤは正統的な王位継承者ではありません。ゼデキヤの統治がどのようなものであったかは、37章2節が総括しています。その時代、王も、家来たちも、民衆も、主のことばに聞き従おうとはしませんでした。

（3）さて、エルサレムを包囲していたネブカドネツァルの軍は、エジプトが動き出したのを察知し、一時的に包囲を解いて退却します。ゼデキヤ王が密かに、エジプトに援軍の派遣を要請していたのです。バビロン軍が退却したことで、かすかな希望が見え始めました。しかし、まだ完全に不安が去ったわけではありません。そこでゼデキヤ王は、エレミヤに執りなしの祈りを要請します。

（4）その時、エレミヤに主のことばが下ります。①カルデア人（バビロン）が退却したことで、安心してはならない。②やがてエジプトは、自分の国に帰って行く。③その後、カルデア人は引き返して来て、この町を征服し、火で焼く。これは、すでに定まっている計画である。

逮捕されるエレミヤ

（1）バビロン軍が一時的に退却したことにより、エルサレムに篭城していた民は、再び町の外に出ることができるようになりました。「エレミヤは、エルサレムから出て行き、ベニヤミンの地に行った。民の間で割り当ての地を受け取るためであった」（12節）とあります。エレミヤの故郷アナトテは、ベニヤミンの地にありました。エレミヤがベニヤミンの門（北にある門。ここを出るとベニヤミンへの道に出るのでそう呼ばれた）に来ると、イルイヤという名の当直の者が、彼を逮捕します。容疑は、バビロンへの逃亡を企てているというものでした。エレミヤはそれを否定しますが、聞き届けられませんでした。

（2）かつてはエレミヤに同情的な首長たちもいましたが、そのほとんどがバビロンに連れ去られていました。ゼデキヤ王の宮廷の高官たち（首長たち）は、質の悪い者たちばかりでした。彼らは、正当な裁判を開くことも、王への報告も省略し、エレミヤを肉体的に苦しめます。投獄されたエレミヤの姿は、主イエスの受難の姿を彷彿とさせます。エレミヤは、水溜用の穴（丸天井の地下牢）に長い間監禁されました。少なくとも、数週間から数か月は経過したことでしょう。

（3）するとある日、ゼデキヤ王から呼び出しがかかりました。獄中生活でやつれたエレミヤは、王と対面します。王は、「主から、おことばはあったか」と聞きます。エレミヤは答えます。「あなたはバビロンの王の手に渡されます」。エレミヤは王に願い、牢獄から解き放たれます。次に彼が入れられたのは、監視の庭でした。ここは、エレミヤにとっては最適の場所でした。暗殺される危険性がなく、ある程度の自由もありましたので、預言者としての活動を継続することができました。

（4）ゼデキヤ王に対するエレミヤの威厳ある態度は、自分は真理に立っているという確信から出たものです。使徒パウロはこう語っています。「私たちは、真理に逆らっては何もすることができませんが、真理のためならできます」（2コリ13・8）。ここから教訓を学びましょう。

エレミヤ書38章

エレミヤは言った。「カルデア人はあなたを渡しません。どうか、主の御声に、私があなたに語っていることに聞き従ってください。そうすれば、あなたは幸せになり、あなたのたましいは生きながらえます。」（エレミヤ書38・20）

この章から、以下のことを学びましょう。（1）バビロン捕囚が主の御心であるというエレミヤの預言を聞いて、4人の首長が腹を立てます。（2）彼らは、ゼデキヤ王の許可を得て、エレミヤを穴に投げ込みます。（3）エチオピア人の宦官エベデ・メレクは、ゼデキヤ王に働きかけて、エレミヤを救出します。（4）エレミヤは、ゼデキヤ王に2つの道を提示します。バビロンに降伏する道と、抵抗する道です。（5）バビロンに降伏する道を選ぶなら、いのちが助かります。

穴の底のエレミヤ

（1）エレミヤは、主からの預言を語っていました。その内容は、次のようなものでした。エルサレムにとどまって敵と戦おうとする者は、剣と飢饉と疫病で死ぬ。しかし、カルデア人のところ（バビロン）に出て行くなら、そのいのちは助かり、新しい生活が待っている。

（2）この預言を聞いて腹を立てた首長が、4人いました（1節）。彼らは、ゼデキヤ王のところに行って、不満を申し立てます。①エレミヤは、戦士や民全体の士気をくじいている。②民のために平安を求めず、かえって災いを求めている。ゼデキヤ王は、首長たちの主張を聞き入れ、エレミヤの逮捕を許可します。首長たちは、エレミヤを監視の庭にあった穴に投げ込みます。飢えと寒さでエレミヤが死ぬことを期待したのです。

（3）神はエレミヤに、ある約束を与えていました。それは、エレミヤは敵によって殺されることはないという約束でした（1・19）。ここでは、神の約束の真実さが明らかになります。エレミヤを救ったのは、イスラエル人ではなく、エチオピア人（クシュ人）でした（奴隷であり宦官であるエベデ・メレク）。モーセの律法によれば、宦官は主の集会から除外されました（申23・1）。その宦官が、行動を起こしたのです。彼は王のところに行き、首長たちの悪行とエレミヤの窮状を訴えます。ゼデキヤ王は、今度はエベデ・メレクの訴えに同意し、30人を連れてエレミヤを救出するように命じます。エベデ・メレクは古着を集め、それをエレミヤの脇の下に挟み、穴から引き上げました。宦官はエレミヤに、最大の敬意と配慮を示しました。

3度エレミヤを召すゼデキヤ

（1）ここでは、神の託宣を何度も聞きながら、なおも神のことばを求める弱いゼデキヤ王の姿が描かれています。ゼデキヤ王がエレミヤを召すのは、これで3度目です。王はエレミヤに、すべてを語れと言い、エレミヤは、告げれば殺されるのではないかと応答します。「私は決してあなたを殺さない」と誓った王に対して、エレミヤは2つの道を提示します。①神に従う道。バビロンに降伏すれば、王も家族も、そしてこの町も助かります。②神に反抗する道。バビロンと戦えば、町は焼かれ、王は殺されることになります。ゼデキヤ王が最も恐れたのは、すでにバビロンに降伏したユダヤ人たちの仕返しとリンチでした。優柔不断な王とこの町の行く末を案じたエレミヤは、忍耐強く説得します。

（2）エレミヤは、知恵を尽くして王を説得します。①神に従えば、いのちは助かり、幸せになることができる。②神に反抗すれば、屈辱的な体験をすることになる。後宮（ハーレム）にいる女たちは、バビロンの首長たちによって、弄ばれるだろう。これは、敗北した王が経験する最大の侮辱です。アブサロムは、父ダビデの後宮に入り、自らの勝利を天下に宣言しました（2サム16・20～22参照）。それればかりか、その女たちがゼデキヤをあざけった歌を歌うようになります。

（3）ゼデキヤ王は、このことをユダの首長たちに話さないようにとエレミヤに命じます。もし話せば、彼らはエレミヤを殺すだろうというのです。首長たちが訪ねて来た時、エレミヤは、自分はいのちを助けてくださいと懇願していただけだと説明します。エレミヤは、嘘をついたのではなく、言う必要のないことに触れなかっただけです。ここに、エレミヤの知恵があります。常に神を恐れ、神の御心の道を選ぶ人は幸いです。

エレミヤ書39章

「わたしは必ずあなたを助け出す。あなたは剣に倒れず、あなたのいのちは戦勝品としてあなたのものになる。あなたがわたしに信頼したからだ──主のことば。」（エレミヤ書39・18）

この章から、以下のことを学びましょう。（1）前586年、エルサレムは陥落します。（2）ゼデキヤは逮捕され、両眼をえぐられてバビロンに連行されます。（3）バビロンに連行された者たちは、捕囚の地で新しい生活を始めます。貧民の一部は、ユダの地に残され、地主としての生活を始めます。（4）ネブカドネツァルは、エレミヤを大切に扱います。（5）エレミヤを救ったエベデ・メレクは、祝福の約束を受けます。

エルサレム陥落

（1）前588年、バビロン軍はエルサレムの包囲を開始し、18か月後、そこを陥落させます。エルサレムが陥落したのは、前586年第4の月（7月）の9日でした。ユダヤ人たちはこの日を、「ティシャベ・アブ」（アブの月の九日）と呼びます。紀元70年にローマ軍によってエルサレムが陥落したのも、この日だとされています。この日は、ユダヤ人たちにとっては忘れられない悲劇の日となりました。

（2）バビロンの首長たちが中央の門（黄金門）に軍司令本部を置いたとき、ゼデキヤ王とその軍は、密かに脱出を図ります。彼らは、現在のシロアムの池のそばを通り、二重の城壁の間の門（泉の門）を抜けて、エリコに向かいます。かつて、ヨシュアの軍勢が上って来たのと全く逆のコースを取ったわけです。しかし、バビロン軍は彼らに追いついて捕縛し、ゼデキヤ王とその軍をハマテの地のリブラ（エルサレムから約350㎞北）にいたネブカドネツァルのもとに連行します。ネブカドネツァルは、①ゼデキヤ王の子たちをその目の前で虐殺し、②ユダの首長たちも虐殺し、③ゼデキヤ王の両眼をえぐり出しバビロンに連行します。ゼデキヤは剣では死なないというエレミヤの預言が、成就しました。

（3）バビロン軍は、王宮も民家も火で焼き、城壁を取り壊しました。それからひと月して、親衛隊の長ネブザルアダンがやって来て、戦後処理に当たりました。①町に残った者、王に降伏した投降者たちなどは、バビロンに捕え移されました。彼らは、捕囚の地で新しい生活を始めることになりました。②貧民の一部は、ユダの地に残されました。その日、彼らにはぶどう畑と畑が与えられました。③エレミヤもまた、ユダの地に残されました。この箇所から学ぶべき教訓は、「神のわざは、時が来ると必ず成就する」ということです。

神に忠実な者たちの運命

（1）ネブカドネツァルは、エレミヤに関して、親衛隊の長ネブザルアダンにこう命じます。「彼を連れ出し、目をかけてやれ。何も悪いことをするな。ただ彼があなたに語るとおりに、彼を扱え」。その結果、エレミヤは監視の庭から連れ出され、民の間に住むようになります。なぜ、ネブカドネツァルはエレミヤのことを知っていたのでしょうか。①多くの兵士たちがバビロン軍に降伏し、投降しました。王は、彼らからエレミヤの預言者としての活動のことを聞いたのでしょう。②第1回捕囚では、ダニエルと3人の友人がバビロンに連行されました。その後彼らは、バビロンの高官となりました。彼らがエレミヤに関する情報をバビロンの王に伝えていたことは、十分考えられます。

（2）エベデ・メレクは、クシュ人（エチオピア人）でした。彼は、エレミヤをユダの首長たちの殺意から救いました（38章）。その彼に、すばらしい預言が与えられます。再度確認しますが、エレミヤ書の記述は、時間順には並んでいません。39章15～18節は、本来は38章13節の直後に並べるべき預言です。それがここに出てきているのは、エルサレムの崩壊に際して、エベデ・メレクに関する預言が成就したことを示すためです。神は彼に、「わたしは必ずあなたを助け出す」と約束されました。その理由は、「あなたがわたしに信頼したからだ」ということです。つまり、エベデ・メレクがエレミヤを助けたのは、イスラエルの神への信仰を持っていたからだということが分かります。

（3）エベデ・メレクは、ある意味では新約時代のクリスチャンを象徴しています。①彼は、イスラエル人でさえも実行しなかったことを実行しました。②彼は、信仰を行動に表しました。③彼は異邦人でしたが、イスラエルの神からの祝福を受けました。彼の信仰から教訓を学ぶ人は、幸いです。

エレミヤ書40章

シャファンの子アヒカムの子ゲダルヤは、彼らとその部下たちに誓った。「カルデア人に仕えることを恐れてはならない。この地に住んで、バビロンの王に仕えなさい。そうすれば、あなたがたは幸せになる。」（エレミヤ書40・9）

この章から、以下のことを学びましょう。（1）エレミヤは、バビロンに下らないで、ユダの地で民とともに生活する道を選びます。（2）バビロンの王は、ゲダルヤをユダの総督に任命します。（3）ゲダルヤは、御心に従ってバビロンに仕える道を民に示します。（4）ゲダルヤは、自分に対する暗殺計画があるという情報を得ますが、それを信じようとはしません。

ユダの地にとどまるエレミヤ

（1）エレミヤがラマで釈放されたのは、39章14節の記述と矛盾するのではないかという意見もありますが、次のように考えれば矛盾は氷解します。①

監視の庭から解放されたエレミヤは、町を歩いていたとき、バビロンの兵士によって逮捕された。②逮捕された人たちは、集合地であるラマに一旦連行されたが、その中にエレミヤも入っていた。③エレミヤの姿を見た親衛隊の長ネブザルアダンは、即座に彼を解放した。

（2）ネブザルアダンはエレミヤに、ユダの地とエルサレムは主の預言どおりに滅びたと語りかけます。彼は異邦人でしたが、かなりの霊的な目を持っていたことが分かります。次に彼は、エレミヤに2つの選択肢を示します。①バビロンに来るなら、生活は保障される。②もしそれが気に入らないなら、気に入った所に行ってもよい。エレミヤは、敬意を表するために、その提案には応答しません。エレミヤの沈黙を、バビロンに下ることの拒否であると受け取ったネブザルアダンは、ユダの地に帰ることを勧めます。エレミヤに与えた食糧と品物は、敬意のしるしです。ネブザルアダンもまた、エレミヤの崇高な生き方に感動を覚えた1人です。エレミヤは、決して裏切り者ではありません。彼は、ユダの地で残された民とともに貧しく住むことを選びました。

ゲダルヤによる統治

（1）バビロンの王は、アヒカムの子ゲダルヤをユダの総督に任命し、ユダに残った貧民たちの統治を委ねます。その知らせを聞いて、野にいた軍の高官たちとその部下たちが皆、ミツパにいたゲダルヤのもとに集まって来ます。ゲダルヤは、軍の高官たちに次のように勧告します。①カルデア人（バビロン）に仕えることを恐れてはならない。②彼らに仕えながら、この国に住めば幸せになれる。③カルデア人との交渉は、自分が責任をもって行う。④破壊を免れた町々に住み、正常な生活を早く回復するように。⑤夏の収穫物が残されている間に、早く刈り入れるように。

（2）さらに多くの人々が、ゲダルヤのもとにやって来ました。モアブ、アンモン、エドムなどの地名が挙がっています。かつてユダ王国は、これらの近隣諸国と反バビロン同盟を結んでいました。反バビロン派のイスラエル人たちは、バビロンの侵攻を知ってこれらの国々に逃亡していたのです。その人々が、ゲダルヤが総督になったといううわさを聞いて、彼のもとに集まって来ました。

（3）征服した民をバビロンに連行するという政策は、アッシリアのそれを踏襲したもので、残酷といえば残酷です。しかし、一部の人々の残留が許され、総督の支配下で秩序ある生活が保障されたという点は、評価できます。以下の点を教訓として学びましょう。①この時点では、バビロンに仕えることが主の御心でした。再出発を切るのは、そこからしかないのです。②ゲダルヤは御心に従いましたが、その背後にエレミヤの助言があったことは間違いありません。③ゲダルヤが御心に従った結果、民は安定した日常生活に戻ることができました。

ゲダルヤの暗殺

（1）カレアハの子ヨハナンは、アンモン人の王バアリスによるゲダルヤ暗殺計画の知らせをもたらします（14節）。暗殺の目的は、2つ考えられます。①バビロンによる統治を揺さぶろうとした。②ユダの地をアンモンの領土に取り込みたいという野望を持っていた。

（2）しかしゲダルヤは、罪のない人（刺客イシュマエル）を中傷してはいけないと、密告者ヨハナンを叱責します。イシュマエルは、ダビデの家系に属する者です。ゲダルヤは、ダビデの家系に属する者が、御心に反して自分を暗殺することなどあり得ないと考えたのでしょう。ゲダルヤには、鳩の素直さはありましたが、蛇の賢さはなかったようです。次章で、彼は暗殺されます。

エレミヤ書41章

ネタンヤの子イシュマエルと、彼とともにいた十人の部下は立ち上がって、シャファンの子アヒカムの子ゲダルヤを剣で打ち殺した。イシュマエルは、バビロンの王がこの地の総督にした者を殺した。（エレミヤ書41・2）

この章から、以下のことを学びましょう。（1）ダビデの家系に属するイシュマエルは、総督ゲダルヤを暗殺します。（2）さらに彼は、北からエルサレムに上って来た80人のイスラエル人を虐殺します。(3)ヨハナンはイシュマエルの後を追いますが、取り逃がします。（4）ヨハナンと彼とともにいた高官たちは、バビロンの攻撃を恐れ、エジプトに逃避しようとします。

暗殺の実行

（1）イシュマエルは、ゲダルヤ暗殺を実行に移します。①時は第7の月（今の10月）、さまざまな祭りがある最も聖なる月に暗殺が行われました。②場所は、食事の席でした。イシュマエルの一行はゲダルヤのもてなしを受けていました。食事の席は、友情を示すもてなしの場です。そのような場で殺人を犯すのは、最大のルール違反です。③ゲダルヤだけでなく、そこにいた人たち全員とカルデア人の戦士たちが殺されました。これは、バビロンに対する挑戦です。④イシュマエルは、自分こそユダを統治する人物だと思い、バビロンとゲダルヤに敵意を抱いたのです。

（2）ゲダルヤによる統治は、わずか2か月で終わりました。これは、ユダヤ人たちにとっては衝撃的な出来事でした。それ以来彼らは、エルサレムの陥落を記念する断食と平行して、ゲダルヤの死を悼む断食を実行しました。それが、第7の月の断食です（ゼカ7・5、8・19）。

第2の虐殺事件

（1）ゲダルヤが暗殺されたことは、まだ誰にも知られていませんでした。その翌日、北の町々から、80人のイスラエル人たちがエルサレムに上って来ました。①シェケム、シロ、サマリアなどは、偶像礼拝の中心地でした。北王国の滅亡以来、偶像は破壊され、人々はエルサレムの神殿に上って礼拝を献げるようになっていました。②80人のイスラエル人たちは、エルサレムが破壊されたことを知りながら、なおもそこで礼拝を献げようとしていました。この月は、祭りの多い月でした（ラッパの祭り、贖罪の日、仮庵の祭り）。③彼らは、悔い改めを表明していました。ひげを剃り、衣を裂くのは、そのしるしです。ただし、身に傷をつけるのは律法違反です（レビ19・28、21・5、申14・1を参照）。

（2）イシュマエルは、北からの巡礼者がエルサレムに上るのを好みませんでした。彼は泣きながら歩いて行き（巡礼団を欺くための演技）、彼らをゲダルヤの家に誘い込んで虐殺します。そして、その死体を穴の中に投げ込みます。それは、アサ王が戦時の備えとして作った水溜の穴でした。その穴は、水ではなく死体で満ちました。

（3）イシュマエルが残忍な行為をくり返す原因は、傲慢にあります。彼には、貪欲の問題もありました。彼は、小麦、大麦、油、蜜の提供を約束した10人のいのちは助けています。また、ミツパに残った民を虜にし、アンモン人に売ろうとしました（エレミヤも含まれていました）。奴隷として売って、利益を得ようとしたのです。

ヨハナンのエジプトへの逃亡計画

（1）カレアハの子ヨハナンは、かつてイシュマエルによる暗殺計画をゲダルヤに伝えた人物ですが、このときには、高官たちのリーダーとなっていました。彼は、イシュマエルの後を追い、ギブオンで追いついて、ユダの民を奪回します。しかし、イシュマエルは取り逃がしてしまいます。イシュマエルは、いのちからがらアンモン人のところに逃げ帰ります。

（2）ヨハナンと高官たち、そして、残されたわずかな数の民は思案します。彼らは、ゲダルヤ殺しの主犯イシュマエルを取り逃してしまいました。このままではバビロンに疑われ、再度攻撃を受ける恐れがあります。彼らは、エジプトへ逃れるべきかどうか迷います。

（3）イシュマエルとダビデを比較したいと思います。①かつてダビデは、サウル王を殺す機会があったときに、主に油注がれた者に手を下そうとしたことで心を痛め、悔い改めを告白しました(1サム24)。神はその心を良しとされました。②ダビデの家系に属するイシュマエルは、それとは正反対のことを行い、復興途上にあったユダの国を絶望に陥れました。神を恐れることこそ、神からの祝福に与る道であることを覚えましょう。

エレミヤ書42章

「今、ユダの残りの者よ、主のことばを聞け。イスラエルの神、万軍の主はこう言われる。『もし、あなたがたがエジプトに行こうと決意し、そこに行って寄留するなら、あなたがたの恐れている剣が、あのエジプトの地であなたがたを襲い、あなたがたの心配している飢饉が、あのエジプトであなたがたに追い迫り、あなたがたはそこで死ぬ。』」(エレミヤ書42・15~16)

この章から、以下のことを学びましょう。(1)ヨハナンと残されたわずかな数の民は、エジプトに一時避難すべきではないかと思案します。(2)彼らは、エレミヤに主の御心を求めてほしいと懇願します。(3)彼らは、自分たちの計画をすでに持っており、それに対する主の承認を求めただけです。(4)10日後に、主から答えが与えられました。その内容は、前半が従順に伴う祝福、後半が不従順に伴う呪いでした。

御心を求める祈り

（1）ヨハナンを中心に、残されたわずかな数の民は思案します。ゲダルヤ殺しの主犯イシュマエルを取り逃してしまったので、このままではバビロンに疑われ、再び攻撃を受けるかもしれない。それなら、エジプトに一時避難すべきではないだろうか。これが彼らの考えたことでした。

（2）彼らは、エジプトに下るために、ベツレヘムのそばまでやって来ました。しかし、それが良い判断かどうか、気になったようです。そこで、神の御心を伺ってほしいとエレミヤに願い出ます。しかし、この時すでに、彼らの心は定まっていました。彼らが願ったのは、エジプト下りの計画を主が承認してくれることでした。

（3）エレミヤは、神に問う前から答えが分かっていました。ユダの地にとどまること、つまり、バビロンの支配下で生活することが、生き延びる唯一の道です。それでもエレミヤは、「主があなたがたにお答えになることはみな、あなたがたに告げましょう。あなたがたには何事も隠しません」（4節）と語りかけます。民は、「それが良くても悪くても、私たちは、あなたを遣わされた私たちの神、主の御声に聞き従います。……」（6節）と答えます。

（4）私たちも、すでに御心が明らかなのに、それでも主に問いかけることがあります。また、自分の計画をしっかりと握ったままで御心を求めることもあります。この箇所から、自らの祈りの生活を省みてみましょう。

神からの答え

（1）神からの答えは、10日後に与えられました。その答えは、2つの部分に分かれていました。前半は従順に伴う祝福、後半は不従順に伴う呪いでした。

（2）前半では、3つのことが語られます。①ユダの国にとどまるのが、主の御心である。その御心に従うなら、民はこの地で繁栄するようになる。「わざわいを悔やんでいるからだ」（10節）とは、罪に対する罰は十分であり、神はユダの民の状況を悲しんでいるという意味です。ここで、全能の神の守りの御手が伸ばされるという約束が与えられます。②バビロンの王を恐れる必要はない。これ以上確かな約束はありません。③従順になるなら、神の恵みが注がれる。

（3）後半は、呪いの宣言です。①もしエジプトが安全だ、そこには豊かな食物もあると言って、エジプトに寄留するなら、呪いが下る。②その呪いとは、「剣と飢饉と疫病」による死である。③エジプトに下った者の上には、エルサレムの住民に下ったのと同じ呪いが下る。

（4）主の御心は明白です。2つの道のどちらを選ぶかによって、祝福か呪いかが決まります。18〜22節までは、エレミヤ自身のことばです。エレミヤは、民の心はすでにエジプトに向かっていることを知っていて、民の偽善的な態度を糾弾しています。民は、自分たちの思いに神が同意してくれた場合だけ、神のことばに従おうとしていたのです。ここから、どのような教訓を学ぶことができるでしょうか。主イエスのことばを思い出しましょう。「もしわたしを愛しているなら、あなたがたはわたしの戒めを守るはずです」（ヨハ14・15）。

エレミヤ書43章

「彼らに言え。『イスラエルの神、万軍の主はこう言われる。見よ。わたしは人を遣わし、わたしのしもべ、バビロンの王ネブカドネツァルを連れて来て、彼の王座を、わたしが隠したこれらの石の上に据える。彼はその石の上に本営を張る。』」
（エレミヤ書43・10）

この章から、以下のことを学びましょう。（1）エレミヤが語る主のことばを聞いた人たちの中から、エレミヤを追及する人たちが出て来ます。（2）彼らは、最初から決めていたとおり、エジプトに寄留することにします。（3）エジプトの前線基地に着いたエレミヤは、ファラオの宮殿の入り口にある敷石の漆喰の中に、大きな石を隠します。バビロンの王ネブカドネツァルは、その石の上に本営を築くようになります。

エジプトに下る民

（1）エレミヤが主のことばを語り終えると、アザルヤ、ヨハナン、そして高ぶった人たちはみな、エレミヤを追及します。預言者が語る神のことばを退けるのは、まさに高ぶり以外の何ものでもありません。彼らの言い分はこうです。①エレミヤは、偽りを語っている。エジプトに寄留してはならないというのは、主のことばではない。②エレミヤは、ネリヤの子バルクにそそのかされて、偽りのことばを語っている。バルクは自分たちをバビロンに引いて行かせようとしているのだ。エレミヤの預言がことごとく成就しているのを見た彼らは、エレミヤを非難する口実をバルクのうちに見いだしています。気の毒なのは、バルクです。

（2）かくして彼らは、最初から決めていたとおり、エジプトに寄留することにします。これは、申命記28章68節でモーセが預言したことの成就です。モーセは、エジプトから出てきたこの民が、再びエジプトに帰ることになると預言しました。エジプトに下った人々の中には、2つのグループがありました。①喜んで下った人々と、②無理やり連れて行かれた人々です。エレミヤとバルクは後者でした。神は、前者の責任を問われますが、後者の責任は問われません。

象徴的行為

（1）民は、タフパンヘスに到着します。ここは、ナイル川の東にあるエジプトの前線基地です。そこにいたとき、エレミヤに主のことばが下ります。エレミヤはそれに従って、大きな石を取って、ファラオの宮殿（政府機関の建物）の入り口にある敷石の漆喰の中に、それを隠します。ここで重要なことは、エレミヤがその行為をユダヤ人たちの見ている前で行ったということです。

（2）次に、その行為の解き明かしが主から与えられます。①バビロンの王ネブカドネツァルがエジプトに攻めて来る。「わたしのしもべ」とあるのは、ネブカドネツァルが信者になるという意味ではなく、主の御業を実行する器として用いられるということです。②ネブカドネツァルは、この隠された石の上に本営を築くようになる。③ネブカドネツァルは、エジプトの国を打ち、多くの戦死者や捕虜を出す。また、偶像を破壊する。

（3）この章から、イスラエルの神が世界の政治を導かれる方、歴史の支配者であることが分かります。イスラエルの神に信頼を置く者は、最後には必ず祝福を受けます。

エレミヤ書44章

「わたしは、エルサレムを罰したのと同じように、エジプトの地に住んでいる者たちを、剣と飢饉と疫病で罰する。」（エレミヤ書44・13）

この章から、以下のことを学びましょう。（1）エレミヤは、エジプトに寄留したユダヤ人たちに、警告のメッセージを語ります。（2）エレミヤに反対した人々は、偶像礼拝をしていた時代を懐かしみます。（3）エレミヤは、最後のメッセージで、正しい歴史観を教えます。彼は、裁きの中にも神の恵みが残されていることを、民に伝えます。

偶像礼拝への警告

（1）エレミヤは、エジプトに寄留した人々に警告のメッセージを語ります。内容は、3つの部分に分かれます。①歴史の回顧（1～6節）、②エジプトに寄留した民の霊的状態（7～10節）、③裁きの宣告（11～14節）。まず、歴史の回顧から見てみましょう。①エルサレムとユダのすべての町は、廃墟となった。②そうなった理由は、民がほかの神々に香を焚いて仕えたためである。③民には、言い訳をする資格はない。なぜなら、多くの預言者が偶像礼拝に対する警告のことばを語っていたからである。

(2)次に、エジプトに寄留した民の霊的な現状が分析されます。①これほどの悲劇を通過しながら、民の性質は何も変わっていない。②民は、エジプトでも偶像に香を焚いている。③ここでエレミヤは、5つの悪を列挙します。「自分たちの先祖の悪、ユダの王たちの悪、王妃たちの悪、自分たちの悪、自分たちの妻たちの悪」(9節)。

(3)最後に、偶像礼拝に対する神の裁きが宣言されます。①民は、「剣と飢饉」から逃れてエジプトに来たが、最後は、その「剣と飢饉」で滅びる。②エジプトに寄留した民がユダの地に帰ることはない。しかし、少数の者は逃れて帰ることになる。ここに神のあわれみがあります。少数の「逃れて帰る者」とは、「イスラエルの残りの者」です。

天の女王への誓い

(1)ユダでは、ヨシヤ王の時代に宗教改革が行われ、あらゆる偶像礼拝が廃止されました。その中には、「天の女王」礼拝も含まれていました。ヨシヤ王は志半ばにして戦死し、その後をマナセ王の孫であるエホヤキム王が引き継ぎました。悪王である彼は、偶像礼拝を復活させました。偶像礼拝の行き着く先は、バビロン捕囚です。

(2)エレミヤに敵対した人々は、こう主張します。「天の女王」を礼拝していたとき、自分たちは幸せだった。それを止めた時から、ユダの衰退が始まった。「天の女王」とは、豊穣の女神のことで、その礼拝には神殿娼婦との交わりが付随していました。驚くべきことに、「天の女王」礼拝を積極的に推進したのは、婦人たちでした。夫たちは、家庭の頭としての役割を放棄し、妻たちの申し出に同意しました(民30・10~15は、妻が偶像に誓願を立てたとしても、夫が反対すれば、それは無効になると教えています)。

最後のメッセージ

(1)エレミヤは、敵対者たちに正しい歴史観を教えます。①ユダに災いが下ったのは、「天の女王」

礼拝を止めたからではない。②主は、民（先祖、王たち、首長たち、民衆）が「天の女王」にいけにえを献げたことを覚えておられる。③ユダが滅びたのは、民が預言者たちの警告を退けたからである。

（2）エレミヤのメッセージを時系列順に並べると、ここに書かれたもの（44・24～30）が最後のメッセージとなります。エレミヤは、4つのことを最後通牒として語っています。①あなたがたが「天の女王」に誓った誓願を確かに果たせ。これは、皮肉です。②エジプトに住むイスラエルの民の間で、主の御名が唱えられることは2度とない。これは、彼らが主に立ち返って赦されることはないという意味です。③民は、不信仰のゆえに剣と飢饉によって滅びる。④しかし、剣を逃れる少数の者は、エジプトからユダに帰るようになる。彼らは、「イスラエルの残りの者たち」です。神にあっては、絶望的な状況の中にも希望はあります。

（3）最後にエレミヤは、神からのしるしを民に伝えます。それは、彼らが頼りにしていたエジプトの王ファラオ・ホフラが、殺されるというものです。ヘロドトスの『歴史』には、ファラオ・ホフラがアポリエスという名で登場します。彼は、前565年に謀反によって殺されました。主のことばは、確かです。

（4）悔い改めが不可能になるほどに、罪に染まり切ってはなりません。主にあっては、必ず希望があります。その希望を見上げましょう。

エレミヤ書45章

ユダの王、ヨシヤの子エホヤキムの第四年に、ネリヤの子バルクが、エレミヤの口述によってこれらのことばを書物に書いたとき、預言者エレミヤが彼に語ったことばは、こうである。

（エレミヤ書45・1）

この章から、以下のことを学びましょう。（1）書記のバルクもまた、エレミヤと同じように、悲しみと苦しみを通過していました。（2）神は、失望したバルクに、人間的な成功ではなく、神の御心が成ることを求めよと、さとされます。（3）エレミヤの預言を『エレミヤ書』の形にまとめたのは、バルクです。

バルクに関する預言

（1）イスラエルの民の滅亡を思い、深い悲しみと痛みを通過したのは、エレミヤだけではありません。書記として活躍したバルクもまた、痛みと悲しみを体験します。時系列的には、45章の内容は、36章の事件のすぐ後にくるものです。36章では、次のようなことが起こりました。①エホヤキムの第4年に、バルクはエレミヤの預言を巻物に記録し、それが王の前で朗読されました。②それを聴いた王は激怒し、エレミヤとバルクのいのちを奪おうとしました。そのため、彼らは身を隠すことになりました。

（2）その試練の中で、バルクは民の運命とともに、自らの運命を嘆きました。「ああ、私はわざわいだ。主は私の痛みに悲しみを加えられた。私は嘆きで疲れ果て、憩いを見出せない」（3節）。エレミヤの陰に隠れていたバルクの人間的な情が吐露されています。

（3）神は、バルクにお語りになりました。①神は主権者です。神の裁きは必ず下ります。この裁きは、その影響を被らない人が1人もいないほどの大規模な裁きです。②バルクは、人間的な成功を求めてはならないとさとされます。彼は名門の出身で、教養豊かな人物です。彼の兄セラヤは、ゼデキヤ王の高官でした。恐らく彼は、兄と同じような地位に就くことを願っていたのでしょう（51・59参照）。もしエレミヤの預言によって王や首長たちが悔い改めるなら、ユダに新しい未来が開けます。エレミヤは国の中で重要な地位に就くことでしょう。それは、書記であるバルクの昇進をも意味します。しかし、事態は彼が願ったようには展開しませんでした。③神はバルクに、現世での成功は約束しませんでしたが、彼のいのちが守られることは保証されました。

（3）バルクはエルサレムの陥落を目撃し、エレミヤに同行してエジプトに下り、そこでエレミヤの死を見届けました。その過程で、彼は自らの使命に目覚めます。彼は、一切の事柄の証人となり、エレミヤの預言を『エレミヤ書』という形にまとめました。自分に関する預言を、エレミヤ書のこの箇所に置いたのも彼です。個人的に成功するかどうかは、御心が成るかどうかに比べれば、小さなことです。

エレミヤ書46章

諸国の民について、預言者エレミヤにあった主のことば。エジプトについて、すなわちユーフラテス河畔のカルケミシュにいたエジプトの王ファラオ・ネコの軍勢について。ユダの王、ヨシヤの子エホヤキムの第四年に、バビロンの王ネブカドネツァルがこれを打ち破った。

（エレミヤ書46・1〜2）

この章から、以下のことを学びましょう。（1）エレミヤは、国々への預言者として召されていたので、ユダを取り巻く周辺諸国（9か国）に対する預言を語りました。（2）邪悪な諸国は、ユダよりも厳しい裁きを受けます。（3）最初に出てくるのが、エジプトに対する預言です。（4）神は、バビロンを用いてエジプトの罪と傲慢を裁かれます。

エジプトに対する預言

（1）本書の内容は、時間順に並べたものではありません。エレミヤは、国々への預言者としての召しを受けていましたので（1・5）、諸国に対する預言も語りました。①書記バルクは、ユダに対する預言を2～45章にまとめました。②次に、諸国に対する預言を46～51章にまとめました。諸国とは、ユダを取り巻く周辺の国々のことです。

（2）ユダが厳しい裁きを受けるとするなら、それよりもはるかに邪悪な諸国は、より厳しい裁きを受けるはずです。西から東に9か国が列挙されます。①エジプト、②ペリシテ、③モアブ、④アンモン、⑤エドム、⑥ダマスコ、⑦アラビア（ケダルとハツォル）、⑧エラム、⑨バビロン。

（3）最初に出てくるのが、エジプトに対する預言です。エジプトの王ファラオ・ネコは、前６０９年に、ユダの王ヨシヤを殺しました（2列23・29）。彼はバビロンに戦いを挑み、カルケミシュの戦いで敗北しました（前６０５年）。カルケミシュは、ユーフラテス川沿いの町です。

（4）エレミヤは、エジプト軍が敗北した後に、この預言を語っています。①エジプト軍が戦いの準備をしています。②次の瞬間、同じ軍勢が急いで退却します。これは実際に起こったことです（カルケミシュの戦い）。③エジプトの軍勢は恐怖におののき逃げようとしましたが、多くの戦士が戦場で倒れました。エジプト軍の中心は、クシュ人（エチオピア人）、プテ人（リビア人）、ルデ人（リディア人）などの傭兵部隊です。④ファラオ・ネコがバビロンに進軍する理由は、征服欲（貪欲）です。しかし、戦いの鍵はエジプトではなく、神が握っていました。神は、バビロンを用いてエジプトの罪と傲慢を裁かれました。

（5）次にエジプトは、バビロンによる侵攻と国外追放に備えるようにとの警告を受けます。これはエジプトに対する預言のことばです（13節）。①ネブカドネツァルがエジプトに侵攻すると、エジプトの傭兵たちは内輪で戦いを始め、ついには戦意を喪失して生まれ故郷に帰って行きます。②その結果、ファラオは「時期を逸して騒ぐ者」（好機を逸する騒がしい者）と呼ばれるようになります。つまり、ファラオは騒がしいだけの者になるということです。③神は言われます。ネブカドネツァルの軍勢は必ず来ると。ネブカドネツァルはタボル山やカルメル山のように偉大で、エジプト人たちは必ず国外に追放されると。

（6）エジプトの敗北が預言されます。①「かわいらしい雌の子牛」とは、エジプトのことです。「アブ」とは、バビロンのことです。アブが北からやって来て、雌の子牛を刺します。これは、バビロンの軍勢がエジプトを征服することの比ゆ的表現です。②傭兵たちは肥えた子牛のようです。勇敢であった彼らも、戦いに敗れて逃げ去ります。③敗走するエジプト軍が立てる音は、逃げ去る蛇の音のようです。④侵略軍は斧を手に持ち、森の木々を切り倒すようにエジプト人を倒して行きます。⑤敵の軍勢の数はいなごより多く、数えることができません。⑥エジプトは完全に辱められます。

（7）イスラエルの神、万軍の主は、「テーベのアモン、ファラオとエジプト、その神々と王たち、ファラオと彼に拠り頼む者たちを罰する」（25節）と言われます。しかし、後の時代になると、エジプトは再び人の住む地に回復されます。イスラエルに対しては、捕囚からの帰還が約束されます（27～28節）。

（8）神の裁きはご自身の民を清めるためのものです。裁きを喜ぶ人は誰もいません。しかし、裁きがもたらす結果を喜ぶことはできます。裁きの結果とは、回復と清めです。主の訓練を喜んで受ける人は、幸いです。

エレミヤ書47章

どうして、休めるだろうか。主が剣に命じられたのだ。アシュケロンとその海岸、そこに剣を向けられたのだ。（エレミヤ書47・7）

この章から、以下のことを学びましょう。（1）エレミヤは、イスラエルの仇敵であるペリシテ人の滅びを預言します。（2）ペリシテの5大都市の中から、ガザとアシュケロンが取り上げられます。（3）ガザはエジプトによって、アシュケロンはバビロンによって滅ぼされます。

ペリシテに対する預言

（1）ペリシテ人は海岸地帯に住み、イスラエルの民にとっては「肉のとげ」のような存在となっていました（士3・1～4参照）。国力が増すと、必ずユダの山地に攻め入りました。以下、ペリシテ人と戦った英雄たちを列挙します。①シャムガル(士3・31)、②サムソン（士13～16章)、③サムエル（1サム7・2～17)、④サウル（1サム13・1～14・23)、⑤ダビデ（2サム5・17～25)。

（2）最終的にペリシテ人を征服したのは、ダビデです（2サム8・1)。ソロモン時代、彼らはイスラエルに仕える国となりましたが、南北朝時代になると、再び勢力を回復しました。特に、ヨラム王（2歴21・16～17）とアハズ王（2歴28・16～18）の時代がそうでした。

（3）エレミヤはペリシテ人の町々の崩壊を預言しますが、それが起こったのは、恐らく前609年でしょう。これは、エジプトのファラオ・ネコの軍勢がバビロンと戦うためにパレスチナを北上した年です。

（4）バビロン軍は、「北からあふれてくる水」です。洪水が北から襲ってきて、ペリシテの町々をのみ込みます。ペリシテの地の住民たちは、馬のひづめの音、戦車の響き、車輪のとどろきなどを聞いて、泣き叫びます。父親たちは気力を失い、自分の子どもたちを助けるために後ろを振り返ることさえしなくなります。さらに、同盟国であるツロとシドンを助けることもできなくなります。「まことに主は、ペリシテ人を、カフトルの島の残りの者を破滅させる」（4節）とあります。カフトルの島とはクレテ島のことで、ペリシテ人の出身地です。彼らは、元は海洋民族です。

（5）ペリシテの5大都市の中から、ガザとアシュケロンが取り上げられます。ガザはエジプトによって（1節参照）、アシュケロンはバビロンのネブカドネツァルによって攻撃されます（前604年）。「頭を剃られ」と「身を傷つける」は、ともに嘆きと悲しみのしるしです。

（6）「『ああ、主の剣よ。いつまで休まないのか。さやに収まり、静かに休め。』どうして、休めるだろうか。主が剣に命じられたのだ。アシュケロンとその海岸、そこに剣を向けられたのだ」（6～7節）。神の裁きの剣は、ガザとアシュケロンを滅ぼすまでは休むことはありません。イスラエルに敵対する者を、神は必ず裁かれます。それに対して、イスラエルを祝福する者は神から祝福を受けます。イスラエルの民のために祈り、労する人は幸いです。

エレミヤ書48章

「モアブの果樹園から、その地から、喜びと楽しみが取り去られる。わたしは石がめから酒を絶えさせた。喜びの声をあげてぶどうを踏む者もなく、ぶどう踏みの喜びの声は、もはや喜びの声ではない。」（エレミヤ書48・33）

この章から、以下のことを学びましょう。（1）かつてイスラエルを笑いものにしたモアブは、諸国の間で笑いものとなります。（2）モアブを攻撃する者は、徹底的にそれを行うように命じられます。（3）偶像神ケモシュも、モアブの勇士たちも、モアブを救うことはできません。（4）千年王国においてモアブが回復されることが預言されます。

モアブに対する預言

（1）エレミヤは、モアブ人に下る神の裁きを預言します。モアブの地は、死海の東側にありました。①「ネボ」（1節）とありますが、これは、モーセがそこに立って約束の地を見た山のことではありません。ネボは最初ルベン族の町でしたが（民32・37〜38）、後にモアブ人がそこを征服しました。②キルヤタイムもルベン族の町でしたが、モアブ人が征服しました。③これらのモアブ人の町は、ヘシュボン（シホンの国の首都）によって略奪されます。

（2）神は、モアブ人たちに敵から逃げるように勧告します。彼らが礼拝していた偶像神ケモシュもまた、彼らといっしょに捕囚に引かれて行きます。偶像にはモアブ人を救う力は無いからです。

（3）モアブを攻撃する者に、主からの命令が与えられます。「主のみわざをおろそかにする者は、のろわれよ。その剣をとどめて血を流さないようにする者は、のろわれよ」（10節）。①モアブ人を攻撃することは、主の御心です。主は、イスラエルの民を苦しめたモアブ人を、別の異邦人の民を用いて裁かれます。②モアブ人を裁く者は、徹底的にそれを実行しなければなりません。もし攻撃の手を緩めるなら、主から呪いを受けることになります。③モアブ人を滅ぼす者が誰であるかは書かれていませんが、エゼキエル書25章10節によれば、モアブ人は東から来る遊牧民によって滅ぼされます。

（4）モアブの歴史は、比較的安泰なものでした。それが、「若いときから安らかであった」（11節）の意味です。エレミヤは、モアブ人の性質をワインにたとえます。彼らは、「桶から桶へ空けられたこともない」（11節）ワインです。つまり、モアブ人の精神性は純化されることなく、不純物（うぬぼれ）が残されたということです。しかし神は、彼らのうぬぼれが砕かれる日が近づいていると宣言されます。ケモシュ（偶像神）も、勇士たちも、モアブを崩壊から守ることはできません。エレミヤは周辺諸国に呼びかけ、「どうして、力ある杖、輝かしい笏が砕かれたのか」（17節）と、モアブのために嘆けと語ります。

（5）ヨルダン川東岸の高原地帯にある11の町の名が、北から南に向かって挙げられます。①ホロン、②ヤハツ、③メファアテ、④ディボン、⑤ネボ、⑥ベテ・ディブラタイム、⑦キルヤタイム、⑧ベテ・ガムル、⑨ベテ・メオン、⑩ケリヨテ、⑪ボツラ。

（6）エレミヤは、モアブを酔っ払いにたとえます。かつてイスラエルを笑いものにしたモアブですが、今度は、諸国の間で笑いものとなります。エレミヤは、モアブの崩壊を思い、悲しみ叫びます。キル・ヘレスというのは、モアブの主要な町（要塞の町）の1つです。ここでエレミヤは、イザヤ書16章9節を引用し、神の嘆きを表現します（32節）。

（7）敵は鷲のように降下し、モアブの上に翼を広げ、その爪で獲物を奪って行きます。獲物とは、モアブの町々や要害です。モアブの滅びは完全で、この裁きを免れる者は1人もいません。エレミヤは、民数記21章27～30節に出てくるヘシュボンの古歌を引用して、モアブに下る裁きが完全であることを預言します。この預言は、東の方からアラビア人たちが攻めて来たときに成就しました（エゼ25・10参照）。それ以来、モアブの国は消滅しました。ところが、「しかし終わりの日に、わたしはモアブを回復させる」（47節a）とあります。これは、モアブ回復の約束ですが、それが成就するのは、メシア的王国においてです。

（8）エレミヤ書48章10節は、私たちへの警告でもあります。神の御心だと確信したなら、それがどんなに不評であったとしても、「中途半端」なことをしてはなりません。この世の人たちの笑いものになることを恐れてはなりません。私たちは、主の御心を語り、それを実践する主のしもべたちです。

エレミヤ書49章

エドムについて。万軍の主はこう言われる。「テマンには、もう知恵がないのか。賢い者から分別が消え失せ、彼らの知恵は朽ちたのか。デダンの住民よ、逃げよ。そこを離れよ。深く潜め。わたしが彼の上にエサウの災難を、彼を罰する時を、もたらすからだ。」

（エレミヤ書49・7〜8）

この章から、以下のことを学びましょう。（1）アンモン人の裁きが預言されます。彼らの罪は、傲慢です。（2）エドム人は、イスラエルに敵対したために裁かれます。（3）ダマスコ、ケダルとハツォル、エラムに対しても、裁きの預言が語られます。

アンモン人に対する預言

（1）アンモン人はロトの子孫で、ヨルダン川の東に住んでいました。アンモン人は、イスラエルに敵対し続けた民族でした。北王国がアッシリアに捕囚となったとき（前722年）、アンモン人は、イスラエルには後継ぎがいないと考え、その地（ガド族の地）を占領しました。そこで神は、アンモン人の首都ラバは敵の攻撃を受け、廃墟になると預言されます。ヘシュボン、アイ、ラバなどの町々の嘆きが預言されます。彼らの偶像神モレク（ミルコム）が捕囚に連れて行かれるからです。

（2）アンモン人の問題は、モアブ人と同様「傲慢」でした。彼らは、豊かな産物を提供してくれる美しい谷を誇り、自らの富（財宝）に信頼し、自分たちを攻撃できる者などいないと豪語していました。彼らが裁かれる理由は、①イスラエルから土地を奪ったこと、②偶像神モレクを礼拝したこと、などです。しかし神は、恵みによってアンモン人の回復を約束されます。

エドムに対する預言

（1）エドム人はエサウの子孫で、モアブの南側、死海の東側に住んでいました。エドムはユダと紛争を繰り返し、ついにその名がユダに敵対する異邦人諸国の象徴となりました（エゼ35・1〜15、36・5、オバ15〜16節参照）。そのエドムに裁きが下ります。知恵あるテマン人（ヨブ2・11）も、神の怒りからエドムを救い出すことはできません。デダンは、アラビア半島の北部にある町で、交易で有名でした。そのデダンの住民に、避難勧告が出されます。ユダの滅びを喜んだ国々が神の怒りの杯を飲まされるとするなら、ユダの親戚であるエドムが罰を免れるはずがありません。

（2）エドムの高慢は、自分たちは自然の要害に守られているという点にありました。しかし神は、その高慢を打ち砕き、彼らを高い岩地から引き降ろされます。神は獅子のように現れ、エドムをその地から追い出されます。群れの中の小さいもの（エドムの子どもたち）まで連れ去られ、彼らの牧場（エドムの地）は破壊されます。ここで注目したいのは、エドムには将来の回復の預言が与えられていないことです。

ダマスコ、ケダルとハツォル、エラム

（1）ダマスコに下る裁き（23～27節）。①ハマテ、アルパデ、ダマスコは、シリアの3大都市です。これらの町は、バビロン軍が侵攻して来るという悪い知らせを聞き、震えおののきます。②バビロン軍の攻撃によって、ダマスコの兵士たちは殺され、城壁は焼かれます（前605年に成就。アモ1・4～5参照）。③神は、ベン・ハダド（前9～8世紀にシリアを支配していた王朝の名前）の宮殿を火で焼き尽くすと宣言されます。

（2）ケダルとハツォルに下る裁き（28～33節）。①ケダルはアラビア半島に住む遊牧民です（イシュマエルの子孫。創25・13参照）。彼らは、弓の名手（イザ21・16～17）、羊飼い（イザ60・7）、商人（エゼ27・21）、好戦的な民（詩120・5～6）でした。ネブカドネツァルは、ケダルを攻撃し、その天幕と家畜をすべて略奪しました（前599年）。②ハツォルは、アラビア半島のどこかにあった都市です（位置は分からない）。神は、ハツォルの住民にただちに避難し、穴の中に姿を隠すように警告を発します。

（3）エラムに下る裁き（34～39節）。エラムは、バビロンの東にあった国（今日のイラン）です。彼らは、弓の名手として知られていました（イザ22・6）が、神は、その弓を折ると宣言されます。ネブカドネツァルは、前597年にエラムを攻撃しました。後にエラムは、ペルシア帝国の中心都市となります。エラムに対しては、将来の回復の希望が預言されます（38～39節）。これは、終末時代に起こることです。

（4）イスラエルに敵対する国々を支配しておられるのは、神です。歴史上起こることは、すべて神の支配下で起こっていることです。そのことを覚え、御名をたたえましょう。

エレミヤ書50章

「国々の間に告げ、旗を掲げて知らせよ。隠さずに言え。『バビロンは攻め取られた。ベルは辱められ、メロダクは打ちのめされた。その像は辱められ、その偶像は打ちのめされた。』」（エレミヤ書50・2）

この章から、以下のことを学びましょう。（1）50章と51章で、バビロンの裁きが預言されます。（2）バビロンは、イスラエルの民を滅ぼした罪のゆえに裁かれます。（3）捕囚となったイスラエルの民の回復が預言されます。（4）バビロンが人の住まない荒廃した地になるという預言は、未だに成就していません。

バビロンに対する預言

（1）50章と51章は、バビロンに対する裁きの宣言です。2節の内容は、部分的にはメド・ペルシアによるバビロン征服にも関係していると思われますが、全面的な成就は、終末時代に起こります。その理由を挙げてみます。①敵は北から攻めて来ますが（3節）、ペルシアはバビロンの東に位置する国です。②キュロス王がバビロンを征服したとき、彼はそこを破壊しませんでした。③また、誰もその町から逃げたりはしませんでした。④この預言によれば、バビロンが征服されると、イスラエルの民はシオンに帰還し、「忘れられることのない永遠の契約」（新約のこと）を主と結ぶことになるのですが、バビロン捕囚からの帰還では、そのようなことは起こっていません。以上の理由で、この預言は、黙示録17～18章の時代に成就すると考えられます。

（2）バビロンは、イスラエルの民を滅ぼし、大喜びしながら、その地を略奪しました。その傲慢のゆえに、神はバビロンを滅ぼし、そこを廃墟とされます。この預言は、苦難の中に置かれた神の民を励ますために書かれました。

（3）北王国はアッシリアによって（前722年）、南王国はバビロンによって（前586年）滅ぼされましたが、神はその状況を逆転させます。「その日、その時――主のことば―― イスラエルの咎を探しても、それはない。 ユダの罪も見つからない。わたしが残す者を、わたしが赦すからだ」（20節）。これは、イスラエルの霊的回復の預言です（50・4、31・31～34参照）。

（4）「メラタイムの地、ペコデの住民のところに攻め上れ。 彼らを追って、殺し、聖絶せよ。――主のことば―― すべて、わたしがあなたに命じたとおりに行え」（21節）。この節にはヘブル語のことば遊びがあります。①「メラタイム」はヘブル語では、「2倍の反抗」を意味します。②「ペコデ」はバビロン南部の地名ですが、ヘブル語では、「罰する」を意味します。③つまり、神は2倍の反抗を重ねてきた地を必ず罰すると宣言しておられるのです。バビロンは、鉄槌のように他国を破壊してきましたが、今度は、神が鉄槌を用いてバビロンを破壊されます。

（5）バビロンの敵たちが四方からやって来て、バビロンを攻撃します（25節）。殺戮された住民たちの死体は、麦束のように高く積み上げられます。殺戮を逃れた者たちはシオンに避難し、神の御業を報告します。バビロンは神の神殿を破壊したので、神から罰せられたのだと。

（6）バビロンは傲慢な態度で主を侮ったので、必ず滅ぼされなければなりません。①50章30節は、49章26節（ダマスコへの宣言）とほぼ同じです。高ぶる者は、主がもたらす火によってすべて焼き尽くされます。②イスラエルの民を解放し、約束の地へと帰還させるのは、「彼らを贖う方」、つまり、メシアご自身です。③バビロンを滅ぼす「剣」が、5回も出てきます（35〜38節）。この剣は、バビロンの住民、その首長たち、易者たち、自慢する者たち（偽預言者たち）、そして兵士たちを襲います。馬と馬車、傭兵部隊も罰せられます。

（7）バビロンは、いつまでも人が住まない荒廃した地になることが預言されます（39節）。しかしこの預言は、未だに成就していません（イラクという国が存在します）。バビロンの裁きが、エドムの裁きと同じことば（49・19〜21）をもって描写されます。「バビロンが捕らえられる音で地は震え、その叫びは国々の間にも聞こえる」（46節）。全世界が、バビロンの裁きの知らせを聞いて、震え上がります。

（8）バビロンの罪の根源は、プライド（傲慢）です。それは、自分は神を必要としていないという態度です。しかし、神こそ最終的な主権者であることを認めない人の最後は悲惨です。自分の内にもプライドがあることを認め、それを告白して神の赦しをいただきましょう。

エレミヤ書51章

まことに、荒らす者がバビロンを攻めに来て、その勇士たちは捕らえられ、その弓も折られる。主は報復の神であり、必ず報復されるからだ。
（エレミヤ書51・56）

この章から、以下のことを学びましょう。（1）バビロンは、神の裁きを行うために用いられてきましたが、今度は、バビロン自身が裁きを受けます。（2）裁きの結果、バビロンは永遠に荒れ果てた地となります。これは終末時代に起こることです。（3）エレミヤは、バビロン滅亡の預言をバビロンの地で朗読するように、セラヤに命じます。

バビロンの滅び

（1）これまでバビロンは、神の裁きを行うための器「主の手にある金の杯」（7節）として用いられてきましたが、今度は、神がそのバビロンを裁く番です。バビロンを「滅ぼす者」（1節）は、外国の軍隊です。その結果、イスラエルの民は約束の地に帰還することができるようになります（50・33〜34。黙18・4も参照）。

（2）11節では、バビロンを攻撃する外国の軍隊が「メディア人の王たち」となっていますが、2つの解釈が可能です。①これは、前539年に起こったメド・ペルシアによるバビロン崩壊に関係していると考えられます。②さらにこれは、バビロンを攻撃する未来の王たちとも考えられます。その中の1人は、メディア人が支配する地域（現在のイラン北部）から出るということです。

（3）27節には3度目の招集のことばが出てきます（50・2、51・12）。メディア人以外に、アララテ（今日のアルメニア）、ミンニ（今日のイラン西部）、アシュケナズ（アララテに近い地）などの王国が挙げられています。この軍隊がバビロンを攻撃すると、バビロンの兵士たちは戦いを止め、砦の中に逃げ込みます。やがて敗戦を告げる飛脚たちが走り次ぎ、バビロンの王に、都は陥落したと伝えます。

（4）エレミヤは、民のことば（神への懇願）を代弁します（34〜35節）。神は、お答えになります。①神はバビロンに復讐し、そこを廃墟とする。②バビロンは、屠り場に引かれて行く子羊、雄羊、雄やぎのように、滅亡への道をたどる。③バビロンは、大波に襲われて見えなくなるように、完全にその姿を隠す。④神は偶像礼拝を裁き、イスラエルの民を帰還させる。

（5）バビロンが滅びる理由は、イスラエルを苦しめたことにあります。これは、創世記12章2～3節で神が語られた原則の適用です。「イスラエルを祝福する者は祝福され、イスラエルを呪う者は呪われる」。バビロンの滅びは確実にきますので、イスラエルの民は、ただちにその地を出なければなりません。神は、バビロンの偶像を必ず罰するという約束を与え、民を慰めます。

（6）54～58節は、バビロンへの報復の様子を描写していますが、この破壊は、終わりの時代に成就するものです。たとえ神の裁きを回避するためにバビロンの民がいかに労したとしても、それは無駄なことです（58節）。

（7）バビロンに対する預言の締めくくりは、セラヤに与えたことばです。セラヤは、ゼデキヤ王の随行員としてバビロンに行った人物で、書記バルクの兄弟です（32・12参照）。ゼデキヤがバビロンに行った理由は、ネブカドネツァルが傀儡王たちを召集し、バビロンに対する忠誠を誓わせたからだと思われます。エレミヤは、1つの書物にバビロンに対する預言のことばをすべて書き記しました（60節）。その内容は、エレミヤ書50～51章そのものでしょう。

（8）次にエレミヤは、セラヤにこう命じます。①バビロンに入ったときに、書物に書かれたすべてのことばをよく注意して朗読する。②次に、「主よ。あなたはこの場所について、これを滅ぼし、人から家畜に至るまで住むものがないようにし、永遠に荒れ果てた地とする、と語られました」（62節）と宣言する。③朗読が終わったなら、書物に石を結びつけて、ユーフラテス川の中に沈める。④そして、「このように、バビロンは沈み、浮かび上がれない。わたしがもたらすわざわいを前にして。彼らは力尽きる」（64節）と宣言する。

（9）51章は、編集者の手によって書かれたものです。その編集者は、およそ25年後に、既に存在していたエレミヤの預言に52章を追加した人物と同じだと思われます（バルクかエレミヤの弟子の誰か）。

（10）エレミヤ書から2つの教訓を学びましょう。①神は悪を用いてご自身の御心を行われることがある。②しかし、神はその悪を必ず裁かれる。神を恐れ、神に従うことを学ぶ人は幸いです。

エレミヤ書52章

実に、エルサレムとユダが主の前から投げ捨てられるに至ったのは、主の怒りによるものであった。その後、ゼデキヤはバビロンの王に反逆した。（エレミヤ書52・3）

この章から、以下のことを学びましょう。（1）この章は、後代にエレミヤ書に追加されたものです。（2）バビロンに反抗したゼデキヤ王は、バビロンに連行され、死ぬまで獄屋に入れておかれました。（3）ネブカドネツァルは、少数の貧民を除いて、ほとんどの民をバビロンに連行しました。（4）エレミヤが語った預言は、そのとおりに成就しました。

ゼデキヤの滅び

（1）52章は、列王記第二24章18節～25章30節とほぼ同じです。書かれた時期は、エホヤキンがバビロンの獄舎から出されて以降です（32節）。この章がエレミヤ書に付加された理由を考えてみましょう。①バビロンからの帰還の預言が、間もなく成就しようとしていることを示すため。②エレミヤの預言者としての信頼性を証明するため。③捕囚の地にいるイスラエルの残れる者たちを励ますため。

（２）ゼデキヤ王の歴史が、再び要約されます。彼は21歳で王となり、11年間ユダを統治しました。前王エホヤキムと同じように悪王の道を歩み、主から見捨てられました。その後彼は、バビロンに対する反逆を企てますが、それは失敗に終わります。

（３）ネブカドネツァルがエルサレムを攻める様子が描かれています。①バビロン兵が町に侵入すると、兵士たちは気力を失い、町から逃亡しました。②敵はエリコの草原でゼデキヤ王に追いつき、彼を捕えて、ハマテの地のリブラ（エルサレムの北３２０㎞の地）にいるバビロン王のところへ連行しました。③バビロンの王は、ゼデキヤの息子たちを彼の目の前で虐殺し、ユダの首長たちもみな虐殺しました。さらに、ゼデキヤの目をつぶし、死ぬ日までバビロンの獄屋に入れておきました（10～11節）。

エルサレムの崩壊

（１）ネブカドネツァルは、その治世の第19年５月10日にエルサレムの破壊に着手しました。神殿と王宮が焼かれ、町の中の主だった建物すべてに火がつけられ、さらに町を取り囲んでいた城壁も打ち壊されました。戦いを生き延びた人々のほとんどが、バビロンに捕え移されました。しかし、貧民の一部は後に残され、ぶどうや農産物を育てる農夫として使役されました。

（２）エレミヤと偽預言者ハナンヤの論争を思い出しましょう（27・16～28・18）。エレミヤは、神殿に残された器具はすべてバビロンに運ばれると預言しましたが、ハナンヤは、バビロンに運ばれた器具は戻されると預言しました。この箇所は、エレミヤの預言が成就したことを伝えるために書かれています（17～23節）。

捕囚民の運命

（１）バビロン軍が連行した人々は、次のような個人やグループでした。①祭司のかしらセラヤ、②次席祭司ゼパニヤ、③３人の入り口を守る者（神殿内の秩序を見張る人）、④戦士たちの指揮官であった１人の宦官、⑤王の７人の側近、⑥民衆を徴兵する軍の長の書記、⑦都の中にいた民衆60人。彼らは親衛隊の長ネブザルアダンによって、リブラにいるバビロンの王のもとへ連れて行かれましたが、バビロンの王は彼らを打ち殺しました。

（2）28〜30節には、ネブカドネツァルが連行した民の数が記されています（列王記第二25章1〜30節にはない情報）。これは、捕囚になった人々がほかにもいたことを伝えるために追加されたものです。列王記第二に記された2つの連行（2列24・12〜14、25・8〜12）の年代と、エレミヤ書の最初の2つの連行の年代が違っていますが、エレミヤ書の連行は、2つの大規模な連行の前に起こった小規模な連行だと解釈すれば、矛盾は解決します。

（3）エビル・メロダクがバビロンの王として即位し、その祝いの一環としてエホヤキンを獄舎から解放しました（彼が捕囚となってから37年目の出来事）。エホヤキンは、捕囚の地での「祝福の初穂」となりました（ユダの民に祖国帰還の希望を与える出来事）。彼は、死ぬ日までの一生の間、王の食卓で食事をすることを許されました。

（4）エレミヤの生涯は、この世の基準では失敗のように見えます。彼はエルサレムの崩壊とバビロン捕囚を預言しましたが、指導者たちは彼を迫害しました。しかし、神の目から見ると、彼は忠実に神のことばを語り続けた神のしもべです。エレミヤの生涯を振り返りながら、本当の成功とは何かについて、黙想しようではありませんか。

哀歌1章

娘シオンから、そのすべての輝きが去った。彼女の首長たちは、青草を見出せない鹿のようになり、追い迫る者の前を　ただ力無く歩んで行った。（哀歌1・6）

この章から、以下のことを学びましょう。（1）エレミヤは、擬人法を用いてエルサレムの荒廃を描写します。（2）彼女（エルサレム）は、神殿がそこに建っている限り、自分たちは安全だと考えていたのですが、それが誤りであったことが明らかになりました。（3）彼女は、自らの罪を告白し、神が敵に報復してくださるようにと祈ります。

エルサレムの荒廃に対する嘆き

（1）エルサレムが滅びた原因は、外国との同盟と偶像礼拝にありました。①1～11節は、町の外から見た荒廃の描写、②12～22節は、町の中から見た荒廃の様子です（擬人法による描写）。「ひとり寂しく座っている」とは、人口が激減したことを表しています。「やもめのようになった」とは、かつて栄えた町が経済的に困窮するようになったという意味です。彼女（エルサレム）は、同盟国からも偶像からも見捨てられましたが、彼女を慰めてくれる人は誰もいません。

（2）「悩みと多くの労役の後に、ユダは捕らえ移された。彼女は諸国の中に住み、憩いを見出すことがない。追い迫る者たちはみな追いついた。彼女が苦しみのただ中にあるときに。シオンへの道は喪に服し、例祭に行く者はだれもいない。……」（3～6節）。民は祖国を離れ、捕囚の地に引かれて行きました。かつては多くの巡礼者たちが行き来した門は荒れ果て、神殿もまた見捨てられました。一方で、彼女の敵は勝利し、大いに栄えています。このことが起こったのは、彼女が多くの背きの罪を犯したからです。エルサレムの住民たちは奴隷となり、指導者たちは狩人に追われる鹿のように逃げ回っています。

（3）「エルサレムは思い出す。苦しみとさすらいの日々にあって、昔から持っていた自分のすべての宝を。……」（7～9節）。エルサレムは、かつて自分が持っていた富を思い出し、悲惨な現状に愕然とします。エルサレムは敵の物笑いの種となっています。荒廃の原因は、彼女自身の罪にあります。彼女は、偶像礼拝の末路を考えることもなく、霊的淫行に走りました。

（4）「敵は、彼女が宝としているものすべてにその手を伸ばした。諸国の民がその聖所に入るのを　彼女は見た。……」（10～11節）。彼女は、神殿が汚されるのを目撃しました。異邦の民が、聖所に入ったのです。彼女は、神殿がそこに建っている限り、自分たちは安全だと考えていたのです。神殿を「お守り」と見ることも、富に信頼を置くことも、ともに愚かな考えです。真の神に信頼を置くことこそ、平安を得る道です。

エルサレムの懇願

（1）エルサレム自身が、道行く人たちに呼びかけます（擬人法）。「あなたがたには関係がないのか。道行くすべての人よ、よく見よ。　このような苦痛がほかにあるか。　私が被り、主の燃える怒りの日に　主が私を悩ませたような苦痛が。……」（12～14節）。①彼女（エルサレム）は、自分が犯した罪のゆえに、この裁きが降りかかったことを認めます。②神の裁きは、狩人が網を張って獣や鳥を生け捕りにするようにやってきました（誰も逃れることができないという意味）。③彼女は、罪のゆえにくびきを負わされ（奴隷の象徴）、バビロンの支配下で苦しむことになりました。

（2）神の裁きが、ぶどう踏みにたとえられています（15～17節）。ぶどうの実が踏みつけられるように、エルサレム（おとめ、娘ユダ）は完全に破壊されました。彼女を慰めてくれる者は誰もおらず、敵は彼女のことを「汚らわしいもの」（生理による儀式的汚れを指す）と見なしました。

告白と祈り

（1）彼女は自らの罪を告白します。主の命令に逆らったために、裁きがきたと（18～19節）。主は恵み深いお方ですが、同時に、罪を見逃すことのできないお方でもあります。

（2）次に彼女は、自分が通過している苦しみに目を留めてくださいと祈ります（20～22節）。外には剣があり、家の中には死があります。バビロンの包囲から逃れようとした者たちは殺され、町に留まった者たちは餓死しました。

（3）そして彼女は、神が敵に報復してくださるようにと祈ります。この祈りの最終的成就は、大患難時代にやってきます（黙16・12～16、19・19～21参照）。

（4）神から離れて自由を求めようとする者は、必ず罪に束縛されます。神に従うことこそ、真の自由を体験する道です。

哀歌2章

ああ、主は娘シオンを　御怒りの雲でおおい、イスラエルの栄えを　天から地に投げ落とし、御怒りの日に、ご自分の足台を思い出されなかった。（哀歌2・1）

この章から、以下のことを学びましょう。（1）エルサレムが滅びた本当の理由は、神がその罪を裁かれたことにあります。（2）エレミヤは、エルサレムの惨状を5つの角度から描写します。（3）エルサレムは、主に向かって、自分の惨状を顧みてくださいと叫びます。

神の怒り

（1）ここから第2の哀歌が始まります。エレミヤの関心は、エルサレムそのものから、そこに下った神の裁きに移行します。以下、2章のアウトラインです。①神の怒り（1～10節）。②エレミヤの嘆きと民への呼びかけ（11～19節）。③民の応答（20～22節）。

（2）「ああ、主は娘シオンを御怒りの雲でおおい、イスラエルの栄えを天から地に投げ落とし、御怒りの日に、ご自分の足台を思い出されなかった。……」（1～5節）。「娘シオン」とは、エルサレムのことです。エルサレムが滅びた本当の理由は、神がその罪を裁かれたことにあります。「ご自分の足台を思い出されなかった」とは、神殿が破壊されることを許されたという意味です。

（3）神殿は園にするように荒らされ、そこは滅ぼされました（6～7節）。シオンでの祭りや安息日は忘れ去られ、かつては巡礼者の喜びの声が聞こえていた城壁では、敵の喜ぶ声が聞こえるようになりました。

（4）エルサレムの指導者たちは、異国に連れ去られました。かつて彼らは、町を守る霊的な城壁でしたが、物理的な城壁が破壊されたのと並行して、霊的な城壁も破壊されました。こうして王、祭司、預言者の3者は、その役割を果たせなくなりました。

エレミヤの嘆き

（1）エレミヤは、惨状を5つの角度から描写し、嘆きの声を上げます。最初のスケッチは、町が包囲されている間に起きた飢餓の状況です（11～12節）。エレミヤは、幼児や乳飲み子を取り上げることによって、飢餓がいかに耐え難い状況であったかを描写します、母親は、懐で幼子が死んでいくのを見ているだけです。

（2）第2のスケッチは、ある人が悲しんでいる友人を慰めようとして声をかけている姿です（13節）。これは、エレミヤによるエルサレムへの直接的呼びかけです。しかし、神の裁きが余りにも厳しいので、エルサレムが慰められることはありません。

（3）第3のスケッチは、偽預言者たちがエルサレムの崩壊を早めている姿です（14節）。偽預言者たちは、人々の耳に心地良いことばだけを語り、人々を破滅に導きました。

（4）第4のスケッチは、敵がエルサレムをあざける姿です（15～17節）。かつて美の極みと言われた町、全地の喜びであった都が、見る影もない姿に変わり果てました。しかしエレミヤは、敵を誇らせないために、これを行ったのは主であると宣言します。

（5）第5のスケッチは、人々が主に祈っている姿です（18～19節）。「あなたの心を主の前に、水のように注ぎ出せ」とは、真実な祈りを献げよという意味です。幼子たちのための祈りが、真実な祈りの中心となっています。嘆き悲しむことは、不信仰な態度ではありません。むしろ、真実な心で神に窮状を訴えることこそ、信仰の現れです。

エルサレムの懇願

（1）20～22節では、エルサレムが主に向かって叫び声を上げます（20節）。深刻な飢餓のために、自分の子どもを食べてしまう者まで出てきました。これは、モーセが預言していた内容と合致します（レビ26・27～29、申28・53～57参照）。

（2）町の通りでは、幼い子どもと老人たちの死体が瓦礫の中に横たわっています（21節）。若い女たちも若い男たちも、バビロン軍の剣に倒れました。バビロンの兵士たちは、エルサレムに侵入したとき、大いに怒っていました。なぜなら、エルサレムは30か月もの間、敵を寄せ付けなかったからです。

（3）バビロンの兵士たちは、老若男女の区別なく殺戮をくり返しました（22節）。しかし、最後の審判者はバビロンではなく神です。そのことを思い出させるために、エレミヤは再び、神がこの裁きをもたらしたと宣言します（2・17参照）。

（4）エルサレムはこの悲劇を回避できたはずです。なぜならエレミヤが、この日がくることを何度も預言していたからです。神は今、私たちにどのような警告を発しておられるでしょうか。聖書を通して語られる神の声に聞き従う人は幸いです。

哀歌3章

私は、主の激しい怒りのむちを受けて　苦しみにあった者。主は、私を連れ去り、　光のない闇を歩ませ、御手をもって一日中、　繰り返し私を攻められた。（哀歌3・1〜3）

この章から、以下のことを学びましょう。（1）3章は、哀歌の中心となる章で、66節もあります。（2）エレミヤは、民を代表して、自らの苦難について語ります。（3）次にエレミヤは、神の計画を知ることによって希望を見いだします。（4）最後にエレミヤは、民に祈りの勧めを行い、自らも神に祈ります。

エレミヤの苦難

（1）3章は哀歌の中心となる章で、3つに区分されます。①エレミヤの苦難（1〜18節）。②神の計画を知ることで与えられる希望（19〜40節）。③神への祈り（41〜66節）。

（2）1章から4章では、各節の始まりの文字がヘブル語のアルファベット（22文字）順になっています（美しいヘブル語の詩の形式）。5章だけは例外です。さらに、1章、2章、4章、5章は、すべて22節から成っています。3章は、その3倍の66節から成っています。同じアルファベット文字3回のくり返しが、22回出てくるからです。つまり、3回×22節＝66節となっているのです。

（3）エレミヤは、民全体を代表して語っています。「主は、私の肉と皮をすり減らし、私の骨を砕き、……」（4節）。神の裁きのゆえに、エレミヤの健康が損なわれました。「骨を砕き」とは、内面の苦悩を表現する比ゆ的ことばです。神は、助けを求める彼の祈りを無視しておられます。それどころか、エレミヤを弓の的のようにし、矢筒の矢を射込んできます（10〜13節）。彼は平安を失い、絶望状態に置かれています、

エレミヤの希望

（1）エレミヤは、自らの苦悩の体験を思い出すたびに、絶望の淵に沈み込みます。しかし彼は、自分たちが滅び失せなかったのは、主の恵みによると

いうことに気づきます（22～24節）。神は、契約に基づいて民の罪を裁かれますが、同時に、裁きを通して「レムナント」（真の信仰者）を残されます。民の罪がいかに深くても、神の恵みを無効にするほどのものではありません。神の恵みは、「朝ごとに新しい」のです。ここでエレミヤは、「それゆえ、私は主を待ち望む」（24節）という告白へと導かれます。

（2）神は、申命記で約束された原則どおりに行動されるお方です（申28・1～68、30・1～20）。エレミヤは、苦難に関する7つの原則を提示します。①民は、神による回復の希望をもって苦難に耐えるべきである（25～30節）。②苦難は一時的なもので、苦難の中にも主の恵みは豊かに用意されている（31～32節）。③神は、苦難を与えることを喜んではおられない(33節)。④もし苦難が権力者の不義によって生まれているものなら、神はそれをお許しにならない（34～36節）。⑤苦難は常に神の主権と関係している（37～38節）。⑥苦難が襲ってきた理由は、民の罪にある（39節）。⑦苦難は、神の民を神に立ち返らせるという良い結果をもたらす（40節）。

神への祈り

（1）「神への祈り」は、前半（41～47節）と後半（48～66節）に分かれます。前半は、祈りの勧めで、主語は「私たち」です。後半は、エレミヤの個人的祈りで、主語は「私」です。

（2）前半（41～47節）の祈りは、直前の40節から流れてくる祈りです。神の恵みを思い起こした結果、エレミヤは「自分たちの道を尋ね調べて、主のみもとに立ち返ろう」と呼びかけます。ユダが敵によって滅ぼされたのは、彼らが神との契約に背いたからです。

（3）48節で、主語が「私たち」から「私」に変わります。つまり、民の祈りからエレミヤ自身の祈りに移行したということです。民は自らの罪を告白し、神がその告白に応答してくださるのを待っています。エレミヤは、主が答えてくださる時まで、嘆き続けます。かつてエレミヤは、底に泥が溜まっている穴に投げ込まれたことがありました。その穴から、彼は主に助けを求めました。エレミヤの願いに答え、主は彼を解放されました（エレ38・7～13）。

エレミヤの体験は、神が愛に溢れた忠実なお方であることを民に示すしるしとなりました。神は、ご自身に助けを求める者を見捨てることなく、そのいのちを贖ってくださいます。
（4）エレミヤは、自らの体験を基に、「神に立ち返るなら、神はその人を苦難から助けてくださる」という確信を得ました。この原則は、イスラエルの民だけでなく、私たちにも適用されるものです。

哀歌4章

ああ、金は黒ずみ、美しい黄金は色あせ、聖なる石は、道端のいたるところに投げ捨てられている。高価であり、純金で値踏みされるシオンの子らが、ああ、土の壺、陶器師の手のわざと見なされている。（哀歌4・1〜2）

この章から、以下のことを学びましょう。（1）エレミヤは、エルサレムの現状を包囲前の状況と対比させて描きます。（2）包囲された原因は、指導者たちの罪、外国との同盟関係、ゼデキヤ王の責任放棄などです。（3）エドムは、エルサレムの崩壊を喜びましたが、エドムとイスラエルの民の立場が逆転する日が必ずきます。

包囲前と包囲後の対比

（1）3章では、苦難の中での信仰者の応答と祈りが取り上げられました。4章では、エルサレムの惨状の描写に戻ります。①包囲前の状況と包囲後の状況の対比（1〜11節）。②包囲の原因（12〜20節）。

③汚名をすすいで欲しいという叫び（21～22節）。

（2）エルサレムの現状を包囲前の状態と対比させると、神の裁きの厳しさが明確になります。1～6節と7～11節は、対句関係にあります。両者の結論は同じです。エルサレムは、その罪のゆえに神の裁きを受けたというのがそれです。

（3）1～2節では、シオンの子らの価値（美しい黄金）は、壊れた土器のようになったと書かれています。当時の土器は、消耗品でした。並行箇所の4章7～8節では、聖別された者たちが落ちぶれ果て、軽蔑されるようになったと書かれています。

（4）3～5節では、子どもも大人も、飢餓で苦しむようになったと書かれています。並行箇所の9～10節では、餓死する者の悲劇が記されています。子どもも大人も、ともに苦しんでいます。包囲によって約2年間城壁の内側に閉じ込められた民は、深刻な飢餓を経験しています。

（5）6節が結論です。エルサレムの罪はソドムの罪よりも大きいので、神の裁きが下りました。並行箇所の11節でも、同じ結論が書かれています。エルサレムは、ソドムよりもはるかに多くの恵みと祝福を、主から受けていました。それゆえ、その罪は大きいのです。

包囲の原因

（1）エルサレムの城壁は補強され、水の供給もヒゼキヤのトンネルによって確保されていました。王も住民たちも、この町は難攻不落であると信じていました。しかし、町は滅びました。なぜでしょうか。第1の原因は、神と民の間の仲介者として立てられている者たち（預言者たちや祭司たち）が、罪を犯したことです（13～16節）。彼らは、神の契約に忠実に歩むことを民に教える代わりに、罪のない人たちの血を流しました。彼らは、重い皮膚病の人（ツァラアト患者）のように扱われ、神によって契約の共同体から追放されました。

（2）崩壊の第2の原因は、外国と同盟関係に入ったことです（17～19節）。ユダは、神に信頼しないでエジプトに助けを求めましたが、エジプトは何の助けにもなりませんでした。バビロンは鷲よりも早くエルサレムを襲い、逃亡者たちを追跡しました。

（3）崩壊の第3の原因は、ゼデキヤ王の責任放棄にありました（20節）。彼は自らの責務を放棄し、ヨルダン川の東に逃れようとしました。バビロン兵たちは彼を捕え、その息子たちを皆殺しにしました。ゼデキヤ自身は、鎖につながれて連行されました。

立場の逆転

（1）エドムは、エルサレムがバビロンによって滅ぼされる過程において、積極的な役割を果たしました（詩137：7参照）。エドムはイスラエルの民と親戚関係にあったのですが、彼らはイスラエルの民に対して蛮行を働き、その滅亡を喜びました（21節）。またエドムは、バビロンからユダの領地の一部を譲り受けました。彼らは、エルサレムの崩壊によって利益を得た異邦人諸国の代表です。しかし神は、イスラエルを攻撃した異邦人諸国を必ず裁かれます（申30・7）。

（2）「娘シオンよ、あなたへの刑罰は果たされた。主はもう、あなたを捕らえ移すことはなさらない。だが、娘エドムよ、主はあなたの咎を罰し、あなたの罪を暴かれる」（22節）。現在の状況では、イスラエルが裁かれ、エドムが喜んでいますが、将来その状況が逆転します。イスラエルは約束の地に回復され、その地にとこしえに住むようになりますが、エドムは神の裁きを受けます。神は、ご自身の約束を必ずお守りになります。神の計画に反抗するのではなく、その成就のために労する人は幸いです。今悲しんでいる人は、必ず慰められます。

哀歌5章

主よ、あなたのみもとに帰らせてください。そうすれば、私たちは帰ります。昔のように、私たちの日々を新しくしてください。あなたが本当に、私たちを退け、極みまで私たちを怒っておられるのでなければ。（哀歌5・21～22）

この章から、以下のことを学びましょう。（1）エレミヤは、この書を締めくくるための祈りを献げます。（2）「イスラエルの残りの者たち」は、神に「行動を起こしてください」と懇願します。（3）困難な状況に置かれた民は、自らの罪を嘆き、悔い改めを表現します。（4）本書の最後の4節は、回復を求める祈りです。

主への懇願

（1）5章の祈りは、この書を締めくくるためのものです。エレミヤはこの祈りを祈りながら、民に祈りの方法を教えています。「イスラエルの残りの者たち」は、主に懇願します。自分たちの悲惨な状況を思い出し、「目を留めて、よく見てください」と（1節）。「目を留めてください」とは、「行動を起こしてください」という意味です。

（2）「私たちのゆずりの地は他国人の手に、私たちの家は異国の民の手に渡りました。私たちは父のいないみなしごとなり、母はやもめのようになりました。……」（2～5節）。民の状態は、「みなしご」や「やもめ」と同じです。ユダの地は他国人の手に渡り、バビロンが主権者となりました。民は、奴隷のように酷使されています。

（3）「私たちは十分な食物を得ようと、エジプトやアッシリアに手を伸ばしました。私たちの先祖は罪を犯し、今はもういません。彼らの咎は私たちが負いました。……」（6～8節）。ユダの苦難の原因の1つは、エジプトやアッシリアと同盟を結んだ先祖たちの罪にありました。今の世代の者たちは、先祖たちの罪の当然の帰結として神の裁きが下ったことを理解しました。

生存のための戦い

（1）「荒野には剣があり、私たちは、いのちがけで食物を得ています。私たちの皮膚は、飢饉の激しい熱で、かまどのように熱くなりました」(9～10節)。「荒野には剣がある」とは、攻撃的な遊牧民がいるということでしょう。民は飢えをしのぐために、危険な砂漠を通過して食物を買いに行かなければなりません。彼らの皮膚は、「かまどのように」焼けただれています。これは、栄養失調が原因の皮膚疾患のことでしょう。

(2)「女たちはシオンで、おとめたちはユダの町々で、辱められました。首長たちは彼らの手で木につるされ、長老たちは尊ばれませんでした。若い男たちはひき臼をひかされ、……」(11～14節)。主語が「私たち」から「三人称」に変わっています。これは、この苦難を逃れることができた人はひとりもいないことを示すものです。エルサレムの女たちとユダの乙女たちは、バビロンの兵士たちによって辱められました。町の指導者たちも拷問に遭い、若い男たちは労働を強いられました。民は、自分の罪を嘆き、自分を責めるしかありません。自らの罪を嘆くことは、神との和解の第一歩であることを覚えましょう(15～18節)。

回復を求める祈り

(1) 最後の4節で、エレミヤと民は、懇願の祈りを神に献げます。民は、自分たちが滅びたのは神の責任ではなく、自分たちの罪のゆえであることを認めます。民を裁かれるお方は、民を回復させる力も持っておられます。

(2)「なぜ、いつまでも私たちをお忘れになるのですか。……」(20節)。民は、2つの質問をしていますが、意味は同じです(対句法)。民は、神がご自身の契約に基づいて行動を起こされることを願っています。モーセは、民が自らの罪を告白するなら、神は約束を果たしてくださると予告していました(レビ26・40～42)。

(3)「主よ、あなたのみもとに帰らせてください。そうすれば、私たちは帰ります。昔のように、私たちの日々を新しくしてください。……」(21～22節)。民は、神のもとに帰ることを願っています。神がイスラエルの民を完全に拒否することは、決してありません。なぜなら、神はご自身の契約に忠実なお方だからです。

（4）本書は、希望で終わります。民は、試練の中で希望を見いだしました。神の約束に基づいて約束の地に帰還するという希望です。その希望を実現へと導く唯一の条件は、「悔い改め」です。エレミヤは、絶望したままで筆を置いてはいません。イスラエルの民と結んだ契約は「無条件契約」です。神がそれゆえ、イスラエルの民には希望が残されています。同じ希望が、イエス・キリストを救い主と信じる私たちにも与えられています。

エゼキエル書1章

カルデア人の地のケバル川のほとりで、ブジの子、祭司エゼキエルに主のことばが確かに臨んだ。その場所で主の御手が彼の上にあった。
（エゼキエル書1・3）

この章から、以下のことを学びましょう。（1）エゼキエルは、ケバル川のほとりで神からの召命を受けました。（2）彼は、シャカイナグローリーの中に4つの「生きもののようなもの」（ケルビム）が現れるのを見ました。（3）さらに、輪の幻と大空の上にある王座の幻を見ました。（4）捕囚の地に現れたシャカイナグローリーは、神がイスラエルの民とともにいることのしるしとなりました。

エゼキエルの召命

（1）「第三十年」（1節）とあるのは、エゼキエルの年齢でしょう（祭司は、30歳で奉仕を開始します）。もしそうなら、彼の経歴は次のようになります。捕囚は3回ありました。①1回目が前609年、②2回目が前597年、③3回目が前586年です。彼が捕囚民となったのは、2回目のときで、年齢は25歳でした。それから5年後、つまり前593年に預言者として召されました。召命を受けた地は、ケバル川のほとりでした。

（2）以下の4点に注目しましょう。①「天が開け」。旧約聖書では、イザヤ書6章とエゼキエル書1章以外に、「天が開けた」事例はありません（新約聖書では、マタ3・16、ルカ3・21、ヨハ1・51、使7・56、10・11、黙4・1、19・11）。②「神々しい幻を見た」。③「主のことばが確かに臨んだ」。④「主の御手が彼の上にあった」。御手の守りによって、彼は「誤りなき記録」を残すことができました。

シャカイナグローリー

（1）目に見えない神の栄光が、風、雲、火、輝きなどの現象として現れたものが、シャカイナグローリーです。①激しい風、雲、火などが「北から」きています。「北から」ということばは、主の裁きを象徴しています（敵は北からやって来る）。②その周りには輝きがあり、火の中央にはさらに琥珀のようなきらめきがありました。③その激しい風の中に、4つの「生きもののようなもの」(ケルビム)が現れました。おのおの4つの顔と4つの翼を持ちながら、全体的には人間のような姿をしていました。その顔は、正面が人間(創造の冠)、右側が獅子(野獣の王)、左側が牛(家畜の王)、後ろが鷲(鳥の王)となっていました。④彼らは、2つの翼で互いに連なっていました。つまり、人間の顔がすべての方向を見渡していたということです。

輪の幻

(1)4つの生きもの(ケルビム)は、全体としては1つの生きもののように動いていました。4つの「輪」は、その生きものと地をつなぐ役割を果たしています。「ちょうど、輪の中に輪があるようであった」(16節)。この輪は、向きを変えないでどの方向にでも進むことができました。この輪は、霊が命じるままに、生きものと一体となって自由自在に動き回ることができました。神の栄光は、御心の赴くままに輝き出るのです。

(2)この輪は、見る者に恐怖心を与えました(縁の高さと、周りの縁についていた無数の目のゆえです)。無数の目は、神が全知全能で、遍在しておられることを表しています。捕囚の地に現れたシャカイナグローリーは、神がイスラエルの民を見捨てていないことのしるしとなりました。

大空の上にある王座

(1)「水晶」とは、「一枚の大きな氷の板」のようなものです。4つの生きものが1つとなってそれを支えているイメージです。4つの生きものは、2つの翼で飛び、ほかの2つの翼でからだを覆っていました。大空のはるか上から神の声がかかったとき、彼らは立ち止まり、その翼を垂れました。

(2)氷の板のはるか上のほうに、何か王座に似たものがありました。これは神の王座です。エゼキエルは、ここに至って初めて自分が見ている幻がシャカイナグローリーであることを明かします。その王座のはるか上に、人間の姿に似たものがありました。腰の辺りから上のほうには、火のようなものが見えました。下のほうにも火のようなものがありました。

（3）「その方の周りにある輝きは、雨の日の雲の間にある虹のようであり、……」（28節）。虹は、創世記9章13、16節では神の永遠の契約のしるしでした。また、黙示録4章3節では、キリストの御座に虹が輝いています。捕囚の地にあって神は、シャカイナグローリーの中にご自身を現されました。エゼキエルはこれを見て、ひれ伏しました。私たちも、神の栄光の前にひれ伏そうではありませんか。

エゼキエル書2章

「彼らは厚かましく、頑なである。わたしはあなたを彼らに遣わす。あなたは彼らに『神である主はこう言われる』と言え。反逆の家だから、聞く聞かないに関わりなく、彼らは自分たちのうちに預言者がいることを知らなければならない。」

（エゼキエル書2・4〜5）

この章から、以下のことを学びましょう。（1）神はエゼキエルに、「人の子」と呼びかけます。（2）エゼキエルは、聖霊の力によって立ち上がります。（3）彼は、「神に反抗する国民」に遣わされます。（4）彼は、巻物を食べるように命じられます。

人の子

（1）「人の子」という呼びかけは、旧約聖書ではダニエル書8章17節に出てくるだけで、それ以外はすべて本書に出てきます（90回以上）。このことばは、人間の弱さ、壊れやすさを示しています。

（2）「人の子」ということばがメシアの称号とし

て認識され始めるのは、中間時代（旧約聖書と新約聖書の間の時代）になってからです。イエスが公生涯に立たれた頃には、「人の子」はメシアの称号として広く認識されていました。主イエスはこの称号を、ご自分に当てはめておられます（マコ10・45）。「人の子」と「神の子」は、相反する意味を持っています。前者はイエスの人間性を、後者はイエスの神性を表しています。

（3）神の命令には、それを実行するための力が伴っています。「自分の足で立て」という命令に応答して、エゼキエルは立ち上がりました。それを可能にしたのは、聖霊の力です。聖霊の働きに関して、旧約時代と新約時代には差があります。今は、聖霊がすべての信者に内住する時代ですが、旧約時代には、聖霊は特定の人物のうちに、召された仕事を実行する期間だけ、とどまりました（詩51・11を参照）。

召命のことば

（1）エゼキエルが遣わされる民は、「わたしに反抗する国民（複数形）」（3節）と言われています。「国民」が複数形になっているのは、それが北王国と南王国を指しているからです。エゼキエルは、両方の民に対して神のことばを語るために預言者として立てられました。彼らは、先祖以来、反逆の道を歩んで来た「厚かましく、頑な」な国民です。彼らに対して、「神である主はこう言われる」と語るのがエゼキエルの役割です。主の御名によって語る理由は、契約を破棄した民を責め、悔い改めを迫るためです。

（2）エゼキエルの使命は、決して容易なものではありません。最初から、民が耳を傾けないであろうことが前提となって、それでも語れというのです。そうする理由は、彼らのうちに預言者がいることを知らせるためです。神は、反逆の民は「あざみであり、茨であり、サソリだ」と言われます。彼らが聞いても聞かなくても、神のことばを語るのが預言者の使命です。

巻物を食べよ

（1）エゼキエルに対する神からの命令は、すべての神のしもべに与えられている普遍的命令でもあります。①神からの召しを受けたなら、それを拒んではなりません。エゼキエルの場合は、モーセやエレミヤのように、召命を断るようなことはしませんでした。②次に、口を大きく開いて、神が与えるものを食べなければなりません。神が与えるものとは、神のことばです。食べるとは、自分で味わい、経験し、それを自己存在の一部とするということです。③神から示されたのは、1つの巻物でした。普通は、巻物の片面だけに字が書かれるのですが、この場合は、空いているスペースに字がぎっしりと詰まっていました。つまり、エゼキエルが何か書き加える余地はなかったということです。

（2）エゼキエルに対する召命のことばは、私たちにも大きなチャレンジを与えています。現代のクリスチャンは、結果だけを見て、神に祝されているかどうかを判断する傾向があります。もし目に見える結果だけが成功の基準であるなら、エゼキエルは失敗した預言者だということになります。しかし、このような理解は間違っています。聖書では、忠実に神のことばを語ったかどうかだけが成功したかどうかの基準となります。この基準に従って、クリスチャンとしての成功を求めようではありませんか。

エゼキエル書3章

そして言われた。「人の子よ。わたしがあなたに与えるこの巻物を食べ、それで腹を満たせ。」私がそれを食べると、それは口の中で蜜のように甘かった。（エゼキエル書3・3）

この章から、以下のことを学びましょう。（1）エゼキエルが巻物を食すると、それは蜜のように甘く感じられました。（2）神は、エゼキエルの顔と額を硬くすると約束されます。（3）彼は、「イスラエルの家の見張り人」として召されます。（4）彼は、7年半もの間、家に閉じこもります。

預言者としての派遣

（1）エゼキエルが見た巻物には、「嘆きと、うめきと、悲痛」（2・10）が記されていました。彼は、自分の力で巻物を食べたのではなく、主が食べさせてくださいました。彼は口を開けただけです。これもまた、私たちが学ぶべき点です。神のことばは、蜜のように甘く感じられるものです（詩

119・103）。

（2）彼が派遣される先は、「難しい外国語を話す民」のところではなく、イスラエルの家です。この派遣には、「必ず失敗に終わる」という予告が伴っていました。失敗に終わる理由は、イスラエルの家が反逆の家だからです。神は、エゼキエルの顔と額を彼らの顔と額のように硬くすると約束されます。彼の体験は、私たちにとっても教訓となります。①彼は、神の力によって反逆の民に立ち向かうことを学びました。②彼は、成功の基準を神の観点から見ることを学びました。

（3）霊が彼を持ち上げ、捕囚民の町テル・アビブに運びました。この移動は、実際にあったと考えるべきです。同じことが、使徒の働き8章39節で伝道者ピリポに起こっています。エゼキエルは、「憤りを覚えつつ、苦々しい思いで」そこに帰っています。これは、彼の内面的葛藤を表現したことばです。彼は7日間、茫然として捕囚民の中に座り込んでいました。主なる神の主権、尊厳、栄光は否定できない事実ですが、彼が伝えるように命じられたのは、裁きの預言です。捕囚民の悲惨な運命を考えると、彼の心は悲しみと苦々しさでいっぱいになったのです。

（4）彼は、「イスラエルの家の見張り」（霊的な見張り人）として召されました。彼は、2種類の人たちに対して語るように命じられました。①悪者に対しては、「あなたは必ず死ぬ」との警告を与え、悔い改めを迫らなければなりません。もしそれを怠るなら、悪者の血の責任を問われることになります。しかし、警告を発しても悪者が悔い改めないなら、エゼキエルには責任がありません。②正しい人が不正を行うようになったときにも、やはり警告を与えなければなりません。ここでの「正しい人」とは、モーセの律法に忠実に歩んでいる人です。以上の命令は、今の私たちに適用されるものではありませんが、信者の責任の重さを自覚するためには、重要なものです。

預言者としての活動の開始

（1）22節から新しい区分に入ります。エゼキエルは預言者としての活動を開始しますが、この箇所はその前書きです。平地に行けという命令が下ります。この平地は、37章の平地と同じ場所ですが、まだ枯れ骨はありません。37章の幻は、エルサレムが崩壊して以降のものです。

（2）この平地で、彼は再びシャカイナグローリーを目撃し、地にひれ伏します。前回同様、霊が彼の内に入り、彼を立ち上がらせます。主からの語りかけは、「行って、あなたの家に閉じこもっていなさい」（24節）でした。この状態が7年半も続きますが、民のほうからやって来て、彼の指示を仰ぐことはありました（14・1参照）。

（3）彼は、縄で縛られます。これは比ゆ的表現で、神のことばが縄となって彼を縛るという意味です。その結果、彼は反逆の民のところに出て行けなくなります。また、彼の舌は上あごに付き、民を責める預言が語れなくなります。これは、彼が完全にことばを喋れなくなったということではありません。7年半の間に、彼は多くの預言を語りました（4章から33章の内容がそれです）。彼は、主が口を開いてくださるときだけ語るようにとの命令を受けます。つまり、神のことばだけを語れということです。この状態は、エルサレムが崩壊するまで続きます。

（4）私たちの場合も、語る前に、神の前で静思の時を持っているかどうかが問われます。語らないことは罪ですが、語り過ぎることも問題です。神が口を開いてくださった時だけ語るという「芸術」を身に付ける努力をしようではありませんか。

エゼキエル書4章

「人の子よ。あなたは粘土の板を一枚取り、それを自分の前に置き、その上にエルサレムの町を描け。」（エゼキエル書4・1）

この章から、以下のことを学びましょう。（1）エゼキエルは、4つの象徴的行為によって、エルサレムに対する裁きを預言します。（2）この章では、最初の3つの象徴的行為が出てきます。①エルサレムの包囲、②身を横たえること、③パンを焼くこと。（3）4番目の象徴的行為は、次の章に出てきます。

4つの象徴的行為

（1）神はエゼキエルに、4つの象徴的行為によって、ユダとエルサレムに対する裁きの預言を語るように命じます。第1の象徴的行為は、エルサレムの包囲です。①粘土板にエルサレムの町を描け。②粘土板をエルサレムの町と見立てて、包囲網を張れ。これは、エルサレムが必ず敵に包囲されることを預言したものです。③エルサレムが描かれた粘土板とエゼキエルの間に、「鉄の板1つ」を「鉄の壁」として立てよ。板が鉄である理由は、神の守りの堅固さを表すためです。④（エゼキエルは）顔をしっかりとこの町に向けよ。エゼキエルはエルサレムに向かって滅びの預言を語るのですが、神は鉄壁の守りをもって、エゼキエルに危害が及ばないようにしてくださいます。

（2）第2の象徴的行為は、身を横たえるということです。①彼は、左脇を下にして身を横たえます（「左」には「北」という意味があります）。それは、イスラエルの家（北王国）の咎を自分の身に負うためでした。その期間は390日間です。それは1年を1日に換算した結果の数字です。②次に、右脇を下にして横たわります（「右」には「南」という意味があります）。それは、南王国ユダの咎を負うためです。今度は40日間です。③いずれの場合も、顔をエルサレムに向け、腕をまくって預言するのです。神ご自身が彼に縄をかけましたので、彼は包囲の期間が終わるまで、寝返りが打てない状態に置かれました。④390日と40日、合計430日という数字は何を意味しているのでしょうか。430日は

430年のことです。その年数が何を意味しているかに関しては、昔からさまざまな議論があります。恐らくこれは、エルサレム崩壊（前586年）からマカベア王国建設（前156年）までの期間を指すと思われます（マカベア戦争の結果、イスラエルは短期間ですが独立を回復しました）。

（3）第3の象徴的行為は、パンを焼くことです。これは、飢餓状態が襲うという預言になっています。①6種類の穀物を交ぜてパンを焼くようにとの命令が下ります。通常は大麦か小麦でパンを焼きます。それ以外の穀物を交ぜるのは、食料が不足したときだけです。②食べる量が制限されます。1日1回、20シェケル（およそ230g）です。飲み水も1ヒンの6分の1（およそ630cc）に制限されました。乾燥地帯にあっては、この量は非常に厳しいものです。③これらのことを、脇を下に横たわっている間、実行します。これによって、エルサレムの飢餓状態を象徴的に表現するのです。④民の目の前で、人の糞を燃料としてパンを焼くようにとの命令が下ります。人の糞は、モーセの律法では「汚れたもの」とされています（申23・12～14）が、それを燃料に使用すること自体は禁じられていません。しかし、祭司エゼキエルにとっては、人の糞を燃料にすることは耐え難いことでした。彼は、自分はかつて汚れた食物を食べたことがないと懇願します。そこで主は、人の糞の代わりに、牛の糞を使うことを許可されます。牛の糞は、今でもベドウィン人たちにとっては貴重な燃料です。

（4）これらの象徴的行為の内容が、そのまま成就する時が迫っています。それが17節の内容です。「……こうしてパンと水が乏しくなり、だれもかれもが茫然として、自分たちの咎のゆえに朽ち果てる」。物質的に満ち足りているとき、人は往々にしてそれが神からの恵みであることを忘れ、傲慢に陥ります。そういう場合、神はあらゆる意味の飢餓状態をもたらすことによって、人を悔い改めに導かれます。私たちに関しては、与えられている数々の恵みを思い起こし、神に感謝する習慣を身に付けようではありませんか。

エゼキエル書5章

「それゆえ――神である主はこう言われる――今、わたしはあなたを敵とし、国々の目の前で、あなたのただ中でさばきを下す。あなたのしたすべての忌み嫌うべきことのゆえに、これまでしたこともなく、これからもしないようなことを、あなたに対して行う。」（エゼキエル書5・8～9）

この章から、以下のことを学びましょう。（1）第4の象徴的行為は、髪とひげを剃ることです。（2）エゼキエルは、剃られた毛を3等分せよと命じられます。（3）その象徴的行為の意味が解き明かされます。

第4の象徴的行為

（1）第4の象徴的行為は、髪とひげを剃ることです。①エゼキエルは、鋭い剣を床屋のかみそりのように使って、頭とひげを剃るように命じられます。これは、「悲しみを表現する」行為です。②祭司は、髪やひげを剃ることを禁じられていました（レビ19・27）。エゼキエルは祭司ですので、もしエルサレムにいたとしたら、この命令は律法違反になります。しかし彼は、今捕囚の地にいて、祭司職から離れています。

（2）彼は、剃られた毛を3等分せよと命じられます。①最初の3分の1は、包囲の期間の終わる時、町の中で焼きます。つまり、エルサレムを掘り込んだ粘土板の上で焼くということです。②次の3分の1は、町の周りに置いてそれを剣で打ちます。③最後の3分の1は、風に乗せて散らします。これらの行為はすべて、エルサレムの住民の運命を預言したものです。

（3）最後の3分の1を風に乗せて散らす前に、そこからわずかな毛を取り、衣の裾に包みます（生き延びるわずかばかりの人を指しています）。さらにその中からいくらかを取って、それを火の中に投げ入れます（生き延びた人の中にも、逃げた先や捕囚の地で死ぬ人がいることを表しています）。

象徴的行為の解き明かし

（1）「わたしはこれ（エルサレム）を諸国の民の

ただ中に置き、その周りを国々が取り囲むようにした」（5節）。これは地理的真理ではなく、神学的真理です。神が諸国の民のただ中に置いたエルサレムは、神を知らない諸国の民以上に悪事を働き、モーセの律法に違反してきました。これは、人類の歴史上なかったような悪行です。それゆえ神は、比類のない裁きをもって対抗されます。その一例が、親子が互いの肉を食い合うことです。ここに書かれている裁きの預言は、モーセが警告していたとおりのものです（レビ26・14～39、申8・11～20、28・53など参照）。

（2）イスラエルの民は聖所を汚した（具体的な内容は8章で解説される）ので、神からの裁きに遭います。裁きの具体的な内容は以下のものです。①3分の1は疫病で死ぬか、飢饉で滅びる。②3分の1は剣に倒れる。③残りの3分の1は四方に散らされ、剣で追われる。以上のことは、第4の象徴的行為が預言していた内容そのものです。

（3）エルサレムには、主の恵みと愛を諸国民に知らせるという使命が与えられていました。しかしその住民は、諸国民が見ている真中で主との契約関係を破り、御名に辱めをもたらしました。それゆえ主は、諸国民が見ている真中で、エルサレムとその住民を裁かれるのです。

（4）「わたしの怒りが出し尽くされると、わたしは彼らに対する憤りを収めて満足する。わたしが彼らに対する憤りを終わらせたとき、彼らは、主であるわたしが、ねたみをもって語ったことを知る」（13節）。主の裁きの背後にあるのは、罪と不義に対する燃えるような憤りです。神が義を求めておられることを前提にしなければ、エルサレムに下る裁きの意味を理解することは不可能です。

（5）主からの裁きは、周りの国々の中で、また、通り過ぎるすべての者の目の前で行われます。①主がイスラエルの民をカナンの地に置いたのは、諸国の民に契約の民の祝された生活ぶりを見せるためでした。しかし、彼らの背きの罪のゆえに、主は今、諸国の民の前でイスラエルの民を裁かれます。②エレミヤは、裁きが成就した様子を哀歌にしています。「娘シオンの長老たちは、地に座して黙し、頭にちりをかぶり、身に粗布をまとった。エルサレムのおとめたちは、頭を地に付くほど垂れた」（哀歌2・

10)。

(6)今の時代は、神の義、神の裁き、悔い改めなどについて無関心です。私たちクリスチャンは、時代の風潮に流されてはなりません。罪に対して鈍感になっているこの時代の病根は深いです。聖霊が働いてくださり、同胞たちの間に悔い改めの心を起こしてくださるように、祈りましょう。

エゼキエル書6章

「あなたがたがどこに住もうとも、町々は廃墟となり、高き所は荒らされる。こうして、あなたがたの祭壇は廃墟となり、罰を受ける。あなたがたの偶像は破壊されて消滅し、あなたがたの香の台は切り倒され、あなたがたのわざは消し去られ、刺し殺された者があなたがたのただ中に横たわる。そのときあなたがたは、わたしが主であることを知る。」(エゼキエル書6・6~7)

この章から、以下のことを学びましょう。(1)エゼキエルは、偶像礼拝が行われていた山々に向かって、裁きを予告します。(2)イスラエルの民は、バビロンの地で70年を過ごし、偶像礼拝とは無縁の民となります。(3)生き残った民は、捕囚の地で、主こそ神であることを知るようになります。

イスラエルの山々への預言

(1)イスラエルの山々に対する預言の内容は、神である主は、偶像礼拝の民を裁かれるということです。神は、偶像にご自身の栄光を与えるようなことはなさいません。①「イスラエルの山々」とは、偶像礼拝が行われていた場所のことです。通常、そのような場所は「高き所」と呼ばれていました。②「イスラエルの山々に顔を向け、それらに向かって預言せよ」（2節）とあります。「顔を向け」とは、対決姿勢を示すことばです。③高き所で行われていた偶像礼拝を叱責した預言者は、エゼキエル以外にもたくさんいます（イザ65・7、エレ3・6、ホセ4・13など参照）。

（2）裁きの内容が具体的に預言されます。①祭壇は荒らされ、香の台は破壊されます。②偶像礼拝をしていた者たちは、偶像の前で殺されます。偶像が無力で彼らを救うことができなかったことを示すためです。③死体が偶像の前に置かれ、その骨が祭壇の周りにまき散らされます。これは、偶像の祭壇を汚す究極的な行為です。これと同じことが、善王であるヨシヤ王によって行われました（2歴34・4～5）。④町々は廃墟となり、多くの者が殺されます。そのとき民は、これを行ったのは主であることを知るようになります。

（3）イスラエルの民は、偶像が満ちた地、バビロンに連れて行かれました。彼らはそこで70年間を過ごすのですが、その屈辱的な体験を経て、偶像礼拝の罪を二度と犯さなくなります。神の裁きは、私たちを清め、訓練するためのものです。私たちのうちに神以上に大切なものがあるなら、それがそのまま偶像礼拝です。今聖霊によって、内側を清めていただきましょう。

彼らは知る

（1）主がイスラエルの民を裁かれる理由は、約束の地を清め、民に偶像礼拝の忌まわしさを悟らせるためです。その目的を達成するために、「あなたがたのうちのある者を残しておく」（8節）という約束が与えられます。モーセが申命記4章で預言したとおりです。「また、主はあなたがたを諸国の民の中に散らされ、あなたがたは主が追いやる国々の中で、ごくわずかな者として生き残ることになる」（申4・27）。

（2）生き残った民は、捕囚の地で、次のことを知るようになります。①主が語られた預言が成就したこと。主がモーセや預言者たちの口を通して警告してきたことは、事実そのとおりになりました。②主の裁きが下った原因は、偶像礼拝にあるということ。多くの民が、あれほど熱心に礼拝してきた偶像の前で、殺されました。③裁きの目的は、イスラエルの民を抹殺するためではなく、清めるためであったということ。

（3）「手をたたき、足を踏み鳴らして」（11節）とありますが、これは敵に対するあざけりと、勝利の喜びを表す仕草です。主は、偶像礼拝の民を偶像といっしょに裁くことによって、勝利を宣言されました。再び、3種類の死に方が出てきます。①遠くにいる者は疫病で死にます。②近くにいる者は剣に倒れます。③生き残って監視されている者は、飢饉で死にます。生き残った民は、それをされたのがイスラエルの神であることを悟るようになります。「あなたがたは、わたしが主であることを知る」（13節）。

（4）罪の結果は悲惨です。それを知っている私たちは、自らの姿勢を正すと同時に、周りの人たちに、迫りくる裁きの恐ろしさについて話す必要があります。イエス・キリストの恵みなしには、この裁きを免れる人はひとりもいません。「十字架のことばは、滅びる者たちには愚かであっても、救われる私たちには神の力です」（1コリ1・18）。

エゼキエル書7章

「王は喪に服し、君主は恐怖に包まれ、民衆の手はわななく。わたしが、彼らの行いにしたがって彼らに報い、彼らのやり方にしたがって彼らをさばくとき、彼らは、わたしが主であることを知る。」（エゼキエル書7・27）

この章から、以下のことを学びましょう。（1）エゼキエルは、3つの短い託宣を語ります。すべて、バビロン捕囚を預言したものです。（2）イスラエルの民は、約束の地から切り離されます。（3）ユダの滅びと捕囚は、目前に迫っています。

ユダの滅びは近い

（1）この章には、3つの短い託宣が記されています。①終わりがくる(2～4節)、②災いがくる(5～9節)、③その日がくる（10～13節）。3つの託宣はすべて、ユダの滅びとバビロン捕囚を預言したものです。

（2）第1の託宣。主からの裁きは、偶像礼拝のゆえに民に下り、容赦のないものとなります。この裁きには、目的があります。それが、「そのときあなたがたは、わたしが主であることを知る」（4節）というものです。

（3）第2の託宣も、基本的には第1の託宣と同じ内容です。ここでも、裁きの目的が宣言されます。「このとき、あなたがたは知る。わたしがあなたを打つ主であることを」（9節）。「わたしがあなたがたを打つ主」は、ヘブル語で「ヤハウェ・マッケ」です。マカベア戦争を指導したのはマカベア一族ですが、マカベアには「ハンマー」という意味があります。「マッケ」と「マカベア」は同じ語根を持ったことばです。私たちの神は、宇宙の支配者であり、民が罪を犯したときには、民を打つ方です。神が私たちを訓練する理由は、私たちが神と一つになるためです（ヨハ17・22参照）。

（4）第3の託宣では、民の姿が芽を出したアロンの杖（民17章）にたとえられます。その杖は、横柄さという花を咲かせました。さらにそれは、悪の杖となりました。その理由は、国に暴虐が満ちたからです。その結果、次の4つのものがなくなります。

「彼ら」、「群集」、「富」、そして「嘆く者」がそれです。これは、主の裁きが徹底的なものであることを示したものです。

（5）主の裁きが近づいた今、買う者も売る者も、一喜一憂してはなりません。この背景には、中東の売買習慣があります。「バーゲン」の場合は、買う者は喜び、売る者は損をしたと嘆きます。しかし、裁きがくると、そういう次元の売り買いはどうでも良くなります。それどころか、「両者が生き延びても、売る者は、売った物を取り戻せない」（13節）という状態になります。これは、「ヨベルの年」を前提としたことばです。捕囚に引かれていった者には、土地を取り戻す恵みはやってこないのです。

神の燃える怒り

（1）イスラエルの民は、ラッパを吹き、敵と戦う準備を整えました。しかし、誰も戦いに行こうとはしません。なぜなら、この戦いは通常の防衛戦ではなく、神の裁きとしての戦いだからです。①町の外には剣があり、町から出た者はその剣によって滅ぼされます。②町の中には飢饉と疫病があり、町にいる者は飢饉と疫病で滅ぼし尽くされます。③災いを逃れる者たちも出ますが、彼らは山々で自らの不義のゆえに悲惨な生活を送るようになります。

（2）民は、銀や金を頼みとしていましたが、実はそれが彼らを不義に引き込んだのです。神殿は民に与えられた最高の「飾り物」ですが、彼らは、銀や金を飾り物とし、それで自分のための偶像を作りました。これは、主の目には忌むべきことでした。そこで主は、神殿を汚させることを許されるのです。

捕囚のための鎖

（1）「鎖を作れ」とは、捕囚に引いて行くための鎖を作れという意味で、裁きが差し迫っていることを表しています。異邦の民の中で最も悪い者ども（バビロン）が攻めて来ると、裕福な者たちの家々は占領され、指導者の傲慢は砕かれ、聖所は汚されます。民は助けを求めて四方に走りますが、助けを見いだすことができません。預言者も祭司も、沈黙したままです。長老たちは、「平安、平安」と叫び、裁きがくることを否定しています。しかし、主の裁きは確実にやってきます。

（2）この章の締めくくりのことばは、「彼らは、わたしが主であることを知る」というものです。神に反抗して生きる者は、裁きに遭うことによって、誰が神であるかを知るようになります。私たちに関しては、神の御心を行い、神の祝福を受けることによって、神を知る者となりたいものです。

エゼキエル書8章

その方は私に言われた。「人の子よ。さあ、目を上げて北の方を見よ。」私が目を上げて北の方を見ると、なんと、北の方の祭壇の門の入り口に「ねたみ」という像があった。（エゼキエル書8・5）

この章から、以下のことを学びましょう。（1）ユダの長老たちが訪ねて来たとき、エゼキエルはある幻を見ます。（2）その幻の中で、シャカイナグローリーが神殿を去る理由が啓示されます。（3）イスラエルの指導者たちは、罪を悔い改める代わりに、偶像礼拝に走りました。

シャカイナグローリー

（1）最初の幻から、1年2か月が経過しました（前592年）。日数に直すと420日が経過したことになります。エゼキエルは、左脇を下にして390日、右脇を下にして40日、横になるように命じられていましたので、この箇所は、その期間を10日残した時点での話だということが分かります。

（2）エゼキエルの家に、ユダの長老たちが来ていました。彼らは、すぐにエルサレムに帰還できると考えていた人たちです。彼らは、再度エゼキエルの助言を聞くために集まっていたのです。その時、彼はある幻を見ます。それは、1章26～27節で見た幻と同じでした。つまり、シャカイナグローリーの幻です。彼は、霊によってエルサレムに運ばれます。これは、彼の肉体が運ばれたということではなく、幻の中で起こっていることです。

シャカイナグローリーが去る理由

（1）その幻の中で、エゼキエルは、4つの大罪を見せられます。まず彼は、神殿に入る門の前に連れて行かれます。北の方の門は、祭壇の門と呼ばれていました。そこから祭壇に献げる犠牲の動物が運び込まれていたからです。そこに、「ねたみ」という像がありました。恐らく、マナセ王が置いたアシェラの彫像でしょう（2列21・7）。これは、イスラエルの神にねたみを起こさせる偶像です。イスラエルの民は、イスラエルの神を排除して、そこに偶像を招き入れていたのです。これは驚くべき背信ですが、神はエゼキエルに、これよりもさらに深刻な罪を示されます。

（2）エゼキエルは、壁の穴を大きく広げ、そこを通り抜けるように命じられます。その穴を通って中に入ると、いくつもの小部屋がありました。①すべての部屋の壁には、「這うものや動物のあらゆる形、すなわち忌むべきもの」（エジプトの偶像）と「イスラエルの家のすべての偶像」が、彫られていました。②それらの小部屋には、70人の長老たちがいました。彼らは、エルサレムにとどまっていた長老たちです。その中には、シャファンの子ヤアザンヤもいて、父の業績（2列22・3）を否定するようなことを行っていました。③長老たちは、バビロン捕囚が起こった理由を、「主は私たちを見ておられない。主はこの地を見捨てられた」と説明していました。これは主に対する冒涜です。

（3）エゼキエルは、神殿の北の門の入り口に立ち、女たちがタンムズのために泣いている姿を目にします。「タンムズ」とは、シュメールやバビロンで信じられていた偶像神で、枯れては芽生える植物の生命の神だとされていました。タンムズ礼拝には、神殿娼婦による淫行も含まれていました。主の宮の中で、驚くべき偶像礼拝が行われていたのです。

（4）さらにエゼキエルは、神殿の内庭に連れて行かれます。ここは祭司だけが入れる場所ですが、エゼキエルは祭司でしたので入ることができました。①彼は、本堂の入り口と祭壇の間に25人ほどの人たちがいるのを見ます。25人というのは、大祭司と24人の祭司長のことでしょう。②彼らは、顔を東のほうに向けて太陽を拝んでいました。異教の宮は通常、東向きに建てられていますが、主の宮は西向きに建てられていました。彼らが東を向いていたということは、主の宮に背を向けていたということです。③太陽礼拝は、エジプトを初めとする古代オリエント各地で行われていたものですが、それは十戒の第2戒で禁じられていました（申4・19）。これ以上の背信と侮辱はありません。イスラエルの指導者たちは、「この地を暴虐で満たした」のです。彼らは、自分の罪を認める代わりに、偶像礼拝を取り入れました。しかし、シャカイナグローリーが去ったと勘違いして、偶像に頼ることは愚かなことでした。

（5）神が私たちから去ることはありません。神は、罪人が悔い改めて神に立ち返るのを待っておられます。神は愛なり。今も神は、罪人の立ち返りを待っておられます。アーメン。

エゼキエル書9章

「年寄りも、若い男も、若い娘も、幼子も、女たちも殺して滅ぼせ。しかし、しるしが付けられた者には、だれにも近づいてはならない。まず、わたしの聖所から始めよ。」そこで、彼らは神殿の前にいた老人たちから始めた。

（エゼキエル書9・6）

この章から、以下のことを学びましょう。（1）エルサレムを罰する者たちが招集されます。（2）6人の男たちは裁きの天使で、もう1人の人は、信者の額に「しるし」を付ける祭司です。（3）6人の天使によって裁きが実行されますが、額に「しるし」のある人たちは裁きを免れます。（4）エゼキエルは執りなしの祈りを献げますが、状況を変えることはできませんでした。

エルサレムを罰する者

（1）8章では、4つの大罪（シャカイナグローリーが去る理由）が示されました。この章では、それらの罪に対する神の裁きが啓示されます。これらのことは、まだ実際に起こっているわけではなく、あくまでも幻の中での出来事です。

（2）主が、エルサレムを罰する者たちを呼び寄せます。①6人の男たちが「破壊する武器」を手に持って、北の門から入って来ます。彼らは裁きの天使です。②もう1人の人が現れます。彼は、亜麻布の衣をまとい、腰には書記の筆入れを付けていました。亜麻布の衣は祭司の衣装です。③彼らは、青銅の祭壇のそばに立ちました。その時、イスラエルの神の栄光（シャカイナグローリー）が至聖所の契約の箱の上から立ち上り、神殿の敷居に向かって移動しました。この移動は、前述の7人に啓示を与えるためですが、同時に、シャカイナグローリーが神殿を去る序曲にもなっています。

主の命令

（1）まず、腰に書記の筆入れを付けている者に、命令が下ります。都の中を行き巡り、都の堕落した現状を心から嘆き悲しんでいる人々を見いだし、その額にしるしを付けよというのです（黙7章の

14万4千人の状態と似ています)。さらに、6人の男たち(天使)には、しるしが付けられていない者たちを容赦せずに殺して滅ぼせという命令が与えられます。

(2)幻の中で語られていることが、やがて現実になろうとしています。これは、恐ろしい光景です。その日には、性別、年齢、身分の差にかかわらずに、すべての者が滅ぼされます。ただし、額に「しるし」のある者は守られます。

エゼキエルの執りなし

(1)6人の男(天使)たちが民を打ち殺しているのを見て、エゼキエルは執りなしの祈りを献げます(8節)。①アブラハムは、ソドムのために執りなしをしました(創18・22以降)。②預言者アモスも、イスラエルの民のために執りなしをしました(アモ7章)。③この箇所では、エゼキエルが祭司として執りなしをします。彼は、「イスラエルの残りの者たちを、ことごとく滅ぼされるのですか」と訴えています。北の10部族はすでにアッシリアによって滅ぼされ、残されているのは、ユダ族とベニヤミン族だけです。エゼキエルは厳しい裁きの預言を語った預言者ですが、心の底では、滅び行く民のために涙を流していたのです。

(2)彼の執りなしに対する主の答えは、厳しいものでした。民の罪は、すでに我慢の限界を超えていました。①彼らは、自らの罪を顧みることをせずに、「主はこの地を見捨てられた。主は見ておられない」(9節)と語っていました。ユダはすでに、2度にわたるバビロン軍の侵略とバビロン捕囚を経験していました。その事実を見て、彼らは主がこの国を見捨てたと感じていたのです。②しかし実際は、不信仰による暴虐が国に満ちたために、彼らは裁かれていたのです。

(3)ちょうどその時、腰に筆入れを付けた人が、「私は、あなたが私に命じられたとおりに行いました」(11節)と主に報告しました。つまり、守られるべき人は守られ、裁きを受けるべき人は裁きを受けたということです。主の裁きは確実で厳粛なものです。

(4)額に「しるし」を付けられた者たちは、神の裁きから守られました。この「しるし」は、主イエスの十字架による赦しを象徴しているかのようです。ヨハネは、こう書いています。「私の子どもたち。私がこれらのことを書き送るのは、あなたがたが罪を犯さないようになるためです。しかし、もしだれかが罪を犯したなら、私たちには、御父の前でとりなしてくださる方、義なるイエス・キリストがおられます」（1ヨハ2・1）。この平安の中にいる人は、なんと幸いなことでしょうか。

エゼキエル書10章

主の栄光が神殿の敷居から出て行って、ケルビムの上にとどまった。（エゼキエル書10・18）

この章から、以下のことを学びましょう。（1）エゼキエルは、シャカイナグローリーが神殿から去ろうとしているのを目撃します。（2）その第1段階は1～8節、第2段階は18～19節です。途中に、ケルビムについての描写が入ります（9～17節）。（3）シャカイナグローリーが神殿から去ることこそ、罪に対する最大の裁きです。

まき散らされる炭火

（1）エゼキエルは、1章に記されている主の栄光の現れ（シャカイナグローリー）と同じものが、エルサレムの神殿にあることを目撃します。①ケルビム（天使）は、車輪の上に乗っています。そのケルビムの上に、「サファイアのような、王座に似たもの」が現れます。これは、シャカイナグローリーのことです。②主は6人の裁きの天使に対してではなく、亜麻布の衣をまとった者に対して、ケルビムの間の炭火を取って、それをエルサレムの都の上にまき散らすように命じます。③その人は、ケルビムの1人から両手に炭火を受け取ると、主の命令を実行するために出て行きます。

（2）炭火は、神の裁きの象徴です。ソドムとゴモラは、燃える火によって滅ぼされました（創19・24）。と同時に、炭火は、神の清めの象徴でもあります。イザヤは、燃える炭火によって罪が清められました（イザ6・6）。つまり、炭火が都の上にまき散らされるのは、民の罪を取り除き、都を清めるためです。それは単なる裁きではなく、主による精錬なのです。

（3）シャカイナグローリーが、神殿から去ろうとしていました。その第1段階が1～8節でした。第2段階は18～19節ですが、その前に、ケルビムについての描写（9～17節）が入ります。4つの生きものは、ケルブ（複数形はケルビム）という天使ですが、全体としては1つの生きもののように動いていました。4つの「輪」は、ケルビムと地をつなぐ役割を果たしています。この輪は向きを変えずにどの方向にでも進むことができました。ケルビムを動かしている「霊」が輪の中にありましたので、ケルビムと輪は一体となって動いていました。1章の描写と異なっている点もあります。1章では、第1の顔が「牛の顔」でしたが、ここではそれが「ケルビムの顔」（14節）となっています。

シャカイナグローリー移動の第2段階

（1）ここでエゼキエルは、神殿でシャカイナグローリーを守護していたケルビムが、捕囚の地（ケバル川のほとり）で自分に現れた生きものと同じであることを悟ります。ケルビムが神殿の東の門の入り口で止まると、シャカイナグローリーがその上を覆いました。いよいよ、シャカイナグローリーが神殿から離れる時がきました。実は、シャカイナグローリーが神殿から去ることこそ、罪に対する最大の裁きなのです。

（2）ここに至るまでに、イスラエルの民には何度も悔い改めの機会が与えられていました。しかし彼らは、自らの罪を悔い改めることはせず、神の側に問題があるかのような態度を取り続けました。彼らは、取り返しのつかないところまで行ってしまったのです。ペテロが語ったこのことばを思い起こしましょう。「主は、ある人たちが遅れていると思っているように、約束したことを遅らせているのではなく、あなたがたに対して忍耐しておられるのです。だれも滅びることがなく、すべての人が悔い改めに進むことを望んでおられるのです」（2ペテ3・9）。主の忍耐を思い起こし、与えられている時間を活かす生き方とはどういうものか、黙想しようではありませんか。

エゼキエル書11章

「わたしは彼らに一つの心を与え、あなたがたのうちに新しい霊を与える。わたしは彼らのからだから石の心を取り除き、彼らに肉の心を与える。こうして、彼らはわたしの掟に従って歩み、わたしの定めを守り行う。彼らはわたしの民となり、わたしは彼らの神となる。」

（エゼキエル書11・19〜20）

この章から、以下のことを学びましょう。（1）指導者たちは、主の裁きはすぐには来ないと楽観していましたが、彼らの傲慢は打ち砕かれます。（2）主は、イスラエルの民の約束の地への帰還をエゼキエルに啓示します。（3）イスラエルの民の霊的新生が預言されます。（4）ついに、シャカイナグローリーはエルサレムから去ります。

指導者たちの裁き

（1）再びエゼキエルは聖霊によって運ばれ、今度は東の門に来ました。①門の入り口に25人の政治的指導者たちがいました（エルサレムに残った人々です。8章の25人とは別人）。アズルの子ヤアザンヤと、ベナヤの子ペラテヤが主導権を握っていました。

（2）彼らは、「当分、家を建てなくともよい。この都は鍋であり、われわれはその肉だ」と豪語していました。その意味は、2つ考えられます。①エルサレムは堅固な都であり、その中に住んでいれば外敵から守られる。②捕囚はすぐに終わるから、その地に家を建てる必要はない。これは、エレミヤが語った預言の否定です（エレ29・1～7参照）。①と②のいずれを採用するにしても、主の裁きはすぐには来ないと楽観している姿がそこにあります。主は、彼らの傲慢を裁くと言われます。

将来の希望

（1）主はエゼキエルを励ますために、希望の啓示を与えます（その全貌は32～48章で明らかにされます）。この時点では、すでに2回の捕囚が起こり、多くの民がバビロンに連行されていました。エルサレムに残った者たちは、捕囚の地に行った者たちの財産を自分のものにしていました。主はエルサレムの住民たちに、こう語られます。①イスラエルの民を異邦の民の中に移したのは主である。②主は、イスラエルの民が散らされた国々で、「聖所」となられた（主の守りがあるという意味）。

（3）「わたしはあなたがたを諸国の民の中から集め、あなたがたが散らされていた国々からあなたがたを呼び寄せ、あなたがたにイスラエルの地を与える」（17節）。これは、離散の地からの帰還の預言です。「彼らがそこに来るとき、すべての忌まわしいもの、すべての忌み嫌うべきものをそこから取り除く」（18節）。これは、土地が清められるという預言です。

（4）19節と20節は、民の霊的回復の預言です。①民から石の心が取り除かれ、彼らに肉の心が与えられる。新約的に言うと、これは新生体験のことです。イスラエルの民は民族的に悔い改めて、救いを経験するようになります。②その目的は、「こうして、彼らはわたしの掟に従って歩み、わたしの定めを守り行う。彼らはわたしの民となり、わたしは彼らの神となる」（20節）というものです。

神殿を去るシャカイナグローリー

（1）シャカイナグローリーが神殿から離れ、オリーブ山の上にとどまります。まるで民の悔い改めを待っているかのようです。これが、シャカイナグローリー移動の第3段階です。

（2）第4段階は書かれていませんが、ついにオリーブ山から離れたということが暗示されています（申31・17の預言の成就）。捕囚からの帰還後に再建された第2神殿には、シャカイナグローリーはありませんでした。ところが、ハガイ書2章9節の預言には「この宮（第2神殿）のこれから後の栄光は、先のもの（第1神殿）にまさる」とあります。この預言は、メシアであるイエスが神殿を訪問したときに成就します。

（3）エゼキエルは、聖霊によってバビロンにいる捕囚の民のもとに戻されます。これで、8章から始まった幻の中での旅が終わりました。バビロンに帰還したエゼキエルは、「エルサレムは滅びない」という誤った希望を持ってはならないと民を戒めます。

（4）私たちにとってのシャカイナグローリーは、主イエスご自身です。主イエスは、「見よ。わたしは世の終わりまで、いつもあなたがたとともにいます」（マタイ28・20）と約束されました。今、父なる神の右の御座におられる栄光のイエスを礼拝しようではありませんか。

エゼキエル書12章

「あなたは、昼のうちに彼らが見ている前で、自分の荷物を捕囚のときの荷物のようにして持ち出せ。そして、捕囚に行く人々のように、彼らの見ている前で夕方出て行け。彼らの見ている前で壁に穴を開け、そこから荷物を運び出せ。」
（エゼキエル書12・4～5）

この章から、以下のことを学びましょう。（1）エゼキエルは、昼間に荷物を外に持ち出し、夕方になったら、壁に穴を開けてそこから出て行きます。これは、捕囚は必ず起こるという預言です。（2）次にエゼキエルは、震えながらパンを食べ、おののきながら、恐る恐る水を飲むように命じられます。これは、エルサレムの住民の上に下る裁きの預言です。（3）イスラエルの民は、捕囚がくることを否定していましたが、神は、それは必ずくると言われます。

象徴的行為

（1）捕囚の民の問題点は、これほどの悲劇を経験しながら、依然として「エルサレムは滅びない、この捕囚はすぐに終わる」と考えていたことです。そこで主は、再び象徴的行為を実行するようにエゼキエルに命じます。①昼間には、捕囚のための荷物を整え、外に持ち出す。②夕方になったら壁に穴を開けて、そこから出て行く。6節にはこうあります。「彼らの見ている前で、あなたは荷物を肩に担ぎ、暗いうちに出て行き、顔をおおって地を見るな。わたしがあなたをイスラエルの家のためにしるしとするからだ」。この預言は、ゼデキヤ王の上に成就しました（2列25・7）。

（2）翌朝、主から解き明かしが与えられます。この象徴的行為は、エルサレムの君主と、そこにいるすべての人々に向けられたものだというのです。「エルサレムの君主」とは、ゼデキヤのことです。彼の治世は、エホヤキムが死に、その子エホヤキンが即位後3か月でネブカドネツァルに捕えられるという波乱の中で始まりました。エホヤキンはバビロンでまだ生きていましたので、彼が正当な王です。それゆえ、ゼデキヤは王ではなく、「君主」です。エゼキエルの象徴的行為は、「君主(ゼデキヤ)」も「イスラエルの全家」も、捕囚に引かれて行くということを意味しました。

（3）「暗いうちに荷物を背負って出て行く」（12節）とは、夜陰に乗じて脱出する様子を示しています（2列25・4、エレ39・4）。「壁に穴が開けられる」とは、エルサレムの城壁が崩されることを示しています。「彼は顔をおおう。自分の目でその地を見ることはもうないからである」とは、ゼデキヤが両眼を失うことを示しています（2列25・7）。

震えながらパンを食べる行為

次にエゼキエルは、震えながらパンを食べ、おののきながら、恐る恐る水を飲むように命じられます。①そのパンは、6種類の穀物を混ぜて焼きます。食べる量は、1日1回、20シェケル（230g）に限定されました（4・9〜17参照）。それを震えながら食べるのです。②飲み水も、1ヒンの6分の1（およそ630cc）に制限されました。それをおびえながら飲むのです。この行為もまた、霊的に盲目になっている捕囚の民に向けられたものでした。エルサレムの住民は、パンを震えながら食べ、水をおびえながら飲むようになります。③「地が痩せ衰える」とは、人も家畜も、また家も畑も作物も、すべて被害を受けることです（レビ26・31〜35、申28・51、29・23参照）。そのときイスラエルの民は、契約の神がそれを行ったことを知るようになります。

2つのことわざ

（1）民は、2つのことわざを使ってエゼキエルに反発していました。①「日は延ばされ、すべての幻は消え失せる」（22節）。これはエゼキエルの預言は成就しないということです。②「彼が見ている幻はずっと後のことについてであり、はるか遠い将来について預言しているのだ」（27節）。その意味は、エゼキエルの預言の成就ははるか先のことであるから、今の時代の自分たちには関係がないということです。それに対する主からの答えは、エゼキエルの預言は必ず成就する、今それが起ころうとしている、というものでした。

（2）偽預言者を見分ける方法は、2つあります。

①信者の内側には、神の声を聞き分ける能力が与えられています。「羊たちをみな外に出すと、牧者はその先頭に立って行き、羊たちはついて行きます。彼の声を知っているからです」（ヨハ10・4）。②その人の本質は、外に現れた実によって見分けることができます（マタ7・16）。日々のデボーションによって神のことばに触れているなら、偽預言者のことばに惑わされることはなくなります。

エゼキエル書13章

「神である主はこう言われる。わざわいだ。自分で何も見ないのに、自分の霊に従う愚かな預言者ども。イスラエルよ。あなたの預言者どもは、廃墟にいる狐のようになった。」

（エゼキエル書13・3～4）

この章から、以下のことを学びましょう。（1）偽預言者たちは、自分の心のままに預言を語り、民を惑わしていました。（2）彼らの上に、主の裁きが下ります。（3）偽女預言者も裁かれます。

偽預言者に対する預言

（1）イスラエルの歴史上、この時代は偽預言者の横行という問題を抱えていました。これは、エルサレムだけでなく捕囚の地にもあった問題です。それがいかに深刻なものであったかは、エレミヤ書29章を読めば分かります。

（2）偽預言者に対する預言が語られます。①彼らは、「自分の心のままに預言する者ども」、また「自分の霊に従う愚かな預言者ども」と呼ばれています。②彼らは、「廃墟にいる狐のようになった」と描写されています。狐は、石垣や見張りの塔を崩し、ぶどう園を荒らし、そこを廃墟に変えてしまいます。偽預言者たちは、イスラエルの民を滅びへと導いていました。③彼らは、主の裁きの日のために民を整えるという働きを放棄していました。

（3）偽預言者たちは、「愚かな預言者ども」と呼ばれています。「愚かな」ということばは、ヘブル語の「ナバル」です。すぐに思い出すのは、ダビデに挑戦したカルメルの住民ナバル（1サム25章）の話です。「ナバル」ということばは、単に理解力がないというだけでなく、霊的、道徳的に鈍感な人、神を冒涜したり否定したりする人（詩74・18、14・1）を指します。

（4）偽預言者たちに3つの裁きが下ります。①彼らは、指導者としての地位や影響力を失います。②また、「イスラエルの家の文書」（9節）からもその名が消されます。③さらに、イスラエルの地に入ることができなくなります。つまり、捕囚からの帰還ができないということです。そのとき彼らは、これらの預言を語っているのが神であることを知るようになります。

（5）偽預言者たちは、平安がないのに「平安」だと語っています。彼らは、壁を建てると、すぐに漆喰で上塗りをする者たちです。石を積み上げた壁は、セメントを塗り込み補強する必要があります。それをしないで漆喰を上塗りするのは、表面を繕うだけの行為です。豪雨や雹《ひょう》、激しい風（バビロン軍の攻撃）に耐えることはできません。壁が倒れ落ちると、人々は「上塗りをした漆喰はどこにあるのか」と問うようになり、偽預言者たちは面目を失います。

偽女預言者に対する預言

（1）この箇所は、偽女預言者に対する告発を記したもので、非常に珍しい箇所です。①彼女たちも、自分の心に浮かんだことを勝手に預言として語っていました。②彼女たちの活動は、オカルト的儀式（まじないや呪術）に基づくものでした。「呪法のひもを縫い合わせ」（18節）とは、まじないによって顧客を縛ることの象徴でしょう。また、「ベールを作って」とは、顧客の全存在を支配していることの象徴でしょう。③彼女たちは、イスラエルの民が最も助けを必要としているときに、その状況を利用して私腹を肥やしていた人たちです。

（2）偽女預言者たちに主からの厳しいことばが下ります。①彼女たちは、「ひとつかみの大麦のため」にまやかしを行っていました。「ひとつかみの大麦」とは、顧客から受け取る対価のことですが、同時にこれはまじないを行うための道具にもなっていました。②彼女たちは、オカルト的手法を用いて、死んではならない魂を死なせ、生きていてはならない魂を生かしていました。③主は彼女たちの働きを止め、ご自分の民を彼女たちの手から救い出されます。そのようにして、ご自身が契約の神「主（ヤハウェ）」であることを証しされます。

（3）私たちクリスチャンは、「祭司」となるべく召されました。苦しんでいる人々に仕え、神の前に執りなしの祈りを献げるのが私たちの使命です。そのためには、自らの罪がイエスの十字架によって完全に処理されたことを確信している必要があります。そのような人は、自分のことを忘れて人々の必要のために心を配ることができるようになります。「心のままに預言する」ようなことをしてはなりません。それは、主の御名を冒涜する行為です。本当の解決は、イエス・キリストにあることを示すことこそ私たちの使命です。

エゼキエル書14章

「たとえ、そこにノアとダニエルとヨブがいても──わたしは生きている。神である主のことば──彼らは決して息子も娘も救い出すことはできない。彼らは自分たちの義によって自分たちのいのちを救い出すだけだ。」（エゼキエル書14・20）

この章から、以下のことを学びましょう。（1）イスラエルの長老たちは、心の中に偶像を秘めながら、神の声を聞きたいとエゼキエルの前に出ました。（2）神は、偶像礼拝者と偽預言者に対する裁きを宣言されます。（3）罪の度合いがある一線を越えると、たとえノアとダニエルとヨブという3人の義人が執りなしたとしても、その祈りは聞かれません。（4）生き残った者たちは、バビロンに連行され、すでに捕囚民となっていた者たちに合流します。

偶像礼拝をする長老たち

（1）エゼキエルは、家にとどまって奉仕をする預言者でしたので、主のことばを聞きたいと思った人たちは、彼のもとにやって来たました。ここでは、イスラエルの長老たちがエゼキエルの前に座っています。捕囚がどれくらい続くのか、本国（エルサレム）の状態がどうなっているのか、などの質問をするためでしょう。①彼らは、神を否定していたわけではありませんが、偶像礼拝に陥っていました。彼らは、心の中に偶像（複数形）を秘め、外的にも偶像を目の前に置いていました。②そのような状態で、神の声を聞きたいとエゼキエルの前に出ること自体が、すでに無神経です。③主は彼らに、「その偶像の多さに応じて、主であるわたしが答える」と語られます。つまり、偶像礼拝者を裁くということです。

（2）もし偶像を心に秘めたままで神の前に出るなら、それは神を冒涜した態度です。そのような者の中に預言を語る者がいたとしたら、それは偽預言者です。主が語らないことを、自分勝手に語っているからです。「主であるわたしがその預言者を惑わしたのである」（9節）とは、その預言者の霊的感覚がすでに鈍感になっていたために、彼は惑わしにあったのだということです。責任はその預言者にあります。主はそれを許容されただけです。偶像礼拝者や偽預言者に対する神の裁きはこうです。「わたしの民の間から絶ち滅ぼす」（8節）つまり、殺されるということです。そのとき民は、イスラエルの神がこれを行われたことを知るようになります。
（3）神は常に、罪人が悔い改めてご自身のもとに帰って来るのを待っておられます。「立ち返れ。あなたがたのすべての偶像から身を翻せ。すべての忌み嫌うべきものをあなたがたの前から遠ざけよ」（6節）とは、主からの愛の呼びかけです。ここに私たちの希望があります。

神の裁きは不可避

（1）創世記18章では、アブラハムがソドムの町のために執りなしをしています。その箇所に関して、イスラエルの民は、「町に義人が何人かいれば、神はその町を滅ぼすことはしない」という拡大解釈をしていました。しかし、余りにも深く罪に陥ったイスラエルの民には、ソドムの町の例は適用されません。神は、罪の程度がある一線を越えると、義人の執りなしの祈りも有効には機能しないことを宣言されます（12～23節）。

（2）神が、①飢饉、②野獣、③剣、④疫病などで国を打たれるなら、たとえそこにノアとダニエルとヨブという3人の義人がいたとしても、彼らは自分のいのちを救い出すだけで、ほかの人を救うことはできません。しかし神は、「逃れの者」（22節）を残されます。これは、信仰のある「残りの者たち（レムナント）」ではなく、不信仰ではあるが生き延びる者たちです。生き残った彼らは、バビロンに捕囚民として連れて行かれます。これが3回目の捕囚です。バビロンに着いた彼らは、1回目、2回目の捕囚民と会い、エルサレムに起こったことを報告します。そのとき、すでに捕囚になっていた者たちは、主が不信仰のイスラエルを裁かれたことを知るようになります。これは悲しい知らせですが、彼らの疑問が解けたという意味では、慰めともなるものです。
（3）人は、家族や親戚にクリスチャンがいるから救われるわけではありません。各人が、個人的に信仰を持つ必要があります。もし、家族の中に信仰者がいるという理由で自分も救われているかのように感じている人がいるなら、それは神の恵みを拡大解釈しているのであって危険なことです。神の前に立つ時、私たち一人ひとりの信仰が問われます。今からその準備ができている人は、幸いです。

エゼキエル書15章

「人の子よ。ぶどうの木は森の木立の中にあって、ほかの木より枝がどれだけすぐれているのか。何か役に立つものを作る木材が、そこからとれるというのか。それとも、何かの器具を掛ける木鉤を作ることができるというのか。」

（エゼキエル書15・2〜3）

この章から、以下のことを学びましょう。（1）イスラエルが「実をつけない野生種のぶどうの木」にたとえられます。（2）エルサレムは、両端が焦げたぶどうの薪のようになりました。（3）エルサレムは、ぶどうの柴が火の中に投げ込まれるように、滅びの中に投げ込まれます。

ぶどうの木のたとえ

（1）イスラエルをぶどうの木にたとえる伝統は、ヤコブの祝福のことば（創49・22）にまで遡ることができます。そこでは、イスラエルは「実を付けるぶどうの木」として語られています（詩80・8

～16、イザ5・1～7、エレ2・21、12・10、ホセ10・1など参照)。しかしエゼキエルは、イスラエルのことを「実を付けない野生種のぶどうの木」にたとえます。。①「森の木立の中にあって」とは、このぶどうの木が野生種であることを表していま す。②このぶどうの木は、最も簡単な木鉤にもならないほど弱々しいものです。③唯一の用途は、薪として燃やすことです。しかしその薪は、すでに両端が焼き尽くされており、残っているのは中ほどだけです。その中ほども焦げてしまえば、それはなんの役にも立ちません。完全なときでも役に立たないとしたら、燃やされて焦げた後なら、もっと役に立たなくなります。

(2)このたとえが、エルサレムに適用されます。①神の都であったエルサレムは、周辺の町々と比べてなんの取り柄もない町となってしまいました。②薪の両端が焦げているとは、2回にわたる捕囚のことを指しています。今エルサレムに残っている民は、まだ焦げていない中ほど部分ですが、これもまたやがて火に投げ込まれようとしています。③そのとき民は、これを行っているのが主であることを知るようになります。

(3)主イエスは、弟子たちにこう語っておられます。「わたしにとどまりなさい。わたしもあなたがたの中にとどまります。枝がぶどうの木にとどまっていなければ、自分では実を結ぶことができないのと同じように、あなたがたもわたしにとどまっていなければ、実を結ぶことはできません」(ヨハ15・4)。クリスチャンとして実を結ぶ力は、私たちの内にはありません。キリストのいのちにつながるなら、私たちの内側には超自然的な力が流れ始めます。私たちは、キリストという幹につながる枝です。キリストからいのちを受け取ることを学びましょう。

エゼキエル書16章

「あなたの美しさのゆえに、あなたの名は国々の間に広まった。それは、わたしがあなたにまとわせた、わたしの飾り物が完全であったからだ――神である主のことば。」（エゼキエル書16・14）

この章から、以下のことを学びましょう。（1）イスラエルの民の歴史が回顧されます。彼らは、不真実な妻として歩みました。（2）イスラエルの民の上に裁きの宣言が下ります。ソドムとサマリアの罪よりも、エルサレムの罪のほうが重いとされます。（3）最終的には、イスラエルの民は回復され、主との再婚に導かれます。

不真実な妻

（1）「父はアモリ人、……母はヒッタイト人であった」とは、イスラエルの民の誕生の地がカナン人の地であったという意味です。4節に記された出産の様子は、今日でも行われているものです。塩でこするのは、儀式というよりは消毒のためです。エルサレム（イスラエルの民）が誕生したときには、誰からも目をかけられることがありませんでした。それどころか、嫌われて野原に捨てられたのです。

（2）6～7節は、エジプトでの奴隷時代（ヨセフからモーセまでの時代）のことです。捨てられている赤子はイスラエルの民、そばを通りかかる旅人は主なる神です。①旅人は、血の中でもがいている赤子に向かって、「生きよ」、「生きよ」とくり返し言います。②「あなたを野原の新芽のように育て上げた」とは、イスラエルの民がエジプトで一大民族となったことを表しています。

（3）8～14節は、出エジプトから統一王国時代までのことです。①再び旅人がそこを通りかかると、自分が育ててきた娘が適齢期を迎えていました。これは、イスラエルの民が祭司の王国としての働きを開始する時がきたことを表しています。②そこで旅人は、当時の習慣に従って衣の裾を広げ、その娘と結婚関係に入ります（ルツ3・9参照）。これは、シナイ契約を指しています。③主の妻となったイスラエルの民は、地上の諸民族の中にあって特別な存在として名声を馳せます。

（4）しかしイスラエルは、偶像礼拝に陥ります。彼らは、その美しさも、衣装も、宝石も、食物も、すべて偶像のために献げました。偶像礼拝の中でも最悪のものは、自分の子どもをいけにえとして偶像神モレクに献げる行為でした（2列16・3、21・6）。

（5）イスラエルには、大国と同盟を結ぶ必要があるという意識が強くありました。彼らは、エジプト人と同盟を結び、その国の偶像を受け入れました。さらに、アッシリア人と、最後はカルデア人（バビロン人）と、同盟を結びました。

（6）エゼキエルは、イスラエルの民を遊女にたとえて、その罪を糾弾します。普通の遊女は報酬を受けるのに、イスラエルの民は、自ら報酬を支払って姦淫する者を求めました。

裁きの宣言

（1）主の裁きが預言されます。①裁きを実行する器は、イスラエルの民が戯れた愛人たち、つまり、エジプト人、アッシリア人、バビロン人です。②「あなたの美しい品々を奪い取り、あなたを丸裸にしておく」（39節）とは、主に見いだされる前の貧しくて哀れな状態に戻されることを意味しています。③裁きの方法は、石と剣と火です。これは、聖書が命じる偶像礼拝者や殺人犯を罰する方法です（レビ20・14、21・9）。④裁きの目的は、主の義を守り、イスラエルの民を偶像礼拝から遠ざけるためでした。

（2）イスラエルの民にとって衝撃だったのは、サマリアとソドムよりも、エルサレムの罪のほうが重いとされたことです。

回復の預言

（1）シナイ契約には、「イスラエルの民が離散した後、再度約束の地に帰還するようになる」という約束が含まれていました（レビ26章）。そこで主は、「だが、わたしは、あなたが若かった日々にあなたと結んだ契約（シナイ契約）を覚えて、あなたと永遠の契約を立てる（新しい契約）」（60節）と宣言されます。これは、主との再婚が成立するということです。同時に、ソドムとサマリアの回復も起こります。以上のことは、メシア的王国（千年王国）において成就することです。

（２）今は新約時代ですが、上記の預言はまだ成就していません。そのためには主イエスの再臨が必要です。神の計画の全貌を理解することは、非常に大切なことです。それを知るなら、日々の生き方が変わります。いかなる状況でも失望することがなくなります。神の愛がついに勝利する日は、必ずきます。

エゼキエル書17章

神である主はこう言われる。「わたしは高い杉のこずえを取り去り、そのうちから柔らかい若枝の先を摘み取り、わたし自ら、それを高くそびえる山に植える。わたしがそれをイスラエルの高い山に植えると、それは枝を伸ばし、実を結び、見事な杉の木となる。その下にはあらゆる種類の鳥が宿り、その枝の陰に住む。」

（エゼキエル書17・22～23）

この章から、以下のことを学びましょう。（１）第２回捕囚からエルサレム陥落に至るまでの出来事が、「謎かけ」の形で預言されます。（２）イスラエルの民は、エジプトとバビロンによって苦しめられます。（３）ゼデキヤはバビロンとの契約を破り、主の怒りを買います。（４）裁きの預言に続いて、恵みによる回復の預言が語られます。

２羽の鷲

（１）この章では、前５９７年の第２回捕囚から前586年のエルサレム陥落に至るまでの出来事が、「謎かけ」の体裁を取って預言されます。①最初の大鷲は、バビロンの王ネブカドネツァルです。②その大鷲が、レバノンに飛んできます。レバノンとはエルサレム（ユダ）のことです。エルサレムの王宮がレバノン杉で造られていたので、そう呼ばれました。③大鷲は、「杉のこずえ」を取り、「その若枝の先」を摘み取り、それを「商人の町」に置きます。その意味は、ネブカドネツァルがエホヤキン王をバビロンへ捕え移すということです。④「豊かな地に植えられた種」とは、ネブカドネツァルによってユダの傀儡王とされたゼデキヤのことです（2列24・10～17参照）。ゼデキヤはエホヤキンの叔父に当たります。⑤ゼデキヤによる新政権は、「丈は低いが、よく生い茂るぶどうの木」（6節）となりました。つまり、バビロンの制約下にありながら、一応の繁栄を見たということです。

（2）第2の大鷲は、エジプトのファラオです。丈の低いぶどうの木（ゼデキヤ）は、第2の大鷲のほうに向けて根と枝を伸ばすようになります。つまり、ゼデキヤの外交政策がエジプト寄りになるということです。しかし、「東風」（バビロン）が吹き付けると、そのぶどうの木はすっかり枯れてしまいます。つまり、主がバビロンを用いて不信仰な都エルサレムを罰するということです。

謎の解説

（1）12節は、3～4節の解説で、前597年の第2回捕囚を指しています。

（2）13節は、5～6節の解説で、バビロンによってゼデキヤが立てられたことを示しています（「宗主権契約」に基づく関係）。しかしゼデキヤは、バビロンに反逆し、エジプトの援助を求めました。ゼデキヤが契約を破ったことは、バビロンを怒らせただけでなく、主ご自身をも不快にさせました。そのため、エルサレムはバビロンによって滅ぼされ、ゼデキヤはバビロンに連行されることになります（エレ書37章参照）。いとも簡単に契約を破棄するというゼデキヤの安易な姿勢は、主との契約も簡単に破棄するという不信仰な姿勢とつながっています。聖書の神は、「契約の神」です。神は、約束されたことを破棄する方ではありません。それゆえ、私たちは安心して神に従うことができるのです。(1ペテ1・24〜25)。

回復の預言

(1)裁きの預言の後に、恵みによる回復の預言が語られます。主はこう言われます。「わたしは高い杉のこずえを取り去り、そのうちから柔らかい若枝の先を摘み取り、わたし自ら、それを高くそびえる山に植える」(22節)。①「柔らかい若枝の先」とは、メシアのことです。②「高くそびえる山」とは、シオンの山、つまりエルサレムのことです。そこに植えられると、その杉は本来の姿を回復し、その使命を果たすようになります。本来の使命とは、諸国民(あらゆる種類の鳥)がイスラエルの統治下に置かれ、平和を享受するようになるということです。③そのとき、逆転現象が起こります。高い木は低くされ、低い木は高くされます。また、緑の木は枯れ、枯れた木には芽が出ます。つまり、バビロンやエジプトのような強国は弱くなり、弱い者が主によって強くされるということです(1サム2・4〜8、ルカ1・51〜53参照)。

(2)以上の預言は、メシア的王国において成就することです。メシアであるイエスが王としてエルサレムから全世界を統治されます。そのとき、諸国の民は神の都エルサレムに上って来るようになります。回復されたイスラエルは、祭司の民として本来の使命を果たすようになります。神のことばに誇張や嘘はありません。神が語られたことはすべて成就します。

エゼキエル書18章

「罪を犯したたましいが死ぬのであり、子は父の咎について負い目がなく、父も子の咎について負い目がない。正しい人の義はその人の上にあり、悪しき者の悪はその者の上にある。」

（エゼキエル書18・20）

この章から、以下のことを学びましょう。（1）捕囚の民は、間違った格言を口にしていました。（2）主はその格言の誤りを指摘し、各人に責任があることを明確にされます。（3）民は2つの反論を口にしますが、主はそれに答えます。（4）主が立てた原則は、悔い改めた人は赦され、罪を犯した人は裁かれるというものです。

誤った格言

（1）「父が酸いぶどうを食べると、子どもの歯が浮く」という格言は、捕囚の民がよく口にしていたもので、「父たちが犯した罪のために、子どもたちが苦しんでいる」という意味です。エレミヤも、この格言を取り上げていました（エレ31・29）。エレミヤの場合は、「その日には」（預言的未来）、その格言に代わって別の格言が使われるようになるという意味で取り上げられていました。

（2）エゼキエルの場合は、民の誤解を解くために、この格言を取り上げています。①捕囚の民は、苦難の原因と責任は、前の世代にあると考えていました（出エジプト記20章5節を根拠とした考え方）。②先祖に責任を転嫁することは、悔い改めを拒否する態度です。③先祖の罪が子孫に影響を及ぼすのは事実ですが、同時に、罪を犯すのは本人であり、その責任は本人にあるのも事実です。

自己責任の原則

（1）3世代にわたる生き方が例として挙げられます。①祖父は、偶像礼拝から遠ざかり、モーセの律法に従った生き方をしています。その人は、神の目から見て正しい人です。主は、「このような人が正しい人であり、この人は必ず生きる」（9節）と宣言されます。「生きる」というのは、現在の状態であると同時に、将来起こることでもあります。②

父の代になると、祖父の道とは正反対の道に進み始めます。主は、こう宣言されます。「彼は生きられない。これらすべての忌み嫌うべきことをしたのだから、必ず死ぬ。その血の責任は彼自身にある」(13節)。③子の代になると、再び義の道に戻ります。主は、「そのような人は自分の父の咎のゆえに死ぬことはなく、必ず生きる」(17節)と宣言されます。

民の反論(1)

(1)民は、「なぜ、その子は父の咎を負わなくてよいのか」(19節)と反論します。当時のユダヤ人たちは、「父の咎は三代、四代にまで及ぶ」と考えていました(出20・4～6)。そこで、主の裁きの原則が再確認されます。「罪を犯したたましいが死ぬのであり、子は父の咎について負い目がなく、父も子の咎について負い目がない。正しい人の義はその人の上にあり、悪しき者の悪はその者の上にある」(20節)。実に明快な自己責任の原則です。

(2)どんな悪者であっても、悔い改めて義の道に立ち返るなら、その者は必ず生きます。その良い例が、悪王のマナセです。彼は晩年になって悔い改め、主からの赦しを受け取っています。しかし、正しい人であっても、もしその道からそれて悪を行うなら、その人は死ななければなりません。過去に行った義の行為は、その人を救うことができないのです。

民からの反論(2)

(1)第2の反論は、「主の道は公正でない」(25節)というものです。①罪を犯した者でも、悔い改めるならそれが赦されるというのはおかしい。②また、正しい者でも、罪を犯したならそれまでの行為が認められなくなるというのもおかしい。

(2)それに対して、主が答えます。①イスラエルの民がモーセの律法を誤解していることに、問題がある。主は、すべてのことをモーセの律法に従って行われるので、公正でないというのは的外れの反論である。②主の原則は、罪を犯した人はその罪のために死に、悔い改めたらどんな罪人でも生きるようになるというものです。③主の態度が公正でないのではなく、イスラエルの民の態度こそ公正でないのです。

(3)最後に、主からの呼びかけが語られます。「あなたがたが行ったすべての背きを、あなたがたの中から放り出せ。このようにして、新しい心と新しい霊を得よ。……」(31節)。罪を反省するだけでなく、それを放り出す必要があります。悔い改めに導く力は、聖霊によってのみ与えられます。悔い改めは、呼びかけに耳を傾けましょう。主からの愛の呼びかけに耳を傾けましょう。悔い改めは、私たちに新しい心と力を与えてくれます。

エゼキエル書19章

「火がその枝から出て、その若枝と実を焼き尽くした。もう、それには王の杖となる強い枝がなくなった。」これは悲しみの歌、哀歌となった。(19・14)

この章から、以下のことを学びましょう。(1)エゼキエルは、ユダの最後の王たち(エホアハズとエホヤキン)について、哀歌を詠います。(2)捕囚の民は、ユダ王国が再興するという希望を持っていましたが、エゼキエルはその希望を粉砕します。(3)かくして、ダビデの子孫による王制は終わりを迎えます。

君主たちのための哀歌

(1)この章でエゼキエルは、2つの「哀歌」を詠っています。最初の哀歌は、エホアハズ王に関するものです。①「雌獅子」は、ユダ王国のことです。②「雄獅子」と「若い獅子」は、諸国を取り巻く国々を指します。③「子獅子」は、ユダの王たちのことです。

（2）「雌獅子」によって育てられた「子獅子」（3節）とは、エホアハズのことです。①彼の父は善王のヨシヤ、母はリブナ出身のエレミヤの娘ハムタルでした。②彼は、父ヨシヤ王がエジプトとの戦闘中にメギドで戦死した後、23歳で王として即位しました。③「獲物をかみ裂くことを習い、人を食い滅ぼすようになった」（3節）。若くして王位に就いた彼は、悪王としての活動を開始します（2列23・32）。④彼は、王位に就いてわずか3か月後に、エジプトの王ネコ2世によってリブナに監禁され、その後、エジプトで死にます（2列23・30～34、2歴36・1～4、エレ22・10～12）。わずか3か月で王位を追われるとは、なんという悲劇でしょうか。

（3）2番目の哀歌が取り上げる王は、エホヤキンです（エホアハズの後を継いだエホヤキムは省略されています）。①「雌獅子は、待ちくたびれて、自分の望みが消え失せたことを知ったとき」（5節）とあります。ユダの民は、エホアハズがエジプトから帰還して再び王座に就くことを期待していましたが、彼はエジプトで死にました。②「若い獅子」とは、エホヤキンのことです。彼は、前597年に、わずか18歳で王となりました。③彼もまた、主の前に悪を行い、異国に引かれて行きます。今度はエジプトではなく、バビロンです。彼の在位は、わずか3か月と10日でした。④前562年、ネブカドネツァルの後を継いだ息子のエビル・メロダクは、エホヤキンを牢獄から釈放し、その位をほかの王たちの位よりも高くします。エホヤキンは、一生の間、バビロンの王の前で食事をすることが許され、その生活費も王から支給されるようになります。ダビデの王位に就くはずの者が、終生バビロンの王の憐れみにすがって生きるようになるのです。それは、ユダの民にとっては大きな悲しみとなりました。

ぶどうの木のたとえ

（1）今度は、ぶどうの木のたとえを用いて、ユダの現状と将来が語られます。捕囚の民は、祖国に残った民がユダ王国を再興してくれることを期待していました。しかしエゼキエルは、その希望を完全に打ち砕きます。①「あなたの母」（10節）とは、ユダ王国のことです。「水のほとり」とは、民が受けていた種々の特権、契約、律法などを指しています。②このぶどうの木は立派に育ち、たくさんの実を実らせました。これは、ダビデの子孫であるユダの王たちが祝福を受けたことを意味しています（2サム7・12～16参照）。③ところが、12～14節に入ると、一転してユダ王国への裁きが語られます。ゼデキヤがバビロンのくびきの下で静かにしている限り、ユダはある程度の繁栄を享受することができました。しかし彼は、バビロンに反抗し、国に滅びをもたらすことになります。④「東風」とはバビロン軍のことです。この風は夏に東から吹いてくる熱風で、瞬時に草花を枯らします（イザ27・8、エレ4・11～12参照）。このぶどうの木は、激しい憤りをもって引き抜かれ、地に投げ捨てられ、東風によって枯らされ、ついには火に焼き尽くされるようになります。⑤やがてそのぶどうの木は、「荒野に、乾いた、潤いのない地に移し植えられ」ます。つまり、バビロン捕囚になるということです。「王の杖となる強い枝がなくなった」（14節）とは、ダビデの子孫による王制の終わりを預言したものです。

（2）捕囚の民の望みは砕かれました。しかし主の契約が破棄されたわけではありません（2サム7・12～16、詩89・3～4）。主の約束は、ダビデの子であるメシアにおいて成就するのです。私たちがキリストにあって抱く望みは、必ず成就します。きょうも主とともに歩みましょう。

エゼキエル書20章

「わたしは、力強い手と伸ばした腕、ほとばしる憤りをもって、あなたがたを諸国の民の中から導き出し、その散らされている国々からあなたがたを集める。わたしはあなたがたを国々の民の荒野に連れて行き、そこで顔と顔を合わせて、あなたがたをさばく。」（エゼキエル書20・34〜35）

この章から、以下のことを学びましょう。（1）長老たちは主のことばを求めましたが、その答えは、彼らが期待したようなものではありませんでした。（2）イスラエルの民の背信の歴史が、回顧されます。（3）イスラエルの民の回復(2段階の回復)が預言されます。

背信の歴史

（1）「第七年の第五の月の十日」（前５９１年のアブの月）、イスラエルの長老たちは、主の御心を求めるためにエゼキエルを訪ねて来ました。結論から言うと、主からの回答は、長老たちが期待したようなものではありませんでした。主は彼らに、イスラエルの民の背信の歴史を語られました。

（2）エジプトでの背信。神はイスラエルの民をエジプトから連れ出し、カナンの地に導かれました。また、エジプトの偶像を投げ捨て、身を清めよとお命じになりました。しかし彼らは、数々の祝福を受けたにもかかわらず、背信の民となりました。そのとき主は、御名の栄光のゆえに、裁きを思いとどまられました。

（3）荒野での背信。神は荒野で、イスラエルの民にモーセの律法と安息日をお与えになりました。イスラエルの民を諸国民から区別（聖別）するためです。しかし彼らは、荒野でも背信の民となりました。そこで神は、その世代の者たちを約束の地に導き入れないことにされました。

（4）次の世代の背信。次の世代も、父たちと同じように主の命令を守らず、安息日を汚しました。そこで主は、２つのことを預言されます。①このまま偶像礼拝を続けるなら、イスラエルの民は将来、諸国の民の間に離散するようになる。②彼らは自分たちの初子に、火の中を通らせるようになる（モレク礼拝)。

(5)カナン入国後の背信。カナン入国後も、民は偶像礼拝に陥っていきました。先祖たちの偶像礼拝の性質は、今の世代に引き継がれました。今の世代とは、預言者エゼキエルのもとに来て、主のことばを求めている人たちのことです。

将来に関する預言

(1)33節から、将来に関する預言に入ります。イスラエルの回復には、①不信仰な状態での回復と②信仰を持った状態での回復の2段階があります。

(2)イスラエルの民は、離散の地から集められた後、「国々の民の荒野」に連れて行かれ、そこで裁きを受けます。ミカ書2章12～13節には、「わたしは彼らを、囲いの中の羊(ボツラの羊)のように、牧場の中の群れのように、一つに集める」とあります(マタ24・15～16では「山へ逃げなさい」、黙12・6では「女(イスラエル)は荒野に逃れた」となっている)。以上を総合すると、民が集められる場所は、ボツラと呼ばれる荒野の地であることが分かります(現在のヨルダン領ペトラ)。

(3)イスラエルの民は、裁きによってその3分の2が滅びますが(ゼカ13・8～9)、残された3分の1は、主との新しい契約に入ります。これは、彼らが霊的な新生を経験するようになるということです(エレ31・31～34参照)。

メシア的王国(千年王国)

40～44節は、2番目の回復(信仰を持った状態の回復)の預言です。①40節は、メシア的王国の状態を描写しています。主を礼拝する民は、エルサレムで最上のささげ物を献げるようになります。②そのとき、イスラエルの民は、「芳ばしい香り」として神に受け入れられます。③イスラエルの民は約束の地に住むようになり、彼らは自らの犯した罪を悔いるようになります。

ネゲブの森の火事

(1)45～49節は、ヘブル語聖書では21章に含まれています。「顔を右の方に向け、南に向かって語りかけ、ネゲブの野の森に言え」との命令が下ります。①「ネゲブの野の森」とは、人々のことです。

②主がつけた火は、「生木」と「すべての枯れ木」を焼き尽くします。つまり、善人も悪人もともに滅ぼされるということです。これは、患難期の預言です。

（2）エゼキエルは、極めて深刻なたとえを語っていたのですが、イスラエルの民は、それを真剣に受け止めようとはしませんでした。主の警告を無視する人は、自らの身に滅びを招きます。主の警告を無視しては、主からの警告に耳を傾けようではありませんか（ヘブ12・25）。

エゼキエル書21章

「人の子よ、わめけ。泣き叫べ。それがわたしの民の上に下り、イスラエルのすべての君主たちに下るからだ。彼らはわたしの民とともに剣に投げ込まれる。だから、あなたはももを打って嘆け。」（エゼキエル書21・12）

この章から、以下のことを学びましょう。（1）エルサレムに向けて、裁きの預言が語られます。これは、患難期の預言です。（2）3つの剣の裁きが預言されます。バビロン捕囚、ローマによるエルサレム陥落、そして、患難期です。（3）終わりの日には、エルサレムを攻撃したすべての国々が裁かれます。

主の剣

（1）前章では、エゼキエルはネゲブの野の森に向かって預言していました。しかし民は、その意味を理解することができませんでした。そこで今度は、エルサレムに向けて直接預言が語られます。①「エルサレムに顔を向け、聖所に向かって語りかけよ」（2節）。「聖所」は、最も忌むべき偶像礼拝が行われていた場所です（8章）。②ネゲブの野の森を焼き尽くす火が、ここでは「剣」として説明されています。③「正しい者も悪い者も絶ち滅ぼす」とありますので、この裁きはバビロン軍の侵攻のことではなく、黙示録6章以降に預言されている患難期のことです。④主の剣はすでにさやを離れていますので、この預言が撤回されることはありません。

剣の歌

（1）剣が研がれ、磨かれています。これは、剣による裁きがより近づいていることを、詩的に表現したものです。①「すべての木を退ける、わが子の杖を」（10節）とあります。「わが子の杖」とは、ユダの王権のことでしょう。イスラエルの民は、ユダは神に守られているので、滅びることはないと考えていました。それに対してエゼキエルは、それは誤った安心であって、ユダもほかの国々（すべての木）と同じように滅ぼされると預言したのです。②「剣を二倍、三倍にして、人を刺し殺す剣とし」（14節）とあります。ある人たちはこれを、3回にわたるバビロン捕囚の預言だと解釈しますが、別の解釈も可能です。第1の剣は前586年のバビロン捕囚を、第2の剣は70年のローマ軍によるエルサレムの破壊を、第3の剣は患難期の苦難と裁きを預言していると考えられます。

バビロンの王の剣

（1）当時、アンモン人もイスラエルの民に加担して、主の計画に反逆していました（エレ27・3参照）。そこで、バビロンの王はこの両国征服のために進軍を開始します。①エゼキエルは、地面に地図を書いて、その地図の上にバビロンからエルサレムとアンモンのラバに至る道を書き込むように命じられます。②その道は、途中で分岐点に達します。そこに道しるべを立てます。右に行けばエルサレムに、左に行けばラバに着きます。③バビロンの王は、その分かれ道に立って3つの占いを行い、エルサレムへの道を選び取るようになります。

（2）すでに書いたように、第1の剣はバビロンの剣でした（前586年）。その時から「冠」（ユダの王権）は取り去られました。異邦人の時代はここから始まり、メシアの再臨まで続きます。第2の剣は、ローマの剣でした（70年）。その時から、「かぶり物」（祭司制度）は取り去られました。そして第3の剣は、再びバビロンの剣です。このバビロンは、反キリストのバビロンです。「汚れた悪者、イスラエルの君主よ」（25節）とは、反キリストのことです。イスラエルの地は廃墟と化しますが、それは「さばきを執行する者」（メシア）が再臨するまでのことです。

アンモン人に向けられた剣

（1）バビロン軍が分かれ道に立つまでは、アンモン人はユダ王国と同盟関係にありました。しかし、身の危険を感じた彼らは、使者をネブカドネツァルに送り、降伏すると伝えます。バビロン軍がエルサレムを包囲してからは、アンモン人はユダの苦境に付け込んで、侵略戦争を開始します。その結果、これまでエルサレムのために向けられていた剣が、今度はアンモン人に向けられます（28節）。

（2）29節には、「彼らの日、最後の刑罰の時が来る」とありますが、これもまた、預言的未来（終末時代）を指すことばです。終わりの日には、イスラエルの民を攻撃したすべての国々が神の裁きを経験するようになります。

（3）主イエスはこう語っておられます。「なくなってしまう食べ物のためではなく、いつまでもなくならない、永遠のいのちに至る食べ物のために働きなさい。……」（ヨハ6・27）。私たちは、永遠に続くもののために労しているでしょうか。

エゼキエル書22章

「銀が炉の中で溶かされるように、あなたがたも町の中で溶かされる。このとき、あなたがたは、主であるわたしがあなたがたの上に憤りを注いだことを知る。」（エゼキエル書22・22）

この章から、以下のことを学びましょう。（1）この章では、「今の時代」の罪が暴かれます。（2）イスラエルの民は、炉の中の金かすとなりました。それゆえ、精錬する必要があります。（3）イスラエルの民を精錬するために、患難期が用意されます。

一般的な罪と指導者たちの罪

（1）20章では、イスラエルの民の歴史が回顧され、先祖たちの罪が暴かれました。この章では、「今の時代」の罪が暴かれます。イスラエルの民は、神の裁きを受け、諸国の民のそしりとなり、すべての国の笑いぐさとなります。

（2）1〜5節は一般的な罪を、6〜8節は指導者層の罪を列挙しています。指導者層の罪は、すべてモーセの律法の無視か違反です。①父や母を軽んじる罪。②寄留者を虐待する罪。③みなしごとやもめを虐げる罪。④主の聖なるもの（神殿を含め、レビ記の祭儀法が規定するすべてのもの）を蔑む罪。⑤安息日を汚す罪。これらの罪のゆえに、イスラエルの民は諸国民の中に散らされるようになります。

民の罪

（1）9〜16節は、民の罪を列挙しています。①「丘の上で食事をした」（偶像礼拝）罪。②偶像礼拝とともに、性的に淫らなことをした罪。③「父の裸があらわにされた」という罪。これは、父の妻と寝た罪です（レビ18・7〜8参照）。④「月のさわりのある女」と関係した罪（レビ18・19参照）。⑤隣人の妻と関係した罪。⑥嫁と関係した罪。⑦異母姉妹と関係した罪（レビ18・6〜20参照）。⑧血を流すために、賄賂を使った罪。⑨同胞から利息と高利を取った罪。⑩隣人を抑圧して利得を貪った罪。

（2）民は、自分たちが「祭司の国」であり、特別な使命を与えられていることを忘れていました。そこで神は、彼らの上に裁きを宣言されます。①「わたしはおまえを諸国の間に散らし、国々に追い散らし、おまえの汚れをすっかり取り除く」（15節）。これは、紀元70年以降に起こるユダヤ人の離散を預言したものです。②「国々の民が見ている前で、おまえはおまえ自身によって汚される」。これは、約束の地を追われたイスラエルの民には、自分自身以外にゆずりがなくなるという意味です。

炉の中の金かす

（1）イスラエルの回復は、2段階で起こります。不信仰な状態での回復と、信仰を持った状態での回復です。20章の内容は、最初の回復（不信仰な状態での回復）でした。22章でも同じことが語られていますが、異なる点があります。それは、20章は荒野に集められるユダヤ人たちについての預言であり、22章はエルサレムに集められるユダヤ人たちの預言だという点です。

（2）イスラエルの民はみな、「金かす」（不純物）となりました。それゆえに、炉に入れて精錬する必要があります。彼らが集められる場所はエルサレムです（19節）。つまり、エルサレムという町が、彼らを精錬するための炉となります。イスラエルの回復は、神の「怒りと憤り」（20節）の結果、実現するものです。ホロコーストの悲劇と、その後のイスラエル建国（１９４８年）は、まさにこの預言の成就です。

（3）エルサレムに集められたユダヤ人たちは、そこで「激しい怒りの火」（21節）によって精錬されます。この精錬とは、患難期のことです。患難期は、イスラエルの回復の後に起こるもので、このときユダヤ人たちは、炉の中で溶かされるという経験をします。その結果、彼らは主である神が彼らの上に憤りを注いだことを知るようになるのです（22節）。この認識が、彼らを救いへと導きます（ゼカ13・8～9参照）。

患難期が来る理由

（1）患難期は、イスラエルの民を精錬するための過程です。患難期の直前になると、イスラエルの地は清められず、雨も降りません。その理由は、指導者たちも民も、ともに堕落するからです。

（2）神は、石垣を築き、破れ口を修理する者を探し求めますが、そういう者は1人も見つかりません。これが、患難期前夜の霊的な状況です。それゆえ神は、イスラエルの民を精錬するために患難期をもたらされます。

（3）私たちの祖国と同胞のことを考えてみましょう。今神は、この国において、石垣を築き、破れ口を修理する者を探し求めておられます。この国が、神のことばによって清められるように、熱心に福音を伝えようではありませんか。

エゼキエル書23章

「それでわたしは、彼女が欲情を抱く愛人たちの手、アッシリア人の手に彼女を渡した。彼らはオホラの裸をさらけ出し、その息子や娘たちを奪い取り、彼女を剣で殺してしまった。こうして彼女にさばきが下され、彼女は女たちの語りぐさとなった。」（エゼキエル書23・9〜10）

この章から、以下のことを学びましょう。（1）2人の娘の寓話は、サマリアとエルサレムの滅びに関するものです。（2）オホラとオホリバは、偶像礼拝の罪のゆえに、主からの裁きを受けます。（3）主の裁きの最終目的は、契約の民を偶像礼拝の罪から救うことにあります。

オホラとオホリバ

（1）ここでは、2人の娘の寓話が紹介されます。①2人の娘は同じ母の娘で、姉をオホラ、妹をオホリバと言います。②オホラは、北王国の首都サマリア、オホリバは南王国の首都エルサレムのことです。

③オホラとは、「彼女の天幕」という意味で、サマリアが自分勝手に礼拝のための聖所を作り、偶像礼拝にふけったことを暗示しています。④オホリバとは、「私の天幕は彼女の内に」という意味で、エルサレムの神殿が主の許可を得て建設されたものであることを暗示しています。

（２）この２人の娘は淫行に走りますが、その始まりをたどると、エジプト時代にまで遡ることができます（ヨシ24・14）。さらに、主とシナイ契約を結んでからも（出19～24章）、彼らは金の偶像を造ってそれを拝み、主に忠誠を尽くすことはしませんでした。

サマリアとエルサレムの物語

（１）サマリアは、アッシリアの政治力、経済力、軍事力に魅せられました（６節）。その結果、主よりも、アッシリア人の偶像のほうが上で、頼りがいがあると判断しました。主は涙ながらにこう語られました。「それでわたしは、彼女が欲情を抱く愛人たちの手、アッシリア人の手に彼女を渡した。彼らはオホラの裸をさらけ出し、その息子や娘たちを奪い取り、彼女を剣で殺してしまった」（９～10ａ節）。これは、前７２２年のアッシリア捕囚を指したことばです。

（２）エルサレムもまた、アッシリアの偶像に引かれていきました（12節）。①このことは、アハズ王の時代に起こりました（２列16・７～16参照）。②次に、カルデア人（バビロン）に引かれ、彼らの偶像を礼拝するようになりました。エルサレムの姿が、カルデア人の壁絵を見て感銘を受ける娼婦として描写されています。③しかしエルサレムは、すぐにその淫乱な関係に幻滅を覚え、心がカルデア人から離れます。④最後にエルサレムが行き着くのは、エジプトです。彼女は、若かった日々を思い出したのです。

オホリバに下る裁き

（１）この箇所は、４つの託宣から成っています。①エルサレム（南王国）は、先祖伝来の主との契約を忘れ、近隣の列強との同盟関係を求めました。政治的同盟関係は、宗教的には偶像礼拝につながります。エルサレムは、主から与えられた責任と使命を忘れ（申7・8、17〜19参照）、人間的な防衛策に走りました。②そこで主は、エルサレムが慕った国々を用いて裁きを下されます。③エルサレムを攻める敵は、バビロン人以外に、カルデア人、アッシリア人などです。本来は、バビロン人とカルデア人は同じですが、ここではバビロン人以外の少数民族を指すために、カルデア人ということばが用いられています。④彼らは、主の裁きの器としてエルサレムに攻め上り、そこを徹底的に略奪します。

オホラとオホリバに下る裁き

（1）主の裁きは、「正しい人たち」（45節）の手によってもたらされます。「正しい人たち」とは、バビロン人のことです。ここでの強調点は、彼らによって正しい裁きが行われるということにあります。

（2）姦淫の女に関して、申命記22章21節は次のように命じています。「その娘を父の家の入り口のところに連れ出し、町の人々は彼女に石を投げ、彼女を殺さなければならない。……」。エルサレムに攻め上る敵（バビロン人）は、ここに書かれていることを文字どおり実行します（47節）。裁きの最終目的は、彼女たちが主こそ真の神であることを知り、永遠に偶像礼拝から離れることです（49節）。

（3）主イエスのことば。「わたしの枝で実を結ばないものはすべて、父がそれを取り除き、実を結ぶものはすべて、もっと多く実を結ぶように、刈り込みをなさいます」（ヨハ15・2）。主からの刈り込みを受けた場合は、より豊かな実を結ぶために、余分な枝を取り除いていただきましょう。

エゼキエル書24章

「人の子よ。この日、ちょうどこの日の日付を書き記せ。ちょうどこの日に、バビロンの王がエルサレムに攻め寄せたからだ。」

（エゼキエル書24・2）

この章から、以下のことを学びましょう。（1）エゼキエルは、さびた鍋のたとえによって、エルサレムの崩壊を預言します。（2）エゼキエルの妻の死は、エルサレム崩壊の象徴です。（3）エゼキエルは、「沈黙の預言者」から「良き羊飼いとしての預言者」に移行します。

さびた鍋のたとえ

（1）第9年の第10の月の10日とは、前588年1月15日のことです。この日、バビロン軍はエルサレムの最終的な包囲を開始しました。①鍋とは、エルサレムのことで、その中に入れられる肉とは、エルサレムの住民のことです。②煮えたぎる鍋は、主の裁きを示しています。③「良い肉片」、「選り抜きの骨」、「選り抜きの羊」などは、民の指導者たちを指しています。

（2）6～9節は、たとえの説明になっています。①エルサレムは「流血の都」であり、「さびついている鍋」です。そのさびは、そこで流された血によるものです。②「一切れずつそれを取り出せ」とは、主の裁きが全住民に下ることを示しています。エルサレムの住民たちは、世界各地に散らされます。③流された血の正しい処置ができていないために、義なる主の裁きがエルサレムの上に下ります（レビ17・11、13参照。さらに、創4・10、9・5～6なども参照）。

妻の死

（1）ここで、エゼキエルの妻の死が啓示されます。①「あなたの目の喜び」（16節）とは、エゼキエルの妻のことです。その妻が突如取り去られるというのです。②その啓示があった日の夕方、彼の妻が死にます。③彼は、主の禁止命令に従って、嘆くことも、泣くことも、涙を流すこともしませんでした。大声を立てて悲しむこと、死者のために喪に服すこと、頭のターバンを取って塵をかぶること、履き物を脱いで素足で歩くこと、口ひげを覆うこと、人々が与える葬儀の食事を食することなどが、当時の習慣です。しかし彼は、それら一切のことを拒否しました。

（2）実に奇妙な光景を目撃した民は、彼に尋ねます。そこで彼は、深い悲しみの中で、エルサレムと神殿に下る主の裁きの預言を語ります。①イスラエルの民は、ユダの町々は滅びても、神殿のある町エルサレムは決して滅びることはないという誤った信仰を持っていました。その信仰は、ヒゼキヤ王の時代に、主の使いがアッシリアのセンナケリブの軍勢を撃退した時から始まったものです（2列19・35～36）。②エゼキエルの預言は、そのような誤った信仰を打ち砕くものでした。③エルサレムと神殿が、ともに滅びる日が近づいていました。その日、民は、通常の嘆きや悲しみでは表現できないほどの悲惨な体験を通過するようになります。その日、エゼキエルと同じことを、民もするようになります。

エゼキエルの転機

（1）エゼキエルは、沈黙の奉仕を続けるようにとの命令を受けていました（3・26～27）。つまり、主からの啓示があったときだけ、預言のことばを語るということです。その沈黙の奉仕が、ついに終わりを迎えます。①彼は、エルサレムの崩壊を預言しました（25節）。②次に、バビロンにいたエゼキエルのもとに、エルサレムの崩壊を目撃した逃亡者が到着します（26節）。その間、およそ1年半から2年の歳月が流れます（33・21～22参照）。③その1年半から2年の間に、エゼキエルはエルサレムへの預言はいっさい語らず、沈黙の状態に入ります。ただし、異邦人諸国への預言は語ります（25～32章）。④エルサレムからの逃亡者が到着すると同時に、エゼキエルは沈黙の奉仕を離れ、活発に民に仕える奉仕を開始します。それが33章以降の内容です。

（2）逃亡者が到着して以降（33章以降）、エゼキエルは主の慰めを語る預言者、良き羊飼いとしての預言者となります。民は彼を、主からの預言者と認め、彼の語ることに耳を傾けるようになります。沈黙の奉仕の時代とは正反対のことが起こるのです。

（3）私たちの人生にも、人々から誤解され、苦しむときがやってきます。それが、何年も続くこともあるでしょう。そういう場合、エゼキエルの体験から教訓を学びましょう。私たちが沈黙していても、主は私たちを弁護し、守ってくださいます。時がきたなら、私たちの真意は証明され、人々が再び私たちの語ることに耳を傾けるようになります。

エゼキエル書25章

「あなたはアンモン人に言え。『神である主のことばを聞け。神である主はこう言われる。わたしの聖所が冒されたとき、イスラエルの地が荒れ果てたとき、ユダの家が捕囚となって行ったとき、おまえは、あはは、と言って嘲った。』」

（エゼキエル書25・3）

この章から、以下のことを学びましょう。（1）異邦人諸国への裁きの預言が語られます。（2）裁きの基準は、イスラエルをどのように扱ったかです。

異邦人諸国の裁き

（1）25～32章は、エルサレム崩壊の知らせが届くまでの期間に語られた、異邦人諸国への預言です。①7つの諸国に対して、裁きの預言が語られます。7は完全数ですので、この7つの諸国は、地上の異邦人諸国を代表していると考えられます。②地理的な位置関係によって、諸国の名が順番に取り上げられています。エルサレムの北東にあるのがアンモンです。南に下ってモアブ、エドムと続きます。この3つは、イスラエルと血縁関係にあります。さらに、西に向かうとペリシテがあり、その北にツロとシドンが続きます。最後は大国エジプトで終わります。③異邦人の諸国を裁く基準は、イスラエルの民をどのように扱ったかです（創12・3）。

アンモンに対する預言

（1）アンモンの裁きは、近隣諸国への裁きの典型になっています。彼らが裁かれる理由は、3つあります（3節）。①聖所をあざけった罪。②聖地をあざけった罪。③神の選びの民をあざけった罪。

（2）裁きの内容は次のとおりです。①彼らの地は、「東の人々」に渡されます。これは、ベドウィン・アラブ人を指すことばです。②首都ラバも、ベドウィン・アラブ人によって征服されます。③今も、この預言の成就は続いています。かつてアンモン人の地であった所は、今はヨルダンという国が征服しています。彼らはアラブ人です。また、ラバという町は、今はアンマンという名でヨルダンの首都となっています。

モアブに対する預言

（1）モアブは、アンモンの南に位置します。①モアブとアンモンは、親類関係にあります（創19・37）。②イスラエルとモアブの対立は、モーセの時代にまで遡ることができます（民22～24章、25・1～5参照）。

（2）モアブたちの罪とは、次のようなものです。①エルサレムの陥落を見て、その意味を誤解しました（8節）。イスラエルの民も異邦の民と同じではないか、と思ったのです。②そこには、イスラエルの神はバビロンの神々よりも弱いという意味が込められています。③彼らもまた、東の人々（ベドウィン・アラブ人）によって滅ぼされてしまいます。そこは、今はヨルダンが支配する地域になっています。将来モアブは、主に立ち返ると預言されています（11節。エレ48・47も参照）。

エドムに対する預言

エドムはモアブの南、ユダの南東に位置します（現代のヨルダン南部）。エドム人の先祖は、ヤコブの兄のエサウです。ヤコブとエサウの確執は、創世記の時代から続いていました（創25・23参照）。アンモンやモアブは、イスラエルの滅びを見て喜んだだけですが、エドムは積極的にイスラエルの滅びに加担しました（12節）。エドムには、アンモンやモアブ以上の裁きが下ります。注目すべきことは、アンモンとモアブの場合にあった「おまえは（彼らは）、わたしが主であることを知る」という希望のことばがないことです。つまり、エドムは、主を知ることがないままで滅びます。

ペリシテに対する預言

（1）ペリシテ人は地中海沿岸の地域に居住した民族で、都市国家（エクロン、アシュドデ、アシュケロン、ガテ、ガザの5都市）を形成していました。彼らは、エーゲ海近辺から移住して来た海洋民族で、前1200～1000年頃、イスラエルにとって最大の敵となりました。ダビデの時代に、ペリシテ人たちは撃破されましたが、それ以降も小競り合いは続きました。

（2）ペリシテ人の罪は、イスラエルに対して継続した敵意を持っていたことです（15節）。「見よ。わたしは、ペリシテ人に手を伸ばし、ケレタ人を断ち切り、海辺の残った者を滅ぼす」（16節）。ペリシテ人は民族としては完全にその姿を消し、彼らの町々だけがその名をとどめるようになります。

（3）自らの力だけを誇り、神を認めない者が今も多くいますが、その人たちの最後はあわれなものです。「愚か者は心の中で『神はいない』と言う。彼らは腐っている。忌まわしい不正を行っている。善を行う者はいない」（詩53・1）。

エゼキエル書26章

「ツロは海の中の網干し場となる。わたしが語ったからだ。——神である主のことば——ツロは諸国の餌食となり、それに属する沿岸側の町々も剣で滅ぼされる。そのとき彼らは、わたしが主であることを知る。」

（エゼキエル書26・5～6）

この章から、以下のことを学びましょう。（1）ツロとシドンに対する裁きは、26～28章に記されています。（2）ツロが裁かれる理由は、反イスラエルの態度を取ったことにあります。（3）ツロを裁く手段は、ネブカドネツァルです。

はじめに

（1）ツロとシドンに対する預言が、長く続きます（26～28章）。この箇所は、5つの部分に分けることができます。①ツロの破壊の預言（26・1～21）。②ツロに対する哀歌（27・1～36）。③ツロの君主に関する預言（28・1～10）。④ツロの王たちに関する預言（28・11～19）。⑤シドンに対する預言（28・20～26）。

ツロの破壊の預言

（1）「第十一年の、その月の一日」とあります。これは、前586年、エルサレムが崩壊した年のことです。バビロン軍がエルサレムの包囲を開始した直後に、この預言がエゼキエルに与えられました。当時ツロは、港町として栄えていました。本土にある旧港と沖にある小島の新港の2つの港を持っていましたが、本土と小島の新港を道でつないだのは、ヒラム一世です。その結果、ツロの通商能力は倍になりました。ツロの主要産業は、海上輸送とガラス製品や染物（紫布）の生産でした。

（2）ツロが裁かれる理由は、経済的利得のために、反イスラエルの態度を取ったことにあります。彼らは、エルサレムの崩壊を見てあざけりました。エルサレムは各種通商路の交差点にあり、関税を課税できる立場にありました。ツロは、エルサレムの破壊によって、その特権が自分のものになることを喜んだのです。これは主を怒らせました（3節）。

ツロは、諸国の侵略を受けるようになります（バビロン、ペルシヤ、ギリシア、ローマなど）。

裁きの手段

（1）ツロを裁くために用いられる手段は、ネブカドネツァルであることが明らかになります。①ネブカドネツァルは、バビロンの王であると同時に、近隣諸国の王たちを従えた「王の王」でもあります。②彼は、北方からツロを侵略します。彼は、馬、戦車、騎兵、そして大軍勢を連れています。③彼は、沿岸側の町々を征服し、その後ツロの包囲を開始します。この包囲作戦は13年間も続きますが、最終的にツロは征服されます。

（2）12節では、主語が「彼（ネブカドネツァル）」から「彼ら」に変化しています。つまり、ネブカドネツァル以外の敵たちが、最終的にツロを滅ぼすということです。①ツロの富は略奪され、町は徹底的に破壊されます。②そこは「裸岩」となり、「網干し場」となります。③その町の繁栄が再び回復されることはありません。

海辺の君主たちの嘆き

（1）「おまえ（ツロ）が崩れ落ちるその響きに、島々は揺れ動かないだろうか」（15節）とあります。①「島々」とは、ツロが建設した植民都市のことです。母国（ツロ）が破壊されたために、それらの植民都市は動転するのです。②「海の君主たち」（植民都市を統治している商人の頭たち）は、ツロのために喪に服し、哀歌を唱えます。

（2）19〜21節で、再び主の裁きのことばが語られます。19節にあるツロの破壊の様子は、バビロンの王ネブカドネツァルではなく、アレクサンドロス大王によって成就したと考えたほうがいいでしょう。①ツロは、穴に下る者たちとともに、地下の国に住むようになります。②ツロに信頼を置いていた人たちは、恐怖を感じるようになります。

（3）ところで、現在もレバノンにはツロという町が存在しています。この箇所の預言とツロが存在している事実とが矛盾するように感じますが、どう考えればいいのでしょうか。この預言は、未だに成就していないと見るべきでしょう。つまり、この預言の成就は、大患難時代とそれに続くメシア的王国（千年王国）において成就するということです。「わたしが誉れを与える生ける者の地に、おまえが住めないようにするためだ」（20節）。「生ける者の地」とは、メシア的王国のことです。

（4）主によって語られたことは、必ず成就します。主のことばに信頼を置く人は幸いです。「神にあって私はみことばをほめたたえます。神に信頼し私は何も恐れません。肉なる者が私に何をなし得るでしょう」（詩56・4）。

エゼキエル書27章

「おまえが海で打ち破られ、おまえの商品とおまえの全集団が、おまえとともに海の深みに沈むとき、島々の住民はみな、おまえのことで唖然とし、その王たちはおぞ気立ち、慌てふためく。国々の民の商人たちはおまえを嘲り、おまえは恐怖のもととなり、とこしえに消え去る。」

（エゼキエル書27・34～36）

この章から、以下のことを学びましょう。（1）難破したツロのために、ツロが商船にたとえられています。（2）ツロが滅びる原因は、その傲慢な態度にあります。（3）ツロは、東風（バビロン軍）によって難破させられます。（4）ツロとの交易で利益を得ていた者たちは、ツロの難破を見て、嘆きます。

ツロについての哀歌

（1）ここでは、ツロが商船にたとえられています。商船の難破は、ツロの破滅を暗示しています。

エゼキエルが哀歌の形式を用いるのは、その悲劇性を強調するためです。ツロは、多くの島々の民と取引する商業国家でした。ツロは、「私は美の極みだ」と豪語していました。4節以降で、美しさの特徴が挙げられます。①船板はセニルのもみの木、②帆柱はレバノンの杉、③船の櫂はバシャンの樫、④甲板はキティム(キプロス)の島々の檜(象牙細工入り)、⑤帆と旗じるしはエジプトのあや織りの亜麻布、⑥船の覆いはエリシャ(キプロス東岸のエンコミ)からの青色と紫色の布。すべての材料が、超一級のものでした。

(2)乗組員たちもまた、卓越した人々でした。①漕ぎ手は、シドン(ツロの北にあるフェニキヤ人の町)とアルワデ(さらに北にある沿岸の島の町)の住民、②船員はツロの熟練者たち、③船大工はゲバル(シドンとアルワデの間にあるフェニキヤ人の町)の長老と熟練者たち、④商船(ツロのこと)を護衛したのが、ペルシア、ルデ(小アジアの町)、プテ(エジプトの西の地中海沿岸の町)の人々。

(3)麗しい商船であるツロは、なぜ滅びたのでしょうか。「私は美の極みだ」ということばに注目しましょう。エゼキエル書28章12節では、サタンに対して「美の極み」ということばが使われています。それは、サタンの傲慢を表すことばです。そこから、ツロの没落の背景には、傲慢の思いがあったことが分かります。

ツロの貿易相手

(1)ツロは、世界貿易の中心地として栄えていました。12～24節で、ツロが交易をした相手先が、地理的に西から東の順で記されています。①タルシシュは、スペインの町です。②ヤワンはイオニア、つまりギリシアのことです。③トバルとメシェクは、小アジアの地方です。④アラムは、シリアのことです。⑤ユダとイスラエルも取引先に入っています。⑥最後は、アラビヤ地方の町々です。

(2)取引品目の豊富さに注目しましょう。①貴金属、鉄、すず、鉛などの鉱物。②馬や羊などの家畜。③人材(奴隷のこと)。④豪華な織物。⑤農産物や香料など。ツロは、商品流通の中心となることによって、商業都市として栄えたのです。ツロは、さらなる繁栄を求めてユダの滅びを願い、それが実現した時には大いに喜びました。しかし、他者の不幸によって勝ち得た繁栄は、長続きしません。特に、神の御心に反して得た繁栄は、むなしいものです。

ツロの難破

（1）ツロは、商取引が余りにも栄えたために、滅びていきます。①難破の原因は、「東風」、つまり、バビロン軍です。②その破滅は、徹底的なものとなります（27節）。「財宝、貨物、商品」（ツロの人々が重視していたもの）が、沈没するもののリストの最初にきているいることに注目しましょう。③「船員の叫び声」とは、ツロの住民たちの声です。④「海辺」とは、周辺の町々（民族）です。彼らは、予期せぬ難破を目撃し、身震いするのです。

（2）27章全体が哀歌ですが、その哀歌の中に哀歌が登場します（28節以降）。ツロの難破を早めた理由は、積荷が余りにも重くなり過ぎたからです。それが、東風の注意を引き、その侵入を招き入れることになります。植民地の支配者たち(その王たち)は、恐れ慌てふためき、ツロとの交易によって利益を得ていた諸国の商人たちは、悲しみを感じると同時にツロに対して敵意を抱くようになります。ツロの難破は、現代風に言えば、ニューヨークのウォール街の崩壊にたとえることができます、もし株の大暴落が起これば、嘆き悲しむ人も多く出ることでしょう。「主に信頼する者に祝福があるように。その人は主を頼みとする」（エレ17・7）。アーメン。

エゼキエル書28章

「人の子よ、ツロの君主に言え。　神である主はこう言われる。　あなたの心は高ぶり、『私は神だ。　海の真ん中で神の座に着いている』と言った。　あなたは自分の心を神のように見なしたが、　あなたは人であって、　神ではない。」
（エゼキエル書28・2）

この章から、以下のことを学びましょう。（1）「ツロの君主」は人間の王ですが、「ツロの王」はサタンのことです。（2）「ツロの君主」も「ツロの王」も、ともに破滅を経験します。（3）エジプトの裁きの預言の前に、イスラエルの回復が約束されます。

ツロの君主の破滅

（1）この章には、ツロの君主とツロの王に対する預言が書かれています。この章の内容を理解するためには、「君主」と「王」ということばの違いに注目する必要があります。「君主」は「王」よりも一段低い地位にある者です。

（2）「ツロの君主」とは、エテバアル二世のことです。人々は彼を「ツロの君主」と見なしていましたが、主は彼を「ツロの王」と呼んでいます。その理由は、ツロを支配していた真の王が別に存在していたからです（11節以降に登場します）。①エテバアル二世は、「私は神だ」と豪語していました。エジプトでは、パロが神と見なされましたが、メソポタミア・シリア圏では、王は神々から任命を受けた者と見るのが普通でした。しかしエテバアル二世は、傲慢のゆえに、自らを神と見なすようになりました。②傲慢の理由は、その知恵にありました。彼の知恵によって、ツロは大いに繁栄しました。③彼はまた、その知恵を用いて、バビロン軍の包囲に13年間も耐えました。しかし最後は、悲惨な死を遂げます。

（3）エテバアル二世の知恵は、ダニエルのそれよりも優れたものでした。ダニエルとエゼキエルは、同時代の預言者です。ダニエルは、その知恵を主に栄光を帰すために用いましたが、エテバアル二世は、自らが神となるために、誤用しました。

ツロの王についての哀歌

（1）「ツロの王」とは、サタン（悪魔）のことです。①サタンは、神によって創造された最高位の天使で、「守護者ケルビム」と呼ばれています。新共同訳は14節を、「わたしはお前を翼を広げて覆うケルブとして造った」と訳しています。②サタンはエデンに置かれ、9つの宝石が彼を覆っていました。これは、大祭司の胸に付けられていた12の宝石と対比されるものです（出28・17～20）。恐らくサタンは、天の聖所において、祭司的役割を与えられていたのでしょう。

（2）人類の堕落の前に、サタンの堕落が起こりました。①新共同訳は、16節を「お前の取り引きが盛んになるとお前の中に不法が満ち罪を犯すようになった」と訳しています。「取り引き」ということばは、サタンが天使たちをそそのかすために忙しく動き回っている様子を表しています。②彼は、神について嘘を吹聴し、天にいた天使の3分の1を自分の側に付けました（黙12・4）。③サタンの罪は、神から与えられた使命を忘れ、自らを神としたことにあります。④天の聖所を罪によって汚した結果、サタンは天の聖所から追い出されました。⑤サタンは、最終的には「とこしえに消え失せる」（19節）のですが、このことが成就するのは、キリストの再臨と千年王国の後のことです（黙20・10）。

シドンへの裁き

（1）シドンに対する裁きが預言されます。①シドンもまた、フェニキアにあるカナン人の都市です。②イスラエルは、アハブ王の時代に、バアル礼拝によって亡国の危機に直面します。その原因を作ったのは、シドンの王エテバアルの娘イゼベルでした（1列16・31）。③シドンは、主から送り込まれた疫病と、四方から攻める剣のために滅びます。

イスラエルの回復

（1）神に裁かれる異邦人諸国の第7番目はエジプトですが、その前に、イスラエルの回復が預言されます。今栄えている諸国は裁きを受け、今滅亡しているイスラエルは回復されるという「対比」がそこにあります。①ここで預言されている回復は、バビロンからの帰還ではなく、終末時代に起こる世界各地からの帰還です。②「わたしは国々の目の前で、わたしが聖であることを示す」（25節）とは、イスラエルが霊的に回復されることの預言です。③その時、イスラエルの民は神がヤコブに約束された地を所有し、そこに住むようになります。
（2）神の約束は必ず成就します。それを知ることは、私たちの生き方に大きな影響を与えます。今、主にある希望を告白しようではありませんか。

エゼキエル書29章

「こう告げよ。神である主はこう言われる。エジプトの王ファラオよ、わたしはあなたに敵対する。あなたは、自分の川の中に横たわる巨獣で、『川は私のもの。私がこれを造ったのだ』と言っている。」（エゼキエル書29・3）

この章から、以下のことを学びましょう。（1）イスラエルを苦しめたエジプトは、厳しい裁きを受けます。（2）第1の託宣では、エジプトの荒廃と回復が預言されます。（3）エジプトの地は、バビロンへの報酬となります。（4）「一つの角」の預言は、メシア預言です。

第1の託宣――エジプトに下る裁き

（1）29～32章で、エジプト（第7番目の国）に対する裁きの預言が語られます。その中には7つの託宣が含まれていますが、時系列順に書かれているわけではありません。29章は第一の託宣で、「第十年の第十の月の十二日」に下っています。前588

年末か587年初めのことで、エルサレム崩壊のおよそ7か月前のことです。エジプトのファラオは、傲慢のゆえに裁かれます。彼は自分のことを「巨獣（大きなワニ）」にたとえ、「川は私のもの。私がこれを造ったのだ」（3節）と豪語していました。ファラオとその軍は、川の中から引き上げられます。つまり、エジプトの国外に引き出され、そこで戦闘に巻き込まれるという意味です。彼らは、「野に倒れ」ます。その敗北は徹底的なもので、それによってエジプト人たちは、主こそ神であることを知るようになります。

（2）8～12節には「エジプトの荒廃」が、13～16節には「エジプトの回復」が預言されています。回復の預言は、まだ成就していません。それが成就するのは、メシア的王国（千年王国）においてです。そのシナリオは、以下のようになります。①エジプトは、患難期に霊的に回復されます（イザ19・19～22参照）。②その後、メシア的王国が地上に成就しますが、その最初の40年間でエジプトは国を失くし、かつてのイスラエルの民のように、荒野の体験をします。その理由は、エジプトが余りにもイスラエルを痛めつけた歴史を持っているからです。③その後、エジプトは祖国（パテロスの地）に帰還しますが、二度と諸国を支配することのないように、国のサイズは小さなものになります。

第2の託宣――バビロンへの報酬

（1）この託宣は、7つの託宣（29～32章）の中では最も遅い時期に語られたものです。年号は、ネブカドネツァルの第27年（前571）です。①神は、バビロンの王ネブカドネツァルが全力を尽くしてツロを攻撃したことをほめています。ツロを裁くのは神の御心でした。②バビロン軍は、ツロの包囲を13年間も継続しました。「皆の頭ははげ」とは、頭に被っていた兜がすり減ったことを示しています。また、「肩はすりむけた」とは、包囲するために重い荷を運んだことを表しています。③しかし、ツロからは、わずかな略奪物しか得られませんでした。これでは、労苦した兵士たちへの賃金の支払いができません。④そこで神は、バビロンへの報酬として、エジプトの地を与えると約束されます。つまり、エジプトから略奪する富が、軍隊への報いとなるのです。⑤このようにして、神はネブカドネツァルを用いてエジプトへの裁きを実行されます。

一つの角

（1）「その日、わたしはイスラエルの家のために、一つの角を生えさせる。そして、彼らの間であなたに口を開かせる。そのとき彼らは、わたしが主であることを知る」（21節）。①「その日」とは、患難期が終わる日、異邦人諸国が裁きを受ける日のことです。神に敵対した異邦人諸国は、すべて裁かれます。②その裁きが終わると、「一つの角」が登場します。これはメシア預言です。メシアの登場によって、イスラエルは霊的に回復されます。「そのとき彼らは、わたしが主であることを知る」とあるとおりです。③それはまた、エゼキエルの預言が正しかったことが明らかになる時でもあります。

（2）私たちの神は、異邦の王の野望さえも用いて、ご自身の計画を成就されるお方です。神が歴史を支配しておられることを思うと、私たちの心は平安に満たされます。今、私たちの神がいかに大いなるお方であるかを思い起こし、この方をほめたたえようではありませんか。

エゼキエル書30章

「剣はエジプトに下る。エジプトで刺された者が倒れ、その富が奪われ、その基が破壊されるとき、クシュに戦慄が走る。クシュ、プテ、ルデ、あらゆる混血の民、クブ、そしてその同盟国の人々も、彼らとともに剣に倒れる。」
（エゼキエル書30・4～5）

この章から、以下のことを学びましょう。（1）第3の託宣では、エジプトと同盟軍に下る裁きが預言されます。（2）第4の託宣では、エジプトの崩壊が預言されます。

第3の託宣――エジプトと同盟国に下る裁き

（1）第3の託宣には、日付がありません。この託宣の前半（1～5節）は、29章21節の「その日」を受けたもので、中心テーマは「主の日にエジプトに下る裁き」です。旧約聖書で「主の日」とは、「患難期」を表すために最も頻繁に用いられる専門用語です。①「主の日」（患難期）は、近づいています。それは、「暗雲の日」、「諸国の終わりの時」です。②患難期の終わりに、異邦の諸国は神の裁きを受けますが、それはまた、メシア的王国が地上に実現する時でもあります。③29章21節に出てきた「一つの角を生えさせ」というメシア預言は、この時に成就します。④この日、エジプトとその同盟国に対する裁きが完了します（クシュはエチオピア、プテはエジプトの西の地中海沿岸の地、ルデは小アジアのルデア、あらゆる混血の民はエジプトに寄留する外国人たち、クブはリビア）。

（2）聖書のほかの箇所から、この時にエジプトに下る裁きが何をもたらすかを見てみましょう。①その時、エジプトの回心が起こります。これは、イザヤ書19章23節で預言されていることです。②エジプトは40年間にわたって廃墟となり、エジプト人は国を追われます（29・12）。

（3）エジプトは、エルサレムが最も困っていたときに、あたかもエルサレムを援助するかのように振る舞っていましたが、それは見せかけでした。その罪のゆえに、神はエジプトを裁かれます。①エジプトの同盟国は、エジプトを救うことができません。

彼らもまた神の裁きに遭うからです。②ファラオの誇りもまた、エジプトを救うことはできません。③膨大な数のエジプトの国民もまた、エジプトを救うことができません。④ナイル川もまた、エジプトを救うことはできません。ナイル川は干上がった地となります。⑤偶像もまた、エジプトを救うことができません。偶像礼拝が盛んな町々は、滅ぼされます。メンフィスは下エジプトの中心都市、パテロスはエジプト南部の地区、ツォアン（タニス）はナイルのデルタ地帯東部の主要な町、テーベはエジプト全体の首都、シンはエジプト北東部地中海沿岸の要塞の町、オンは太陽神の祭儀の町、ピ・ベセテはカイロ北東の町、タフパンヘスはエジプト北東部の町です。⑥エジプトを裁くために、バビロンの王ネブカドネツァルが用いられます。

第4の託宣――折られたファラオの腕

（1）第4の託宣は、エジプトの崩壊を預言したものです（前587年）。この託宣の背景になっている歴史的事件を確認します。①エジプトのファラオ・ホフラは、その前年に、ユダの王ゼデキヤの要請でエルサレムに軍隊を派遣し、バビロン軍を一時的に退却させました。②これによって、ユダはエジプトを頼みとするようになりました。③しかし、一時的に退却したバビロン軍は再び襲来し、エジプト軍を打ち破ります。それ以来エジプト軍は、再びユダを救うために来ることはありませんでした（エレ37・1～10参照）。④その後、ファラオ・ホフラはリビアとの戦いに敗れ、ついには同胞のエジプト人によって暗殺されます。

（2）この歴史的事件を背景として、エゼキエルは預言を語ります。①ファラオの腕は砕かれます。「腕」は権力の象徴です。②バビロンの王の腕は、強くされます。主がバビロンの王を用いて、エジプトを裁くという意味です。③ファラオ・ホフラ滅亡の預言は成就しましたが、23節と26節の預言は未だに成就していません。この預言が成就するのは、メシア的王国（千年王国）においてです。

（3）エゼキエルは、エジプトを頼みとすることのむなしさについて警告を発しましたが、その警告は民の耳に届きませんでした。私たちもまた、イスラエルの民と同じような過ちを犯す者です。今、ペテロの勧めのことばに耳を傾けようではありませんか。「ですから、あなたがたは神の力強い御手の下にへりくだりなさい。神は、ちょうど良い時に、あなたがたを高く上げてくださいます」（1ペテ5・6）。

エゼキエル書31章

『わたしがその枝を茂らせ、美しく仕立てたので、神の園にあるエデンのすべての木々は、これを羨んだ。』それゆえ、神である主はこう言われる。『それが高くそびえ、こずえを雲の中に伸ばし、その高さゆえにおごり高ぶったので、わたしはこれを、諸国のうちの力ある者の手に渡した。その者はこれを厳しく罰し、わたしも、その悪行に応じてこれを追い出した。』

（エゼキエル書31・9〜11）

この章から、以下のことを学びましょう。（1）第5の託宣では、アッシリアとエジプトの比較が行われます。（2）アッシリアは、傲慢と悪行のゆえに滅びました。（3）エジプトも同じ罪のゆえに、滅びます。

第5の託宣——アッシリアとエジプトの比較

（1）5番目の託宣は、前回の託宣から2か月後に預言されたものです（前587年6月頃）。それは、エルサレムが崩壊する3か月前のことでもありました。当時エルサレムは、バビロン軍によって包囲されていましたが、住民たちは再びエジプトの援助があることを期待していました。しかしそれは、むなしい期待であり、エジプトもまた滅びる運命にありました。

（2）エゼキエルは、アッシリアとエジプトを比較し、エジプトもまたアッシリアと同じ運命をたどると預言します。①アッシリアが巨大な木にたとえられています（2〜9節）。その木を育てたのは神です。8〜9節には、「エデンの園の木々」が出てきますが、アッシリアはかつてエデンが存在していた場所に栄えた国です。②しかし、アッシリアはその高ぶりと悪行のために、切り倒されました（10〜14節）。その役割を果たしたのが、「諸国の中で最も横暴な他国人」、つまり、バビロンのネブカドネツァル王です。③15〜17節には、よみに下るアッシリアの描写があります。「よみ」とは、ここでは比ゆ的に死者が行く世界を指しています。アッシリアのよみへの降下は、諸国の民に衝撃を与える出来事でした。

（3）「あなたはエデンの木々とともに、地下の国に落とされる。剣で刺し殺された者とともに、無割礼の者たちの間に横たわるようになる。これは、ファラオとそのすべての大軍のことである――**神**である主のことば」（18節）。これはアッシリアに起こったことのエジプトへの適用です。エジプトが地下の国に下る理由もまた、高ぶりと悪行です。

（4）エゼキエルは、いわば神の法廷で、過去の判例（アッシリアに下った裁き）を引きながら、エジプトを有罪にしたのです。ここから、私たちも教訓を学ぶ必要があります。神の前で、また神の民の集会の真ん中で、どうして傲慢になることができるでしょうか。私たちは罪赦された罪人に過ぎません。私たちの使命は、自らを誇ることではなく、神の愛と恵みをたたえることです。

エゼキエル書32章

「わたしは多くの国々の民をあなたのことで茫然とさせる。彼らの王たちも、わたしが彼らの前でわたしの剣を振りかざすとき、あなたのことでおぞ気立つ。あなたが崩れ落ちる日に、彼らはみな自分のいのちを思い、その震えは止まらない。」
（エゼキエル書32・10）

この章から、以下のことを学びましょう。（1）6番目の託宣は、ファラオのための哀歌になっています。（2）エジプトに対する裁きの預言がくり返し出てくる理由は、エジプトがイスラエルの民を何度も苦しめたからです。（3）7番目の託宣は、よみに下る7つの国を挙げています。これらの国々は、神の裁きを受ける異邦人諸国の代表です。

第6の託宣——ファラオのための哀歌

（1）6番目の託宣は、前585年3月頃に与えられたものです。それは、エルサレムが崩壊してからおよそ19か月後のことでした。捕囚の民は、失意の中でエゼキエルが語るファラオ（エジプト）のための哀歌に耳を傾けました。

（2）人の目から見てファラオがいかに偉大に見えたとしても、神の偉大さに敵うはずがありません。神の裁きの網は、容易にファラオを捕え、引き上げ、地に投げ、野に放り出すことができます。「あなたが吹き消されるとき、わたしは空をおおい、星を暗くする。太陽を雲でおおい、月が光を放たないようにする。わたしは空に輝くすべての光をあなたの上で暗くし、あなたの地を闇でおおう。——神である主のことば——」（7〜8節）。「暗闇の預言」が語られていますが、これは、ファラオ・ホフラの滅びに付随して起こることではなく、「主の日（患難期）」に成就することです（ダニ11・40〜43参照）。

（3）エジプトを裁く手段として用いられるのは、バビロンの王です。神である主は、異邦の王さえもご自身の目的のために用いることができます。神がすべてを支配しているという事実は、バビロン捕囚となっていた神の民には、大いに慰めとなったことでしょう。

（4）エジプトに対する裁きの預言がくり返し出

てくる理由を考えてみましょう。イスラエルの歴史を振り返ると、エジプトは神の民を大いに苦しめてきました。そのために、神はエジプトを裁かれるのです。神のその決意は、遡れば創世記15章14節まで行き着きます。また、黙示録11章8節では、神に敵対する力は象徴的に「エジプト」と呼ばれています。将来起こるエジプトの裁きは、神に敵対するすべての勢力が滅びることを象徴しています。

第7の託宣――よみへの降下

（1）7番目（最後）の託宣は、前回の託宣から2週間後に与えられたものです（前585年3月頃）。この箇所は、全体が「哀歌」の形式になっています。死後どうなるかという教理を、この箇所から引き出してはなりません。ここでは、死者が行く世界が「よみ」（シオール）ということばで表現されています。エジプトは、その「よみ」に下るのですが、そこにはすでに裁きを受けた諸国の民が横たわっています。6つの国の名が挙げられています。エジプトを加えると7つになります。これらの7つの国は、よみに下る民の代表として挙げられたものです。このリストによって、主の裁きはエジプトだけでなく、過去に滅んだ大国と小国のすべてに及んでいることが分かります。

（2）「よみ」には、アッシリアとその全集団がいます。かつて生ける者の地で恐怖を巻き起こした者たちも、今は惨めな姿で横たわっています。①エラムもそこにいます。エラムは、バビロニヤの東、ペルシア湾の北にあった国です。②メシェクとトバルは北のほうからアッシリアを攻めた民族ですが、彼らもまたそこにいます。③エドムは、ヨルダン川の東にあった国です（25・12～14参照）。エドムも「よみ」に横たわっています。④北のすべての君主たちも、そこにいます。⑤シドンもまた、そこにいます。ファラオは、自分だけが滅んだのではないことを見て慰められると預言されています。しかし、その慰めは自己欺瞞の慰めに過ぎません。

（3）真の慰めは、自らの罪が赦され、永遠のいのちを受けているという確信からくるものです。私たちには、安心して神の法廷に立つことができるという確信があるでしょうか。その確信があれば、私たちは今という時を平安に生きることができます。

主イエスを信じる信仰によって、私たちは永遠の滅びから救い出されました。今、主イエスをほめたたえましょう。

エゼキエル書33章

「人の子よ、わたしはあなたをイスラエルの家の見張りとした。あなたは、わたしの口からことばを聞くとき、わたしに代わって彼らに警告を与えよ。」（エゼキエル書33・7）

この章から、以下のことを学びましょう。（1）エルサレム崩壊後、エゼキエルは公に「見張り人」としての活動を開始します。（2）イスラエルの民は、2つの不満を持っていました。（3）エゼキエルは、イスラエルの地に残された人々と捕囚の地に住む人々に、主のことばを伝えます。

見張り人としての預言者

（1）33〜39章までは、本書の第4区分になっています。テーマは、イスラエルの回復です。3章で、すでに見張り人の責任について主からの語りかけがありました。しかし、それはあくまでもエゼキエルの個人的な確信にとどまっていました。ところが、エルサレムが陥落し、バビロン捕囚という新しい局面が訪れました。そういう状況下で、エゼキエルは「見張り人のたとえ」を民に語ります。ここから、彼の新しい預言活動が始まります。

（2）エゼキエルは、悪者に対して「あなたは必ず死ぬ」との警告を与え、悔い改めを迫らなければなりません。もしそれを怠るなら、その血の責任を問われることになります。しかし、警告を発しても悪者が悔い改めないなら、彼に責任はありません。

（3）民は、エゼキエルが語ることに耳を傾ける準備ができました。注目すべき点は、神の忍耐と恵みです。本来なら、神はイスラエルの民を見捨ててもよいはずです。しかし、エルサレム陥落後、神は再び預言者エゼキエルをご自身の民のもとに派遣されます。その目的は、回復の希望を伝えるためです。

民の2つの不満

（1）最初の不満は、生きる望みがないというものです。民は、再び立ち上がることはできないという思いに囚われていました。しかし主は、そのような民に対してなおも希望を語り、民族的な悔い改めを迫ります。「わたしは決して悪しき者の死を喜ばない。悪しき者がその道から立ち返り、生きることを喜ぶ。立ち返れ。悪の道から立ち返れ。イスラエルの家よ、なぜ、あなたがたは死のうとするのか」（11節）。

（2）次の不満は、主は公正ではないというものです。善を行ってきた者が、晩年に罪を犯したからという理由で死ぬのはおかしい。その逆に、罪を犯してきた悪人が、晩年に悔い改めたからという理由で生きるようになるのもおかしい。主の答えは、こうです。人の救いは善悪のバランスによって決まるものではない。人は、悔い改めによって罪を赦され、主の恵みによって生かされるのである。これはまさに、信仰と恵みによる救いです（1コリ1・21）。

イスラエルの地に残された人々へ

（1）エゼキエルのもとに、エルサレム陥落の知らせが届けられます。「十二年目の第十の月の五日」とは、前585年のことです。その知らせを受け取る直前に、エゼキエルは黙っていられなくなり、口を開きます。これ以降彼は、エルサレムの回復を預言するようになります。

（2）エゼキエルは、イスラエルの地に残された人々に対して主のことばを語ります。彼らは、誤った信仰にしがみついていました。①アブラハムは1人でこの地を所有していたが、今は、当時とは比較にならないほど多くのユダヤ人がこの地に住んでいる。②それなら、より広い土地を所有することは当然ではないか。ここには、捕囚によって人が住まなくなった土地を自分のものにしようとする貪欲な姿勢が見えます。主は、彼らの罪（食物規定違反、偶像礼拝、暴力、姦淫など）を列挙し、必ず裁きが下ることを宣言されます。

捕囚の地の人々へ

（1）捕囚民たちは、エゼキエルを尊敬しているかのように振る舞います。しかし陰では、「さあ、どんなことばが主から出るか聞きに行こう」（30節）と、興味本位のことばを語っていました。

（2）彼らは、エゼキエルのことばを聞くには聞くのですが、それを実行しようとはしませんでした。しかし彼らは、エゼキエルが本物の預言者であることを知るようになります。その理由は、彼の預言がことごとく成就するからです。偽預言者と本物の預言者を区別する方法は、預言したことが起こるかどうかです（申18・22）。

（3）主の働きに従事する者は、中傷やうわさによって落胆する必要はありません。忠実なしもべは守られ、その忠実さが証明されるようになります。落胆することなく、主に従い続ければよいのです。

エゼキエル書34章

次のような主のことばが私にあった。「人の子よ、イスラエルの牧者たちに向かって預言せよ。預言して、牧者である彼らに言え。『神である主はこう言われる。わざわいだ。自分を養っているイスラエルの牧者たち。牧者が養わなければならないのは羊ではないか。』」（エゼキエル書34・1〜2）

この章から、以下のことを学びましょう。（1）悪しき牧者たちに対する裁きが預言されます。（2）終わりの日に真の牧者が現れ、イスラエルの民を救いへと導きます。（3）千年王国において、復活したダビデがイスラエルの民を統治するようになります。（4）主は、イスラエルの民と「平和の契約」（新しい契約）を結ばれます。

悪しき牧者たち

（1）エゼキエルは、イスラエルの指導者たちを告発し、彼らに対する裁きを宣告します。①指導者たちは、神の羊を牧するように任命を受けながら、その羊を暴力で搾取し、弱った羊、病気の羊、傷ついた羊、追いやられた羊、失われた羊などを放置していました。②その結果、イスラエルの民はバビロン捕囚に引かれて行きました。③「わたしの羊は地の全面に散らされ」（6節）とあります。これは単にバビロン捕囚だけでなく、終末時代に起こることの預言となっています。

（2）しかし主は、ご自身の羊を見捨ててはおられません。①「わたしは自分でわたしの羊の群れを捜し求め、これを捜し出す」（11節）。②それが起こるのは、「雲と暗黒の日」です（エゼ30・3、ヨエ2・2など参照）。③その日には、主の羊たちは国々の民の中から集められ、約束の地に連れ戻されます。これは、イスラエルの民が各地に散らされていることが前提となっています（12節後半）。この離散は、患難期において起こるものだと考えられます。つまり、イスラエルが反キリストと契約を結んだ結果起こる離散です（イザ28・14以降、マタ24・15〜22、黙12章など参照）。④イスラエルの民を約束の地に連れ帰った主は、そこで彼らを養います。⑤そこでは、弱い羊への手厚い保護があります（16節前半）。

と同時に、羊を抑圧する指導者たち（肥えたものと強いもの）は、神からの厳しい訓練を受けるようになります（16節後半）。

主の群れに対する裁き

（1）指導者たちだけでなく、民の中のある者たちにも神の裁きが下ります。①民の中には、肥えた羊（ヤギ）もいれば、痩せた羊（ヤギ）もいました。前者は貴族階級や裕福な商人たちで、後者は搾取される貧しい人たちです。②真の羊飼いが現れたなら、裕福な者たちは裁かれ、貧しい者たちは守られます。

（2）真の牧者である主イエスは、すでに初臨においてその姿を現してくださいました。そして次は、王の王として再臨されます。その時、弱者を踏みにじってきた者たちは裁きに遭います。

新しい時代（千年王国の時代）

（1）23～24節には、「一人の牧者」、「しもべダビデ」、「その牧者」ということばが出てきますが、それが誰であるかは文脈に沿って解釈しなければなりません。解釈学の原則（特別な理由がない限り、最も一般的な意味において解釈する）を適用すると、この人物は復活したダビデだと考えられます。エレミヤ書30章9節には、「彼らは彼らの神、主と、わたしが彼らのために立てる彼らの王ダビデに仕える」とあります。

（2）終末時代に、主とその民の間に「平和の契約」が結ばれます（エレ31・31～34の「新しい契約」や、エゼ16・60～63の「永遠の契約」と同じです）。その契約には、8つの祝福が伴います。①悪い獣が取り除かれ、人々はどこででも安心して野宿ができるようになる（25節）。②祝福の雨が降り注ぐようになる（26節）。③その結果、豊かな産物を収穫するようになる（27節）。④民は、奴隷状態から自由になり、神が主であることを知るようになる（27節）。⑤異邦人による支配は終わり、イスラエルの民は平安のうちに住むようになる（28節）。⑥イスラエルの名声が鳴り響く（29節）。⑦イスラエルの霊的な救いが達成される（30節）。⑧神の前におけるイスラエルの民の地位が回復される（31節）。

（3）私たちもまた、メシアであるイエスを信じる信仰によって「新しい契約」の中に招き入れられました。私たちは、アブラハム契約というオリーブの木に接ぎ木された野生種の枝です（ローマ11・17～29）。今、私たちに与えられた祝福に感謝すると同時に、イスラエルの民の祝福のためにも祈ろうではありませんか。

エゼキエル書35章

「おまえは、イスラエルの家のゆずりの地が荒れ果てたことを喜んだが、わたしはおまえに同じようにする。セイルの山よ。おまえは荒れ果て、エドム全体もそうなる。そのとき彼らは、わたしが主であることを知る。」（エゼキエル書35・15）

この章から、以下のことを学びましょう。（1）イスラエルの回復という文脈の中で、エドムへの裁きが預言されます。（2）患難期の後半、イスラエルの民はボツラという場所に逃げ込みます。（3）諸国の軍勢はイスラエルの民を滅ぼそうとしますが、メシアが再臨され、諸国の軍勢を滅ぼされます。（4）その時、エドムは徹底的に滅ぼされます。（5）イスラエルの民を侮ることは、主に対して高慢になることです。

セイルの山の荒廃

（1）エドムへの裁きの預言は、すでに2度出ていました（25・12～14、32・29）。それらの預言は、異邦人諸国に対する裁きという文脈の中で出てきたものでしたが、この章では、イスラエルの回復という文脈の中で、再び出てきます。その理由は、イスラエルの回復とエドムの滅びが、密接に関係しているからです。

（2）イスラエルの回復は、以下の順番で起こります。①イスラエルの民は、7年の患難期の後半に、エドムの地に逃げ込みます。その場所は、ミカ書2章12～13節によれば、ボツラという所です（「囲いの中の羊」は、「ボツラの羊」と訳せます）。②次に、ボツラに諸国の軍勢が集結し、イスラエルの民を滅ぼそうとします。「まことに、わたしは自分にかけて誓う――主のことば――。必ずボツラは恐怖のもと、そしりの的、廃墟、そしてののしりの的となる。そのすべての町は、永遠の廃墟となる。……使者が国々に送られた。『集まって、エドムに攻め入れ。戦いに向けて立ち上がれ。』」（エレ49・13～14）。③その時、イスラエルの民を救い出すためにメシアが再臨し、諸国の軍勢を滅ぼします。④エドムもまた、完全に滅ぼされます（イザ34・1～7、63・1～6、ミカ2・12～13、ハバ3・3など参照）。

（3）「セイルの山」とはエドムの主要な山脈で、エドムを指すことばです。①「セイルの山に顔を向け」とは、エドムに対して裁きの預言を語るという意味です。主ご自身がエドムを敵とし、手を伸ばされます。②エドムは全き荒廃の地と化します。この裁きは徹底的なものです。③その結果、エドムは主こそ神であることを知るようになります。

エドムが裁かれる理由

（1）エドムが裁きに遭う理由は、イスラエルに敵意を抱いたことにあります（5節）。エドムの滅びは徹底的で、永遠に続くものです（6～9節。オバ18章も参照）。エドムの荒廃は、千年王国の間ずっと続きます。

（2）エドムが裁かれる第2の理由は、彼らが「イスラエルの地」を占領しようとしたことにあります。「おまえは、『これら二つの民、二つの国は、われわれのものだ。われわれはそれを占領しよう』と言った。しかし、そこには主がいたのである」（10節）。①このことは、患難期に起こります。エドムは、ほかの異邦人諸国とともにイスラエルを攻撃します。

「二つの民」、「二つの国」とは、北王国と南王国を指します。②主は、エドムがイスラエルを憎んだのと同じほどの怒りとねたみで、エドムを罰します。③13節には、「おまえたちはわたしに向かって豪語し、わたしに向かってことばを重ねたが、わたしはそれを聞いている」とあります。ここで注意すべきは、イスラエルを侮辱することは、主に対して高慢なことばを吐いたことになるということです。イスラエルは神の民であるがゆえに、そうなるのです。④14～15節では、千年王国においてエドムが完全に荒廃することが、再び預言されます。全土はエデンの園のように潤い、豊かな実りを産み出しますが、エドムだけは荒廃したままに捨て置かれます。そのとき、人々（イスラエル）は、エドムを荒廃させたのは主であることを知るようになります。

（3）主は、エドムが語る高慢なことばを聞いておられました。イスラエルを侮ることは、主に対して高慢な態度を取ることです。自らの心と唇をしっかりと見張りましょう。主の前を謙遜に歩む人は幸いです。

エゼキエル書36章

「あなたがたの周りに残された諸国の民も、主であるわたしが破壊されていたところを建て直し、荒れ果てていたところに木を植えたことを知るようになる。主であるわたしが語り、これを行う。」（エゼキエル書36・36）

この章から、以下のことを学びましょう。（1）エドムの地は荒廃したまま捨て置かれ、イスラエルの地は荒廃から回復されます。（2）回復の預言は、千年王国において成就します。（3）回復の5つのステップが預言されます。（4）さらに、千年王国での4つの祝福が約束されます。

イスラエルの山々の回復

（1）1～7節は、エドムの山々（35章）とイスラエルの山々の対比を念頭に置いて読まなければなりません。エドムの地は荒れ果てたまま放置され、イスラエルの地は荒廃から回復されます。この預言は、患難時代に成就するものです。①2節で、敵が勝ち誇っている様子が描かれています。その様子を見た神は、ねたみと憤りをもって彼らに裁きを宣言されます。②3～7節は、すべて「それゆえ」で始まっています。異邦人の諸国、特にエドムの裁きが預言されます。③神がイスラエルを裁かれる理由は、契約の民イスラエルを心から愛しておられるからです。

（2）8～15節の預言は、千年王国において成就します。①「わたしは○○する」という表現が、9、10、11、12、15節に出てきます。②イスラエルの地とイスラエルの民は、不可分の関係にあります。前者は後者を所有し、後者もまた前者を所有するのです。③千年王国が到来すると、イスラエルの民は約束の地に帰還し、廃墟となっていた町々を再建し、その地に増え広がります。イスラエルの地には、「人間を食らう土地」という悪評がありました(13節)が、そのような悪評はやがて消え去ります。

回復の理由

（1）16～23節の背景にあるのは、「土地の契約」と呼ばれるものです（申29～30章）。その内容は、民が主に忠実に生きるなら、約束の地は祝福の地となるが、不従順に陥るなら、その地は民を吐き出す、というものです。

（2）イスラエルの民は、偶像礼拝に陥り、多くの人の血を流し、その地を汚しました、それゆえ、その地から追放されます。しかし主は、イスラエルの民の回復を約束されます。主がイスラエルの民を回復するのは、彼らに長所があるからではなく、ご自身の御名が汚されないためです。

回復の5つのステップ

（1）回復の5つのステップを見てみましょう。①最初のステップは24節ですが、これはすでに成就しています（イスラエル国家の建国）。この回復は、不信仰の中での物理的回復であり、霊的回復ではありません。②次にくるのは、患難期です。その中でイスラエルの民は悔い改めに導かれます。「きよい水」とは、聖霊を象徴することばです。民は聖霊によって、内側の汚れと外側の汚れ（偶像礼拝）から清められます。③次に、新生が起こります。民には「新しい心」（知・情・意）と「新しい霊」が与えられます。「わたしはあなたがたのからだから石の心を取り除き、あなたがたに肉の心を与える」（26節）とは、「霊的新生」を表現したものです。④民の心に、聖霊が内住するようになります。彼らは、聖霊の力によって主の道を歩むようになります（27節）。⑤最後に、約束の地に安住するようになります。これは、千年王国（メシア的王国）が成就したときに起こることです。

千年王国での4つの祝福

（1）29～31節は、4つの祝福を予告しています。①イスラエルの民は、「すべての汚れ」から救われます。千年王国で誕生する新しい世代のイスラエル人は、すべて救われ続けます。②イスラエルの民は、豊かな収穫を得ます。③その結果、異邦人から恥辱を受けることがなくなります。④イスラエルの民は、過去の不義と偶像礼拝を忌み嫌うようになります。

（2）主がこれらの祝福をイスラエルの民に与える理由は、ご自身の栄誉のためです。廃墟が建て直され、荒地が耕されるようになると、異邦人たちは主の御名をほめたたえるようになります（35節）。その時、イスラエルの民は信仰によって主に祈るようになり、主はその祈りに応えて、イスラエルの民の数を増やしてくださいます。

（3）主は、ご自身の契約（約束）を守り、必ずそれを実現されるお方です。イエス・キリストを通して私たちに与えられている約束も、必ず成就します（ピリ1・6）。主の約束を握り締めて、きょうもこの世に出て行きましょう。

エゼキエル書37章

主は私にその周囲をくまなく行き巡らせた。見よ、その平地には非常に多くの骨があった。しかも見よ、それらはすっかり干からびていた。主は私に言われた。「人の子よ、これらの骨は生き返ることができるだろうか。」私は答えた。「神、主よ、あなたがよくご存じです。」

（エゼキエル書37・2）

この章から、以下のことを学びましょう。（1）イスラエルの民の回復は、2段階で起こります。肉体的回復と、霊的回復です。（2）南王国と北王国は、1つの民とされます。（3）そのとき、ダビデの王座と主の聖所が回復されます。

干からびた骨の平地

（1）エゼキエルは、主の霊によって連れ出され、平地の真ん中に置かれます。①そこには非常に多くの干からびた骨がありました。②これらの骨は、「霊的に死んでいるイスラエルの家」の象徴です。

（2）主はエゼキエルに、「人の子よ、これらの骨は生き返ることができるだろうか」と問いかけます。エゼキエルが、「神、主よ、あなたがよくご存じです」と答えると、主からの預言のことばが下ります。この預言は、2段階で成就します。①第1段階では、骨と骨がつながり、その上に筋が付き、肉が生じ、皮膚がその上をすっかりおおいます。しかし、その中に息はありませんでした。②第2段階では、息が彼らの中に入り、彼らは生き返り、自分の足で立ち上がります。それは、非常に多くの集団でした。この箇所で起こっていることは、アダムが創造された時に起こったこととよく似ています（まず肉体、次に霊）。

（3）11～14節で、主からの解釈が与えられます。①干からびた骨とは、イスラエルの全家を象徴しています（旧約時代に死んだ聖徒たちのことではありません）。②彼らは、「私たちの骨は干からび、望みは消えうせ、私たちは断ち切られる」と言って嘆いていました。③主は彼らの墓を開き、彼らをイスラエルの地に連れて行くと約束されます。そのとき彼らは、それを為したのが主であることを知るようになります。ここまでが回復の第1段階です。

2本の杖

(1) エゼキエルは、主の命令によって2本の杖を手の中でつなぎ合わせます。①1本の杖には、「ユダと、それにつくイスラエルの人々のために」と書きます。これは、南王国を表しています。②もう1本の杖には、「エフライムの杖、ヨセフと、それにつくイスラエルの全家のために」と書きます。これは、北王国を表しています。③これら2本の杖を取って、手の中で1本に見えるようにします

(2) この象徴的行為について、エゼキエルは次のような解き明かしを語ります。①イスラエルの民は、諸国民の間から連れ出され、四方から集められ、約束の地に帰還するようになる(21節)。②その地で、彼らは1つの国となり、1人の王が支配するようになる(22節)。③彼らは、かつて彼らが行った罪(偶像礼拝や背きの罪)から清められ、2度とそれらの罪によって身を汚すことがなくなる(23節)。

(3) その時、「ダビデの王座」も回復されます。①主のしもべダビデは、イスラエルの全家の王となって、彼らを統治するようになります。また、牧者として彼らを養い、導くようになります。②その結果、民は主の定めに従って歩み、主の掟を守り行うようになります。③イスラエルの民は、神がヤコブに与えた地(約束の地)にとこしえに住むようになります。

(4) さらに、主の聖所も回復されます。①聖所の回復は、「平和の契約」がその基礎となっています。「平和の契約」とは、「新しい契約」のことです(34・25参照)。②千年王国の間、聖所はイスラエルの民の間に建っています。「永遠」ということばは、ヘブル語では「ある時代の終わりまで途絶えることなく」という意味です。③「わたしの住まいは彼らとともにあり、わたしは彼らの神となり、彼らはわたしの民となる」(27節)。つまり、シャカイナグローリーがイスラエルの民とともにあるということです。④その様子を見て、諸国の民は、神がイスラエルの民とともにあることと、神が彼らを聖別したことを知るようになります。

(5) 現在のイスラエル国家の誕生は、第1段階の回復(不信仰な状態での肉体的な回復)です。神

は、ご自身の計画に基づいて歴史を導いておられます。歴史的文脈の中で神の救いの展開を理解する人は、幸いです。私たちの神は、歴史を導かれる大いなるお方です。

エゼキエル書38章

「おまえはわたしの民イスラエルを攻めに上り、地をおおう雲のようになる。終わりの日に、そのことは起こる。ゴグよ、わたしはおまえに、わたしの地を攻めさせる。それは、わたしがおまえを使って、国々の目の前にわたしが聖であることを示し、彼らがわたしを知るためだ。」

（エゼキエル書38・16）

この章から、以下のことを学びましょう。（1）終わりの日に、ゴグとその同盟軍がイスラエルに侵攻して来ます。（2）侵攻の動機は、イスラエルの略奪です。（3）神は、超自然的な方法で侵略軍を滅亡させます。

ゴグとその同盟軍

（1）1～6節は、終末時代にイスラエルに侵攻する国々についての預言です。①ゴグは、マゴグという国の王のタイトルです。マゴグは黒海とカスピ海の間の地域のことで、現在のロシア南部に当たると思われます。②ゴグは、メシェクとトバルの大首長でもあります。メシェクは現在のロシア北部の地域、トバルは現在のシベリアだと考えられます。③創世記10章2節によれば、マゴグもメシェクもトバルも、ヤフェテの子孫です。④この出陣は、主の裁きを執行するためのものです（4節）。

（2）いくつかの国が、ゴグの軍勢に参加します。①ペルシアというのは、現在のイランです。②クシュというのは、現在のエチオピアです。③プテというのはアフリカの国、現在のソマリアだと思われます。④ゴメルというのは、現在のトルコです（ドイツという説もあります）。⑤ベテ・トガルマというのは、現在のアルメニヤとトルコの一部でしょう。

（3）同盟軍の中に、ヤフェテの子孫が5民族（マゴグ、メシェク、トバル、ペルシア、ゴメル）、ハムの子孫が2民族（クシュ、プテ）いますが、セムの子孫は含まれていません（セムの子孫であるアラブ人国家は、1つも含まれていない）。

侵攻の動機

（1）ゴグとその同盟軍は、「多くの年月の後」（終末時代）に、1つの国に侵攻するようになります。①その国は、「剣の災害から立ち直った」状態、つまり、戦争の結果誕生した国です。②その民は多くの国々の民の中からその地に集められた民です。③彼らは、久しく廃墟であったイスラエルの山々で安心して住んでいます。以上の描写から、この国はイスラエルであることが分かります。この預言は、イスラエルが不信仰な状態のままで約束の地に帰還していることを前提に語られています。

（2）ゴグは、略奪のためにイスラエルに侵攻します。①彼が手に入れるものがなんであるかは、実際に起こるまでは分かりません。②ゴグの侵攻に対して、抗議する国々が現れます。「シェバやデダン」（創25・3）は現在のサウジアラビア、「タルシシュ」はスペイン、「若い獅子たち」はスペインから誕生した国々（ブラジルを除いた南米諸国）です。彼らは、抗議するだけで、それ以上の行動を起こすわけではありません。

イスラエルへの侵攻

（1）ゴグが侵攻を開始するのは、イスラエルが安心して住んでいるときです。①ゴグは、北の果てにあるマゴグから自分の軍勢を率いてイスラエルに攻め上ります。②同盟国の大軍も、そこに参加します。③その侵攻は、最初は成功を収めます。

（2）「ゴグよ、わたしはおまえに、わたしの地を攻めさせる。それは、わたしがおまえを使って、国々の目の前にわたしが聖であることを示し、彼らがわたしを知るためだ」（16節）。①神はイスラエルの地を「わたしの地」と呼んでおられます。②ゴグの侵攻を背後で支配しているのは、神ご自身です。③神にはご自身の目的がありました。それは、異邦人の国々が神を知り、神の御名をあがめるようになることです。

（3）ゴグとその連合軍がイスラエルの地を攻めるその日、神のねたみと激しい怒りが燃え上がります。神の怒りの根拠は、創世記12章3節にあります。イスラエルを祝福する者は祝福され、イスラエルを呪う者は呪われるというのが、アブラハム契約の付帯条項です。

（4）侵略軍を滅亡させる方法が、8つ挙げられています。①大きな地震、②侵略軍の同士討ち、③疫病、④流血（あるいは病）、⑤豪雨の害、⑥雹の害、⑦火の害、⑧硫黄の害。すべて、神の超自然的な働きによって起こる現象です。それゆえ、「そのとき彼らは、わたしが主であることを知る」（23節）と書かれているのです。

（5）神は今も、アブラハム契約に基づいてご自身の民イスラエルを守っておられます。神を恐れることを学びましょう。また、イスラエルの民を祝福することを実行しましょう。

エゼキエル書39章

それゆえ、神である主はこう言われる。「今、わたしはヤコブを回復させ、イスラエルの全家をあわれむ。これは、わが聖なる名への、わたしのねたみによる。」（エゼキエル書39・25）

この章から、以下のことを学びましょう。（1）39章の前半は、38章の内容の再記述です（より詳細な説明）。（2）ゴグの軍勢は、神の超自然的な介入によって破滅させられます。（3）17節以降は、ハルマゲドンの戦いの後に起こることが預言されます。

ゴグの軍勢の破滅

（1）39章の前半は、38章の内容の再記述です。ゴグとその同盟軍は、神の超自然的な介入によって破滅させられます（3～5節）。6節で、新しい要素が預言されます。「わたしはマゴグと、島々に安住している者たちに火を放つ。彼らは、わたしが主であることを知る」。滅亡するのは、ゴグの軍勢とその連合軍だけではありません。ゴグの祖国マゴグもまた裁きに遭います。「島々に安住している者たち」とは、侵略軍を送っている国々の島々のことです。

（2）神が侵略軍とその本国を裁く理由が2つあります。①「わたしは、わたしの聖なる名をわたしの民イスラエルの中に告げ知らせ、二度とわたしの聖なる名を汚させない」。これは、イスラエルの民がイエスをメシアとして信じて霊的新生を体験するということ、また、彼らが2度と偶像礼拝に陥ることがなくなるという預言です。②異邦人に関して、主はこう言われます。「諸国の民は、わたしが主であり、イスラエルの聖なる者であることを知る」。このようにして、主の御名の栄光が守られるのです。

戦後処理

（1）ゴグの軍勢が破滅した後、イスラエルの町々の住民は、敵の武器を燃やします。①すべての武器を燃やすのに7年間かかります。②燃料として森から薪を集める必要はありません。武器を燃やすからです。③彼らは、略奪された物を略奪し返し、かすめ奪われた物をかすめ奪います。これは、アブラハム契約の「呪いには呪いの原則」の成就です。

（2）戦いが終わった時点では、全地に敵の軍勢の死体が散乱しています。その地を清めるために、死体を処理する必要があります。①「海の東にある去りゆく者たちのための谷」（11節）に墓場が設けられます。つまり、死海の東（現在のヨルダン）に巨大な墓地ができるということです。その結果、そこは人が通れなくなります。②そこは、「ハモン・ゴグの谷」と呼ばれるようになります。「ハモン」とは「群衆」という意味です。つまり、ゴグの群衆が葬られた谷ということです。③イスラエルは、この埋葬のために7か月もの時間をかけます。その方法は、死体を捜し歩く者たちを任命し、人間の骨があるとそこに標識を立て、それを墓場に埋めるというものです。④その辺りには、新しいユダヤ人の町が建設されます。その名は「ハモナ」ですが、これもまた「群衆」という意味です。

ハルマゲドンの戦い

（1）「人の子よ、神である主はこう言う」（17節）。この言い方は、エゼキエル書では新しい預言の始まりを示している慣用句です。ここでは、ハルマゲドンの戦いの後に起こることが預言されます。ハルマゲドンの戦いが終わると、イスラエルの地には敵の死体が満ち溢れます。そこで主は、空の鳥や野の生き物を呼び寄せ、死体を食らう大宴会を催すようにお命じになります。

（2）ハルマゲドンの戦いの後に、イスラエルの回復が起こります。①イスラエルの民が世界各地に離散したのは、主の信頼を裏切った罪のゆえであることを、諸国の民は知るようになります。また、イスラエルの民が敵の攻撃を受けたのは、神がその顔を隠したからであることを知るようになります。②しかし神は、そのイスラエルの民を回復されます。神が、その御名の栄光を守られるからです（25節）。③イスラエルの民は約束の地に帰還し、その地に安心して住むようになります。そのとき彼らは、自分たちが神に対して犯した罪の大きさに気づきます。④29節には、素晴らしい約束のことばが書かれています。「わたしは、二度とわたしの顔を彼らから隠すことはしない。わたしの霊をイスラエルの家の上に注ぐからである」。これは、イスラエルの霊的回復、民族的救いを預言したことばです。

（3）神は御名の栄光を守るために、イスラエルの罪を裁き、またイスラエルを回復されます。「御名の栄光」こそ、クリスチャンが最も関心を払うべきテーマです。「御名があがめられますように」と祈り、それを実行しようではありませんか。

エゼキエル書40章

主が私をそこに連れて行くと、そこに一人の人がいた。その姿は青銅でできているようであり、その手に麻のひもと測り竿を持って、門のところに立っていた。その人は私に話しかけられた。「人の子よ。あなたの目で見、耳で聞き、わたしがあなたに見せるすべてのことを心に留めよ。わたしがあなたを連れて来たのは、あなたにこれを見せるためだ。あなたが見ることをみな、イスラエルの家に告げよ。」（エゼキエル書40・3〜4）

この章から、以下のことを学びましょう。（1）千年王国における神殿の姿が啓示されます。（2）エゼキエルは、外庭、内庭、そして神殿へと案内されます。

預言者への新しい啓示

（1）40〜48章は、千年王国における神殿の様子を描写しています。エゼキエルは、新しい神殿のサイズをこと細かに記録しています。これらの数字は、字義どおりに解釈すべきものです。

（2）エゼキエルが新しい幻を見たのは、「捕囚となって二十五年目の年の初め」（前573年）のことでした。「その月の十日」は、過越の子羊が選り分けられる日です。彼は、「神々しい幻のうちに」イスラエルの地に移され、「非常に高い山の上」に降ろされました。これは、千年王国におけるシオンの山です。その南のほうに町のようなものが造られていますが、それは千年王国におけるエルサレムです。

（3）彼は、「一人の人」（御使い）に出迎えられます。その姿は、青銅でできているようでした。青銅は、力、強固な意志、裁きなどを象徴するものです。また、その人は「麻のひもと測り竿」を持って門のところに立っていました。

神殿の外庭

（1）その人（天使）は、神殿の外側の壁を測ります。①使用するのは、6キュビトの測り竿です。標準のキュビトは、ひじから手先までの長さ（約44・5㎝）ですが、神殿を測るためのキュビトはそれに一手幅を足した長さ（約51・9㎝）です。②外側の壁は、高さも幅も一竿（約3・11m）です。この壁は、防衛のためではなく、聖なる場所とそれ以外の場所を区別するためのものです。神殿に入るためには、主によって用意された門から入る以外に方法はありません。

（2）外庭に入るための門が、3つ用意されています。東向きの門、北向きの門、南向きの門がそれです。西側には至聖所がありますので、西向きの門は不要です。①東向きの門は、神殿の正面に当たります。その門の両側に、それぞれ3つの「控え室」があります。②北向きの門と南向きの門も、東向きの門と同じです。③7段の階段を上り、門の1つを通って中に入ると、そこは神殿の外庭です（外庭は壁の外よりも高くなっている）。外庭には30の部屋があります。

神殿の内庭

（1）外庭から内庭に入るための門も、3つありました。①外庭の3つの門と、内庭の3つの門は、その形も大きさも全く同じでした。②外庭から内庭に入るためには、8段の階段を上がらねばなりません。③内庭を取り巻く壁についての描写はありませんが、門があるということは当然壁があるということです。外庭と内庭とは、壁によって仕切られていたのです。

（2）38〜43節では、祭司がささげ物の準備をするための部屋が描写されています。ささげ物を屠るための台は、合計8つありました。44〜46節では、北の門の脇にある南向きの部屋と、南の門の脇にある北向きの部屋の描写があります。前者は「神殿の任務に当たる祭司たちのため」であり、後者は「祭壇の任務に当たる祭司たち」（ツァドクの子孫）のためです。47節は、内庭が100キュビトの正方形であることを描写しています。内庭の中央には、祭壇が置かれています。祭壇の位置は、神殿（本堂）の真ん前です。

神殿（本堂）

（1）いよいよ神殿（本堂）そのものに入って行きます。①祭壇の西側に神殿（本堂）が建っています。そこにはさらに階段を上ってから入るようになっています。つまり、神殿が一番高い位置に建っているのです。②エゼキエルは、まず神殿の玄関の間に案内されます。玄関の間の入り口の幅は14キュビト、聖所の入り口の幅は10キュビト、そして至聖所の入り口の幅は6キュビトとなっています。奥に入るに従って入り口が狭くなるような構造です。

（2）私たちは、主イエスの血によって罪から清められ、その結果、信仰により、恵みによって父なる神に近づくことができるようになりました。その祝福は終末的なものであると同時に、今すぐに体験できるものでもあります。今、主イエスを通して神の栄光の御座に近づこうではありませんか（エペ1・3、11）。

エゼキエル書41章

彼は私を本殿へ連れて行った。その壁柱を測ると、その幅は両側とも六キュビトであった。これが壁柱の幅であった。入り口の幅は十キュビト、入り口の両脇の壁はそれぞれ五キュビトであり、本殿の長さを測ると四十キュビト、幅は二十キュビトであった。彼が奥に入り、入り口の壁柱を測ると二キュビト、入り口は六キュビト、入り口の両脇の壁は七キュビトであった。彼はまた、本殿の奥に長さ二十キュビト、幅二十キュビトを測って、私に「これは最も聖なる所だ」と言った。

（エゼキエル書41・1～4）

この章から、以下のことを学びましょう。（1）エゼキエルは、案内されて聖所に入りますが、至聖所に入るのは、天使だけです。（2）神殿は、奥に入るに従って入り口が狭くなっていました。（3）新約時代においては、聖徒たちの祈りこそが香です。

神殿（本堂）

（1）神殿（本堂）に関する預言が続きます。エゼキエルは、神殿の玄関の間に案内されました。①玄関の間の先にあるのが聖所です。彼は祭司でしたので（1・3参照）、聖所に入ることができました。②聖所の奥にあるのが至聖所です。そこに入って行ったのは天使だけで、エゼキエルは外で待ちました。

（2）5～11節は、神殿（聖所と至聖所）の周囲にある脇間を描写しています。①脇間は、3階建てで、各階に30の部屋がありました。これらは貯蔵庫として使用されたのでしょう。神殿の器具やささげ物がそこで保管されたと思われます（マラ3・10、1列6・5～10参照）。②西側の聖域には、70×90キュビトの別の建物がありました。これも貯蔵のためのものと考えられます。千年王国での「回復されたイスラエル」の豊かさが暗示されています。③神殿（本堂）のサイズは、縦横ともに100キュビトでした。エゼキエルは、左右対称で完璧な神殿を見せられ、感動を禁じ得なかったことでしょう。

（3）神殿は、奥に入るに従って入り口が狭くなっていました。しかも、聖所と至聖所の入り口には2つに折りたためる扉が2つずつありました。大祭司が年に一度至聖所に入る時には、扉を4分の1だけ開ければ、それで十分でした。このように、聖所と至聖所がさらに厳重に区別され、守られていたのです。

（4）神殿の入り口にも内側にも、また聖所と至聖所を区切る扉にも、ケルビムとなつめやしの木が彫刻されていました。これは、ソロモンの神殿と同じです（1列6・29）。ケルビムは、シャカイナグローリー（主の栄光の臨在）を守る天使です。

（5）至聖所の前に香壇が置かれていますが、これは「主の前にある机」と呼ばれています。香壇は金で覆うのですが、ここにはその記述がありません。ここで香を焚く必要がないということなのかもしれません。

（6）新約時代においては、聖徒たちの祈りこそが香です。「巻物を受け取ったとき、四つの生き物と二十四人の長老たちは子羊の前にひれ伏した。彼らはそれぞれ、竪琴と、香に満ちた金の鉢を持っていた。香は聖徒たちの祈りであった」（黙5・8）。

私たちも今、祈りという香を父なる神の御前に献げようではありませんか。

エゼキエル書42章

彼が外壁の周りを巡って四方を測ると、その長さは五百竿、幅も五百竿で、聖なるものと俗なるものとを分けていた。（エゼキエル書42・20）

この章から、以下のことを学びましょう。（1）祭司たちの部屋が描写されます。（2）神殿の内部の測定が終わると、エゼキエルは神殿の周囲を測ります。（3）神殿は、一辺が500キュビトの正方形になるように設計されています。

祭司たちの部屋と神殿の周囲

（1）エゼキエルが見た神殿を、描写されているとおりに建設するのは困難な作業です。ヘブル語による描写が分かりにくいために、正確にその位置や構造を判断するのが難しいからです。特に祭司たちの部屋に関してはそう言えます。

（2）2つの建物が、神殿の北側と南側に同じ形で向き合うように建っています。①北側の建物の北側と南側の建物の南側は、それぞれ外庭に面しています。②建物のサイズは、長さが100キュビト、幅が50キュビトです。2つの建物は、全く同じ形をしています。③建物は3階建てで、上に行くほど部屋は狭くなっています。④この部屋は、「主に近づく祭司たちが最も聖なるささげ物を食する所」（13節）として使用されます。ささげ物の中の祭司の取り分は、ここで保管されます。さらに、この部屋は祭司の装束を着替える場所としても用いられます。奉仕を終えた祭司たちは、聖なる装束をそこに保管します。祭司は、主に聖別された者ですので、食物や着物においても聖さを保つ必要があります。

（3）神殿の内部の測定が終わると、エゼキエルは再び東向き（正面）の門に連れ出され、神殿の周囲を測ります。神殿全体は、一辺が500竿の正方形であるとされていますが、これは500キュビトと理解すべきです（500竿なら3千キュビトにもなります）（45・2参照）。神殿全体は、正方形で完璧な設計が施されていました。それを取り囲むのが外壁です。外壁は、聖なるもの（神殿全体）と、俗なるもの（神殿の外）を区別する役割を果たしていました。

（4）私たちクリスチャンは、聖なる者となるために神から招かれました。ペテロはこう教えています。「むしろ、あなたがたを召された聖なる方に倣い、あなたがた自身、生活のすべてにおいて聖なる者となりなさい。『あなたがたは聖なる者でなければならない。わたしが聖だからである』と書いてあるからです」（1ペテ1・15～16）。熱心に、聖霊による清めを求めようではありませんか。

エゼキエル書43章

主の栄光が東向きの門を通って神殿に入って来た。霊が私を引き上げ、私を内庭に連れて行った。なんと、主の栄光が神殿に満ちていた。私のそばに人が立っていたが、私は、神殿の中から声が私に語りかけるのを聞いた。

（エゼキエル書43・4～6）

この章から、以下のことを学びましょう。（1）シャカイナグローリーが、神殿に戻ってきます。これは、この神殿の正当性を証明しています。（2）千年王国においては、イスラエルの民の汚れは取り除かれます。（3）祭壇の清めが指示されます。（4）千年王国においても犠牲のいけにえを献げるのは、キリストの贖罪死を記念するためです。

主の栄光の帰還

（1）エゼキエルは東向きの門に導かれますが、ここは神殿の測量を開始した最初の場所でした（40・6）。①次の瞬間、シャカイナグローリーが東の方から現れ、東向きの門を通って神殿に入りました。かつてシャカイナグローリーは、東向きの門を通って神殿から去りましたが、ここではそれと逆のことが起こっています（10・18～19、11・22～23参照）。②シャカイナグローリーの帰還は、この神殿の正当性を証明するものです。結局のところ、40～42章に詳述されていた神殿の描写は、シャカイナグローリーを迎える準備だったのです。③次にエゼキエルは、聖霊によって神殿の内庭まで運ばれ、神殿にシャカイナグローリーが満ちているのを見せられます。

（2）「私のそばに人が立っていた」とは、エゼキエルを案内した天使で、語りかけているのは主ご自身です。シャカイナグローリーからの語りかけは、2つありました。①最初の語りかけは、7～9節に記されています。千年王国においては、イスラエルの民の汚れは取り除かれます。彼らは二度と偶像礼拝に陥ったり、王の墓を神殿に隣接して建てたりすることはなくなります（ソロモンの王宮は、神殿に隣接して建てられていました）。そして、シャカイナグローリーは、いつまでもその神殿にとどまります。②次の語りかけは、10～12節に記されています。エゼキエルは、自分に示された神殿の構造を民に示すように命じられます。その理由は、やがて成就する神殿を見せることによって、民に将来への備えをさせるためです。

神殿の中にある祭壇

（1）次に、祭壇のデザインと寸法が示されます。ここでも長いキュビト（51・9㎝）が使用されています。①祭壇は石造りで、土台の上に2段になった台座があり、その上に炉が載っています。炉の四隅には「角」と呼ばれる出っ張りがあります。祭壇の高さは10キュビト（約5・2m）あり、上に行くほど小さくなっています。②モーセの律法では、祭壇に階段を付けることは禁止されていましたが、千年王国の神殿には階段があります。③祭壇の炉まではシャカ東に面した階段を上りますが、その正面にはシャカイナグローリーが宿る神殿の本堂があります。

祭壇の清め

（1）次に、祭壇の清めについての命令が与えられます。①祭壇で仕えるのは、ツァドクの子孫のレビ人の祭司たちですが、その彼らを任命するのはエゼキエルの役目です。②エゼキエルは、「罪のきよめのささげ物」（若い雄牛）の血によって祭壇を清めます。その雄牛は、聖所の外の一定の所で焼かれます。③次の日、雄やぎの血をもって祭壇を清めます。その後、若い雄牛と雄羊を「全焼のささげ物」として献げます。④同じことを7日間くり返して、祭壇を清めます。⑤8日目には、「全焼のささげ物」とともに「交わりのいけにえ」を献げます。

（2）ここで湧いてくる疑問は、メシアであるイエスがすでに十字架上で罪の贖いを完了してくださったのに、なぜ千年王国の神殿でいけにえの動物を献げる必要があるのかという点です。結論から言うと、これは「罪を贖うための犠牲」ではなく、「罪の贖いを記念するための儀式」です。教会時代においては、教会はキリストの死を記念するために聖餐式を行うように命じられています。パンはキリストの死を、ぶどう酒はキリストの血潮を象徴しています。それと同じように、千年王国においては、イスラエルの民はいけにえを献げることによってキリストの死を記念するのです。

（3）私たちが行う聖餐式が神に喜ばれるものになっているかどうか、吟味してみましょう。キリストの死によって、私たちの全ての罪は赦されました。このことを信じる人は幸いです。

エゼキエル書44章

主は私に言われた。「この門は閉じたままにしておけ。開けてはならない。だれもここから入ってはならない。イスラエルの神、主がそこから入ったからだ。これは閉じたままにしておかなければならない。」（エゼキエル書44・2）

この章から、以下のことを学びましょう。（1）東向きの外の門は、閉じたままにしておかなければなりません。（2）聖所で仕える者たちに関する規定が与えられます。（3）レビ人の奉仕の範囲は外庭での雑務に格下げされますが、ツァドクの子孫のレビ人の祭司たちだけは例外です。

東向きの外の門

（1）エゼキエルは、聖所の東向きの外の門に連れ戻されます。見ると、その門は閉じていました。そのとき彼に、千年王国の神殿に関する新しい規定が与えられます。①その門は、閉じたままにしておかなければなりません。②閉じておく理由は、そこからシャカイナグローリーが神殿に入ったからです。門を閉じることによって、シャカイナグローリーは二度とイスラエルの民から離れることはないということが示されます。③ただ君主だけが、主の前でパンを食べるためにそこに座ること(礼拝すること)ができます。「君主」とは、復活したダビデ王のことです（34・23～24、37・24～25参照)。その彼でさえ、門そのものではなく、門の玄関の間を通って出入りせねばなりません。

（2）現在エルサレムの東側に黄金門と呼ばれる門がありますが、それは閉じたままになっています。ある人たちは、これをエゼキエル書44章1～3節の成就であると言います。しかし、それは文脈を無視した解釈です。現在の黄金門は、オスマントルコ帝国時代に建設されたものです。

聖所で仕える者たち

（1）次にエゼキエルは、内庭にある北側の門を通って神殿の前に連れて行かれます。彼は再び、シャカイナグローリーが神殿に満ちているのを目撃し、その場にひれ伏します。その彼に、新しい語りかけがあります。それは、神殿に入れる者と入れない者とに関する規定です。それは、①「心に割礼を受けず、肉体にも割礼を受けていない異国の民」（新生していない異邦人）は、神殿に入れません。②新生した異邦人は、神殿での礼拝に参加することができます。イザヤ書56章1～8節と66章18～21節は、千年王国の神殿に諸国の民が集うことを預言しています。

（2）レビ人に関する新しい規定が与えられます。①レビ人たちは、神殿の外庭での雑務を行うようになります。これは、以前よりも格の低い奉仕です。その理由は、彼らが民を指導する立場にありながら、民を偶像礼拝に引き込んだからです（11～12節）。②また、聖所や至聖所での奉仕も、彼らには許されません。彼らがするのは、ツァドクの子孫に連なる祭司たちの補助的仕事だけです。

（3）レビ人の奉仕の範囲は外庭での雑務に格下げされますが、ツァドクの子孫のレビ人の祭司たちだけは例外です。①彼らに関しては、「わたしに近づいてわたしに仕え」（15節）と言われています。つまり、至聖所での奉仕が許されるということです。モーセの律法では、大祭司だけが至聖所に入ることができましたが、千年王国の神殿では、ツァドクの子孫の祭司なら誰でも至聖所での奉仕が許されるのです。②「わたしに脂肪と血を献げることができる」と言われています。これは、内庭での奉仕が許されているということです。③彼らがこのような特権に与る理由は、「……イスラエルの子らが迷ってわたしから離れたときも、わたしの聖所の任務を果たした」（15節）からです。

（4）モーセの律法には祭司に関する規定がありましたが、千年王国の律法にも同様の規定が含まれています。両者には、共通点と相違点があります。衣服に関する規定、頭髪に関する規定、ぶどう酒に関する規定、結婚に関する規定、係争に関する規定、例祭に関する規定、死人に関する規定、相続地に関する規定、食事に関する規定などがあります。

（5）以上の規定は、すべて1つの目的のために与えられています。それは、聖なるものと俗なるものとを区別し、それを民に教えるためです。祭司は、全存在をかけて神が聖なるお方であることを体現するように召されています。

（6）主に忠実であったツァドクの子孫たちが、

大きな祝福を受けていることに注目しましょう。忠実な者には、やがて大きな報いが与えられます。「死に至るまで忠実でありなさい。そうすれば、わたしはあなたにいのちの冠を与える」（黙2・10）。アーメン。

エゼキエル書45章

「これがイスラエルの中の彼の所有地である。わたしの君主たちは二度とわたしの民を虐げることなく、この地は部族ごとに、イスラエルの家に与えられる。」（エゼキエル書45・8）

この章から、以下のことを学びましょう。（1）千年王国における部族の所有地は、主によってすでに決められています。（2）1～8節は、神殿とそこで仕える人たちに関する規定です。（3）千年王国では、君主が民を代表して主にささげ物を献げることになります。（4）千年王国における祭りの規定が与えられます。

土地の聖別

（1）ヨシュアの時代には、イスラエルの12部族はくじで相続地を分配しました。しかし、千年王国においては、部族の所有地は最初から主によって決められています。

（2）1～8節は、12部族の所有地ではなく、神殿とそこで仕える人たちに関わる規定です。①土地の広さは、一辺が2万5千キュビトの正方形です。②その土地の上（北）から1万キュビトの部分が祭司たちに割り当てられます（4節）。③次に、その下（南）の1万キュビトの部分がレビ人たちに割り当てられます（5節）。④さらにその下（南）の5千キュビトの部分がイスラエル全家の所有地となります（6節）。⑤祭司たちに割り当てられた土地の中心に、聖所のための土地が設けられます。それは、縦横500キュビトの正方形の土地です(2節)。⑥この一辺2万5千キュビトの正方形の土地の西側と東側の2箇所に、君主の所有地があります。君主には十分な土地が与えられていますので、もはや君主が民を搾取する必要はなくなります。

（3）これらの預言は、捕囚の地にあるイスラエルの民にとっては希望のメッセージとなりました。千年王国の時代には、彼らは約束の地に帰還し、そこに安住します。しかも、自らの所有地がすでに主によって分割されているのです。さらに、約束の地の中央に祭司たちに割り当てられた土地があり、その真ん中に主の神殿があるのです。つまり、イスラエルの民の真ん中に、再びシャカイナグローリーが宿るということです。

公正と正義を求める

（1）9節は、エゼキエルと同時代のイスラエルの君主たちへの叱責であり勧告です。千年王国においては、公正と正義が行われるようになります。そのことを思い、今の生活を改めよというのです。①暴虐と暴行を取り除け。②公正と正義を行え。③神の民を重税で追い立てるな。

（2）千年王国では、公正と正義が行われるようになりますが、その具体例として「正しい天秤」が挙げられています。旧約時代には、「偽りの天秤」が頻繁に使われていたようですが、千年王国では、そのような悪習慣は一掃されます。

民から君主に納めるべき物

（1）千年王国では、君主が民を代表して主にささげ物を献げることになります。①16節にある「君主」とは、復活したダビデ王のことです（44・3、34・23～24、37・24～25参照）。民はその君主に主への奉納物を納めます。②民が献げる量は、モーセの律法の時代とは異なります。
（2）君主は、祭りの日、新月の祭り、安息日、つまりイスラエルの家のあらゆる例祭に、全焼のささげ物、穀物のささげ物、注ぎのぶどう酒を供える義務があります。①千年王国において、イスラエルの民は、地から生ずる産物はすべて主からの賜物であることを、君主を中心として告白するようになります。②君主がささげ物を献げる理由は、すでに主イエスが成し遂げてくださった贖いのわざを記念するためです。

祭りに関する規定

（1）新年（第一の月の一日）の規定（18～20節）、過越の祭りの規定（21～24節）、仮庵の祭りの規定（25節）が与えられます。
（2）千年王国において仮庵の祭りが祝われることは、ゼカリヤ書14章16～19節にも預言されています。この預言は、千年王国において、異邦人たちも仮庵の祭りを祝うためにエルサレムに上って来ることを告げています。そのことを先取りして、最近ではイスラエルの地で仮庵の祭りを祝うイベントが盛んになってきています。ある意味では、聖地旅行でエルサレムを訪問することも、終末預言の成就の先駆けと言えるでしょう。時は迫っています。イスラエルの民とともに、エルサレムにおいて盛大な祭りを祝う日がくることを楽しみに、きょうを生きようではありませんか。

エゼキエル書46章

「君主は、民の相続地を奪って民をその所有地から追い出してはならない。彼は自分の所有地から、息子たちに相続地を受け継がせなければならない。それは、わたしの民がその所有地から一人でも散らされないようにするためである。」

（エゼキエル書46・18）

この章から、以下のことを学びましょう。（1）内庭の東向きの門は、安息日と新月の祭りの日には開けられます。君主も民も、祭壇と本堂を見ることができました。（2）君主は、民を代表していけにえを献げます。（3）千年王国における土地の規定が示されます。（4）祭司たちの聖所の部屋には、調理場が設けられます。

礼拝の規定

（1）この章では、内庭の東向きの門に関する規定が語られます。①この門は、普段は閉じてありますが、安息日と新月の祭りの日（月の第一日）には開けられます。②君主（復活したダビデ王）は、その門から入ることが許されます。しかし、内庭に足を踏み入れることはできません。そこで奉仕するのは祭司とレビ人だけです。ダビデは門のかたわらにいて、祭司が祭壇でいけにえを献げる様子を眺めることができます。③この門が開かれていることによって、一般の礼拝者たちも祭壇と本堂を見ることができます。④君主は、安息日と新月の祭りの日に、民を代表していけにえを献げることになります。ただし、モーセの律法の規定よりも献げる量が多くなります（民28・9〜15）。⑤例祭の日には、多くの人たちが礼拝に上って来るため、混乱が予想されます。それを避けるために、礼拝者の進むべき順路が示されます。北の門から入った者は南の門から出て行き、逆から入った者は逆に出て行くというものです。

（2）献げ物に関する規定が3つ与えられます。①祭りと例祭でのささげ物。②進んで献げるささげ物。君主がこのささげ物を献げるときは、彼のために東向きの門が開かれます。③朝ごとに献げるささげ物（子羊1匹、6分の1エパの穀物、油3分の1

ヒン）。夕のささげ物に関する規定がありませんが、これは夕のささげ物がないということではなく、エゼキエルの記述が包括的なものではないということでしょう。

（3）千年王国における礼拝の秩序に注目しましょう。パウロはコリントの教会にこう書き送りました。「ただ、すべてのことを適切に、秩序正しく行いなさい」（1コリ14・40）。また、コロサイの教会には、「私は肉体においては離れていても、霊においてはあなたがたとともにいて、あなたがたの秩序と、キリストに対する堅い信仰を見て喜んでいます」（コロ2・5）と書き送っています。

土地の規定と調理場の規定

（1）千年王国における土地の規定は、以下のようなものです。①君主（復活したダビデ王）は、自分の相続地を自分の息子たちに贈り物として与えることができます。その場合、その土地は彼らの所有地となります。②しかし、相続地の一部を奴隷の1人に与えるなら、それは期限付きの所有となります。「解放の年（50年毎に巡ってくるヨベルの年）」（レビ25・8～55参照）になると、その土地は君主に返還されます。計算上、千年王国の期間に「解放の年」が20回巡ってくることになります。③君主は、民の相続地を奪ってはなりません。千年王国では、そのようなことは起こりません。

（2）以上の規定の背景にあるのは、「相続地はすべて主のものであり、主から委ねられたものである」（45・1～8参照）という理解です。

（3）エゼキエルは再び天使に導かれて聖所の中を巡り始めます。そして、以下のような規定を授けられます。①祭司たちの聖所の部屋には、調理場がありました。そこは、祭司だけが食べることのできる「代償のためのささげ物」、「罪のきよめのささげ物」、「穀物のささげ物」などを調理する場所でした。②そこで調理したものを、外庭に持ち出すことは禁止されました。その理由は、聖なるものと俗なるものを区別するためです。③外庭にも調理場がありましたが、そこは、民が食べることのできるいけにえを調理する場所でした。

（4）聖所は祈りと礼拝の場でしたが、同時に、いけにえを献げ、それを調理して食する場でもありました。つまり、霊的要素と物質的要素が調和融合していることです。私たちの信仰生活にも、霊的要素と物質的要素の調和が必要です。「こういうわけで、あなたがたは、食べるにも飲むにも、何をするにも、すべて神の栄光を現すためにしなさい」（1コリ10・31）。

エゼキエル書47章

彼は私を神殿の入り口に連れ戻した。見ると、水が神殿の敷居の下から東の方へと流れ出ていた。神殿が東に向いていたからである。その水は祭壇の南、神殿の右側の下から流れていた。

（エゼキエル書47・1）

この章から、以下のことを学びましょう。（1）千年王国の川は、神殿の敷居の下から東に向かって流れ出します。この川は、いのちを与える川です。（2）イスラエルの民の相続地の境界線が、明確に示されます。（3）イスラエルの民の中で子を生んだ寄留者にも、くじで相続地が与えられます。

千年王国の川

（1）次にエゼキエルは、千年王国の川を目撃します。①その川は、神殿の敷居の下から東に向かって流れ出していました。②最初に足首まであった水は、次に膝、さらに腰、最後は泳げるほどの深さになりました。③水かさが増したのは、支流がこの川に流れ込んだからではありません。これは、奇跡的な増水です。シャカイナグローリーがもたらす祝福が、虚無に服した世界を栄光の姿へと回復させているのです（ロマ8・20参照）。④エゼキエルが川の岸に沿って戻って行くと、両岸に以前はなかった木がたくさん茂っていました。これは、この川が「いのちをもたらす川」であることを示しています。

（2）この川は、東に流れ、最後は死海に注ぎ込んでいました。①聖書のほかの箇所を見ると、この川は途中で2つに分かれ、片方は死海に、もう片方は地中海に注ぎ込んでいることが分かります（ゼカ14・8、ヨエ3・18参照）。②この川が流れ込むと、死海の水は癒やされ、非常に多くの魚が住むようになります。特に、死海西岸のエン・ゲディから北西岸のエン・エグライム（現在のエイン・フェシュカ）に至る地域が、好漁場となります。③死海南部の地域は、そのまま不毛の地として残されます。これは、エドムに対する裁きがそのまま継続しているということです。その地域は、大量の塩分を産出する地となります。

（3）川の両岸では、あらゆる果樹が生長し、その葉は枯れず、実も絶えることがありません。注目すべきは、毎月新しい実がなることです。その実は食物となり、その葉は薬となります。罪によって虚無に服した自然界が、終わりの時代にはその栄光を回復するようになります。私たちは、この壮大な終末的祝福を今の生活の中で受け取ることができます。私たちに与えられている聖霊は、「癒やしの川」そのものです。聖霊が流れて行くところには、癒やしがあり、いのちの回復があり、豊かな人生があります。

相続地の境界線

（1）12部族の相続地は、ヨシュアの時代には「くじ」によって割り当てられました。しかし千年王国では、最初から決まっています。①レビ族には、相続地はありません（44・28）。彼らの生活は、民のささげ物によって支えられるほか、聖所の近くに生活の場が与えられるからです（45・4）。②ヨセフ族には、2倍の土地が与えられます。エフライムとマナセがヨセフから誕生したからです。

（2）回復されたイスラエルに相続地が分割され

る根拠は、神が先祖たちと交わした契約にあります。具体的には、アブラハム契約と土地の契約がそれです。神は、永遠に約束を守られるお方です。

（3）15～20節に、相続地の境界線が出ています。すべての地名を確定することはできませんが、輪郭ははっきりしています。イスラエルの民は初めて、約束の地のすべてを所有するようになります。①北側の境界線は、ツロからガリラヤ湖の北のヨルダン川源流地域に至ります。②東側の境界線は、ヨルダン川と死海です。ヨシュアの時代には、2部族半がヨルダン川の東に定住しましたが、そこは本来の「約束の地」に含まれていない地域です。③南側の境界線は、死海の南岸から西に向かい、メリバテ・カデシュ（民27・14）とエジプト川（民34・5、1列8・65）を経て地中海沿岸に至ります。④西側の境界線は、地中海です。

（4）各部族の相続地は最初から決まっていますが、各部族内での細分割は、「くじ」によって行われます。また、イスラエルの民の中で子を生んだ寄留者にも、くじで相続地が与えられます。モーセの律法では、寄留者にもイスラエル人と同等の権利が認められていましたが、土地の所有権だけは例外でした。

（5）神がアブラハムにお与えになった「地のすべての部族は、あなたによって祝福される」（創12・3）という約束が、霊的にも物質的にも成就します。神の約束を信じる人は幸いです。

エゼキエル書48章

「町の周囲は一万八千キュビト。この町の名は、その日から『主はそこにおられる』となる。」

（エゼキエル書48・35）

この章から、以下のことを学びましょう。（1）北の7部族の相続地、奉納地、南の5部族の相続地が啓示されます。（2）エゼキエルが最後に見た幻は、千年王国における神の都です。

北の7部族の相続地

（1）この章は、相続地の分割に関する指示です。①約束の地の中央に「聖なる奉納地」があります（45・1〜8）。②その北に、7部族の相続地が定められます。「聖なる奉納地」は南寄りにありますので、北半分の相続地の方が広くなります。それで、7部族の相続地がそこに設けられているのです。③「聖なる奉納地」の南側に、5部族の相続地が定められます。南北王朝時代の南北の区分とは異なりますので、要注意です。

（2）相続地はすべて、平行に分割されています。北から順に部族名を挙げてみます。①ダン（ラケルの女奴隷ビルハの子）。②アシェル（レアの女奴隷ジルパの子）。③ナフタリ（ビルハの子）。④マナセ（ラケルの息子ヨセフの子）。⑤エフライム（マナセと同じ）。⑥ルベン（レアの子）。⑦ユダ（レアの子）。

（3）女奴隷から生まれた息子たちほど遠くに相続地を得ています。「聖なる奉納地」に最も近いのは、ユダの相続地です。ユダ部族はメシアを輩出する部族として、ヤコブから特別な祝福を受けていました（創49・8〜12参照）。ヨシュアの時代の土地の分割は、さまざまな葛藤やねたみを生みました。しかし、千年王国では最初から相続地が分割されていますので、そのような争いは起こりません。

奉納地と南の5部族の相続地

（1）ユダ族の相続地のすぐ南側に、「聖なる奉納地」があります（45・1〜8）。①「聖なる奉納地」は、一辺2万5千キュビトの正方形です。②その土地の上（北）から1万キュビトの部分が祭司たちに割り当てられます。祭司たちに割り当てられた土地の中心に、聖所のための土地が設けられます。縦横500キュビトの正方形の土地です。③その下(南)の1万キュビトの部分がレビ人たちに割り当てられます。④さらにその下（南）の5千キュビトの部分が、イスラエルの全家のための町の所有地となります。⑤聖なる奉納地の西側と東側の2箇所に、君主の所有地が設けられます。

（2）最後に、南側の5部族の相続地が記されます。順に名前を挙げてみます。①ベニヤミン（ラケルの子）。②シメオン(レアの子)。③イッサカル(レアの子)。④ゼブルン（レアの子)。⑤ガド（レアの女奴隷ジルパの子)。

（3）注目すべきは、ベニヤミンが最優遇されていることです。ベニヤミンはヤコブの愛妻ラケルから生まれた末子です。もう1つの注目点は、女奴隷から生まれた息子が遠隔地に置かれていることです。ユダ族とベニヤミン族は神殿に最も近いところに置かれていますが、その理由は、彼らがダビデ王に対して、また神殿に対して最も忠実であったからです。

神の都

（1）エゼキエルが見た最後の幻は、神の都です。①この都は、一辺4千5百キュビトの正方形で、四方の城壁にはそれぞれ3つの門があります。②北側の門には、レアの息子たちの名が記されています。ルベン、ユダ、レビ。③東側の門には、ラケルとその女奴隷ビルハの息子たちの名が記されています。ヨセフ、ベニヤミン、ダン（ビルハの息子)。④南側の門には、再びレアの息子たちの名が記されています。シメオン、イッサカル、ゼブルン。⑤西側門には、レアとラケルの女奴隷たちの息子の名が記されています。ガド（ジルパの息子)、アシェル（ジルパの息子)、ナフタリ（ビルハの息子)。

（2）この都は「主はそこにおられる」と呼ばれるようになります。①「主はそこにおられる」(あるいは、アドナイ・シャマ」のヘブル語は、「ヤハウェ・シャマ」（あるいは、アドナイ・シャマ）です。これは、主（ヤハウェ）ご自身がその都から世界を統治されることを意味したことばです。②「ヤハウェ」は、契約の神の御名です。神の約束は永遠に変わることがありません。ここにイスラエルの希望があり、全人類の希望があります。

（3）私たちが目指す都は、「ヤハウェ・シャマ（アドナイ・シャマ）」です。私たちは、主イエス・キリストを通して新しい契約に招き入れられました。「あなたがたの間で良い働きを始められた方は、キリスト・イエスの日が来るまでにそれを完成させてくださると、私は確信しています」（ピリ1・6）。

ダニエル書1章

王は宦官の長アシュペナズに命じて、イスラエルの人々の中から、王族や貴族を数人選んで連れて来させた。それは、その身に何の欠陥もなく、容姿が良く、あらゆる知恵に秀で、知識に通じ、洞察力に富み、王の宮廷に仕えるにふさわしく、また、カルデア人の文学とことばを教えるにふさわしい少年たちであった。（ダニエル書1・3〜4）

この章から、以下のことを学びましょう。（1）ネブカドネツァルは、高貴な身分の少年たちを選抜して、バビロンに連行します。（2）ダニエルと3人の友人たちは、信仰によって不浄食物を避けるという決断をします。（3）神は彼らの信仰を祝福し、彼らがバビロンで高い地位に就けるように導かれます。

歴史的背景

（1）本書の区分法は3つあります。①内容による区分。1〜6章は歴史、7〜12章は預言。②言語による区分。1章はヘブル語（ダニエルの紹介）、2〜7章はアラム語（異邦人諸国に関する預言）、8〜12章はヘブル語（異邦人諸国におけるユダヤ人に関する預言）。③テーマ別の区分。

（2）前605年、ネブカドネツァルは、神殿の器具の一部と高貴な身分のユダヤ人たち数人をバビロンに運びます（第一次バビロン捕囚）。神殿の器具の一部は、シヌアルの地にある偶像の宮に運ばれました。シヌアルは、偶像礼拝が始まった地（ニムロデの王国）、バベルの塔が建設された地でした（創10・8〜12、11・1〜4参照）。

（3）これらの器具は、バビロン崩壊後、エルサレムの神殿に戻されます。

4人のユダヤ人少年

（1）ネブカドネツァルは宦官の長アシュペナズに命じて、人材を選抜させます。訓練によって政府の高官に育て上げ、ユダヤ人統治の任務に就かせるためです。

（2）選抜されたのは、王族か貴族の出身の15〜20歳くらいの少年（青年）です。ダニエルは、ユダ族のダビデの家系に属していました。イザヤがヒゼキヤに語った預言が成就しました。「また、あなたの生む、あなた自身の息子たちのうち、捕えられてバビロンの王の宮殿で宦官となる者があろう」(イザ39・7、2列20・18参照)。

信仰のテスト

(1)王から供される食事には、不浄食物が含まれていました。①血の付いた肉、偶像に供えた肉などがそれです。②ぶどう酒は偶像礼拝と関係がありますので(ダニ5・1〜3参照)、それを飲むことは偶像礼拝に加担することでした。

(2)ダニエルは、宦官の長アシュペナズに、不浄食物を避けたいと願いますが、宦官の長は躊躇します。この4人がほかの少年よりも元気がなくなったとするなら、王から死刑を宣告されるからです。

従順がもたらす祝福

(1)そこで、ダニエルと友人たちは、身の回りの世話をしてくれる世話役にこう懇願します。「どうか十日間、しもべたちを試してください。私たちに野菜を与えて食べさせ、水を与えて飲ませてください」(12節)。①「野菜」とは、小麦、大麦、豆類を含むことばです。②世話役は、10日間、彼らを試します。③10日後、4人の少年たちのほうが、ほかの少年たちよりも良い健康状態になっていました。④世話役は、この4人には「野菜」と「水」だけを与えることにしました。

(2)この箇所の教訓は、「肉食よりも菜食が優れている」ということではなく、「不従順よりも従順のほうが優れている」ということです。

ダニエルが受けた祝福

(1)3年の訓練期間が終わる頃には、4人の少年たちは、知識と知恵において成長していました。特にダニエルには、「すべての幻と夢を解く」賜物が与えられました。本書は、その賜物がいかに用いられたかを記した書です。

(2)4人の少年たちは、他国の少年たちの誰よりも優秀な成績を上げました。その結果、王は彼らを政府の要職に就け、重用することにしました。彼らは、バビロン中のどんな呪法師、呪文師よりも10

倍もまさっていました。
（3）「ダニエルはキュロス王の元年までそこにいた」（21節）とあります。キュロス王の元年に捕囚からの解放が起こりますので、ダニエルは捕囚の期間、ずっと活動していたことになります。さらに、10章1節によれば、ダニエルはキュロス王の第3年に至っても活動していたとなっています。

4人の少年が受けた祝福を、どう考えればいいのでしょうか。①彼らは、漫然と時を過ごしたのではなく、全力を尽くして、勤勉に学びを継続しました。②彼らの成長の背後に、神からの祝福がありました。③人間的要因と神的要因とが組み合わさって、このような素晴らしい結果がもたらされたのです。

ダニエル書2章

ネブカドネツァルの治世の第二年に、ネブカドネツァルは何度か夢を見た。そしてそのために心が騒ぎ、彼は眠れなかった。（ダニエル書2・1）

この章から、以下のことを学びましょう。（1）王は恐ろしい夢を見ますが、誰もそれを解き明かすことができません。（2）激怒した王は、知者たち全員の殺害を命じます。知者たちのいのちを救ったのは、ダニエルと3人の友人たちです。（3）神の啓示によって、ダニエルは夢の内容を説き明かします。（4）巨大な像は、「異邦人の時」における帝国の興隆を預言したものです。

王の見た夢

（1）「治世の第二年」、ネブカドネツァル王は、恐ろしい夢を見ます。夢の解き明かしを求めて知者たちを招集しますが、誰も答えることができません。激怒した王は、知者たち全員の殺害を命じます。ダニエルと3人の友人たちは、その場にはいませんでした。

（2）ダニエルは、夢を解き明かすための時間的猶予を王から得ます。その上で、ハナンヤ、ミシャエル、アザルヤにこのことを知らせ、「天の神」に祈ります（この呼称は、捕囚期と捕囚期以降の文書に出てくる特別な呼び名）。

（3）その祈りに、神は答えられました。ダニエルは、その場で礼拝を献げます。①神は全知全能のお方であることを認めます（20節）。（1歴29・11、ヨブ12・13、16、詩113・1〜2など参照）。②神は主権者であり、諸国の歴史を支配しておられることを認めます（21節）。（1歴29・12、ヨブ12・18〜21、詩31・15、75・6〜7など参照）。③神は啓示の神であることを認めます（22節）。（ヨブ12・22、詩36・9、139・12など参照）。④先祖の神に感謝します。感謝の理由は、過去の恵みと、現在の恵みの2つです。

夢を知らせるダニエル

（1）ダニエルは、王にこう答えます。①王の夢の秘密を解き明かすことができるのはただひとり、「天の神」のみである。②王が見た夢は、「終わりの日に起こること」（28節）を示したものである。

（2）夢の中の巨大な像は、帝国の興亡を預言したものでした。①頭は純金、②胸と両腕は銀、③腹ともももは青銅、④すねは鉄、足は一部が鉄、一部が粘土。下に行くほど、使われている金属の価値が下がります。これは、帝国の権威の低下を示したものです。さらに、下に行くほど金属の強度が強くなります。これは、各帝国の軍事力の増強を意味しています。

（3）見ていると、1つの石が人手によらずに切り出され、その像の足（一番弱い所）を打ち砕きます。その石は、大きな山となり、全土に満ちます。

夢の解き明かし

（1）「異邦人の時」とは、異邦人の王国がユダヤ人たちを支配する時代を指します。それは、バビロン捕囚（前586年）から始まり、メシアの再臨まで続きます。巨大な像は、その間、どういう王国が世界を支配するかを預言したものです。

（2）4つの王国が興隆します。①頭は純金。これはバビロン帝国を象徴しています。②胸と両腕とは銀。これは、メド・ペルシャ連合を象徴しています。③腹とももは青銅。これは、アレクサンドロス大王のギリシア帝国を象徴しています。

（3）第4の王国は、一般的にはローマ帝国と言われています（詳細は7章で学びます）。この王国は、3つの段階を通過します。①統一王国（純粋に「ローマ帝国」と呼べる段階）。②2国に分裂した帝国。③10国に分裂した帝国。

（4）「異邦人の時」の終わりに、5番目の国が現れます（44節）。①1つの石が人手によらずに山から切り出され、巨大な像を打ち砕きます。つまり、異邦人諸国を粉砕するということです。この石は、メシアを象徴しています。②その石は、大きな山になって全土に満ちます。この山は、メシア的王国（千年王国）を象徴しています。

王からの報い

（1）王は、ダニエルの神を敬い、3つのことを語ります。①ダニエルの神は、「神々の神」である。②ダニエルの神は、「王たちの主」である。③ダニエルの神は、「秘密を明らかにする方」である。

（2）ダニエルに報賞が与えられます。①高い位。②多くの贈り物。③首都があるバビロン州の知事職。④すべての知者（占星術師）たちを管理する長官職。ダニエルは願い出て、3人の友人たちをバビロン州の事務を司る役目に就けてもらいます。ダニエル自身は、宮廷にとどまり、王と直接意思疎通ができる立場で活躍します。

ダニエルの神は私たちの神でもあります。歴史を支配されるお方を心から礼拝しようではありませんか。

ダニエル書3章

シャデラク、メシャク、アベデ・ネゴは王に答えた。「ネブカドネツァル王よ、このことについて、私たちはお答えする必要はありません。もし、そうなれば、私たちが仕える神は、火の燃える炉から私たちを救い出すことができます。王よ、あなたの手からでも救い出します。」

（ダニエル書3・16〜17）

この章から、以下のことを学びましょう。（1）ネブカドネツァルは金の像を造り、それを礼拝するように命じます。（2）3人のユダヤ人青年は、燃える炉に投げ込まれる危険性がありながら、イスラエルの神を信頼して、その命令を拒否します。（3）炉に投げ込まれても、3人は安全に守られました。第4の人物が彼らを守ったからです。

ネブカドネツァルの金の像

（1）ネブカドネツァル王は、金の像を造り（高さ約27m、幅約2・7m）、バビロン州のドラの平野に建てました。王は、征服された民に対して、バビロンの神を礼拝するように要求しました。これは、王への忠誠を誓わせる行為でもありました。

（2）金の像の奉献式に、政府の高官や諸州の高官が召集され、ダニエルの3人の友人たちもその式に出席しました。伝令官は大声で、金の像を拝むように命じます。もしひれ伏して拝まないなら、燃える炉の中に投げ込むという罰則も宣言されました。

3人のユダヤ人青年の信仰

（1）あるカルデア人たち（バビロン人たち）が、シャデラク、メシャク、アベデ・ネゴの3人を、不服従の罪で王の前に告発します。その背後には、反ユダヤ主義感情があります。

（2）訴えを聞いた王は激怒し、シャデラク、メシャク、アベデ・ネゴの3人を連れて来させます。①王は彼らに、金の像を拝むなら赦すが、拒むなら炉の中に投げ込むと脅しをかけます。②王はダニエルには恩義がありましたが、この3人にはなんの恩義もありませんでした。③王は、「どの神が、私の手からおまえたちを救い出せるだろうか」と愚かな発言をします。これは、エルサレムの神殿を略奪したことからくる自信です。

（3）生死の瀬戸際に立たされた3人は、こう答えます。①イスラエルの神は、自分たちを火の燃える炉から救い出すことができる。②また、王の手からも救い出すことができる。③たとえそうでなくても、自分たちは偶像を礼拝するつもりはない。

（4）「たとえそうでなくても」（18節）とは、どういう意味でしょうか。①もし自分たちを救い出すことが神の御心なら、神はそうなさるだろう。②しかし、自分たちが死ぬことが御心なら、そうなるだろう。③神の御心は自分たちの思いよりもはるかに高いので、自分たちはそれに服するつもりでいる。

炉の中に投げ込まれる3人の青年

（1）3人の回答を聞いて、王はさらに激怒します。①王は、怒りの感情に支配されたために、冷静な判断が下せなくなります。②王は、炉を普通より7倍熱くするように命じましたが、これも愚かなことです。炉を7倍熱くすると、苦しみは瞬間的に終わるからです。

（2）王は屈強な兵士たちに、3人を炉に投げ込むように命じます。3人は、衣服を着たまま、火の燃える炉の中に投げ込まれますが、次に予期せぬことが起こります。刑の執行人たちが、炉があまりにも熱かったので、その火炎に焼き殺されてしまったのです。

燃える炉からの救出

（1）王の怒りは、驚きに変わります。3人が、炉の中で生存しているのを見たからです。そればかりか、王の目には第4の者の姿が見えました。王は、「第四の者の姿は神々の子のようだ」（25節）と言いました。つまり、天使のようだというのです。

（2）王が3人に出て来るように呼びかけると、彼らは火の中から出て来ました。①からだには、火で焼かれた痕跡がありません。②頭髪も焦げてはいません。③上着にもなんの変化もありません。④焦げた臭いなども、ありません（イザ43・2にある患難時代についての預言を参照。ここでは、その預言と同じことが起こっている）。

（3）3章から、ユダヤ人たちは4つの教訓を学びました。①神は、いかなる場合でも偶像礼拝を憎まれる。②「異邦人の時」の期間、ユダヤ人は常に異邦人との同化という圧力を受ける。③ユダヤ人が成功すると、それをねたむ人が現れ、反ユダヤ主義が勃興する。④どのような試練の中でも、「イスラエルの残れる者（真の信仰者）」は守られ、生き延びる。

主イエスは私たちに、「世にあっては苦難があります。しかし、勇気を出しなさい。わたしはすでに世に勝ちました」（ヨハ16・33）と語っておられます。

ダニエル書4章

「いと高き神が私に行われたしるしと奇跡を知らせることは、私の喜びとするところである。そのしるしのなんと偉大なことよ。その奇跡のなんと力強いことよ。その国は永遠にわたる国、その主権は代々限りなく続く。」

（ダニエル書4・2〜3）

この章から、以下のことを学びましょう。（1）王は、自分がイスラエルの神を礼拝するに至った経緯を手紙に書いて送ります。（2）王が見た夢は、地の中央にある大きな木が切り倒され、根株だけが残されるというものでした。（3）ダニエルだけがこの夢の解き明かしをすることができました。（4）この夢は、傲慢な王が牛のように草を食べるようになるという預言でした。

王の手紙

（1）1〜3節は、ネブカドネツァル王が臣下に書き送った手紙の冒頭の部分です。①彼は、自分がなぜ征服した小国の神（イスラエルの神）を礼拝するに至ったかを説明します。②用いられていることばは、ヘブル的概念に満ちています。ダニエルが原稿を書き、王が承認したのでしょう。③王は、神からの恐ろしい夢によって傲慢が粉砕されたと記します。

（2）栄華の絶頂期にあったネブカドネツァルは、恐ろしい夢を見ます。そこで彼は、知者たちに夢の解き明かしを求めます。2章と異なるのは、夢の内容を明らかにしてから、解き明かしを求めている点です。今度も知者たちは、夢の解き明かしを告げることができませんでした。

（3）そこでダニエルが登場します（ベルテシャツァルという名を与えられていた。「ベル」は、バビロンの偶像神）。王はダニエルに、「聖なる神の霊がおまえにあり」（9節）と言います。

夢の内容

（1）王は、自分が見た夢をダニエルに告げます。①地の中央にある木は生長して強くなり、世界中どこからでも見えるほどになります。②その木は、人にも動物にも、避け所と休息と食物を与えることができました。③突如、ひとりの天使が天から下りて来ます。天使が登場した理由は、傲慢になっている王に裁きの判決を下すためです。

（2）天使の判決は次のようなものでした。①木を切り倒し、枝を切り払い、獣と鳥をその木から追い払え。②ただし、木を完全に滅ぼすのではなく、その根株を地に残し、これに鉄と青銅の鎖をかけて、野の若草の中に置き、天の露にぬれさせて、地の青草を獣と分け合うようにせよ。③その心を、人間の心から変えて、獣の心をそれに与え、7つの時（7年間）をその上に過ぎ行かせよ。

（3）これは、ネブカドネツァルに起こる出来事の預言です。ここから、いくつかの教訓を学んでみましょう。①決して人間に頼るべきではありません。創造主に、「御翼の陰にかくまってください」（詩17・8）と祈るべきです。②木の根株は残されました。これは神の恵みです。王は野の獣のようになり、7年の間、野の草を食べるようになります。鉄と青銅の鎖は、自傷行為から王を守るためのものです。

ダニエルの解き明かし

（1）王に促されて、ダニエルは夢の解き明かしを始めます。①王は狂気に襲われ、人間の中から追い出される。②王は、野獣とともに住むようになる。③王は、牛のように草を食べるようになる。これらの現象は、「獣化妄想」です。④王は、野外に住むようになる。⑤悔い改め、神の権威を認めるまでに7年を要する。⑥神の主権を認識し、へりくだるなら、もとの地位に回復される。

夢の成就

（1）時の経過とともに、王は警告のことばを忘れてしまったようです。傲慢のゆえに、神の審判が下ります。①「人間の中から追い出され」(32節)とは、自発的に人間社会から出て行ったということでしょう。彼は、自分が牛だと思い込み、草を食べ始めます。②「ついに、彼の髪の毛は鷲のように、爪は鳥のように伸びた」(33節)。これは、髪の毛は濃くなり、爪は伸び放題であったということで、夢の中にはなかった新しい要素です。

（2）王の獣化妄想は、7年間続きました。7年後に、彼は目を上げて天を見ました。その瞬間、彼に理性が戻ってきました。神を認識できるのは、人間と動物の大きな違いです。神を仰ぎ見た結果、病が癒やされました。①彼はただちに、神を賛美します。その内容は、聖書に記されている頌栄に類似しています（ヨブ9・12、詩145・13、イザ40・17、45・9など参照）。②神の主権を認めた彼は、王位に復帰します。③さらに、彼は以前にもまして大いなる者となりました。

4章の結論は、「神は、高ぶる者をへりくだらせる」ということです。

ダニエル書5章

彼らはぶどう酒を飲み、金、銀、青銅、鉄、木、石の神々を賛美した。ちょうどそのとき、人間の手の指が現れ、王の宮殿の塗り壁の、燭台の向こう側のところに何かを書き始めた。王は、何かを書くその手の先を見ていた。

（ダニエル書5・4～5）

この章から、以下のことを学びましょう。（1）ベルシャツァルは、帝国崩壊の夜に大宴会を催します。（2）宴の最中に、壁から人間の手が出て、「メネ、メネ、テケル、ウ・パルシン」という文字を書きます。（3）ダニエルは、この文字はベルシャツァルの上に下る裁きの預言であると宣言します。（4）この預言は、その夜のうちに成就します。

大宴会

（1）5章の歴史的背景を確認します。①4章と5章の間には、23年の歳月が経過しています。すでにネブカドネツァルは世を去り、その孫ベルシャツァルが王位に就いています。②時系列順に並べると、7章（前553年）、8章（前551年）、5章（前539年）の順になります。つまり、5章の時点でダニエルは、メド・ペルシアがバビロンに取って代わるであろうことを強く意識していたはずです。

（2）ベルシャツァルが大宴会を催したのは、バビロン帝国崩壊の夜でした（ヘロドトス、クセノフォン、ヨセフスなどもそう証言しています）。当時、帝国中には、独立を宣言する州が多く現れていました。特に強大な勢力になっていたのが、メド・ペルシアです。

（3）宴会の夜、バビロンの都はメド・ペルシアの軍勢によって包囲されていました。危機的状況下で大宴会を開いた理由は、臣下の結束を固めるためだと推察されます。

人間の手の指

（1）大宴会の最中に、ある出来事が起こります。①人間の手の指が現れ、壁に何かを書き始めました。②そこは、部屋の中の一番明るい場所でしたので、誰もがその様子を見ることができました。

（2）これを見た王は、恐怖に襲われます。彼は、この文字の解読ができた者には、「この国の第三の権力を持たせよう」（16節）と約束します。彼の父ナボニドスが第1の権力者、彼自身が第2の権力者であったために、「第3の権力」ということばが出てきたのです。

（3）王母（ネブカドネツァルの娘で、ベルシャツァルの母）は、ダニエルを強く推薦します。当時ダニエルは80歳前後で、政府の要職から退いていたようです。

ダニエルの預言的告発

（1）ダニエルは、王からの破格の報酬を断りますが、解き明かしはすると回答します。ダニエルの預言的告発の内容は、次のようなものでした。①神はネブカドネツァルに「国と偉大さと栄光と威光」（18節）を与えたが、ネブカドネツァルは高慢になったために、王座から退けられた。②彼は人の中から追い出され、野の獣のような生活をするようになった。③その裁きを通して、彼は、神こそ主権者であり、王を立てるお方であることを悟った。④その子孫であるベルシャツァルは、「これらのことをすべて知っていながら」（22節）、傲慢の罪を犯し、偶像礼拝に陥った。⑤それゆえ、神の判決が下った。

（2）壁に書かれた文字は、すべてアラム語の重量の単位です。「メネ」はヘブル語のミナ、「テケル」はシェケル、「ペレス（複数形パルシン）」は半シェケルです。①「メネ（ミナ）」を動詞として解釈すると、2つの意味が出てきます。「数えた」と「定めた」です。つまり、「神が王の治世の年数を数え、それを終わらせた」という意味になります。②「テケル」を動詞として解釈すると、「量られた」という意味になります。つまり、「あなたがはかりで量られて、目方の足りないことが分かった」という意味です。③「ウ」は、単なる接続詞です。「ペレス（複数形パルシン）」を動詞として解釈すると、「分割する」という意味になります。つまり、「国が分割され、メディアとペルシアに与えられる」という意味です。

（3）ベルシャツァルは、約束どおりにダニエルに報賞を与えます。ここで重要なのは、ダニエルが「第3の権力者」になったことです。①その夜、バビロンは「メディア人ダレイオス」によって滅ぼされます。②ダレイオスは、可能な限り従来の制度を踏襲しようとします。③その結果、第3の権力者であるダニエルが、三大臣のひとりに任命されます。ダニエルの影響力は、次王キュロスにまで及びます。それが、ユダヤ人の祖国帰還の勅令につながっていくのです。

神の計画は完全で、狂いがありません。私たちの人生にも、摂理の御手は伸ばされています。神に信頼を置く人は幸いです。

ダニエル書6章

王は大いに喜び、ダニエルをその穴から引き上げるように命じた。ダニエルは穴から引き上げられたが、彼に何の傷も認められなかった。彼が神に信頼していたからである。(ダニエル書6・23)

(1)ダレイオス王は、ダニエルを登用しますが、それがほかの高官たちのねたみを引き起こします。(2)彼らの陰謀によって、ダニエルは獅子の穴に投げ込まれますが、なんの危害を受けることもなくそこから引き出されます。(3)王は、ダニエルの神を恐れるようにという命令を、全土に書き送ります。

ダニエルの登用

(1)メディア人ダレイオスは、バビロンの最後の王ベルシャツァルの死後、その地域の統治をペルシアのキュロス王から委ねられました。彼は、そこを統治するために次のような組織を作ります。①120人の太守を任命し、全国を分割統治させる。

②120人の太守の上に3人の大臣を置き、太守たちに大臣への報告義務を課す。ダニエルは、大臣のひとりに任命されました。③3人の大臣には、ダレイオスへの報告義務がありました。

（2）「このダニエルは、ほかの大臣や太守よりも際立って秀でていた」（3節）とあります。その理由は、神の霊が彼の内に宿っていたからです。それゆえダレイオス王は、ダニエルを任命して全国を治めさせようとしました。

陰謀

（1）ほかの高官たちは、ダニエルを陥れるための陰謀を練ります。「王よ。国中の大臣、長官、太守、顧問、総督はみな、王が一つの法令を制定し、断固たる禁令を出していただくことに同意しました」（7節）とありますが、これは嘘です。ダニエルは、その話し合いから除外されていました。

（2）高官たちの提言（王以外の神に祈願する者を獅子の穴に投げ込む）は、王の自尊心をくすぐりました。これを実施すれば、王の権威発揚につながるばかりか、被征服民族となったバビロン人たちの忠誠度を確かめることもできます。「取り消しのできないメディアとペルシアの法律」（8節）とは、取り消しのできない法律のことで、同じことがエステル記（1・19、8・8）にも出てきます。

ダニエルの信仰

（1）ダニエルは、自らの信仰生活のあり方を変えようとはしませんでした。高官たちは、ダニエルが祈っているのを目撃し、大喜びします。彼らは、王にこう言います。「王よ。ユダからの捕虜の一人ダニエルは、あなたと、ご署名になった禁令を無視して、日に三度、自分勝手な祈願をしております」（13節）。それを聞いたダレイオス王は、非常に憂いました。なぜなら、自分もまた罠にかかったことに気づいたからです。

（2）王は、ダニエルを救うために一日中奔走しますが、それは不可能なことでした。不本意ながら、王はダニエルを獅子の穴に投げ込み、そこに封印をします。王は、一晩中断食をし、一睡もせずに夜明けを待ちました。日が輝き出すと、王はすぐに獅子の穴へ急ぎました。王は、「生ける神のしもべダニエルよ。おまえがいつも仕えている神は、おまえを獅子から救うことができたか」（20節）と呼びかけます。

（3）ダニエルは、無事であると返事をします。無事である理由は、自分は無事であること、ダニエルが無罪であることを神が証明してくださったからです。王は非常に喜び、ダニエルを穴から出すように命じます。ダニエルは無傷で出て来ました。聖書はその理由を、「彼が神に信頼していたからである」（23節）と記しています。

（4）ダニエルを告訴した者たちが処罰されます。その妻子たちもともに獅子の穴に投げ込まれたのは、ペルシア法に基づく処罰です。モーセの律法では、家族にまで処罰が及ぶことはありません（申24・16、2列14・5〜6参照）。彼らが穴に投げ込まれると、底に落ちないうちに獅子が飛びかかり、その骨をことごとくかみ砕いてしまいました。

ダレイオス王の新しい勅令

（1）王は、バビロン州全土に対して新しい勅令を発布します。①すべての人々は、ダニエルの神を恐れなければならない。②この方こそ生ける神。永遠に堅く立つ方。④その国は滅びることがない。⑤その主権はいつまでも続く。このようにしてダレイオスは、数ある神々の中にダニエルの神を加えました。

（2）この章のまとめです。①離散の地において、ユダヤ人たちはある程度までの繁栄を経験することができました。②その繁栄は、異邦人のねたみを引き起こすものとなりました。③しかし、いかなる迫害が起こっても、ユダヤ民族が滅びることはありませんでした。以上の3点は、ユダヤ人の歴史を通して言えることです。

ダニエル書7章

バビロンの王ベルシャツァルの元年に、ダニエルは寝床で、ある夢と、頭に浮かぶ幻を見た。それからその夢を書き記し、事の次第を述べた。
（ダニエル書7・1）

この章から、以下のことを学びましょう。（1）2章の幻と7章の幻は、ともに異邦人の4大王国の興亡について啓示しています。（2）ダニエルは、4つの幻を見ますが、最も大切なのは、第四の幻です。（3）第四の幻は、終末時代の預言になっています。

第三の幻

（1）2章の幻は、人間の視点（栄光に輝く巨大な像）から、7章の幻は、神の視点（大きな獣）から、4大王国の興亡を描いています。

（2）3頭の獣が海から上がって来ます。①第一の獣は、バビロン帝国の象徴です。②第二の獣は、メド・ペルシア連合帝国の象徴です。③第三の獣は、ギリシア帝国の象徴です。

（3）次に、第四の獣が現れます。①この獣は、大きな鉄の牙を持っていました。②この獣は、10本の角を持っていましたが、11本目の小さな角が出てきて、初めの角のうち3本が抜け落ちます。

（4）第三の幻は、「天の法廷」の幻です。①「年を経た方」とは、歴史を支配される神です。②神が裁きの座に着くと、告訴された者たちの行為を記録した文書が開かれます。以上の記述は、マタイの福音書25章31〜46節に書かれた「異邦人の裁き」の準備となっています。③裁きが行われるタイミングは、第四の獣に11番目の角が生え、その角が大きなことを語り始めた時です。④この獣は殺され、燃える火の中に投げ込まれます（黙19・20参照）。⑤黙示録13章1〜2節の「海から上って来た1頭の獣」は、ダニエル書7章の第四の獣と同じものです。⑥第四の獣は突然の終焉を迎え、その後に神の国が確立します。

第四の幻と第四の獣

（1）第四の幻は、終末時代の出来事の啓示です。

①「人の子のような方」(13節)(メシア)は、「天の雲」(13節)とともに来られます。②メシアは、天使たちに導かれて、年を経た方のもとに進み出ます。③第四の帝国が裁かれた後、父なる神は子なる神に「神の国」を与えます(14節)。④その結果、諸民民がことごとく、子なる神(メシア)に仕えるようになります。⑤神の国は、永遠に滅びることがありません。

(2)ダニエルは、御使いのひとりに幻の解き明かしを求めます。この解き明かしは、いわば「要約された解き明かし」です。①4頭の大きな獣は、地から起こる4人の王です(17節)。②異邦人世界から起こる、人間の手による4つの王国はすべて滅び、第五の王国である「神の国」が確立されます。③神の国を受け継ぐのは、「いと高き方の聖徒たち」(18節)です。文脈上、「聖徒たち」とは、ユダヤ人のことです。

(3)第四の獣の頭には、10本の角が生えていました。①11本目の角が生えると、ほかの3本の角が抜け落ちます。11本目の角には、目があり、大言壮語する口がありました。②その角は、聖徒たちに戦いを挑み、彼らに打ち勝ちました。③しかし、この角の活動は、神の審判の時に終わりを迎えます。「年を経た方」(22節)が来られると、第四の獣に対する裁きが行われます。④その裁きが終わると、「聖徒たち(イスラエル)」は神の国を受け継ぐようになります。

(4)第四の獣は、一般的にはローマ帝国だと言われますが、むしろ「帝国主義体制」の国と言うべきです。この帝国は、いくつかの段階を通過します。①統一王国(純粋に「ローマ帝国」と呼べる段階)。②世界統一政府。2章では、「二国に分裂した帝国」が第二段階になっていましたが、7章ではそれが省略され、世界統一政府の段階にすぐに飛んでいます。また、2章では「世界統一政府」の段階が省略されていました。世界統一政府は、歴史上まだ登場していません。③十国に分裂した段階。これは、2章では、鉄(強いもの)と粘土(弱いもの)とが混じり合った足の指です。現段階でその十国がどこかを推測するのは、無意味なことです。④小さな角の段階、つまり、「反キリスト」の段階。

(5)「小さな角」である反キリストは、3つの角を倒し、残った7つの角（7人の王）は、反キリストの支配下に置かれます。①イスラエルの民は、3年半（ひと時とふた時と半時）の間、患難に遭います。②第四の帝国の最後の段階は反キリストの国ですが、それに続いて第五の国が現れます。それが神の国（メシア的王国）です。

（6）この幻の詳細について啓示しているのが、黙示録です。人類の歴史は、神の国の実現に向かって進んでいます。

ダニエル書8章

ベルシャツァル王の治世の第三年、初めに私に幻が現れた後、私ダニエルにもう一つの幻が現れた。（ダニエル書8・1）

この章から、以下のことを学びましょう。（1）雄羊と雄やぎの幻は、ペルシアとギリシアに関する預言です。（2）アレクサンドロスの台頭と、彼の王国が4つに分割されることが預言されます。（3）アンティオコス・エピファネスは、反キリストの型です。（4）反キリストは、メシアによって滅ぼされます。

雄羊と雄やぎの幻

（1）7章の幻から2年後に、別の幻が与えられます。ダニエルは、エラム州の首都スサの城に運ばれています。

（2）「雄羊の幻」は、第二の帝国（メド・ペルシア）に関するものです。①後から出て来た長い角はペルシア、先にあった短い角はメディアです。②ダニエルは、その雄羊が西や、北や、南の方を角で突いているのを見ます。メド・ペルシア帝国は、周辺諸国を侵略します。

（3）次の幻では、西から1頭の雄やぎがやって来ます。この雄やぎは、ギリシアです。①その雄やぎには、「際立った一本の角」がありました。これは、アレクサンドロス大王のことです。②この雄やぎは、2本の角を持つ雄羊に戦いを挑み、それを打ち倒します。かくして、第二の帝国（メド・ペルシア）は、第三の帝国（ギリシア）に取って代わられます。③雄羊に打ち勝った雄やぎでしたが、その絶頂期に「際立った一本の角」が折れます。これは、アレクサンドロス大王の死を意味しています。④次に「際立った四本の角」が生え出て来ますが、これは、大王の死後に登場する4人の将軍のことで、帝国は4分割されます。

（4）4つの角のうちの1本から、小さな角が生え出て来ます。これはシリアのセレウコス王朝から出て来るアンティオコス・エピファネスのことです。①その角は、「南（エジプト）」、「東（ペルシア）」、「麗しい国（イスラエル）」に向かって侵攻します。②アンティオコスは、ユダに侵攻して神殿に異教の祭壇を築き、常供のささげ物を禁止して神殿を冒涜します。③エピファネスとは、「神の顕現」という意味です。彼は自らの神格化を図りました。④「軍勢は常供のささげ物とともにその角に引き渡された」（12節）とは、ユダヤ人の中から偶像礼拝に参加する者が現れたことを指します。⑤2人の御使いのうちの1人が、もう1人の御使いに、神殿の冒涜はいつまで続くかと質問します。すると、「二千三百の夕と朝が過ぎるまで」（14節）という回答が返ってきます。およそ6年半の期間になります。

ガブリエルによる幻の解き明かし

（1）ダニエルの前に「勇士のように見える者」（ガブリエル）が立ちました。天使ガブリエルは、「終わりの憤りの時」（19節）に起こることを悟らせます。その内容は、「雄羊と雄やぎの幻」の解き明かしにとどまらず、はるか先の終末時代に起こることにも及びます。

（2）23～27節は、反キリストの預言です。最後に生えてきた「小さな角」であるアンティオコス・

エピファネスは、「反キリストの型」です。

（3）「彼らの治世（国）の終わりに」（23節）とありますが、これは「異邦人が支配する時代の終わりに」という意味です。「治世（国）」ということばが単数形になっていることに注目しましょう。その時代に、「横柄で策にたけた一人の王」（23節）が立ちます。この王は、サタンから力を受ける反キリストのことです（24節）。反キリストは、人々を驚かせるようなわざを行い、地上の支配者としての地位を確立します。

（4）彼の心は高ぶり、メシアに敵対し始めます。①「君の君」（25節）とは、メシアのことです（2テサ2・3～4、黙13・3～9参照）。②しかし、反キリストは「人の手によらずに」（25節）砕かれます。つまり、メシアご自身が反キリストを裁き、滅ぼされるということです（ダニ7・9～11、26、2テサ2・8参照）。③アンティオコス・エピファネスは人間の手によって暗殺されましたので、この箇所は、彼に関する預言ではないことが分かります。

（5）ダニエルは驚きのあまり病気になってしまいます。この時点では、ダニエルはその幻を悟ることができなかったのです。

新約時代に生きる私たちには、黙示録に至るまでの完全な啓示が与えられています。それによって、人類の歴史の最終ゴールを見ることが許されています。なんと感謝なことでしょうか。メシアであるイエスに信頼する者は、最後には勝利者となります。そのことを信じて、主イエスにお従いしましょう。

ダニエル書9章

すなわち、その治世の第一年に、私ダニエルは、預言者エレミヤにあった主のことばによって、エルサレムの荒廃の期間が満ちるまでの年数が七十年であることを、文書によって悟った。

（ダニエル書９・２）

この章から、以下のことを学びましょう。（1）ダニエルは、エレミヤ書の預言から捕囚の期間が70年であることを知ります。（2）彼は、捕囚から帰還すれば、神の国が成就すると思い込みます。（3）その誤解を解くために、天使ガブリエルが遣わされます。（4）70週の預言は、メシアの２つの来臨に関する重要な預言です。

エレミヤの預言

（1）エレミヤは、捕囚の期間が70年であることを預言しました（エレ25・11～12、29・10）。イザヤ書には、「キュロス」という名が登場します（イザ44・28、45・1）。ダニエルは、エレミヤ書の「70年」とイザヤ書の「キュロス」ということばに心を動かされます。第一回目のバビロン捕囚（前６０５年）から起算すると、すでに67年目に入っていますので、「70年」まで残り3年しかありません。（2）そこでダニエルは、70年の預言の成就のために祈り始めます。しかし彼は、イスラエルの民が約束の地に帰還したときに、メシア的王国（神の国）が成就すると誤解していました。神の国が出現するための前提条件は、民族的悔い改めです。そこで彼は、民族的罪を告白し、赦しを求めます。

70週の預言

（1）彼の誤解を正すために、天使ガブリエルが遣わされます。①ヘブル語で「週」は「シャブオット」ですが、この箇所では「シャブイム」（7という数字）が使われています。②「シャブイム」を「週」と訳すのは誤訳ですが、いつの間にかこの箇所は、「70週の預言」と呼ばれるようになりました。70週の預言は、メシアの初臨と再臨に関するものです。③70週は、7週（49年）、62週（４３４年）、1週（7年）に3区分されます。④「エルサレムを復興し、再建せよとの命令が出てから」（25節）というのが計算の起点ですが、それは、前538年（キュロスの勅令の年）か、前445年（アルタクセルクセスがネヘミヤに許可を与えた年）のいずれかだと思われます（この点については、学者の間に意見の相違があります）。

（2）その勅令の後の7週（つまり49年間）で、イスラエルの民は神殿と町を再建します。それから62週（つまり434年間）で、彼らは苦しみの歴史を通過します（異邦人による支配）。7週と62週は連続しており、その間にギャップはありません。つまり、「油注がれた者、君主」が来るのは、計算の起点から69週後（つまり483年後）のことです。

（3）その後、次のようなことが起こります。①「油注がれた者は断たれ、彼には何も残らない」（26節）。これは、メシアが罪人の身代わりとして死ぬことを預言しています。②メシアの死に続いて、エルサレムの町と神殿の破壊が起こります。それを行うのは、「次に来る君主の民」（26節）です。この預言は、紀元70年にローマ軍がエルサレムを侵略したときに成就しました。「次に来る君主の民」とはローマ人のことであり、「君主」とは反キリストのことです。つまり、反キリストはローマ人の血を引く者だということが分かります。

（4）最後の1週（7年間）の開始点は、反キリストがイスラエルの民と7年の堅い契約を結ぶ時点です。①反キリストと契約を結ぶのは、「多くの者」です。イスラエルの指導者たちは契約に賛成しますが、民の中には反対する人も出ます。②最後の7年間においては、エルサレムに神殿が建っています（第三神殿）。最後の7年間では、地上に教会は存在しません（携挙が起こっています）。③最後の1週（7年）のことを「患難期」と呼びます。その期間は、前半と後半に分かれます。前半の3年半の間、神殿でささげ物を献げることが許可されますが、後半の3年半に入ると、それが禁止されます。27節bは、こう訳されています。「忌まわしいものの翼の上に、荒らす者が現れる。そしてついには、定められた破滅が、荒らす者の上に降りかかる」。この訳文は難解です。原文の意味を意訳すると、次のようになります。

そして、反キリスト（荒らす者）は、自分の像（忌まわしいもの）を神殿の頂（翼）に設置し、その像を礼拝することを命じます。翼とは、神殿の頂（マタ4・5）です（27節に関しては、マタ24・15、黙13・14～15など参照）。④反キリストは、自分を礼拝しない者たちを皆殺しにしますが、最後は滅ぼされます（「定められた破滅」とある）。

私たちには、壮大な救いのプログラムのパノラマを見ることが許されています。なんという幸いでしょうか。神の愛と計画を知らされた者には、福音を伝えるという重大な責任が与えられています。

ダニエル書10章

ペルシアの王キュロスの第三年に、ベルテシャツァルと名づけられていたダニエルに、あることばが示された。そのことばは真実で、大きな戦のことであった。彼はそのことばを理解し、その幻について悟った。（ダニエル書10・1）

この章から以下のことを学びましょう。（1）ダニエルは、ひとりの天使を通して、終わりの日に起こることの幻を与えられます。（2）この天使は、ペルシアの君の妨害を受けましたが、ミカエルの助けを得て、ダニエルのもとに来ることができました。（3）天使が伝えた幻は、イスラエルの民が終わりの日に体験する救いに関するものでした（11～12章）。

幻を受ける準備

（1）9章と10章の間には、2年の隔たりがあります。ペルシアの王キュロスの第3年（前536年）に、ダニエルは重要な啓示を受けます。当時彼は、3週間の喪に服していました。帰還する人が少なかったこと、帰還民たちが苦難に遭っていたこと、などがその理由でしょう。

（2）彼の真剣な祈りは、神に受け入れられます。彼は、終わりの日に関する幻を見せられます。その幻は、不信仰の民イスラエルはさまざまな苦難に遭うが、大患難時代の終わりには、メシアを信じる信仰に導かれるというものでした（11～12章）。

御使いの幻

（1）彼が幻を見たのは、第1の月の24日でした。ティグリス川の岸にいた彼の前に、ひとりの人（御使い）が現れます。①「亜麻布」は、「清さ」の象徴です。②「ウファズの金の帯」は、この人が超自然的存在であることを示しています。③からだは「緑柱石」のようでした（超自然性）。④顔は、「稲妻」のようでした（シャカイナグローリー）。⑤目は「燃えるたいまつ」のようでした（洞察力）。⑥腕と足は、「磨き上げた青銅」のようでした（裁きの象徴）。⑦声は、「群衆の声」のようでした（とどろきのような声）。

（2）周りの人々は逃げ去りますが、ダニエルだけが残って、幻を見、声を聞きます。栄光に満ちた姿を見たダニエルは、意識を喪失します。

天使たちの戦い

（1）その人（天使）は、ダニエルに触れて、こう語ります。ダニエルの祈りは、21日前に断食を始めた時から聞かれており、その祈りに答えるために自分は来たと。

（2）次に天使は、到着が遅くなった理由を述べます。①「ペルシアの国の君」が、21日間妨害しました。これは、ペルシアの守護天使のことです（堕天使です）。妨害の理由は、この天使が伝えようとしている幻がペルシアの滅亡を預言したものだったからです。②苦境に立たされたこの天使を助けるために、ミカエル（最高位の君のひとり）が送られて来ました。ミカエルは、イスラエルの民の守護天使です。③ミカエルの助けがあったので、この天使はダニエルのもとに来ることができました。

励ましを受けるダニエル

（1）意識を喪失したダニエルは、天使の励ましによって口を開いて話すことができるようになります。彼は、このまま会話を続けるなら、自分は死んでしまうかもしれないと訴えます（16～17節）。

（2）その天使は、再びダニエルに触れ、彼を力づけました。天使がダニエルに触れるのは、これで3度目です（10、16、18節）。「特別に愛されている人よ」と呼びかけられるのも、これが3度目です。（9・23、10・11、19）このことばによって、ダニエルは奮い立ちます。

天使のメッセージ

（1）その天使は、非常に急いでいます。ミカエルのところへすぐに戻らねばならないからです。神はすべての民のために守護天使を配しておられますが、悪魔も悪い目的のためにすべての民の上に堕天使を配しています。

（2）「ペルシアの君」の敗北は、ペルシアの敗北を意味します。まもなくペルシアは滅び、次にギリシアが覇権国になります。つまり、「ペルシアの君」との戦いに勝利すると、次は、「ギリシアの君」との戦いが始まるということです。

（3）次にこの天使は、「真理の書」に書かれていることをダニエルに啓示します。「真理の書」というのは、天にある書のことで、そこには過去、現在、未来の出来事がすべて記されています。天使がダニエルに伝えたのは、彼ら（ペルシアの君とギリシアの君）との戦いにおいては、ミカエルだけが援軍となってくれるということでした。

地上の出来事の背後には、霊的戦いがあります。それゆえ、具体的な行動と、執りなしの祈りの両方が不可欠なのです。行動と祈りのバランスを考えながら、クリスチャン生活を送ろうではありませんか。

ダニエル書11章

「賢明な者たちのうちには倒れる者もあるが、それは終わりの時までに、彼らが錬られ、清められ、白くされるためである。それは、定めの時がまだ来ないからである。」（ダニエル書11・35）

この章から以下のことを学びましょう。（1）ペルシア、ギリシア、エジプト、シリアについての預言が語られます。（2）アンティオコス・エピファネスは、ユダヤ人を迫害します。（3）彼は、反キリストの型です。

ペルシア、ギリシア

（1）11章2節から12章4節までの預言は、8つの部分に分かれます。その最初は、ペルシアに関する預言です。ペルシアには、キュロス王の後に3人の王が現れます。それに続く「第四の者」とは、クセルクセスのことです。彼は、即位から4年後の前480年、ギリシアへの侵攻を試みて失敗します。

（2）「一人の勇敢な王」（3節）とは、アレクサンドロス大王のことです（在位前336～323年）。彼は、ペルシア帝国を滅ぼし、次にインドへの進出を試みますが、前323年に急死します（32歳）。その後帝国は、4人の将軍によって分割されます。

南の王と北の王の争い

（1）5～20節は、4分割された帝国のうち、エジプト（南の王）とシリア（北の王）にどのような争いが起こるかを預言したものです。「南の王」（5節）とは、プトレマイオス1世（前323～285年）のことです。「その軍の長の一人」（5節）とは、アレクサンドロス大王の将軍セレウコス1世（前312～280年）のことで、彼が「北の王」となります。

（2）6節は、第1の戦いです。何年かの後、南の新王（プトレマイオス2世）と北の新王（アンティオコス2世）は同盟を結び、南の王の娘ベルニケは、北の王と結婚します。しかし、もうひとりの妻ラオディケの暗躍により、ベルニケは離縁されます。その後、ラオディケは夫を毒殺し、息子のセレウコス

2世を王座に就けます（前247年）。さらに、ベルニケと彼女の息子は殺害されます。

（3）7～9節は、南の王プトレマイオス3世（前246～226年）と、北の王セレウコス2世のことを描いています。「彼女の根から一つの芽が父に代わって起こる」（7節）とは、プトレマイオス3世（殺害されたベルニケの兄弟）のことです。彼は北に進軍し、セレウコスの軍隊を撃破します。彼は、偶像まで含む多大な戦利品を持ち帰ります。

（4）10～19節で、北の国の王位は、以下のように継承されます。セレウコス2世→セレウコス3世（長男。前223年に殺害される）→アンティオコス3世（弟）。アンティオコス3世は、前198年にプトレマイオスの軍隊を撃破し、イスラエルの地の支配権を奪還します。彼はついに「麗しい国（イスラエルの地）」に立ち、そこを荒らします（16節）。18～19節は、そのアンティオコス3世の最期を描いています。

（5）20節は、アンティオコス3世に代わって起こったセレウコス4世フィロパトル（長男。前187～175年）に関する記述です。彼は金銭を愛した悪王で、民に重税を課したために、短期間で殺されます。

アンティオコス・エピファネス

（1）「一人の卑劣な者」（21節）とは、アンティオコス・エピファネス（アンティオコス4世）のことです。彼は、本来自分のものではない王位を、謀略によってセレウコスの子どもたちから奪い取ります。彼は、治世の第1年目に、大祭司オニアスを追放し、その地位をオニアスの弟のジェイソンに売ります。さらに彼は、エジプトと同盟を結び、相手を欺きながら小国となった自国の建て上げを図ります。

（2）前170年、彼は1回目のエジプト侵略を行いますが、敵の激しい抵抗を受け、途中で挫折します。エジプト征服の計画が破綻した彼は、帰国途上にユダヤを略奪します（8万人のユダヤ人を殺し、4万人を奴隷として連行しました。第1マカベア1・20～28、第2マカベア5・11～17）。

（3）2回目のエジプト侵略は、前169年に実行されますが、ここでは省略されています。この箇所は、3回目のエジプト侵略です（前168年）。この侵略は、失敗に終わります。その理由は、ローマ軍の介入があったからです。落胆したアンティオコス・エピファネスは、帰国途上のユダヤで、再び怒りの矛先をユダヤ人に向けます。彼は、ユダヤ人にとっては忌むべき犠牲である豚を献げ、神殿の祭壇を汚しました（前168年）。「荒らす忌まわしいもの」（31節）とは、彼が立てたゼウス神の偶像のことです。

反キリスト

（1）36～45節は、反キリストに関する預言です。アンティオコス・エピファネスは、反キリストの型です。反キリストは、自分をすべての神々よりも上に置き、傲慢の限りを尽くします（2テサ2・2～4、黙13・1～8参照）。「驚くべきことを語る」（36節）とは、患難期の後半の3年半を指すことばです（ダニ7・25参照）。

（2）患難期の前半の政治体制は、異邦人の10か国（10人の王）とイスラエルによる支配体制です（ダニ2章、7章）。反キリストは、10人の王のうちの3人を殺します。

（3）反キリストは、「麗しい国（イスラエル）」に攻め入り、そこを征服します。その結果、3年半の間、反キリストが神殿域を支配するための舞台が出来上がります（黙11・1～2、ダニ9・27参照）。

（4）しかし、エドム、モアブ、アンモン人の主だった人々は、助かります。これは、今のヨルダン国に含まれる地域です。その地域が、ユダヤ人の逃れの町となるのです（マタ24・15～22、ミカ2・12参照）。

（5）エジプトの王以外に殺されるのは、東の王（メソポタミアの王）と北の王（シリアの王）です。合計3人の王が殺されることは、ダニエル書7章8節、20節、24節に預言されています。

（6）次に反キリストは、2つの海（地中海と死海）に囲まれた麗しい山、つまりエルサレムを本拠地にします。しかし彼は、戦いの中で戦死します。黙示録13章3節、12節、14節によれば、反キリストはサタンによって復活させられ、7人の王が、復活した反キリストに従うようになります。

（7）これらの預言がダニエルに与えられた理由は、イスラエルを励ますためです。この預言によって、イスラエルの民は、迫害の中にあっても、神がすべてを支配しておられるとの確信を持つことができました。これはまた、私たちクリスチャンの確信でもあります。

ダニエル書12章

「ちりの大地の中に眠っている者のうち、多くの者が目を覚ます。ある者は永遠のいのちに、ある者は恥辱と、永遠の嫌悪に。」
（ダニエル書12・2）

この章から以下のことを学びましょう。（1）患難期において、天使ミカエルがイスラエルの民を助けます。（2）2つの復活の預言が語られます。（3）患難期の後半は3年半であることが告げられます。

天使ミカエルとイスラエルの民

（1）「その時」（1節）とは、患難期（11・40〜45に記されている）のことです。イスラエルの民は、反キリストの攻撃によって滅亡の危機に直面します（エレ30・7）が、その時、イスラエルの守護天使であるミカエルが立ち上がります。

（2）患難期は、第一義的には、イスラエルの民を裁くためのものです。イスラエルの民の3分の2

は殺されますが（ゼカ13・8～9）、「いのちの書」に名が記されている者はすべて救われます。

復活

（1）信者の復活は、次の段階を経て起こります。①キリストの復活。この復活は「初穂」です。②教会時代の聖徒たちの復活。これは、患難期の前に教会が携挙される時に起こります（1テサ4・16～17）。③旧約時代の聖徒たちと患難期の聖徒たちの復活。これは、キリストが再臨される時に起こります。これで、第一の復活の過程が完了します。

（2）不信者の復活も、段階を経て起こります。①反キリストの復活。これは、患難期の途中で起こります。これは、不信者（罪人）の復活の「初穂」です。②不信者の復活。これは、千年王国の最後に起こります。あらゆる時代の不信者たちが復活し、白い御座の裁きにおいて裁かれます。第一の復活は神からの栄誉と祝福を受けるためのものですが、第二の復活は神からの裁きを受けるためのものです。

二人の人

（1）ダニエルは、終わりの時まで、この書を封じておくようにと命令を受けます（4節）。①「この書」とは、10～12章の内容です。②「封じておけ」とは、書に記し、それを保存するようにという命令です。③この預言を封じておく理由は、その成就がまだ先のことだからです。④この預言を封じて後代のイスラエルの民に残す理由は、患難期になったときに、彼らに励ましを与えるためです。⑤ダニエルが封じた内容は、ヨハネの黙示録で明らかにされます。

（2）ダニエルが見ていると、「二人の人」が川岸の両岸に立っているのが見えました（5節）。「二人の人」とは、天使のことです。彼らは、預言されたことの証人としてそこに立っていました。その一人が、川の水の上に立っている亜麻布を着た天使に尋ねます。「この不思議なことは、いつになると終わるのですか」（6節）。「この不思議なこと」とは、11章36節～12章4節でダニエルに告げられた「反キリスト」及び「患難期」に関する預言のことです。川の水の上に立っている天使から答えがありました。「一時と二時と半時」（7節）とは、３年半という意味です。この3年半は、患難期の後半を指しています。「聖なる民の力を打ち砕くことが終わるとき」（7節）というのは、イスラエルの民が悔い改めに導かれたとき、という意味です。

（3）ダニエルは、この終わりはどうなるのか、と尋ねます（8節）。その回答はすでに7章で与えられていたのですが、ダニエルはそれを理解していませんでした。7章13〜14節では、メシア（人の子のような方）の再臨と、千年王国の設立が預言されていました。天使はダニエルの質問には答えず、「ダニエルよ、行け。このことばは終わりの時まで秘められ、封じられているからだ」（9節）と言います。この預言は、患難期のユダヤ人たちのために用意されたものです。彼らは、苦難の中でダニエルの預言の意味を理解し、最後まで信仰を保ち続けます。

（4）11〜12節に出てくる日数の意味について考えてみましょう。①反キリストは、神殿での祭儀を中止させ、そこに自らの像（偶像）を立てます。②その時から数えて、１２９０日が定められています。預言では1年は３６０日ですので、１２９０日は、3年半＋30日ということです。つまり、メシアが再臨してから偶像を取り除くまでにさらに30日間あるということです。③次の１３３５日は、３年半＋75日です。これは、メシアの再臨から千年王国の設立まで75日あるということを示しています。その75日の間に、さまざまなことが起こります。マタイの福音書25章31〜46節にある異邦人の裁き（羊と山羊の区別）、旧約の聖徒たちの復活、千年王国のエルサレムと神殿の建設などが、その期間に起こることです。

休みに入れ

ダニエルは、80歳を超えていました。「休みに入れ」とは、安らかに死に向かえということです。しかし、地上生涯の終わりは、人生の終わりではありません。その先に復活の希望があります。終末時代になると、ダニエルもまた復活します。そればかりか、彼には割り当て地が用意されているのです。

私たちの人生に起きるあらゆる問題への解答は、聖書の中にあります。聖書を離れては、クリスチャンの霊的成長はありません。このことを覚えて、熱心にみことばを学びましょう。

ホセア書1章

主がホセアに語られたことのはじめ。主はホセアに言われた。「行って、姦淫の女と姦淫の子らを引き取れ。この国は主に背を向け、淫行にふけっているからだ。」（ホセア書1・2）

この章から以下のことを学びましょう。（1）ホセアの3人の子どもたちの名前は、それぞれ預言的意味を持っています。（2）イスラエルの民の回復が預言されます。（3）パウロは、ホセア書1章10節の預言を異邦人の救いに適用しています。

預言者ホセア

（1）ホセアとは、「主は救う」という意味です。①彼の活動の地は、主に北王国イスラエルでした。②彼は、アモスと同時代の人です。アモスは南王国出身の預言者ですが、その活動の地は、北王国の首都サマリヤでした。北王国の滅亡の預言を語ったという意味で、ホセアをアモスの後継者と見ることができます。③ホセアは、ヤロブアム2世の治世の終わり頃（前750年頃）にその活動を開始し、前722年頃（北王国滅亡の直前）に活動を終えたと考えられます。

預言者としての召命

（1）ホセアは、前例のない召命を受けました。「行って、姦淫の女と姦淫の子らを引き取れ」（2節）。①「姦淫の女」とは、娼婦のことです。②「姦淫の子ら」は、その女が産んだ子どもたちです。③ホセアの結婚生活は、イスラエルの民に対する視聴覚教育になります。

（2）ホセアは、神の命令に従って「姦淫の女」を娶《めと》ります。その女は「ディブライムの娘ゴメル」でした。「ディブライム」は干しいちじくの菓子で、「肉欲」を象徴することばでもあります。「ゴメル」は、「完成」とか「完全」を意味することばです。つまり、「ディブライムの娘ゴメル」とは「肉欲の極み」を象徴したことばなのです。

長子イズレエル

（1）ゴメルは長子イズレエルを産みます。イズレエルには、「神は散らす」という意味と、「神は種を蒔く」という意味があります。この子の名は、「神の裁き」と「神の回復」を預言するものとなりました。

（2）イズレエルという名が何を象徴しているのか、見てみましょう。①イズレエルは、イズレエルの谷の東端、ギルボア山の麓にあった町です。そこは、虐殺の記憶をとどめた町でもありました（アハブの家の者たちが虐殺された。2列9～10章参照）。②アハブの一家を虐殺してエフーが建てた王朝は、北王国の第5王朝です。この王朝は、エフーの後、4代続きます。③ホセアは、エフーが犯した罪は必ず罰を受け、エフーの家（王朝）は滅びることを預言しました（5節）。この預言どおり、エフー王朝はエフーの後、4代で滅びます（2列15・8～12）。

ロ・ルハマ

（1）次にゴメルは、女の子を産みます。神はその子に「ロ・ルハマ」という名をつけるように命じます。その意味は、「愛されない」ということです。北王国イスラエルに対する神の忍耐が、限界に達したということです。

（2）それとは対照的に、南王国ユダの民には、神の憐れみと愛とが約束されます（7節）。この約束は、アッシリアのセンナケリブがエルサレムを包囲したときに成就しました（2列19・35）。

ロ・アンミ

（1）次に生まれたのは、男の子でした。神は、その子にロ・アンミという名をつけるように命じます。その意味は「わたしの民ではない」ということです（9節）。①イスラエルの民は、依然として、アブラハム契約のゆえに神の民です（ロマ11・29）。②しかし、彼らは不信仰な状態にあったために、神の民が受けるはずの祝福を受けられなくなっていました。

（2）ホセアは、自分の子どもたちの名を呼ぶとき、深い痛みを感じたはずです。それは、神の痛みと悲しみを自分のものとする出来事となりました。

回復の預言

（1）ホセアの3人の子どもたちの名前は、北王国に神の裁きが下ることの預言となりました。10節からは、裁きの先に見える回復が預言されます。①イスラエルの民の数は、数えることができないほど多くなる。②「わたしの民ではない」と言われた彼らが、「生ける神の子ら」と言われるようになる（1ペテ2・9〜10）。③ユダの民とイスラエルの民は、一つの民族として統合されるようになる。④彼らは、「一人のかしら（メシア）」によって導かれるようになる。⑤彼らは民族的回復を経験するようになる。

（2）パウロはホセアのこの預言を、異邦人の救いに適用しています（ロマ9・24〜26）。パウロのこの引用法は、「実際の出来事＋適用」というもので、類似点が1つでもあれば、これが可能になります。「わが民でない」と呼ばれたイスラエルの民が、やがて回復されます。それと同じように、「神もなく、望みもなかった」異邦人が、イエス・キリストの十字架の贖いによって、「生ける神の子ども」と呼ばれるようになりました。自分がどのようなところから救われたのかを思い起こし、神に感謝の祈りを献げようではありませんか。

ホセア書2章

「しかし彼女は知らない。　このわたしが、穀物と新しいぶどう酒と油を彼女に与えたのを。わたしが銀と金を多く与えると、彼らはそれをバアルに造り上げたのだ。」（ホセア書2・8）

この章から以下のことを学びましょう。（1）主とイスラエルの民の関係は、結婚から別居、離婚へと進みます。（2）しかし最後には、主とイスラエルの民の再婚が実現します。

主とイスラエルの民の関係

（1）主（ヤハウェ）とイスラエルの民の関係を時間順に考えてみましょう。①主は、イスラエルと結婚関係（契約関係）に入りました。申命記がその契約の文書です。②しかし、イスラエルの民は、姦淫の罪（偶像礼拝の罪）を犯しました。③そのため、主と別居状態になりました（イザ50・1）。④そしてついに、主から離縁されます（エレミヤ書は民に宛てられた離縁状です）。⑤姦淫の罪（偶像礼拝の罪）のゆえに、イスラエルの民の上に裁きが下ります。この状態は、現在も続いています。⑥将来、イスラエルの民は主との再婚に導かれます。

（2）イスラエルの民には、大きな誤解がありました。「私の愛人たちの後について行こう。彼らはパンと水、羊毛と麻、油と飲み物をくれる」（5節）。「愛人たち」とは、偶像のことです。

（3）8節は、ホセア書の中心聖句です。「しかし彼女は知らない。このわたしが、穀物と新しいぶどう酒と油を彼女に与えたのを。わたしが銀と金を多く与えると、彼らはそれをバアルに造り上げたのだ」。イスラエルの民の問題点は、「無知」ということにありました。

処罰される姦淫の妻

（1）姦淫の妻を裸にしてさらしものにするのは、姦淫の罪を処罰する当時の方法です。これは罰のための罰と言えるでしょうが、主がイスラエルの民を罰するのは、彼らを悔い改めに導くためです。その違いをよく認識しておく必要があります。

（2）「裸にされる」とは、イスラエルの民の場合は収穫の喜びが奪われることです。さらに、主から与えられた種々の祭り、安息日、各種例祭なども、中止に追い込まれます。

イスラエル回復の預言

（1）14～15節は、主とイスラエルの民の再婚を預言したものです。聖書のほかの箇所の預言から、これが起こるのは患難期の半ばであることが分かります。

（2）マタイの福音書24章15～16節。「それゆえ、預言者ダニエルによって語られたあの『荒らす忌まわしいもの』が聖なる所に立っているのを見たら──読者はよく理解せよ──ユダヤにいる人たちは山へ逃げなさい」。これは反キリストの登場と、ユダヤ人たちの避難を預言した聖句です。

（3）黙示録12章6節、13～17節。ユダヤ人たち（女と書かれているのがそれです）が荒野に逃れ、そこで3年半とどまるであろうことが預言されています。

（4）ミカ書2章12節。「ヤコブよ。わたしは、あなたを必ずみな集め、イスラエルの残りの者を必ず呼び集める。わたしは彼らを、囲いの中の羊のように、牧場の中の群れのように、一つに集める……」。「囲いの中の羊」を直訳すると「ボツラの羊」となります。「ボツラ」というのは、ヨルダン南部にある地名で、ギリシア語では「ペトラ」として知られています。

（5）イスラエルの民が荒野に逃れるのは患難期の中間であること、また、荒野とはヨルダン南部の地であることが分かります。その荒野において、イスラエルの民は主からの求愛に応答するようになります。これは、主とイスラエルの民の再婚が成立することを預言したものです。

新しい契約の希望

（1）「その日」（16節）とは、主がイスラエルの民と新しい契約を結ばれる日です。イスラエルの民は、主を「私の夫」と呼び、「私のバアル」とは呼ばなくなります（16～17節）。

（2）主はイスラエルの民と永遠に契りを結ばれます。つまり、歴史の終わる時までこの婚姻関係が続くのです。イスラエルの民に4つの約束が与えられます。「正義、公義、恵み（契約に基づく愛）、あわれみ」がそれです。

（3）「その日」には、1章に出てきた名前の逆転が起こります（21～23節）。①「散らす者（イズレエル）」が「種を蒔く者」となり、②「愛されない者（ロ・ルハマ）」が「主から愛される者」となり、③「わたしの民でない者（ロ・アミ）」が「わたしの民」と呼ばれるようになります。ここに記された「名前の逆転」は、どんな人にも希望があることを教えています。

ホセア書3章

主は私に言われた。「再び行って、夫に愛されていながら姦通している女を愛しなさい。ちょうど、ほかの神々の方を向いて干しぶどうの菓子を愛しているイスラエルの子らを、主が愛しているように。」（ホセア書3・1）

この章から以下のことを学びましょう。（1）ホセアに対する第二の命令は、奴隷に売られたゴメルを買い戻せというものです。（2）ホセアとゴメルの夫婦関係が、そのままイスラエルの民に適用されます。（3）イスラエルの民が民族的救いを経験する前に、長い謹慎期間が続くことになります。

第二の命令

（1）1章から3章の間のどこかで、ホセアの妻ゴメルは再び遊女の生活に戻り、最後は奴隷に売られてしまいます。その姿は、偶像に向かって情欲を燃やすイスラエルの民のようです。「干しぶどうの菓子」ということばは、旧約時代には「情欲の象徴」として用いられていたものです。主はそのようなイスラエルの民を愛しておられました。それゆえホセアも、奴隷となったゴメルを愛するようにとの命令を受けたのです。

（2）ホセアは、主の命令に忠実に従いました。①彼は、奴隷市場で売りに出されているゴメルを買い取りました。②その価格は、銀15シェケルと大麦1ホメル半でした。大麦1ホメル半は、銀15シェケルと同じ価値があったと思われます。つまり、ホセアは合計銀30シェケル分の代価を払って彼女を買い取ったのです。③この価格は、出エジプト記21章32節と関係があります。「もしその牛が男奴隷あるいは女奴隷を突いたなら、牛の持ち主はその奴隷の主人に銀貨三十シェケルを支払い、その牛は石で打ち殺されなければならない」。銀貨30シェケルは、死んだ奴隷の値段だったのです。ゴメルはその程度の価格で売買されていました。④落ちぶれ果てたゴメルを求めたのは、ホセアだけでした。

（3）ゴメルを買い戻したホセアは、彼女にこう言います。「これから長く、私のところにとどまりなさい。もう姦淫をしたり、ほかの男と通じたりしてはいけない。私も、あなたにとどまろう」（3節）。彼女は、ほかの男と関係を結んだり、結婚関係に入ったりはしなくなります。と同時に、ホセアもまたある時までは、夫婦関係を控えるようになります。これは、彼女にとっての謹慎期間です。

（4）ホセアとゴメルに起こったことが、そのまま主とイスラエルの民の関係に適用されます。それが、次の4〜5節の意味です。

イスラエルの民への適用

（1）4節では、ホセアとゴメルの夫婦関係が、そのままイスラエルの民に適用されます。①イスラエルの民は、王も首長もない生活をするようになります。つまり、自分たちの政府がない生活に入るということです。バビロン捕囚の時代には、王はなく、首長だけが存在しました。しかし、ローマ時代以降は、王も首長もない生活に入ります。②イスラエルの民は、「いけにえ」も「エポデ」もない生活に入ります。つまり、神殿礼拝も祭司制度もない生活を送るようになるということです。③さらに、イスラエルの民は、「石の柱」や「テラフィム」とも無縁の生活をするようになります。これは、イスラエルの民が偶像礼拝から解放されるという預言です。

（2）以上のことは、紀元70年にエルサレムが崩壊して以降のイスラエルの民の状態を預言したものです。そしてそれは、そのまま今のイスラエルの民の状態でもあります。彼らは、偶像礼拝をしなくなっていますが、同時に、真の礼拝も、神への信仰も失くしたままです。

（3）5節では、イスラエルの民の回復が預言されます。①終わりの日に、彼らはイスラエルの神を尋ね求めるようになります。②と同時に、彼らの王ダビデをも尋ね求めます（千年王国では、ダビデ王がメシアとともにイスラエルの民を統治するようになります）。③イスラエルの民は、ついに、おののきながらイスラエルの神に立ち返るようになります。これが、イスラエルの民の民族的救いです。

（4）これと同じ内容の預言が、エレミヤ書やエゼキエル書に出てきます（エレ30・9、エゼ34・23〜24。これ以外にエゼ37・24〜25も参照）。

神はイスラエルの民のための計画をお持ちです

が、私たち異邦人信者のためにもすばらしい計画を用意しておられます。神の愛は永遠に変わることがありません。神の約束を信じて歩む人は幸いです。

ホセア書4章

「わたしの民は知識がないので滅ぼされる。あなたが知識を退けたので、わたしもあなたを退け、わたしの祭司としない。あなたがあなたの神のおしえを忘れたので、わたしもまた、あなたの子らを忘れる。」(ホセア書4・6)

この章から以下のことを学びましょう。(1)知識の欠如のゆえに、イスラエルは神から糾弾されます。(2)つぎに、祭司たちと預言者たちが糾弾されます。(3)ホセアは、南王国に対しても警告のことばを語ります。

イスラエルの民の罪

(1)本書は、前半(1～3章・ホセアの結婚生活)と後半(4～14章・北王国への預言)に分かれます。この章から後半に入ります。「イスラエルの子らよ、主のことばを聞け。主はこの地に住む者を訴えられる」(1節)。①主がイスラエルの民を告訴するのは、彼らに「真実」、「誠実」、「神を知ること」が欠けているからです。彼らが無知なのは、知識を拒否したからです。②彼らは、「真実」と「誠実」を捨て、律法に違反する生活を送っていました。③その結果、イスラエルの地が呪われるようになります。地は産物を生み出す力がなくなり、動物界も繁殖力を失います。その上、海の魚さえも絶え果てるのです。

（２）次に、祭司たちの罪が糾弾されます。①祭司とレビ人には、神殿での奉仕だけでなく、民に律法を教える責務が与えられていました。レビ族が12部族の領地の中に分散して住んだのは、そのためです。②しかし、彼らはその使命をないがしろにし、自分勝手な生活を送っていました。

（３）さらに、預言者たちも堕落した生活を送っていました。「わたしはあなたの母を滅ぼす」（5節）とありますが、その意味は、「国（母）が滅びる」ということです。

祭司に下る裁き

（１）祭司たちの罪が糾弾されます。①祭司たちは、神から与えられた知識を否定し、それを退けました。それゆえ神も、彼らを退けると言われます。②祭司たちが神の教えを忘れたので、神もまた彼らの子らを忘れようと言われます。③祭司たちは、その数が増えるに従って、ますます罪を犯すようになりました。彼らの関心事は、人々に霊的祝福を届けることではなく、私服を肥やすことでした。

（２）指導者の堕落は、必然的に民の堕落をもたらし、全国民が霊的堕落の結果に苦しむようになります。彼らはいくら食べても満足できず、異教の豊穣祭儀の中で姦淫しても、子孫を増やせなくなります。神が彼らを裁かれるからです。

（３）破滅に至る３つのステップに注目しましょう。神のみことばを退ける→霊的な無知に陥る→自分の身に破滅を招く。

知識を退けた結果

（１）神からの知識を退けた結果、イスラエルの民は、まるで異邦人のような霊的状態に陥りました。もし異邦人が、与えられている光（自然を通した啓示、良心）に応答して歩むなら、神はさらに鮮明な啓示を与え、その人を救いに導かれます。しかしそうでないなら、彼らは自らを堕落の淵に追い込みます。それと同じことが、イスラエルの民に起こりました。

（2）神の知識（みことば）を退けた結果、6つの呪いが彼らに降りかかりました。①酒におぼれ、思慮を失う。②もの言わぬ偶像に伺いを立てる。③偽りのいけにえを偶像に献げるようになる。④娘や嫁は、淫乱な神殿礼拝に関わる。⑤淫乱な神殿礼拝を実行している男たちに裁きが下る。⑥悟りを欠いた民全体が破滅を経験するようになる。

ユダへの警告

（1）ホセアは、例外的に南王国ユダに向かって語る場合もありました。ここでは、イスラエルの3つの罪を見習わないようにとの警告が語られます。①北王国の偶像礼拝を真似てはならない。かつてギルガルには預言者の学校がありましたが（2列4・38）、北王国はそこを偶像礼拝の中心地に変えてしまいました。ベテ・アベンはベテル（神の家）と呼ばれていた場所ですが、今ではベテ・アベン（悪の家）と呼ばれるようになりました。②北王国の頑なで不従順な姿勢を真似てはならない。イスラエルは背信の民であり、いつまでも悔い改めようとはしません。それゆえ、神は彼らを「広い所にいる子羊のように」（獣の餌食になるように）されるのです。③北王国は偶像礼拝にふけっているので、そのままにしておけ（17節）。

北王国は、自らが犯した罪のために滅びるようになります。南王国は、そういう民と一切の関係を断ち切るべきです。私たちもまた、誤った礼拝、頑なな心、そして無節操な付き合いから守ってくださいと、祈ろうではありませんか。

ホセア書5章

「祭司たちよ、これを聞け。　イスラエルの家よ、心せよ。　王の家よ、耳を傾けよ。　あなたがたにさばきが下る。　あなたがたはミツパで罠となり、タボルの上に張られた網となったからだ。曲がった者たちは殺戮を極めた。　しかし、わたしは彼らすべてを懲らしめる。」

（ホセア書5・1〜2）

この章から以下のことを学びましょう。（1）指導者たち（祭司たちと政治家たち）の責任が追及されます。（2）患難期における苦難が預言されます。（3）その苦難がイスラエルの民を信仰へと導きます。

指導者たちの責任

（1）この章では、民全体に対する裁きの預言が語られます。特に、宗教的指導者たち（祭司たち）と政治的指導者たち（王の家）の責任が追及されます。

（2）偶像礼拝は国中に広がっていました。①ミツパはヨルダン川の東にある地、タボルはヨルダン川の西にある地です。当時、イスラエルの領地はヨルダン川の東と西に広がっていました。その両方の地において、偶像礼拝が広がっていました。②その責任は、国の指導者たちにあります。③偶像礼拝と背信の罪のために、神の裁きが民の上に下ろうとしていました。

（3）主は、エフライム（北王国）が何をしているか、すべてご存じでした（3節）。それとは逆に、民は主を知らなかったのです。その理由は、姦淫の霊（偶像礼拝の霊）に取りつかれていたからです。しかも民は、罪の中にありながら、その心は高慢になっていました。彼らは羊と牛を携えて行き、主を尋ね求めますが、それは無駄なことです。なぜなら、すでに主は彼らから離れ去ったからです。

（4）ホセア書の中心テーマは、「背信の民に対する神の愛」ですが、それと並行して別のテーマも語られています。それが、「神の知識と民の無知」です。

きたるべき患難

（1）ホセアは、きたるべき患難について預言します。その内容は、北王国と南王国がともに裁きに受けるというものですので、これは北王国に対するアッシリア捕囚を預言したものではないことが分かります。この箇所は、患難期にイスラエルの民の上に下る裁きを預言したものです。

（2）神の民に警告を発せよとの命令が出されます。「ギブアで角笛を、ラマでラッパを吹き鳴らせ。ベテ・アベンでときの声をあげよ」（8節）。エルサレムから中央高原を北上すると、ギブア、ラマ、ベテル（ベテ・アベン）と続きます。「ユダの首長たちは、地境を移す者のようになった」（10節）。モーセの律法では、地境を移すことは他人の土地を奪うことであり、重大な罪だとされました。後の時代になると、「地境を移す」ということばが比ゆ的に用いられるようになります（箴22・28、23・10参照）。その意味は、「善悪の基準を勝手に変える」ということです。つまり、ユダの首長たちは、自分勝手に善悪の基準を決めるようになったので、彼らの上に神の裁きが下るのです。

（3）エフライム（北王国）とユダ（南王国）は、自らの状態が（外面的にも内面的にも）病気であることを知り、神ではない他者に助けを求めるようになります。「エフライムはアッシリアに行き、大王に人を遣わした」（13節）。歴史的には、北王国がアッシリアと契約を結んだり、助けを求めたりしたことはありませんので、この箇所は将来起こることを預言していると考えるべきです。彼らが助けを求める王とは、反キリストです（ダニ9・27、イザ28・14～22）。

（4）主は、荒々しい獅子のように、神の民を引き裂き、そこを去ります。これは、患難期に民が苦難に遭うことを預言したことばです。

（5）15節は非常に重要な聖句です。「わたしは自分のところに戻っていよう。彼らが罰を受け、わたしの顔を慕い求めるまで。彼らは苦しみながら、わたしを捜し求める」。①「自分のところ」とは天国のことです。そこに戻るというのですから、まず地に下っていなければそのことが成立しません。これは、神の子であるイエスが、人として地上に下り、その後復活して天に昇られることを預言したものです。②患難期になると、イスラエルの民は苦しみながら、メシアであるイエスを探し求めるようになります。それが、イスラエルの民族的救いにつながるのです。それが起こると、イエスは栄光の王として再臨されます。

苦難がイスラエルの民を信仰に導くことを覚え、彼らの救いのために祈りましょう。また、人生で苦難を経験するとき、そこから教訓を学ぶことができるように、神に対して心を開きましょう。

ホセア書6章

さあ、主に立ち返ろう。主は私たちを引き裂いたが、また、癒やし、私たちを打ったが、包んでくださるからだ。主は二日の後に私たちを生き返らせ、三日目に立ち上がらせてくださる。私たちは御前に生きる。（ホセア書6・1〜2）

この章から以下のことを学びましょう。（1）再臨の3日前に、イスラエルの民は悔い改めを呼びかけるようになります。（2）それからの2日間は、リバイバルの時です。そして3日目にイスラエルの民族的救いが完成します。（3）主は、イスラエルの祈りに応えて地上に再臨されます。

イスラエルの民の救い

（1）5章の預言は、「わたし」（主のこと）が主語となって語られていました。6章に入ると、主語が「私たち」に変化します。「私たち」とは、イスラエルの民のことです。5章15節では、「彼らが罰を受け、わたしの顔を慕い求めるまで。彼らは苦しみながら、わたしを捜し求める」と預言されていましたが、そのことがついに起こるのです。それが、6章1～3節の内容です。

（2）主イエスの再臨の3日前に、イスラエルの民はこう呼びかけるようになります。「さあ、主に立ち返ろう。主は私たちを引き裂いたが、また、癒やし、私たちを打ったが、包んでくださるからだ」（1節）。①彼らは、イエスを拒否したことが、患難の原因であることに気づきます。そして、悔い改めの祈りを献げるようになります（祈りの内容はイザ53・1～9）。②彼らは、主が人間の軍隊を用いて自分たちを打ったお方が、同時に自分たちを癒やしてくださるお方であることを信じます。

（3）「主は二日の後に私たちを生き返らせ、三日目に立ち上がらせてくださる。私たちは御前に生きる」（2節）。悔い改めの呼びかけがあってからの2日間は、リバイバルの時です。そして、3日目にイスラエルの民族的救いが成就します。

（4）イスラエルの救いが、イエスの再臨の条件です。「主は暁のように確かに現れ、大雨のように私たちのところに来られる。地を潤す、後の雨のように」（3節）。夜が終わると必ず朝日が昇るように、メシアの再臨は確実に起こります。その時、メシアはイスラエルの民が失っていたものをすべて回復されるのです。

（5）主イエスは、「わたしはおまえたちに言う。今から後、『祝福あれ、主の御名によって来られる方に』とおまえたちが言う時が来るまで、決しておまえたちがわたしを見ることはない」（マタ23・39）とお語りになりました。この聖句は、イスラエルの回心が再臨の前提条件であることを示しています。

契約を破る神の民

（1）イスラエルの民の「真実の愛」とは、まるで朝もや、朝露のようだと表現されています。その意味は、すぐに消え去る、長続きしないということです。それゆえ主は、預言者たちを通して、真の悔い改めがなければ、厳しい裁きが下ることを伝えたのです。

（2）彼らが抱えていた根本的な問題は、「主のことばに対する無知」でした。主の御心は、「わたしが喜びとするのは真実の愛。いけにえではない。全焼のささげ物よりむしろ、神を知ることである」（6節）というものです。しかし、イスラエルの民にはこの知識が欠如していました。

（3）彼らは、アダムのように主との契約を破りました。アダムが破ったのはエデン契約と呼ばれるものですが、イスラエルの民が破ったのは、シナイ契約です。その結果、各地で不法と暴虐が行われるようになりました。①ヨルダン川の東にある町ギルアデでは、人の血が流されていました。②ヨルダン川の西にある町シェケムは、本来はレビ人（祭司）の町でした（ヨシ21・21）。祭司たちは、その町で、旅人たちを殺していました。また、淫乱な行為にふけっていました。③さらに、シェケム（6つあった逃れの町の1つ。ヨシ20・7）では、意図的な殺人が行われていました。④エルサレムは、姦淫（偶像礼拝）の罪を犯していました。⑤南王国も同じ罪を犯していました。それゆえ、ユダのためにも刈り入れの時（裁きの時）が定められました。

イスラエルの民の根本的な問題が、「無知」であったことを思い出しましょう。主イエスは、こう語っておられます。「『わたしが喜びとするのは真実の愛。いけにえではない』とはどういう意味か、行って学びなさい。わたしが来たのは、正しい人を招くためではなく、罪人を招くためです」（マタ9・13）。主の招きに、悔い改めをもって応答する人は幸いです。

ホセア書7章

「わたしがイスラエルを癒やすとき、エフライムの咎、サマリアの悪はあらわになる。彼らが偽りを行い、盗人が押し入り、外では略奪隊が襲うからだ。」（ホセア書7・1）

この章から以下のことを学びましょう。（1）無知のゆえに、北王国の内政は混乱に陥っています。（2）北王国の外交の混乱が、3つの比ゆを用いて描写されます。（3）地上の権力にではなく、主に助けを求める人は幸いです。

内政の混乱

（1）北王国が病人として描写されています。神は民を祝福し、癒やそうとしますが、その度に民の罪の状態があらわにされます。①イスラエルの民は、内面も外面も深く病んでいました。その状態を描写したのが、「彼らが偽りを行い、盗人が押し入り、外では略奪隊が襲うからだ」（1節）ということばです。②イスラエルの民が主からの招きを受け入れない最大の理由は、「無知」にあります。彼らは神を知ろうとせず、さらに、すべての悪を神が覚えておられることを悟ろうともしなかったのです。

（2）北王国の最盛期は、ヤロブアム2世の時代です。それ以降の王たちは、宮廷内での陰謀に巻き込まれていきます（南王国では、ダビデの家系が王位を継承しましたが、北王国では、主が預言者を通して任命した人物が王となりました）。①取り巻きの者たちは、王に悪事をそそのかして出世しようとしていました。その様子が、「パンを焼くときの燃えるかまど」の比ゆで表現されています。パンを焼くときは、生地を発酵させるためにかまどを一定の温度に保ちます。それと同じように、陰謀者は計画を練り、それを実行する機会がくるまで沈黙を守ります。②「王の日」とは、王の誕生日か戴冠式の日のことでしょう。この日に、王は酒に酔って陰謀者たちと手を握ります。

（3）6～7節は、北王国の王たちが陰謀によって倒れていく様子を描いています。南王国では、ダビデの家系に属する者だけが王位を継承しましたが、北王国では、9つの王朝が誕生しては滅びていきました。特に、最後の6人の王たちの中で4人までが暗殺されました。ゼカリヤ、シャルム、メナヘムの子ペカフヤ、そして、ペカがそれです（2列15章）。

（4）「彼らのうちだれ一人、わたしを呼び求める者はいない」（7節）ということばは、悲しいものです。「苦難の日に　わたしを呼び求めよ。わたしはあなたを助け出し　あなたはわたしをあがめる」（詩50・15）。このことばを心に蓄えようではありませんか。

外交の混乱

（1）8〜10節では、イスラエルの外交が批判されます。そのために3つの比ゆが使われます。「片面しか焼けていないパン」は、誰も食べたがらないパンです。エフライム（北王国）は、外国の介入を許し、異邦人の習慣に染まっています。それは、モーセの律法に違反した状態です（出34・12〜16参照）。エフライムは、異邦人からも、神からも評価されない状態にあるのですが、不幸なことに、エフライムは外国の勢力によって国力が食い尽くされていることに気づかず、高慢になっています。滅びを目前にしながら、彼らは主に立ち返ろうとはしません。

（2）次の比ゆは、「愚かな鳩」です。エフライムは、助けを求めてエジプトとアッシリアの間を行き来しています。それが、ぎこちなく飛び回る鳩にたとえられています（2列17・3以下参照）。しかし、愚かな鳩は網にかかり、地に引き落とされます（主の裁き）。エフライムは、飼い主の手から逃げ去った鳩の群れのようです。彼らが集まるのは、主を礼拝するためではなく、食物を食べ、ぶどう酒を飲むためです。

（3）第3の比ゆは、「欺きの弓」です。エフライムは、アッシリアの脅威に対抗するためにエジプトに援助を求めました。その状態が、「欺きの弓」なのです。罪の本質は「的外れ」ということですが、「間違った的を射る」ことも罪です。欺きの弓から放たれた矢は、狙った方向とは別の方向に飛びます。エフライムは主に向く代わりに、エジプトの方向を向いて助けを得ようとしました。その結果、彼らは戦いに敗れ、エジプトの国であざけりとなるのです。

以上の3つの比ゆを用いて、自らの生活を吟味してみましょう。①中途半端な生活をしていないだろうか。②大きな課題を抱えながら、右往左往していないだろうか。③的外れの生活をしていないだろうか。主に顔を向け、主からの助けを求める人は幸いです。

ホセア書8章

「イスラエルは自分の造り主を忘れ、神殿をいくつも建てた。ユダは、城壁のある町々を増し加えた。しかし、わたしはその町々に火を放つ。火はその宮殿を焼き尽くす。」（ホセア書8・14）

この章から以下のことを学びましょう。（1）罪のゆえに、北王国に裁きが下ろうとしています。（2）5つの罪が具体的に列挙されます。（3）南王国の上にも、神の裁きが宣言されます。

裁きを告げる角笛

この章は、「あなたの口に角笛を当てよ」という呼びかけで始まります。これは、裁きを告げる角笛です。エフライム（北王国）に裁きが下る理由として、5つの罪が指摘されます。

（1）契約違反。「彼らがわたしの契約を破り、わたしのおしえに背いたからだ」（1節）。これは、モーセの律法に違反している罪です。そのために裁きが、「鷲」のように、素早く彼らを襲うのです。

彼らは、「わが神よ、私たちイスラエルは、あなたを知っています」と叫びますが、これは嘘です。彼らは、主を知ることとの知識を拒み続けていました。主のことばに対する無知が、彼らを善から遠ざけたのです。

（2）不法に立てられた王。南王国では、王はダビデの家系からのみ出ましたが、北王国では、神が選んだ人物が王となりました。ところが、彼らはその人選を嫌い、自分たちが好む人物を次から次へと王に立てました。そのために、北王国では暗殺による王朝の交代が頻繁に起こりました。主はこの状況を憎んで、「彼らは王を立てたが、わたしによってではない」（4節）と言われました。

（3）偶像礼拝。北王国では、金の子牛がダンとベテルに置かれました。しかしそれは、職人が造ったものに過ぎません。神でないものを礼拝した罪に対して、神の怒りが下ります。①金の子牛は粉々に砕かれ、北王国の偶像礼拝は終結を迎えます。②エフライムの土地は、産物を出すことのできない不毛な地となります。万が一産物があったとしても、それを他国人が食い尽くすようになります。

（4）諸国との同盟。北王国は、すでにアッシリアによって国土の一部を奪われ、独立を失っている状態にありました。それでもイスラエルは、群れから離れた野ろばのように、アッシリアとの同盟関係を求めます。しかし結果的には、イスラエルはアッシリアによって滅ぼされることになります。アッシリアは、イスラエルを裁くための「神の器」として選ばれていました。

（5）偽りの祭壇。第5の罪は、多くの偽りの祭壇を造り、そこで偶像礼拝を行ったことです。イスラエルの民の最大の問題は、神のことばについて無知であったことです。これは、意図的に神のことばを排除した結果やってきた無知です。「わたしが彼のために、多くのおしえを書いても、彼らはこれを他国人のもののように見なす」（12節）とあるとおりです。祭壇は罪の赦しを与えるために造られるものですが（レビ17・11参照）、彼らは、神の意図を無視して自分勝手に多くの祭壇を造り、そこで偶像礼拝を行いました。その結果、イスラエルの民はアッシリア捕囚となりますが、中にはエジプトに捕囚になる者も出ます。南王国も、同じような罪を犯しました。イスラエルは諸国との政治同盟に頼ろうとしましたが、ユダの場合は、要塞都市を次々に建設し、軍事力に頼ろうとしました。ともに、神に信頼を置いていないという点では同罪です。そこで神は、ユダに対する裁きも宣言されます。「しかし、わたしはその町々に火を放つ。火はその宮殿を焼き尽くす」（14節）。アッシリアは、ユダのすべての要塞都市を征服します（2列18・13、19・20参照）。その結果、破壊を免れるのは、エルサレムだけという状態になります。

私たちは、何によって安全を確保しようとしているでしょうか。目に見えるものではなく、目に見えない神に信頼を置く人は幸いです。

ホセア書9章

彼らは主にぶどう酒を注がず、自分たちのいけにえで主を喜ばせない。彼らのパンは喪中のパンのようで、これを食べる者はみな身を汚す。彼らのパンは自分のためだけ。主の宮に持ち込むことはできない。例祭の日、主の祭りの日に、あなたがたは何をするのか。

（ホセア書9・4〜5）

この章から以下のことを学びましょう。（1）霊的姦淫を犯したイスラエルの民は、ホセアの妻ゴメルが裸にされたように、裸にされます。（2）イスラエルの民は、主の地から追い出され、アッシリアとエジプトに捕囚となります。（3）捕囚の原因は、神への背信です。

迫りくる捕囚

（1）イスラエルの民からすべての喜びが取り去られます。ヤハウェの妻イスラエルは霊的姦淫を犯したために、姦淫の妻ゴメルが裸にされたように

（2・3参照）、裸にされます。つまり、土地が産物を生み出さなくなるということです。
（2）イスラエルの民は、「主の地」から追い出されます。「主の地」は、夫（ヤハウェ）が妻（イスラエルの民）のために用意した家です。姦淫の妻は、その家から追放され、異国に捕囚となります。捕囚に引かれて行く先は、アッシリアとエジプトです。その地にあって、イスラエルの民は汚れた物を食べるようになります。その地では、喜びの例祭がなくなります。その地でのパンは、「喪中のパン」（民19・14以下参照）と見なされます。それを用いて神を礼拝することはできません。イスラエルの宝である「銀」や「天幕」なども、「いらくさ」と「あざみ」に覆われ、荒廃します。
（3）「刑罰の日が来た。報復の日が来た」（7節）とありますが、これは完了形になっています。つまり、将来確実に裁きが行われることを示しているのです。その理由は、イスラエルには霊的な洞察力が欠けていたからです。その日、イスラエルの民は、良い預言を語っていた預言者たちが偽預言者で愚か者であることを知るようになります。さらに彼らは、自分たちの不義がいかに深刻なものであるかを知るようになります。彼らは、主の預言者たちに罠を仕掛け、その活動を妨害しました。彼らの堕落ぶりが、ギブア（士19～21章参照）での強姦と殺害の恥ずべき行為と比較されています。つまり、救いようのないほど堕落していたということです。
（4）イスラエルの民は、回帰不能点を越えました。その結果、捕囚という悲劇を経験するようになったのです。神の忍耐を軽んじてはなりません。

イスラエルの背信

（1）シナイ山で、イスラエルは主との契約を結びました。当時のイスラエル（「あなたがたの先祖」）は従順で、豊かな実を結ぶ可能性に満ちていました。彼らは、「いちじくの木の初なりの実」のようでした。つまり、将来さらに豊かな実を結ぶ希望があるという意味です。
（2）しかし、その希望は、彼らがバアル・ペオルへ行き、そこでバアル礼拝と姦淫の罪を犯した時に崩壊しました（民25・1～9参照）。偶像礼拝に走りやすいというイスラエルの民の性質は、カナン定住前の荒野の時代にすでに見られました。エフライムとは「実り多い地」という意味ですが、皮肉なことに、彼らは子孫を残せない民となります(11節)。

(3) 先祖たちがバアル・ペオルで偶像礼拝の罪を犯したように、イスラエルの民もまた同じ罪を犯しています。①ギルガルは、ベテルとともに偶像礼拝の中心地となり、民はそこで偶像礼拝にふけっていました。②その罪のゆえに、主は「わたしは彼らをわたしの宮から追い出し、もはや彼らを愛さない」(15節)と言われます。③エフライムが住む地は、荒廃した地に変貌します。また、彼らは流産に苦しみ、誕生した赤子も幼くして死にます。

(4) 神を拒絶したイスラエルは、ついに諸国の民のうちに「さすらい人」となります。この預言は、列王記第二17章23節で成就しました。

イスラエルの民が捕囚に引かれて行った原因は、神への背信にありました。不信者の歴史家なら、当時の国際関係や国内事情から捕囚の原因を探ろうとするでしょう。しかし、私たちクリスチャンは、すべての事件や事象の背後に霊的原因があることを知っています。天地を創造されたお方と調和して歩むことが、祝福を受ける秘訣です。「まず神の国と神の義を求めなさい。そうすれば、これらのものはすべて、それに加えて与えられます」(マタ6・33)。

ホセア書10章

「イスラエルよ。ギブアの日以来、あなたは罪を犯してきた。そこで彼らは同じことを行っている。ギブアで、戦いがこの不法の民を襲わないだろうか。彼らを懲らしめることがわたしの願いだ。二つの不義のために彼らが捕らえられるとき、諸国の民が集められて彼らに敵対する。」（ホセア書10・9～10）

この章から以下のことを学びましょう。（1）目前に迫った裁き（アッシリア捕囚）と、将来のより重い裁きが、連続して預言されます。（2）より重い裁きとは、患難期のことです。（3）将来のイスラエルの民は、反キリストに信頼を置いたために、患難期の裁きに遭います。

王国の滅亡

（1）イスラエルは繁栄が約束された国でしたが、祝福されればされるほど、偶像礼拝のための祭壇を増やしていきました。石の柱（バアル神）を立てることは、モーセの律法で禁じられていました（申16・21～22）。その罪のゆえに、イスラエルの上に神の裁きが下ります。この裁きは、アッシリア捕囚という形で成就します。

（2）4～8節は、将来のより厳しい裁き、つまり患難期についての預言です。①この裁きが下る直接的原因は、「彼らは無駄口をきき、むなしい誓いを立てて契約を結ぶ」（4節）という点にあります。これは、反キリストとの契約を預言したものです（ダニ9・27、イザ28・14～22）。②ベテ・アベン（サマリア）の子牛は、アッシリアに持ち去られ、大王への贈り物となります。この文脈では、「アッシリア」とはメソポタミアのことで、「大王」とは反キリストのことです。5章13節には、「……エフライムはアッシリアに行き、大王（ヤレブ王）に人を遣わした」とありました。もう一度確認しますが、歴史的には、北王国がアッシリアと契約を結んだり、助けを求めたりしたことはありません。また、ヤレブ王（言い争う王という意味）という人物も存在しません。従って、この文脈では、イスラエルが助けを求める大王（ヤレブ王）は反キリストのことであると理解すべきです。

（3）患難期にイスラエルの民を襲う苦難は、想像を絶するほど厳しいものです。彼らは避難所を求めて、山々に向かって「私たちをおおえ」と言い、丘に向かって「私たちの上に崩れ落ちよ」と叫ぶようになります（ルカ23・30、黙6・16参照）。イスラエルの民は、諸国と同盟を結ぶことによってアッシリアに対抗しようとしました。その罪のゆえに、アッシリア捕囚という裁きが彼らの上に下ったのです。同じように、将来のイスラエルの民は、反キリストに助けを求めるようになります。その罪のゆえに、患難期が彼らを襲うようになるのです。

ギブアでの出来事との対比

（1）イスラエルの罪を指摘するために、ギブアでの出来事が例に出されます。それは、レビ人の旅人への汚辱行為と、その行為を罰するための大量虐殺事件のことです（士19～21章）。①この事件により、ベニヤミン族の戦士2万5千人が戦死し、残されたのはわずか600人になりました。②その事件以来、イスラエルは神に対して罪を犯し続けてきました。それゆえ、イスラエルの民の上に、ギブアでの裁きと同様の裁きが下ります。これもまた、患難期の預言です。③患難期になると、異邦人諸国の軍勢によって、ユダヤ人の3分の2が死に絶えます（ゼカ13・8～9）。

（2）「二つの不義」（10節）とは、ギルガルとベテ・アベンでの罪です。この2箇所は、偶像礼拝の中心地でした。神の裁きが下ると、イスラエルの民に与えられていた特権が取り去られます。

（3）12節で、悔い改めへの呼びかけがなされます。悔い改めるなら、「正義の種を蒔き、誠実の実を刈り入れ」ることになるのです。主の祝福を受けようと思うなら、まず悔い改める必要があります（悔い改めへの呼びかけは、すでに6・1～3でなされていた）。しかしイスラエルは、この呼びかけを無視し、「悪」を耕作し続けます。彼らが信頼するのは、自分の行い、隣国との同盟、軍事力などです。その結果、民の中では暴動が起こり、国中の要塞がすべて破壊されます。そのとき彼らは、自分たちを救うことのできるお方は、イスラエルの神だけであることを知るようになります。

ホセア書6章1～3節を思い出しましょう。「さあ、主に立ち返ろう。主は私たちを引き裂いたが、また、癒やし、私たちを打ったが、包んでくださるからだ」。私たちの罪がどれほど大きくても、悔い改めて主に立ち返るなら、主は私たちを受け入れ、癒やし、包んでくださいます。

ホセア書11章

「エフライムよ。わたしはどうして　あなたを引き渡すことができるだろうか。イスラエルよ。どうして　あなたを見捨てることができるだろうか。　どうしてあなたを　アデマのように引き渡すことができるだろうか。　どうしてあなたをツェボイムのようにすることができるだろうか。わたしの心はわたしのうちで沸き返り、　わたしはあわれみで胸が熱くなっている。」

（ホセア書11・8）

この章から以下のことを学びましょう。（1）イスラエルに対する神の愛は、永遠の愛です。（2）イスラエルの民は、背信の罪のゆえにアッシリア捕囚に遭いますが、それで滅びてしまうわけではありません。（3）神は、将来のイスラエルの民の回復を預言されます。

イスラエルに対する神の愛

（1）この章では、イスラエルに対する神の愛が語られています。①イスラエルの民をエジプトから導き出したのは、神です。神はイスラエルの民を「わたしの子」と呼ばれます。神とイスラエルの民は、親子関係にあるのです。②しかし、イスラエルの民は神の愛を忘れ、バアルたち（偶像）にいけにえを献げるようになりました。③それにもかかわらず、神は父の愛と配慮をもってイスラエルの民を優しく導かれました。それでも彼らは、その神の愛を忘れ、自分勝手な道を歩みました。

（2）その背信の罪のゆえに、イスラエルの民の上に裁きが下ります。それがアッシリア捕囚です。彼らはエジプトに帰るのではなく、アッシリアに捕囚の民として連行されます。彼らは神を拒否し、アッシリアに信頼を置いたのですが、自分たちが信頼を置いた者によって支配されるようになります。

（3）8節から11節は、将来起こるイスラエル回復の預言です。①神がイスラエルの民を完全に見放すことはありません（8節）。②「アデマ」と「ツェボイム」は、ソドムとゴモラとともに滅ぼされた町ですが（創14・2、19・25）、神は、イスラエルの民がそれらの町のように滅びてしまうのはしのびないと言われます。③神は、人間の思いをはるかに超えた愛をもって行動されるお方です。④イスラエルは必ず回復されます。彼らが悔い改めをもって神に立ち返る日が、必ずやってきます。⑤彼らは、「西から震えながらやって来る」（10節）のです。西から来るのは、紀元70年のエルサレム崩壊以降に起こる帰還です。つまり、この帰還は終末時代に起こるものだということです。さらに彼らは、南（エジプト）からも、北（アッシリア）からも、震えながらやって来ます（11節）。

今、神が経験しておられる「義と愛の葛藤」について黙想してみましょう。神は私たちの罪を罰するお方ですが、同時に、私たちを愛し、赦してくださるお方です。そのために用意されたのが、御子イエスの十字架です。「神は、罪を知らない方を私たちのために罪とされました。それは、私たちがこの方にあって神の義となるためです」（2コリ5・21）。アーメン。

ホセア書12章

「エフライムは風を飼い、一日中、東風の後を追う。重ねるのは虚偽と暴行。アッシリアと契約を結び、エジプトに油を送る。」

（ホセア書12・1）

この章から以下のことを学びましょう。（1）11章12節は、ヘブル語聖書では12章1節となっています（日本語訳聖書とヘブル語聖書では、12章は1節ずつ、ずれています）。（2）11章12節から、本書の第4番目の区分に入ります。（3）ヤコブの子孫は、ヤコブが示した信仰の歩みから外れました。（4）イスラエルの歴史が回顧され、神の真実が再確認されます。

ヤコブとその子孫の対比

（1）エフライムとユダが対比されます（1節）。①エフライムは偽りと欺きで満ちていますが、ユダは、この時点ではまだ信仰を維持していました。②「風を飼い」とは、むなしい生き方をすること、「東風の後を追う」とは、熱風（神の裁き）を自らの身に招くような生き方をすることです。③2節に入ると、ユダに対しても厳しいことばが語られます。やがてユダも、背教の民となり、神の裁きを受けるようになります。

（2）次に、ヤコブとその子孫の対比が語られます。①アブラハム契約の祝福は、イサク、ヤコブと引き継がれ、ヤコブから12部族が出ました。しかしその子孫たちは、先祖たちのようには歩みませんでした。②ヤコブは、母の胎にいたとき、兄弟を押しのけました（3節）。その理由は、神の祝福を求めたからです。③彼は、御使いと格闘して勝ちましたが、泣いて、祝福を求めました。その結果、ベテルで再び神に出会うことができました（創35・1〜15）。④ヤコブの子孫たちは、先祖ヤコブの信仰に倣うべきでしたが、彼らはカナン人のようになりました。

カナン人のようになったエフライム

（1）エフライムは、カナン人のような生活をするようになりました。7節には、「商人は手に欺きの秤を持ち、虐げることを好む」とありますが、「商人」という語は「カナン人」とも訳せます。
（2）ヤコブは、カナンの地を出てアラムにいる親戚の家に向かいました。理由は、2つありました。①兄のエサウから逃れるため。②カナン人との雑婚を避けるため。そのように、ヤコブは神の祝福を追及しました。
（3）しかしエフライムは、富を誇りとする生活をしていました。彼らは、自分たちが所有するようになった富を、神の祝福のしるしと理解しました。先祖ヤコブは神を誇りとしたのですが、エフライムは富を誇りとしたのです。また、ヤコブは自らの罪を認めましたが、エフライムは自分の内になんの不義も見いだせないと豪語していました。
（4）そんなエフライムの上に、神の裁きが下ります。①神の裁きが下ると、エフライムは仮庵の祭りの日のような生活に追い込まれます（9節）。「天幕に住まわせる」とは、仮の宿に住まわせるという意味です。仮庵の祭りと違うのは、短期間の仮住まいではなく、その悲惨な状況が長期間続くことです。②この裁きは、主が預言者たちを通して語ってきたものですが、エフライムは主のことばに関して無知な状態にあります。③11節によれば、ヨルダン川の東でも西でも、偶像礼拝が行われていました。

イスラエルの歴史

（1）幼少期（12節）。①ヤコブは、親戚が住むアラムの地（シリア）に行きました。②その地で、妻を娶るために羊飼いとして働きました。叔父のラバンの欺きがあり、結局彼は、14年間も働くことになりました。③彼は、主の祝福を熱心に追及する人生を送りました。そして彼は、アラムで得た妻たち、子どもたち、そして家畜の群れを率いて、カナンの地に帰還しました。
（2）成人時代（13節）。イスラエルの民はエジプトで成長し、成人となりました。奴隷状態にあった民をエジプトから導き出すために、神は「一人の預言者」をお立てになりました。それがモーセです。彼らがカナンの地に帰還できたのは、ご自身の契約に忠実な神の愛があったからです。
（3）背信の時代（14節）。イスラエルの民は、カナン人のような生活を始めました。つまり、エフライムの内に、不義、欺き、偶像礼拝が横行したということです。そのエフライムに対して、ホセアは神の裁きを予告し、悔い改めを迫りました。

イスラエルの歴史を回顧するとき、神が真実なお方であることに感動せざるを得ません。パウロはこう書いています。「私たちが真実でなくても、キリストは常に真実である。ご自分を否むことができないからである」（2テモ2・13）。

ホセア書13章

「しかしわたしは、エジプトの地にいたときから、あなたの神、主である。あなたはわたしのほかに神を知らない。わたしのほかに救う者はいない。」（ホセア書13・4）

この章から以下のことを学びましょう。（1）偶像礼拝の罪のゆえに、イスラエルに裁きが下ろうとしています。（2）獅子、豹、熊という3種類の猛獣は、イスラエルを攻撃する異邦人諸国を象徴しています。（3）最後に、将来起こる解放が預言されます。

迫りくる裁き

（1）イスラエルに降りかかろうとしている裁きが預言されます。裁きの原因は、イスラエルの偶像礼拝にあります。①主に従っていたときのイスラエルは強国で、イスラエルが語れば回りの国々は震え上がっていました。「エフライムが語れば恐れられイスラエルの中で重んじられていた」（新共同訳）。

②強国であったイスラエルは、偶像礼拝に陥りました。バアル礼拝に走り、人の手で造られた偶像を拝みました。③その罪のゆえに、イスラエルは滅ぼされます。「朝もやのように、朝早く消え去る露のようになる」、「打ち場から吹き散らされる籾殻のように」という表現は、ともに捕囚によって滅ぼされることを指しています（3節）。

（2）次に神は、イスラエルへの警告を発します。①イスラエルの神は、イスラエルの民をエジプトから導き出したお方です。この神だけが、イスラエルの民が礼拝すべき唯一のお方です（出20章）。②さらに、荒野でイスラエルの民を養ったのは、イスラエルの神です。③イスラエルの民は、その心が高ぶり、自分たちを支えていてくださるお方を完全に忘れてしまいました。それゆえ、神は彼らを裁かれます。④ここでは、獅子、豹、熊という3種類の猛獣が出てきます。これらはすべて、ダニエル書7章、ヨハネの黙示録13章、17章に登場する獣と関係しています。獅子はバビロンを、豹はギリシアを、熊はメド・ペルシアを象徴しています。つまり、異邦人の諸国がイスラエルをむさぼり食うということです。時間的な順番では、ホセアはダニエルよりも前の預言者ですが、後にダニエルが詳細に預言する内容をホセア自身も預言しているのです。

愚かな者となったイスラエル

（1）イスラエルは、イスラエルの神だけが彼らを救うお方であることを忘れてしまいました。①イスラエルの神が彼らを滅ぼしたなら、誰も彼らを救い出すことはできません。イスラエルの民は、かつて神の意図に反して王を求め、それを得ましたが、今や、その王さえも取り去られようとしています。②彼らの罪は、神によってすべて覚えられています。③彼らは、出産の時が来ても母胎から出て来ない子のようになりました。この子は、自分のいのちだけでなく母親のいのちまでも危険にさらしています。つまり、イスラエルの民はそれほど愚かな状態に陥ったということです。

（2）しかし、イスラエルの民が完全に滅びてしまうわけではありません。14節には、将来起こる解放が預言されています。イスラエルの民は、勝利の宣言をするようになります。それが、「死よ、おまえのとげはどこにあるのか。よみよ、おまえの針はどこにあるのか」（14節）ということばの意味です。

（3）それでも、イスラエルの民の上に裁きが下ろうとしています。①その裁きがもたらす破壊は、部分的なものです。「彼は兄弟たちの中で栄えている」（15節）とあるとおりです。②砂漠から吹いてくる熱風（東風）が、「主の息」にたとえられています。その熱風（東風）によって、イスラエルの地は干上がります。東風とは、アッシリアのことです。主は、アッシリアを用いてイスラエルの民を裁こうとしておられます。裁きの原因は、イスラエルの民の背信です。③次に、首都サマリアの陥落が預言されます（16節）。

ホセア書4～13章では、イスラエルに下る裁きの預言が続きました（目前に迫ったアッシリア捕囚の預言と、将来起こる患難時代の預言）。しかし、最後の章である14章では、イスラエルの最終的な救いが預言されます。どのような困難に遭遇しようとも、私たちには希望があります。主の祝福を受けて立ち上がるために必要なのは、悔い改めです。恵みの主は、ご自身の民が悔い改めることを待っておられます。

ホセア書14章

知恵ある者はだれか。その人はこれらのことを悟れ。悟りのある者はだれか。その人はそれらのことをよく知れ。主の道は平らだ。正しい者はこれを歩み、背く者はこれにつまずく。（ホセア書14・9）

この章から以下のことを学びましょう。（1）イスラエルは、悔い改めの招きに応答して、真実な祈りを献げるようになります。（2）復活したイスラエルの地の豊かさは、千年王国の豊かさです。（3）イスラエルは、神のことばについての無知から解放されます。

イスラエルの救い

（1）この章のテーマは、イスラエルの救いです。①まず、悔い改めの招きがイスラエルの民に語られます。「イスラエルよ。あなたの神、主に立ち返れ。あなたは自分の不義につまずいたのだ」（1節）。イスラエルと永遠の契約を結ばれた神は、姦淫の妻を迎えたホセアのように、背信の妻であるイスラエルを迎えてくださいます。②イスラエルの民は、犠牲の動物ではなく、悔い改めの心を主に献げるようになります。「私たちは唇の果実をささげます」（2節）とは、悔い改めの祈りのことです。③ついに彼らは、アッシリアでもなく、偶像でもなく、主だけが自分たちを救うお方であることを認めるようになります。

（2）悔い改めによって、イスラエルは神の祝福を再び味わうようになります。①彼らの背信と罪は、完全に癒やされます。②神は、姦淫の妻であるイスラエルを再び迎え、彼らに物質的祝福を与えるようになります。③神の怒りは、彼らを離れ去ります。④かつて神の怒り（東風）によって不毛の地となっていた所が、再び豊かな地となって復活します。それは、神が「露」のようになってくださるからです。

（3）5〜7節では、復活したイスラエルの地の豊かさが、麗しいことばで描写されます。ゆり、レバノン杉、オリーブの木、ぶどうの木などはすべて、「千年王国（メシア的王国）」の豊かさを示しています。患難時代を生き延びたイスラエルの民は、回復された地に住むようになります。

（4） 8節では、イスラエルの民が偶像礼拝から完全に解き放たれることが預言されます。それ以降、イスラエルの民は永遠に偶像礼拝とは無関係の民となります。

（5） 9節は、ホセア書全体の結論です。知恵ある者、悟りのある者とは、神のことばに従って生きている人のことです。イスラエルの民が抱えていた問題は、神のことばに関する無知です。神のことばを知らなかったり、それに反抗したりしている人は、愚かな者です。イスラエルの民は、将来、神を知る知識を得て、永遠に神とともに歩むようになります。

神から「知恵ある者」との評価を受ける人は、幸いです。その人は、日々聖書と親しみ、神のことばを心に蓄え、主の道を歩んでいる人です。

ヨエル書1章

粗布をまとって悼み悲しめ、祭司たちよ。泣き叫べ、祭壇に仕える者たちよ。私の神に仕える者たちよ、行って　粗布をまとって夜を過ごせ。穀物と注ぎのささげ物が　あなたがたの神の宮から退けられたからだ。（ヨエル書1・13）

この章から以下のことを学びましょう。（1）ヨエルは、南王国で活動した預言者で、「主の日」というテーマについて預言しました。（2）いなごによる大災害が、南王国を襲いました。それを下敷きに、ヨエルは将来起こる患難期について警告を発します。

預言者ヨエル

（1）ヨエルという名は、「主（ヤハウェ）は神」という意味です。①時代的には、オバデヤに続く預言者です。ヨエル書はアモス書に2度引用されていますので、ヨエルがアモス以前の預言者であることが分かります（3・16はアモス1・2に、3・18はアモス9・13に引用されている）。②ヨエルは、南王国の預言者です。南王国が比較的安定していた時期に活動していたと思われます。恐らく、ヨアシュ王の時代（前835年頃）でしょう（ヨアシュは善王のひとりでした）。③ヨエルは、エルサレムに関して非常に詳しい預言者でした（1・9、13、14、2・15など参照）。④ヨエルは、オバデヤが取り上げていた「主の日」（患難期）というテーマをさらに発展させました（1・15、2・1、11、31、3・14など参照）。

（2）新約聖書は2度、ヨエル書を引用しています（使2・17～21はヨエ2・28～32を、ロマ10・13はヨエ2・32を引用している）。

（3）ヨエルの時代に、いなごの大災害が起こり、ユダの地は疲弊しました。ヨエルはその大災害を取り上げ、そこから、将来起ころうとしている悪霊による侵略、また敵軍による侵略について預言を語ります。

いなごによる大災害

（1）ユダの地をいなごの大群が襲いました。「噛みいなご」、「いなご」、「バッタ」、「若虫」という4種類のことばが使われていますが、これは4種類のいなごのことではなく、4回にわたるいなごの災害のことです。先のいなごの大群が食い残したものを次のいなごの大群が食い荒らし、4回目のいなごの襲来の後には何も残されていないというのが、ヨエルの論点です。旧約聖書では、4という数字は破滅の激しさを象徴的に表す数字として用いられています（エレ15・3、エゼ14・21参照）。

（2）この災害のために、4種類の人たちが嘆いています。①酔っ払いは、ぶどう酒が断たれたので嘆いています。②一般民衆は、若い妻が夫を亡くしたときのように泣き悲しんでいます。③祭司たちは喪に服しています。主の前に献げる穀物のささげ物と注ぎのぶどう酒が断たれたからです。これは、祭司の収入がなくなることを意味します。④農夫たちも恥を感じ、泣きわめいています。収穫できる物がなくなったからです。

（3）ヨエルは祭司たちに向かって、断食の布告と、きよめの集会の開催を呼びかけます。①ヨエルは、「粗布をまとって夜を過ごせ」（13節）と命じています。粗布をまとったまま寝るのは、事態がいかに深刻であるかを表しています。いなごの大災害は、ユダの民にとっては主の前に悔い改める機会となりました。ヨエルは、すでに起こったいなごの大災害を下敷きにして、将来ユダの民を襲おうとしているより悲惨な裁きについて預言を始めます（その内容が、1・15以降で記されます）。

主の日は近い

（1）断食ときよめの集会を勧告したヨエルは、迫りくる危機を予感し、「ああ、その日よ。主の日は近い」（15節）と叫びます。「主の日」とは、患難期を指す用語です。その日がくると、食物は断たれ、神の宮から喜びと楽しみが消え、穀物は種まで干からび、家畜まで絶望します。

（2）すでに起こった第1の災害は、「いなごの侵入」によるものでしたが、第2の災害は、「火」と「炎」によるものとなります。その結果、牧草地も、野のすべての木々も燃え尽きます。

ヨエル書が教えている教訓は次の2つです。①神は、世界のあらゆる出来事を支配しておられる。②神は、人間の側が悔い改めたときに、それに応答して人間の取り扱いを変更してくださる。

私たちの回りでいかなることが起ころうとも、神の絶対的な支配と守りとは変わりません。私たちにとって最も大切なことは、悔い改めです。「神へのいけにえは砕かれた霊。打たれ砕かれた心。神よあなたはそれを蔑まれません」（詩51・17）。アーメン。

ヨエル書2章

「その後、わたしは　すべての人にわたしの霊を注ぐ。　あなたがたの息子や娘は預言し、老人は夢を見、青年は幻を見る。その日わたしは、男奴隷にも女奴隷にも、　わたしの霊を注ぐ。」

（ヨエル書2・28〜29）

この章から以下のことを学びましょう。（1）第2の侵入（患難期における悪霊どもの侵入）が預言されます。（2）第3の侵入は人間の軍隊によるものので、これがハルマゲドンの戦いの始まりとなります。（3）イスラエルの民の悔い改めの後に、イスラエルの地の回復と、聖霊の傾注が成就します。

第2の侵入（悪霊どもの侵入）

（1）1節の角笛は、悪霊どもの侵入を告げるためのものです。第1の侵入はいなごによるものでしたが、第2の侵入は悪霊によるものです。①「主の日が来るからだ。その日は近い」（1節）。「主の日」とは、患難期のことです。メシア的王国（千年王国）

が地上に出現する前に、最終的な神の怒りが地上に下ります。②「それは闇と暗闇の日。雲と暗黒の日」（2節）。主の日が暗黒の日であることは、ほかの預言者たちも預言していることです（イザ8・22、60・2、アモ5・18〜20、ゼパ1・14〜16など参照）。③地を破壊する方法は、火と炎です。かつてはエデンの園のように美しかった所が、荒れ果てた荒野に変貌します（2〜9節）。④悪霊どもの侵入によって、国々の民はもだえ苦しみます。

（2）黙示録1〜20章に記されている内容は、そのほとんどが旧約聖書のどこかに出てきたものです。①ヨエル書2章の内容は、黙示録9章で扱われています。②黙示録9章には、悪霊による侵入が2回預言されていますが、ヨエル書2章は、それを一つにまとめて描写しています。

断食ときよめの集会

（1）主はイスラエル人たちに、外面だけの悔い改めではなく、内面の悔い改め（心を引き裂く）をもって「主に立ち返れ」（13節）と呼びかけておられます。

（2）15節で、再び「シオンで角笛を吹き鳴らせ」という呼びかけがなされます。今回は、断食ときよめの集会を召集するための角笛です（民10・10参照）。この集会には、老若男女が招かれています。それほど重要で厳粛な集会なのです。

（3）祭司たちは泣きながら祈りを献げなければなりません。この祈りは、詩篇79篇10節と同じ祈りです。「諸国の民の間で、『彼らの神はどこにいるのか』と言わせておいてよいのでしょうか」（17節）。

第3の侵入（人間の軍隊の侵入）

（1）主は、イスラエルの地、特にエルサレムを愛しておられます（18節）（ゼカ1・14、8・2）。イスラエルの地とイスラエルの民は、非常に近い関係にあります（18節は対句法で書かれている）。イスラエルの民の多くが殺されても、彼らが全滅することは決してありません。

（2）「北から来るもの」（20節）とは、人間の軍隊のことです（第3の侵入）。①この侵入によって、「ハルマゲドンの戦い」が始まります。②しかし、神の力によって敵の軍勢の多くがネゲブ砂漠で死にます。また、残りの者たちは死海（東の海）や地中海（西の海）に追いやられます。

（3）そのとき、3つのものが喜びます。①全地、②動物界、そして③イスラエルの民（シオンの子ら）です。イスラエルの民の上には、神の裁きを受けて苦しんだ年数と同じ期間、主からの祝福が注がれます。

聖霊の傾注

（1）ヨエル書2章28～32節の中心テーマは、聖霊の傾注とイスラエルの民族的救いです。①28節の冒頭には、「その後」とあります。これは、神の裁き（患難期）と民の悔い改めの後、という意味です。②神は、「すべての人にわたしの霊を注ぐ」と言われます。「すべての人」とは、患難期に生きているすべてのイスラエル人のことです。③そのとき、性別（息子と娘）、年齢（年寄りと若い男）、社会的身分（しもべとはしため）に関係なく、聖霊がすべてのイスラエル人の上に注がれます。④聖霊を受けた人たちは、預言を語ったり、夢や幻を見たりするようになります。

（2）聖霊傾注の前提条件はなんでしょうか。①「主の日」がくる前に、天変地異が起こります（30節）。さらに、暗黒が地上を支配します（31節）。②患難期の終わりに、イスラエルの民は悔い改めに導かれます。③悔い改めによって霊的新生を体験するのは、「イスラエルの残れる者」です。

歴史から学び、将来への展望を持つことは、クリスチャンにとって大切なことです。時代は、教会の携挙、大患難時代の到来、イスラエルの民族的悔い改め、聖霊の傾注とメシアの再臨へと進んでいます。神の視点から将来を展望し、きょうという日を、希望をもって生きようではありませんか。

ヨエル書3章

「見よ。わたしがユダとエルサレムを　回復させるその日、その時、わたしはすべての国々を集め、彼らをヨシャファテの谷に連れ下り、わたしの民、わたしのゆずりイスラエルのために、そこで彼らをさばく。彼らはわたしの民を国々の間に散らし、わたしの地を自分たちの間で分配したのだ。」（ヨエル書3・1～2）

この章から以下のことを学びましょう。（1）異邦人は、再臨のメシアによって裁かれます。（2）ユダヤ人を滅ぼすための最後の戦いが預言されます。（3）メシア的王国の素晴らしさが預言されます。

異邦人の裁き

（1）この章では、異邦人の裁きが預言されます。①裁きのタイミングは、「わたしがユダとエルサレムを回復させるその日、その時」（1節）です。つまり、患難期の終了とメシア的王国（千年王国）の設立の間です（ダニエル書12章には、75日間のインターバルがあることが預言されている）。②裁きの場所は、ヨシャファテの谷（ケデロンの谷の一部）です。③裁きの理由は、患難期の間にイスラエルの民を苦しめたことです。

イスラエルに対する戦い

（1）9～12節は、ハルマゲドンの戦いの預言です（黙16・12～16参照）。①患難期にユダヤ人の3分の2は死に絶えますが、残った3分の1を滅ぼすために、諸国の民が最後の戦争を仕掛けてきます。②諸国の民を召集するのは、反キリストです。イスラエルを滅ぼす戦争を「聖戦」（9節）と呼ぶのは、悪魔的欺瞞です。③その召集に呼応して、諸国の民は平和的な器（鋤、鎌、槍など）を用いて武器を作り、急いで戦いに駆けつけます。④平和的な器が武器に打ち直されますが、メシア的王国（千年王国）では、正反対のことが起こります（イザ2・4、ミカ4・3参照）。

（2）ハルマゲドンの戦いの実体は、諸国の民を裁くための主の戦いです。①諸国の民の軍隊は、「ハルマゲドン」という場所（イズレエル平原）に集結し（黙16・16）、そこから南下してエルサレムに攻め上ります。②エルサレムに攻め上った軍隊は、ヨシャファテの谷に集められ、そこで主の裁きに遭います。

主の日の裁き

（1）2種類の裁きが行われます。①「鎌を入れよ。刈り入れの機は熟した」（13節）。聖書では「刈り入れ」ということばは「救い」を意味しています。「羊の異邦人」（親ユダヤ）は救い（祝福）を受け、メシア的王国（千年王国）に招き入れられます（マタ25・31～46、黙14・14～16参照）。②「来て、踏め。踏み場は満ちた。石がめはあふれている」（13節）。「来て、踏め。踏み場は満ちた」は、「裁き」を意味しています。「山羊の異邦人」（反ユダヤ）は、裁きを受けます。

（2）主の日には、太陽も月も暗くなり、天体が暗黒の状態に陥ります（マタ24・29参照）。①主がエルサレムから声を出されると、天も地も震えます。②不信仰な異邦人たちにとっては、主は裁き主ですが、イスラエルの民にとっては、「避け所」です。③再臨の主によって、メシア的王国が地上に実現します（17節）。

メシア的王国

（1）18～21節は、メシア的王国の描写です。そこには、2つの水の流れがあります。①ユダのすべての谷川には水の流れがあります。②もう1つの水の流れは、神殿の敷居の下から東に流れ出る泉です。その流れは、死海に流れ込み、そこを最高の漁場に変えます（エゼ47・1～12参照）。③以上のことは、メシア的王国が成就する前に地震による地殻変動があることが前提となっています（ゼカ14章参照）。

（2）メシア的王国が設立されても、エジプトとエドムは荒廃したまま残されます。①その理由は、彼らが反ユダヤ的な態度を取り続けてきたからです。②エドムは、エジプトよりも厳しい裁きを受けます。

（3）イスラエルの地（ユダ）は、永遠に人の住む所となります。エルサレム（シオン）には主（メシア）が住まわれ、そこもまた「代々にわたって人の住む所」（20節）となります。主は、イスラエルの民を苦しめた者たちに対して、血の復讐をされます（21節）。

（4）メシア的王国では、「羊の異邦人」はそれぞれの民に割り当てられた地に住むようになります。私たちクリスチャン（教会時代の聖徒たち）は、メシアとともに異邦人諸国を統治する特権に与ります。私たちに用意されているのは、素晴らしいものばかりです（ロマ8・17）。

アモス書1章

テコア出身の牧者の一人であったアモスのことば。これはユダの王ウジヤの時代、イスラエルの王、ヨアシュの子ヤロブアムの時代、あの地震の二年前に、イスラエルについて彼が見た幻である。（アモス書1・1）

この章から以下のことを学びましょう。（1）アモスは南王国出身ですが、北王国に向かって預言を語りました。（2）アモス書のテーマは、偶像礼拝の糾弾です。（3）諸国に下る裁きが預言されます。

アモスの紹介

（1）アモスとは、「重荷を負う者」という意味です。出身はテコア（ベツレヘム南東の町）です。彼は羊飼いであり、いちじく桑を栽培する農夫でした（7・14）。彼が活動したのは、南王国の王ウジヤ（前792～740年在位）、北王国の王ヤロブアム2世（前793～753年在位）の時代です。南王国出身ですが、北王国に対して預言を語りました。当時、南北王国ともに、物質的には繁栄していました。

（2）ここで、アモス書を引用している新約聖書の箇所を確認しておきます。①使7・42～43。ステパノは、ユダヤ人たちの頑なさを糾弾するために、アモス書5章25～27節を引用しました。②使15・16～18。エルサレム会議で、主イエスの弟ヤコブが、異邦人の救いを擁護するために、アモス書9章11～12節を引用しました。

アモス書のテーマ

（1）アモスは、ベテル（金の子牛が設置されていた）で、偶像礼拝を糾弾する預言を語りました。①イスラエルの民は、偶像礼拝の罪を犯している。②その罪に対して、神の正しい裁きが下る。③神は、社会正義が回復されることを願っておられる。

（2）ヨエル書では、主は異邦人に対して叫んでおられましたが（ヨエ3・16）、ここでは、主は北王国の民に向かって叫んでおられます（2節）。イスラエルで常に泉が湧いている場所は、カルメルの頂です。そこが枯れるのですから、それ以外の場所がどうなるかは言うまでもありません。これは、「大から小への議論」（カル・バホメル）です。

（3）1章3節～2章16節は、諸国に下る裁きの預言です。そのアウトラインは以下のようになっています。①ダマスコ（シリア）、ガザ（ペリシテ）、ツロ（フェニキア）。この3国は、北王国とは血のつながりのない民です。②エドム、アンモン、モアブ。この3国は、北王国とは親戚関係に当たる民です。③南王国は、イスラエルとは兄弟の関係にあります。④北王国。最後に、北王国に対する裁きの預言が語られます。

（4）「○○が犯した三つのそむきの罪、四つのそむきの罪のために」という表現は、罪の満ちるさまを描写したものです。異邦人諸国は、イスラエルに対して行った罪のゆえに裁かれ、イスラエルは、モーセの律法に対する違反のゆえに裁かれます。

裁かれる国々

（1）ダマスコは、イスラエルを攻撃し、苦しめた罪のゆえに裁かれます。「ハザエルの家」と「ベン・ハダドの宮殿」（4節）ということばが出てきますが、この2人の王は、イスラエルに対して残酷な仕打ちをしました。この裁きの預言は列王記第二16章9節で成就しました。

（2）ガザは、ユダヤ人を奴隷としてエドムに売り渡しました。その罪のゆえに、裁かれ、滅びます。ガザ以外に、アシュドデ、アシュケロン、エクロンも滅亡します（ガテはすでに滅びていた。2歴26・6）。

（3）ツロもまた、ユダヤ人を奴隷としてエドムに引き渡しました（ツロは奴隷売買の中心地。エゼ27・13参照）。ツロの罪は、ガザのそれよりも大きいものです。その理由は、イスラエルとフェニキアの間に「兄弟契約」があったからです（2サム5・11、1列5・1～18）。ツロは、この契約を無視しました。

（4）エドムはヤコブの兄エサウの子孫で、イスラエルと親戚関係にありました。彼らは、同族であるイスラエルに対して継続的に敵意を抱き、苦しめました。その罪のゆえに、エドムは裁かれます。エドムは、千年王国においても破壊されたままで残ります。

（5）アンモンはアブラハムの甥であるロトの子

孫で、イスラエルとは親戚関係にありました。彼らは、ギルアデに侵入し、妊婦たちを切り裂き、母親と胎児の双方を虐殺するという極悪非道を行いました。その罪のゆえに、アンモンの首都ラバは崩壊し、王とその首長たちは捕囚としてアッシリアに連行されます。

アモスが預言していることは、エレミヤ書12章14節で語られている原則そのままです（イスラエルを苦しめる者は、裁きに遭う）。神の民イスラエルが祝福されるように、特に彼らがイエスをメシアとして受け入れるように、祈りましょう。

アモス書2章

主はこう言われる。「イスラエルの三つの背き、四つの背きのゆえに、わたしは彼らを顧みない。彼らが金と引き換えに正しい者を売り、履き物一足のために貧しい者を売ったからだ。」

（アモス書2・6）

この章から以下のことを学びましょう。（1）諸国に対する裁きの預言が続きます。（2）モアブ、ユダと続き、最後はイスラエル自身の罪が指摘されます。（3）イスラエルの最大の罪（第四の罪）は、主への反逆です。彼らは、主から受けた恵みを忘れていました。

諸国に下る裁き

（1）モアブは、アンモンと同じくロトの子孫です。彼らはエドムの王の骨を焼いて灰にしました（死者の冒涜）。モアブの王は、自分の息子をいけにえとして献げるほど残忍な王でした（2列3・26～27参照）。ケリヨテはモアブの首都で、そこには国家神ケモシュ（1列11・7、33）の聖所が置かれていました。モアブの「さばく者」と高官たちは殺されますので、国家再建の希望は途絶えます。

（2）ユダは、イスラエルの民とは兄弟関係にあります。ユダの罪は、「主のおしえ」（4節）を捨てたことにあります。彼らは、先祖たちが従った「まやかしもの」、つまり偶像の神々を礼拝し、それによって惑わされました。その罪のゆえに、ユダは火で滅ぼされます。エルサレムの宮殿も火で焼かれます。これが成就したのは、前586年（バビロン捕囚の時）でした。

イスラエルの自身の罪

（1）イスラエルの3つの罪が糾弾されます。①弱者（貧しい者）への虐待の罪。裁判官たちは、わずかばかりの賄賂を受け取るために、無実の者に有罪を宣言していました。当時、国内には富める者と貧しい者の格差が存在していました。これは、申命記16章19節の違反です。②祭儀的淫行の罪。「子とその父が同じ女のもとに通って、わたしの聖なる名を汚している」（7節）。これは、バアル礼拝での神殿娼婦との交わりを糾弾したものです（レビ18・7、15、20・11など参照）。③乱痴気騒ぎの酒宴。これもまた、通常の酒宴ではなく、豊穣祭儀（バアル礼拝）における酒宴です。律法によれば、「質に取った着物」は日没までに返さなければならないのですが、彼らはそれを広げて、その上に横たわり、ぶどう酒を飲んでいます。これもまた、律法違反です（出22・26、申24・12～13）。彼らが飲んでいるぶどう酒は、「罰金」という不正の口実で得た金で買ったものです。

（2）次に、第4の罪（最大の罪）が指摘されます。それは、神への反逆という罪です。①主はイスラエルのために、先住民であるアモリ人を滅ぼされました。彼らは、その並外れた体力のゆえに無敵と思われていた民です。②主は、イスラエルの民をエジプトから解放し、彼らを荒野で40年間守り、最後は約束の地へと導かれました。「このわたしが」ということばに強調点があります。③さらに主は、この民に2つの特別な集団をお与えになりました。「預言者」と「ナジル人」がそれです。前者は主のことばを民に伝える役割を果たし、後者は主が民とともに

はありませんか。

いるという「しるし」となりました。それほどまでにイスラエルの民に恵みを与えたのに、彼らは、ナジル人に対して飲酒（民6・1〜3）を強要し、預言者に対して神の名において預言することを禁じました。

（3）イスラエルは、自らの身に当然の裁きを招きました。①束を満載した車がその重みで地に押しつぶされるように、イスラエルもまた罪の重荷によって押しつぶされます。②敵が攻めて来ると、イスラエルの軍隊は無力となって崩壊します。イスラエルの勇士たちが武具を捨て、裸で逃げ回っている様子が、描写されます。これが裁きの預言です。

イスラエルの民は神から一方的な恵みを受けました。しかし彼らは、そのことに感謝しないばかりか、神に反逆しました。私たちもまた、主の恵みに対する感謝を忘れるなら、堕落の道を歩むことになります。「わがたましいよ　主をほめたたえよ。主が良くしてくださったことを何一つ忘れるな」（詩103・2）。主から与えられた恵みを思い起こし、主に感謝し、その御名をたたえようで

アモス書3章

獅子が吼える。だれが恐れないでいられよう。神である主が語られる。だれが預言しないでいられよう。（アモス書3・8）

この章から以下のことを学びましょう。（1）イスラエルの3つの罪が指摘されます。（2）その罪のゆえに下る裁きが、4つ預言されます。（3）ものごとには、「因果関係」があります。イスラエルの民が裁かれる理由は、彼らが主から離れ、偶像礼拝と不義の道を歩んでいたからです。

イスラエルの3つの罪

（1）1～2章は、本書の第一区分でした。そこでは、諸国に対する裁きが預言されていましたが、その最後は北王国イスラエルに対するものでした。これから扱おうとしている3～6章は、第二区分（本書の主要部）で、特に北王国に対して語られた預言です。アモスは、イスラエルの民の罪悪を指摘し、真の悔い改めを呼びかけます。もし悔い改めないなら、滅亡と捕囚が待っていると預言します。

（2）イスラエルは、3つの罪のゆえに裁かれます。①イスラエルは、地上の民族の中で特殊な地位を与えられました。彼らは、エジプトから連れ出された民、主によって選び出された民です。主は、イスラエルの民と契約を結ばれました。特権を与えられた者には、多くの責任が伴います。これは、今も生きている霊的原則です。その特権にふさわしい歩みをしていなかったために、イスラエルの民は裁かれるのです。②すべての現象には、因果関係があります。3～6a節で、種々の因果関係が例示されます。6b～8節で、その因果関係の原則が預言者の活動に適用されます。つまり、預言者が語る（結果）のは神が語られた（原因）からである、また、神が裁きを下される（結果）のはイスラエルの民が罪を犯した（原因）からであるというのです。③イスラエルの民は、サマリアにある宮殿で「暴虐と暴行」を行いました。サマリアの町は周りを高い山々で囲まれていました。ペリシテ人（アシュドデの宮殿）とエジプト人（エジプトの地の宮殿）が証人として呼び出されます。その山々に登って、サマリアの宮殿の罪を目撃するためです。

イスラエルの民に下る裁き

（1）イスラエルの民の3つの罪が指摘されました。その罪のゆえに下る裁きが、具体的に預言されます。①北王国の首都サマリアが破壊されます。②その破壊を免れるのは、イスラエルの中の少数の人たちです。雄獅子に襲われた羊を取り返そうとする羊飼いの姿が描かれています。「2本の足」と「耳たぶ」は、破滅を免れる少数の人（サマリアに住んでいるイスラエルの子ら）を比ゆ的に表現したことばです。③偶像礼拝の町であるベテルが裁かれます。そこの祭壇では、金の子牛だけでなく、バアル神も礼拝されていました。④イスラエルの富が奪われます。アハブ王は、サマリアの宮殿以外に、冬の別荘地と夏の別荘地を所有していました。また彼は、象牙の家々を建設したことで知られていました。それらの建物に代表される北王国の富は、すべて奪われます（2列17・5～6で成就）。

（2）ものごとには、「因果関係」があります。イスラエルの民が裁かれる理由は、彼らが主から離れ、偶像礼拝と不義の道を歩んでいたからです。アモスは、「獅子が吼える。だれが恐れないでいられよう。**神**である主が語られる。だれが預言しないでいられよう」（8節）と語っていました。ここには、預言者の使命感、情熱、憤り、悲しみ、緊迫感がすべて表現されています。

今、アモスが持っていた使命感や情熱が与えられるように、主に願い求めましょう。「**神**である主が語られる。だれが預言しないでいられよう」ということばが、自分のものとなるように祈りましょう。

アモス書4章

「ベテルに行って背け。ギルガルに行って、ますます背け。朝ごとにあなたがたのいけにえを献げよ。三日ごとに十分の一を献げるがよい。感謝のささげ物として、種入りのパンを焼き、進んで献げるものを布告し、ふれ知らせるがよい。イスラエルの子らよ、あなたがたはそうすることを好んでいる。――神である主のことば。」（アモス書4・4〜5）

この章から以下のことを学びましょう。（1）貧者を苦しめ搾取している罪が糾弾されます。（2）次に、偶像礼拝の罪が糾弾されます。（3）神はイスラエルの民の罪を裁かれますが、それでも彼らは、主からの教訓を学ぼうとはしません。

真の信仰からほど遠い民

（1）ここで語られる最初の罪は、貧者を苦しめ搾取している罪です。①首謀者は、富んだ夫人たちです。アモスは彼らのことを、「サマリアの山にいるバシャンの雌牛どもよ」（1節）と呼んでいます。これは、ほめことばではなく、見下したことばです。富んだ夫人たちは、富の中でぬくぬくと安逸をむさぼっていたのです。②その夫人たちは自分たちの夫に、貧しい人たちから何か奪ってくるようにせがみます。貧者から奪った富によって、贅沢な生活を続けるためです。③聖なる神は、このような悪行を見過ごしにはなさいません。やがてアッシリアがやって来て、彼女たちやその夫たちを、捕囚に引いて行くようになります。

（2）次に糾弾されるのが、偶像礼拝の罪です。①ベテルとギルガルは、ともに偶像礼拝の町でした。②「朝ごとにあなたがたのいけにえを献げよ。三日ごとに十分の一を献げるがよい。感謝のささげ物として、種入りのパンを焼き、進んで献げるものを布告し、ふれ知らせるがよい」（4〜5節）とあります。これらはすべて、モーセの律法に適ったささげ物です。イスラエルの民の罪は、それらのささげ物を、主ではなく、偶像に対して献げているところにあります。

主からの教訓を学ばない民

（1）次に、「主からの教訓を学ばない罪」が糾弾されます。「それでも、あなたがたはわたしのもとに帰って来なかった」ということばが、5回も出てきます（6、8、9、10、11節）。①神はイスラエルの民を飢饉で打たれました（6節）。「あなたがたの歯を汚さず」（6節）とは、食物がない状態を指します。それでも、民は教訓を学ぼうとはしませんでした。②次に神は、雨をとどめました（7、8節）。刈り入れ前に降る雨は、収穫のために必要不可欠なものですが、それがとどめられました。雨が降ったとしても、それはいびつな降り方をしました。主が天候を支配しておられたからです。それでも、民は教訓を学ぼうとはしませんでした。③さらに神は、自然の災害を送られました（9節）。立ち枯れ、黒穂病、いなごの襲来などがそれです。それでも、民は教訓を学ぼうとはしませんでした。④神はエジプトにしたように、イスラエルの民を疫病と敵の剣で打たれましたが、それでも、民は教訓を学ぼうとはしませんでした。⑤最後に神は、イスラエルの民を打ち、ソドムとゴモラのようにされました。そのため、イスラエルは「炎の中から取り出された燃えさし」（11節）のようになりました。それでも、民は教訓を学ぼうとはしませんでした。

（2）「それでも、あなたがたはわたしのもとに帰って来なかった」ということばがくり返されています。そこには、神の痛みと悲しみが表現されています。神がご自身の民を裁くとき、喜んでそれを行っておられるわけではないのです。神はすべての手を尽くし、イスラエルの民をご自身のもとに呼び戻そうとされましたが、そのすべてが無駄に終わりました。それゆえ、裁きが下ります（12～13節）。それが、前722～721年に起こるアッシリア捕囚です。

私たちも、神の恵みを無駄にしてはなりません。もし私たちに裁きが下るとしたら、それはすべて私たちの責任です。なぜなら、神は御子イエスを犠牲にするほどに私たちを愛し、できることはすべてしてくださったからです。「神は、実に、そのひとり子をお与えになったほどに世を愛された。それは御子を信じる者が、一人として滅びることなく、永遠のいのちを持つためである」（ヨハ3・16）。

アモス書5章

ああ。主の日を切に望む者。主の日はあなたがたにとって何になろう。それは闇であって、光ではない。人が獅子の前を逃げても、熊が彼に会い、家の中に入っても、手で壁に寄りかかると、蛇が彼にかみつくようなものだ。主の日は闇であって、光ではない。暗闇であって、そこには輝きはない。（アモス書5・18～20）

この章から以下のことを学びましょう。（1）アモスは、「哀歌」をもって裁きの預言を始めます。（2）イスラエルの民は、正しい裁きを嫌い、それをはねのけていました。（3）彼らは、「主の日」の意味を誤解していました。（4）彼らは、アッシリア（ダマスコのかなた）に捕囚として引かれて行きます。

哀歌

（1）ここでの裁きの預言は、「哀歌」をもって始まります（2～3節）。アモスは、イスラエルの民がアッシリア捕囚に引かれて行く姿を予見し、哀歌を歌います。①「おとめイスラエル」（2節）は倒れ、起き上がれなくなります。民の10分の9が捕囚に連れ去られ、残されるのはわずか10分の1です。②主は、「わたしを求めて生きよ」と言われます（4～7節）。悔い改めるなら、赦しが与えられるからです。③ベテルもギルガルも、偶像礼拝の町です。ベエル・シェバはユダの町ですが、そこもまた偶像礼拝の町となっていました。偶像を慕ってそれらの町に行くことは、重大な罪であり、むなしいことです。④イスラエルの神は、宇宙の運行を支えているお方、契約の神である主、また、強い者や堅固な要塞を破壊されるお方です（8～9節）。

（2）次に、イスラエルの罪が指摘されます。①イスラエルは正しい裁きを嫌い、それをはねのけています（10～13節）。「彼らは門でさばきをする者を憎み、まっすぐに語る者を忌み嫌う」（10節）。時代が余りにも悪いのを見て、賢者たちも口を閉ざすようになります。語っても逆効果になるからです。②イスラエルはモーセの律法に違反していました（14～15節）。口では「万軍の神、主が、ともにいてくださる」（14節）と語りながら、実生活ではそれとはかけ離れたことを行っていました。その彼らに神は、「善を求めよ。悪を求めるな」（14節）と呼びかけます。③これらの罪のゆえに、イスラエルの上に裁きが下ります（16～17節）。多数の死者が出て、職業的な「泣き女」たちが呼ばれるときがきます。農夫たちは、収穫がないことを嘆くようになります。

主の日の誤解

（1）アモスは、民の罪悪を指摘し、真の悔い改めを呼びかけます。①イスラエルの中には、「主の日」の意味を誤解し、その到来を待ち望んでいる者たちがいました。②「主の日」は、アモスの以前の預言者たち（オバデヤやヨエル）によって語られていた概念ですから、イスラエルの民はすでにこのことばを知っていました。③「主の日」は、異邦人の諸国が苦しみに遭う時です。究極的には、イスラエルの民は高く上げられることになります。④確かにこれらの点は喜ぶべきものですが、その前に、イスラエルは患難に遭います。したがって、主はイスラエルの民に対して「ああ。主の日を切に望む者。主の日はあなたがたにとって何になろう。それは闇であって、光ではない」（18節）という警告を発しないわけにはいかないのです。

（2）イスラエルの民はモーセの律法に従ったささげ物を献げていましたが、それは形式上のことで、決して神に喜ばれるものではありませんでした。①主は彼らに、「公正を水のように、義を、絶えず流れる谷川のように、流れさせよ」（24節）と命じておられます。②イスラエルの不誠実は、今に始まったことではなく、出エジプトの時代からそうでした。その世代のイスラエルの民もまた、アッシリアの2つの星神「シクテ」と「キユン」を奉じて、偶像礼拝に陥っていました。

（3）27節は、イスラエルの民の上に下る裁きの預言です。彼らは、アッシリア（ダマスコのかなた）に捕囚として引かれて行きます。

私たちは再臨信仰を持っていますが、そこに誤解がないかどうか、吟味する必要があります。主の再臨は、日々キリストとともに歩んでいる人には大いなる祝福となりますが、罪人には恐ろしい日となります。ヤコブはこう書いています。「あなたがたも耐え忍びなさい。心を強くしなさい。主が来られる時が近づいているからです」(ヤコ5・8)。主をお迎えする準備ができている人は、幸いです。

アモス書6章

神である主は、ご自分にかけて誓われる。―万軍の神、主のことば――「わたしはヤコブの誇りを忌み嫌い、その宮殿を憎む。わたしはこの都と、その中のすべての者を引き渡す。」たとえ、一つの家に十人が残っても、彼らもまた死ぬ。(アモス書6・8〜9)

この章から以下のことを学びましょう。(1)イスラエルの罪は、誤った安心感とぜいたくな暮らしです。(2)そのような罪のゆえに、イスラエルの民は滅びます。(3)イスラエルの民の罪が裁かれるのは、自然の道理です。

イスラエルの罪とアッシリア捕囚

(1)ここでは、イスラエルの罪が2つ挙げられます。①うぬぼれと誤った安心感(1〜2節)。シオンと同じようにサマリアも丘の上に建てられていました。イスラエルの民は、丘の上にある町は滅びることがないとうぬぼれ、誤った安心感を抱いていました。しかし主は、カルネ、ハマテ、ガテの3つの町がすでに滅びていることを指摘し、サマリアよりも大きなこれらの町々が滅びているのだから、サマリアが滅びを免れることは決してないと宣言されます。②イスラエルの2番目の罪は、ぜいたくな暮らしです。上流階級の者たちは、罪と搾取によって集めた富によって、安逸な生活にふけっていました。また、宗教儀式に用いる鉢から酒を飲み、神に献げるはずの最上の香油を自分の身に塗っていました。それにもかかわらず、神によって預言された「ヨセフ（イスラエルの民）の破滅」については、何も心配していませんでした。

（2）以上の罪のゆえに、イスラエルの民は滅びます。①ぜいたくに暮らしている者たちが最初に捕囚の身となります（7節）。②サマリアの町は滅ぼされます（8節）。「ヤコブの誇り」（8節）とは、富と軍事力への信頼のことです。主が憎まれるそのような力に信頼していたこの町は、当然のことながら滅ぼされます。③人口が激減します（10〜11節）。「10分の1の人」しか残らないことがすでに5章3節で預言されていました。10節には、残された人々の会話が絵画的に描かれています。「口をつぐめ。主の名を口にするな」とは、生き残っている者が、自分の身に破滅が起こらないように「主の名」を唱えることを禁じている姿です。④罪に対して裁きが下るのは自然の道理です（12〜13節）。馬が岩だらけの地を走るのは不自然なことです。また、岩地を牛で耕すのも不自然なことです。自然の道理からしてそのようなことはありません。同様に、イスラエルの民の罪も裁かれないままで捨て置かれることはありません。イスラエルはロ・ダバル（つまらないもの）やカルナイム（力の象徴である2本の角）を得るために、無駄な力を使ったのです。⑤かくして、北王国の全土は略奪されます。

私たちは、何に信頼を置いているでしょうか。神以外のものを第一にしているなら、それは偶像礼拝です。イスラエルの民の失敗から教訓を学びましょう。「聖書にこう書いてあるからです。『見よ、わたしはシオンに、選ばれた石、尊い要石を据える。この方に信頼する者は決して失望させられることがない。』」（1ペテロ2・6）。

アモス書7章

そのいなごが地の青草を食い尽くそうとしたとき、私は言った。「神、主よ。どうかお赦しください。ヤコブはどうして生き残れるでしょう。彼は小さいのです。」主はこれを思い直された。そして「そのことは起こらない」と主は言われた。
(アモス書7・2〜3)

この章から以下のことを学びましょう。(1)アモスは、「いなごの幻」と「燃える火の幻」を見ます。(2)「下げ振りの幻」は、アッシリア軍の侵略の象徴であるとともに、民の霊性の歪みの象徴です。(3)祭司アマツヤは、その暴言のゆえに裁きに遭います。

いなごの幻

(1)7〜9章は、アモス書の第3区分に当たる箇所で、5つの幻が記されています。最初の幻は、「いなごの幻」です。「いなご」は、アッシリア軍の侵略を象徴するものです。①「王が刈り取った後の二番草が生え始めたころ」(1節)とは、年貢の分を刈り取り、民の取り分が生え始めた頃を指しています。②いなごの大群が、地の青草を食べつくそうとしています。このまま放置するなら、北の10部族は滅びるしかありません。

(2)アモスは、必死に執りなしを始めます。①「神、主よ。どうかお赦しください」(2節)との祈りは、民を代表しての罪の告白です。②「ヤコブはどうして生き残れるでしょう。彼は小さいのです」(2節)とは、神の慈悲を求めるものです。③「主はこれを思い直された。そして『そのことは起こらない』と主は言われた」(3節)。「思い直された」とは、人間的な表現を用いて、神が私たちを取り扱われる際の原則を教えたものです。神は、もし人が悔い改めるなら、裁きを中止する(あるいは、延期する)ことに決めておられるのです。

燃える火の幻

(1)第2の幻は、「燃える火の幻」です。①「燃える火」は、アッシリアの侵略を象徴しています。②アモスは必死に執りなし、裁きが中止されるように祈り求めます。③神は再び、アモスの祈りを聞き入れ、迫り来る脅威を撤回されます。

（2）旧約聖書に出てくる執りなしの祈りの代表例は、モーセがイスラエルの民のために執りなした祈りです（出32・12）。新約聖書に出てくる執りなしの祈りの最高峰は、十字架上での主イエスの祈りです（ルカ23・34）。そして今も、主イエスは私たちのために執りなしておられます（ロマ8・34）。

下げ振りの幻

（1）第3の幻は、「下げ振りの幻」です。「下げ振り」とは、建物が垂直になっているかどうかを調べる大工道具です。①アモスは、主が手に下げ振りを持ち、城壁の上に立っておられるのを見ます。②ここでの下げ振りは、民の霊的状態を検査するために用いられています。③検査の結果、イスラエルの民の霊的状態が曲がっている（傾いている）ことが明らかになります。④そこで神は、「わたしはもう二度と彼らを見過ごさない」(8節)と宣言されます。この幻では、アモスの執りなしの祈りも、裁きを取り除くという約束もありません。

（2）「イスラエルの聖所」（9節）とは、金の子牛を拝むためにダンとベテルに建てられた神殿のことです。それらの神殿は廃墟となります。

アマツヤの暴言

（1）ベテルの祭司（恐らく金の子牛に仕える祭司）アマツヤは、北王国の王ヤロブアム2世に使者を送り、一連の出来事の報告を行います。①アモスが謀反を企てているというのは嘘です。しかし、北王国は彼のことばを受け入れることができないというのは本当です。②ヤロブアムが剣で死ぬというのは嘘です。しかし、イスラエルは必ず捕らえられて行くというのは本当です。

（2）アマツヤは、アモスを糾弾しました。①ユダの地に帰って、そこで金を稼げと（12節）。アマツヤは、アモスが金のために預言していると判断しました。②アマツヤは、ベテルでは2度と預言するなとアモスに命じます（13節）。

アモスの回答

（1）アモスは反論します。①自分は、預言者の息子として生まれたのでも、預言者の学校で訓練を受けたわけでもない(14節)。②自分は羊飼いであり、農夫であった。つまり、金のために預言者になる必要はなかった。③自分が預言者として活動する理由は、預言者への召しが与えられたからである。

(2) アモスは、祭司アマツヤへの個人的な使信を宣言します(16〜17節)。①彼の妻は、町で遊女となる(敵兵にもてあそばれる)。②彼の子どもたちは、戦争で殺される。③彼の土地は侵入者の手で分割される。④彼自身も捕虜となり、異国で殺される。

悲劇が起こってから、自らの罪の重大さに気づくのは愚かなことです。「あなたがたは、語っておられる方を拒まないように気をつけなさい。……」(ヘブ12・25)。

アモス書8章

主は言われた。「アモス。何を見ているのか。」私が、「一かごの夏の果物です」と言うと、主は私に言われた。「わたしの民イスラエルに終わりが来た。わたしはもう二度と彼らを見過ごさない。その日には、神殿の歌声は悲鳴に変わる。──神である主のことば──多くの屍が、いたるところに投げ捨てられる。口をつぐめ。」

(アモス書8・2〜3)

この章から以下のことを学びましょう。(1)第4の幻は、「夏の果物の幻」です。これは、イスラエルの民の滅亡の象徴です。(2)北王国では、商道徳が救いようのないほど堕落していました。(3)イスラエルの民に対して3つの裁きが宣言されます。その中の1つが、「主のことばを聞くことの飢饉」です。

夏の果物の幻

(1) 第4の幻は、「夏の果物の幻」です。①アモスは、「一かごの夏の果物」を見ます。②次に、「アモス。何を見ているのか」という問いかけがあります。③アモスは、「一かごの夏の果物です」と答えます。④すると主から、「わたしの民イスラエルに終わりが来た」とのことばがあります。⑤このやり取りには、語呂合わせがあります。「夏の果物」は、ヘブル語で「カイツ」です。「終わり」は、ヘブル語で「ケイツ」です。アモスは「カイツを見ています」と答え、主は「イスラエルの民の上にケイツがくる」と預言されたのです。

（2）4～8節では、商道徳の堕落が指摘されます。①商人たちは、利益追求のために、貧しい同胞を搾取し、圧迫しています。②彼らは、「新月の祭り」と「安息日」が過ぎ去ることを切望しています。祭りが終われば、穀物市を開いて、儲けることができるからです。③さらに彼らは、穀物を売るために不正の秤を用いています。「欺きの秤」で穀物の量を少なく量り、できるだけ多くの金を得ようとしているのです。④貧しい者たちは、商取引の対象となっています（奴隷売買）。彼らは、貧しい者を履き物一足分（安い値段）で買い取り、奴隷にします。⑤また彼らは、「屑麦」さえも貪欲に売ろうとしています。

（3）そこで主は、ヤコブの誇りにかけて誓われます。「ヤコブの誇り」とは、ヤコブとその子孫を生み出した神ご自身の御名のことです。つまり、神はご自身の御名にかけて誓っておられるのです。「わたしは、彼らのしていることをみな、いつまでも決して忘れない」（7節）。ここでは、ナイル川の洪水の様子を用いて、裁きの激しさが描かれています。イスラエルの民の罪は極みにまで達し、彼らの足もとの地は洪水のときの川岸のように激しく揺れるのです（8節）。

（4）次に、3つの裁きが語られます。①暗黒の日がこようとしています（9～10節）。「その日」（9節）とは、主の裁きの日です。その日になると、太陽は沈み、イスラエルの地は暗黒に覆われます。また、祭りは喪に、喜びの歌は哀歌に、祭りの衣装は粗布の喪服に変えられます。②さらに深刻なのは、神のことばの飢饉がくることです。それは、どこに行っても神の啓示がない状態、すなわち「主のことばを聞くことの飢饉」（11節）です。神のことばがないということは、人間存在の根源である「生命の泉」が枯渇しているということです（申8・3参照）。人々は、主のことばを告げてくれる預言者を求めて、あちこち探し回りますが、その努力は徒労に終わります。③偶像礼拝に対しても、神の裁きが下ります。その日には、国の活力の中心である青年男女が、偽りの宗教の罠にかかって滅びます。青年たちが滅びる国には、将来の希望はありません。この裁きは、偶像礼拝に対して下るものです（14節）。サマリアの偶像も、ダンの偶像も、ベエル・シェバの偶像も、民の渇きを満たすことはできません。無力な偶像は、沈黙するしかないのです。

私たち異邦人は、救われる前は「神のことばを知らない民」でした。そのころの私たちの霊的状態は、絶望的なものでした。「そのころは、キリストから遠く離れ、イスラエルの民から除外され、約束の契約については他国人で、この世にあって望みもなく、神もない者たちでした」（エペ2・12）。キリストの福音を知らされたことは、なんという幸いでしょうか。今、自分が幸いな人とされていることを思い、主に感謝をささげましょう。また、神のことばを熱心に求めましょう。

アモス書9章

私は、祭壇の傍らに主が立っておられるのを見た。すると、主は言われた。「柱頭を打ちたたき、敷居が震えるようにせよ。すべての者の頭を打ち砕け。彼らのうち、生き残った者をわたしは剣で殺す。彼らのうち逃げられる者はなく、彼らのうち逃れられる者もない。」

（アモス書9・1）

この章から以下のことを学びましょう。（1）第5の幻は、「祭壇の傍らに立つ主の幻」です。これは、裁きが徹底的に下ることを預言しています。（2）神は、異邦人を用いて契約の民を裁かれますが、彼ら全員が滅びるわけではありません。（3）本書の最後で、アモスはイスラエルの回復を預言します。

祭壇の幻

（1）第5の幻は、「祭壇の傍らに立つ主の幻」です。①主が、ベテルの宮の祭壇の傍らに立ち、こう言われます。「柱頭を打ちたたき、敷居が震えるようにせよ。すべての者の頭を打ち砕け」（1節）。②柱頭を打ち砕くと、建物全体が崩壊します。倒壊した建物がすべての者の上に崩れ落ちるようにせよというのが、主の命令です。③死を逃れた者も、最後は滅ぼされます。④生き延びて捕囚の民となっても、剣で滅ぼされます。⑤主が罪人を裁かれるとき、逃れの場はどこにも残されていません。

神の主権

（1）5～6節は、頌栄です（4・13、5・8～9に次いで3度目の頌栄）。神は、天地創造の神であり、万物を支配し、あらゆる方向に御力を表すことのできるお方です。

（2）7～10節は、神の主権について語っています。①神は、諸国民の歴史を支配しておられます。神は、イスラエルをエジプトから、ペリシテ人をカフトル（地中海の地）から、アラム人（シリア人）をキル（メソポタミア）から、連れ出されました。②神は、罪を犯した北王国を裁こうとしています。しかし、契約の民の裁きには、常に恵みの要素が残されています（完全に滅びることはない）。その理由は、神がアブラハムと交わした契約（無条件契約）があるからです。③9節は、アッシリア捕囚よりも広範囲の離散を預言しています。これは、紀元70年以降に起こる世界への離散の預言です。④「わたしの民の中の罪人はみな、剣で死ぬ」（10節）は、患難期に成就するものです。

イスラエルの復興

（1）11～15節は、イスラエル回復の預言です。11節で、ダビデの家の復興が預言されます（統一王国の復興）。①「倒れているダビデの仮庵」は、ダビデ王朝が掘っ立て小屋のようになっている状態を指しています。②その仮庵が、立派な建物に建て直されるのです（イザ11・1参照）。

（2）12節は、諸国民に対するイスラエルの優位性の預言です。①イスラエルの敵であったエドムの中からも信じる者が出てきます。②諸国民（異邦人）の中からも、大量に信じる者が出てきます。これは、患難期を生き延びた異邦人信者のことです（マタ25・31～45の「羊の信者」）。③メシア的王国においては、イスラエルが異邦人信者よりも優位に立ちます。④使徒の働き15章17節では、ヤコブがこの聖句を引用しています。彼の論点は、「メシア的王国においては、復興したイスラエルとともに諸国民（異邦人）もいるのだから、異邦人伝道を推進するのは、当然の責務である」というものです。

（3）13節は、自然界の回復の預言です。①アモスは、ヨエル書3章18節を引用しながら、不毛の地が豊かな耕地に回復されることを預言します。②回復の結果、そこは豊かな産物を生じる地となります。③「甘いぶどう酒」は、平和と繁栄の象徴です。

（4）14節は、土地の回復の預言です。①イスラエルの民は、約束の地に帰還し、荒れた町々を再建してそこに住むようになります。②ぶどう畑を作って、ぶどう酒を飲み、果樹園を作って、その実を食べるようになります（繁栄と平和の描写）。

（5）15節は、イスラエルは永遠にその地に住むことになるという預言です。①イスラエルは、1948年に国を再建しましたが、この復興はまだ永遠のものにはなっていません。②預言的シナリオによれば、これから携挙、患難期と続きます。患難期（7年）の中間で、イスラエルは再び約束の地から追い出されます（マタ24・15〜16、黙12・6〜17参照)。③イスラエルが永遠に約束の地に植えられるのは、メシアの再臨以降のことです。その時、神がアブラハムに約束したことは、すべて成就します。

神の知恵と知識の富は、無尽蔵です。日々、その富の中から霊の糧を汲み出している人は、幸いです。「ああ、神の知恵と知識の富は、なんと深いことでしょう。神のさばきはなんと知り尽くしがたく、神の道はなんと極めがたいことでしょう」（ロマ11・33)。

オバデヤ書

オバデヤの幻。神である主は、エドムについてこう言われる。——私たちは主から知らせを聞いた。使節が国々の間に送られてこう言った、と。「さあ、立ち上がれ。エドムと戦おう」

——(オバデヤ書1)

この章から以下のことを学びましょう。(1)オバデヤは、小預言書を書いた12人の中の最初の預言者です。(2)エドムはイスラエルを苦しめました。その罪のゆえに、エドムに裁きが下ります。(3)裁きが行われるのは、「主の日」です。(4)メシア的王国の期間、エドムの地は火と煙でくすぶり続けます。(5)イスラエルは、ダビデやソロモンの時代を上回る領土を所有するようになります。

オバデヤという預言者

(1)本書は、旧約聖書で最も短い書ですが、扱っているテーマは多岐にわたります。①オバデヤ(主のしもべの意)が活動した地は、エルサレムを中心としたユダの地です。②本書は、エレミヤ書やヨエル書にも引用されています。彼は、小預言書を書いた12人の中の最初の預言者です。③本書のテーマは、神はイスラエルのために復讐されるということです。

エドムに下る裁き

(1)エドム(エサウ)は、イスラエルと兄弟関係にありました。モアブやアンモンは、イスラエルと従兄弟の関係にありながらイスラエルに敵対しましたが、エドムのほうがその敵対ぶりは徹底していました。エドムの罪は二重に重いのです。

(2)「私たちは主から知らせを聞いた。使節が国々の間に送られてこう言った、と。『さあ、立ち上がれ。エドムと戦おう』——」(1節)。①「使節」が語るメッセージは、エドムに立ち向かって戦えということです。②当時、エドムの心は高慢に満ちていました。彼らの住居は、ボツラ(現在のペトラ)という岩間にできた難攻不落の町でした。それゆえ、「だれが私を地に引きずり降ろせるのか」(3節)と豪語していたのです。③エドムに下る裁きは徹底的なものとなります（何一つ残されるものはない）。④同盟国の者たちは友好的な態度を見せますが、それは欺きです。親しい友やエドムによって養われていた者たちまで、エドムを裏切ります。⑤エドムという民族は、消滅します（9節）。

裁きの理由と時期

（1）エドムの罪が6つ列挙されます。①兄弟であるヤコブ（イスラエル）への暴虐（10節）。②外国人（ペリシテ人とアラビア人）がエルサレムを略奪した日に、知らぬ顔で立っていた（11節）。③それどころか、ユダの子らの滅び（ヤコブの滅び）を喜んだ（12節）。④さらに、外国人が去った後にエルサレムに入り、残ったものを略奪した（13節）。⑤逃亡しようとしているイスラエル人の前に立ちはだかった（14節）。⑥イスラエル人を逮捕し、捕虜として外国人に引き渡した（14節）。

（2）裁きが行われるのは、「主の日」です。①それは、裁きがイスラエルと諸国民の上に下る日です。②その日は、メシア的王国の前兆としてやってきます。「主の日」は、黙示録では7年間の患難期として知られています。

（3）「主の日」は、エドムだけでなくすべての国々の上に近づいています。①エドムも諸国の民も、聖なる山エルサレムの上で戦勝を祝いました。「飲んだ」（16節）とはそういう意味です。②それゆえ彼らは、神の復讐の杯、怒りの杯を飲むようになります。

メシア的王国

（1）イスラエルの中には、主の日の裁きを逃れる者がいます。①患難期には、イスラエルの3分の2が死にますが（ゼカ13・8～9）、患難期を生き延びた3分の1は、メシア的王国に入ります（ヨエ2・32、イザ40・2、37・31～32参照）。②しかし、エサウの家（エドム）には、生き残る者がいなくなります。つまり、メシア的王国にはエサウの子孫がいないということです。③エドムの滅びは、ほかの預言者たちも預言しています（エゼ25・12～14、イザ34・5～15、エレ49・19～20）。④エドムが滅びる理由は、神が天から硫黄と火を降らせるからです。エドムの地は、メシア的王国の期間（千年間）、火と煙でくすぶり続けます（イザ34・9～10）。
（2）メシア的王国において、イスラエルはダビデやソロモンの時代を上回る領土を所有するようになります。①シメオン族（ネゲブの人々）はエサウの山（セイル山）を、②ユダ族（低地の人々）はペリシテ人の地（地中海沿いの地域）、さらに、エフライムの平野とサマリアの平野を所有するようになります。③ベニヤミン族は、ヨルダン川の東の地ギルアデを得ます。④捕囚から帰って来た民は、ツァレファテ（レバノンの町）まで所有地を延ばし、セファラデ（スペイン）から帰って来た捕囚の民は、南の町々を占領するようになります。⑤最後に、シオンの山（エルサレム）においてメシアの王権が確立されます。

聖書的歴史観と終末観に基づいて人生設計を考える人は、幸いです。メシアの再臨とメシア的王国の約束は、必ず成就します。

ヨナ書1章

しかし、ヨナは立って、主の御顔を避けてタルシシュへ逃れようとした。彼はヤッファに下り、タルシシュ行きの船を見つけると、船賃を払ってそれに乗り込み、主の御顔を避けて、人々と一緒にタルシシュへ行こうとした。ところが、主が大風を海に吹きつけられたので、激しい暴風が海に起こった。それで船は難破しそうになった。
(ヨナ書1・3〜4)

この章から以下のことを学びましょう。(1)ヨナはニネベに行くように命じられましたが、その命令に背を向けました。(2)ヨナが乗った船は、暴風に遭い、難破寸前の状態になります。(3)海に投げ込まれたヨナは、大魚に飲み込まれ、そこに三日三晩とどまります。

神の命令に背を向けるヨナ

(1)列王記第二14章25節には、ヨナについての情報が記されています。①ヨナは、ゼブルン地方のガテ・ヘフェル出身です。②ヨナという名の意味は「鳩」です。③彼の父は、アミタイ(「真理」の意)です。④ヤロブアム2世の治世に活動したとするなら、それは、前793〜753年のことです。⑤彼が預言者として活動していた時期に、南王国からアモスがやって来て、北王国に対して、アッシリア捕囚の預言を語りました。その預言を知っていたヨナは、ニネベ(アッシリアの首都)に宣教に行くことに抵抗感を覚えました。⑥アッシリアの罪は、偶像礼拝だけではありません。彼らは、征服した民族に残虐なことを行っていました。ヨナの使命は、その彼らに罪の悔い改めを迫ることでした。

(2)ヨナは、ニネベとは正反対の西に向かいます。①ヨナが向かったタルシシュは、スペインの港町で、当時の世界の最西端の町でした。②「主の御顔を避けて」とは、神殿のあるエルサレムからの脱出を図ったということです。③ちょうど、タルシシュ行きの船がヤッファから出帆しようとしていました。このように好都合なことが起こると、私たちは「神の摂理」だと言いがちですが、注意する必要があります。状況だけで御心を判断するのは、危険なことです。

激しい暴風雨

（1）主は、ヨナを懲らしめるために激しい暴風を起こし、船は難破寸前の状態になりました。神の裁きが襲ってくると、人間は様々な反応を示します。ここでは、3種類の反応が見られます。①水夫たちは、この大風が超自然的な原因で起こったことを直感し、大いに恐れました。彼らは、自分の国の守護神に向かって助けを呼び求めました。また、船の積荷を投げ捨て、最大限の努力をしました。②ヨナは、船底で横になって眠っていました。現実逃避は、問題解決にはつながりません。むしろ、より神から離れる結果となります。また、ほかの人に迷惑をかけることになります。③船長は、船底まで下り、ヨナを起こして彼を叱責します。そして、それぞれが自分の神に祈り叫んでいるのだから、あなたもまたそのようにせよと迫ります。

（2）水夫たちは、くじを引いて、誰のせいでそうなったのかを知ろうとします。①くじを引いて御心を知ろうとするのは、旧約聖書では普通の方法です（箴16・33）。②くじはヨナに当たったので、彼らはヨナを問いつめます。③人々は、ヨナがヘブル人であり、主の御顔を避けて逃亡している人物であると分かると、非常に恐れます。④ヨナは、原因は自分にあるのだから、自分を海に投げ込めばよいと語ります。⑤水夫たちは、ヨナを犠牲にしなくても済むように努力しますが、無駄なことでした。

（3）ついに水夫たちは、イスラエルの神である主に向かって祈ります。①そして、ヨナを海に投げ込むと、すぐに嵐は静まりました。②その奇跡を体験した水夫たちは、主を非常に恐れました。③主は大きな魚を用意し、その魚にヨナを飲み込ませました。ヨナは三日三晩、魚の腹の中にいました。この魚がどんな魚なのかは、私たちには分かりません。恐らく鯨でしょう。

神のご性質について、以下のことを学びましょう。①神の普遍性。神はすべてを支配しておられます。②神は、異邦人をも救おうとしておられます。この書には、異邦人伝道の先駆けがあります。③神は、信じる者を訓練されます。「そして、あなたがたに向かって子どもたちに対するように語られた、この励ましのことばを忘れています。『わが子よ、主の訓練を軽んじてはならない。主に叱られて気落ちしてはならない。主はその愛する者を訓練し、受け入れるすべての子に、むちを加えられるのだから。』」（ヘブ12・5〜6）。

ヨナ書2章

「私は山々の根元まで下り、地のかんぬきは、私のうしろで永遠に下ろされました。しかし、私の神、主よ。あなたは私のいのちを　滅びの穴から引き上げてくださいました。」

（ヨナ書2・6）

この章から以下のことを学びましょう。（1）ヨナは魚の腹の中で死んでいました。（2）その後復活し、主に感謝する祈りを献げました。（3）魚は神の命令によってヨナを陸地に吐き出しました。

ヨナの復活

ヨナは三日三晩、魚の腹の中にいて、主に祈りを献げました。この祈りが、死からの復活の後で献げられたものなのか、あるいは瀕死の苦しみの中で献げられたのか、意見が分かれます。しかし、聖書本文を文字どおりに解釈すれば、ヨナは一度死に、その後復活してからこの祈りを献げたと考えたほうがいいでしょう。筆者はそのように考えています。ヨナの祈りをたどりながら、彼が体験したことを確認してみましょう。

ヨナの体験

（1）「あなたは私を深いところに、海の真中に投げ込まれました」（3節）。ヨナは海に投げ込まれました。彼は、水夫によってではなく、神によって投げ込まれたと理解しています。

（2）「潮の流れが私を囲み、あなたの波、あなたの大波がみな、私の上を越えて行きました」（3節）。彼は、大海の中で嵐と大波にもてあそばれ、苦しみました。

（3）「水は私を取り巻き、喉にまで至り、大いなる水が私を囲み、海草は頭に絡みつきました」（5節）。彼は、海の底に沈み、海草が頭にからみつく所まで達しました。この時点で、彼は肉体的に死んだのです。「地のかんぬき」（6節）とは、シオール（死者の魂が行く所）のことです。これと似た表現が、ヨブ記38章17節、イザヤ書38章10節、詩篇9篇13節、107篇18節などに使われています。死とは、「肉体と魂の分離」を意味します。これ以降は、ヨナの魂はシオールに、その肉体は魚の腹の中にありました。

（4）その時彼は、「よみの腹」（シオール）から主に叫びました。その叫びの内容は、「私は御目の前から追われました。ただ、もう一度、私はあなたの聖なる宮を仰ぎ見たいのです」（4節）というものでした。つまり、今度は忠実に使命を果たすので、再度チャンスを与えてほしいということです。

（5）その祈りは聞かれました。「しかし、私の神、主よ。あなたは私のいのちを滅びの穴から引き上げてくださいました」（6節）とあるとおりに、彼は復活したのです（詩16・10参照）。彼の魂は、魚の中にあった肉体と再び結びつきました。

（6）彼が祈り終わると、主の命令により、魚はヨナを陸地に吐き出しました。

主の力と恵みを知ったヨナは、主を礼拝し、主への誓いを忠実に果たす人物となりました。私たちはどうでしょうか。私たちの神は、いかなる失敗からも私たちを立ち上がらせることのできる方です。主の恵みを体験した者として、主に感謝し、御名をたたえようではありませんか。

ヨナ書3章

ヨナはその都に入って、まず一日分の道のりを歩き回って叫んだ。「あと四十日すると、ニネベは滅びる。」すると、ニネベの人々は神を信じ、断食を呼びかけ、身分の高い者から低い者まで粗布をまとった。（ヨナ書3・4～5）

この章から以下のことを学びましょう。（1）ヨナは、単純なことばで宣教を実行しました。（2）ヨナの宣教によって、ニネベの人々だけでなく、王まで悔い改めました。（3）神は、ニネベの人々の真摯な努力をご覧になり、町に下そうとしておられた災いを思い直されました。

ヨナの宣教

（1）ヨナは何をすべきか分かっていましたが、神は再び彼に派遣のことばを与えます。「立ってあの大きな都ニネベに行き、わたしがあなたに伝える宣言をせよ」（2節）。ここに、神のあわれみと優しさを見ることができます。この段階では、ヨナは従順に神に従う用意ができていました。

（2）ヨナは立って、主のことばのとおりにニネベに行きました。当時のニネベは、周辺の3つの都市を吸収した大都市になっていました（創10・11～12参照）。そこは、行き巡るのに3日かかるほどの非常に大きな町でした。

（3）知り合いもなく、土地勘もないヨナは、単純な宣教法を実行するしかありませんでした。彼は、一日中町を歩き回りながら、主から命じられた短いことばをくり返し宣言しました。「あと四十日すると、ニネベは滅びる」（4節）。人が救われるのは、人間の知恵や計画によるのではありません。私たちが神のことばを単純に語るなら、聖霊が働いてくださり、そこに霊的結果が生まれます。私たちも、ヨナがしたように、単純に神のことばを伝える者となりたいものです。パウロはこう語っています。「しかし私には、私たちの主イエス・キリストの十字架以外に誇りとするものが、決してあってはなりません。この十字架につけられて、世は私に対して死に、私も世に対して死にました」（ガラ6・14）。

（4）ヨナの宣教は、大いに効果を発揮しました。ニネベの人々が悔い改め始めたのです。しかもそれは、あらゆる階層の人々に広がりました。彼らは、ヨナが語る神のことばを受け入れ、真摯な態度で罪を悔い改め、神を受け入れました。断食をし、灰をかぶって粗布をまとうのは、悔い改めの表現です。

ニネベの回心

（1）ニネベの市民だけでなく、王も改心しました。王は、ヨナが伝える神のことばを真摯に受け入れ、率先して悔い改めを表しました。次に王は、国民に悔い改めの布告を出し、家畜に至るまで人と同じように悔い改めることを命じました。王の悔い改めは、徹底していたのです。

（2）なぜ王は、ここまで悔い改めることができたのでしょうか。その理由は、彼がヨナの預言の中に隠された「ある条件」を読み取っていたからです。ヨナは短いことばしか語っていませんでしたが、神が意図されたことは、次のようなものでした。「（もし、悔い改めないなら）もう四十日もすると、ニネベは滅ぼされる」。カッコ内のことばが隠されていましたが、それが条件なのです。王はそのことを理解したので、徹底的な悔い改めをニネベの人々に迫りました。いつの時代でも、神を恐れることは、知識の初めです（箴1・7）。

（3）神は、ニネベの人々が悪の道から立ち返るために、真摯な努力をしていることをご覧になり、町に下そうとしておられた災いを思い直されました。①「思い直した」ということばは、神の行為を人間のことばで表現したものです。神には、悔い改めたり、思い直したりするようなことはありません。②神は、人間が悔い改めるなら、裁きを取り除くと決めておられるのです。ニネベはその神の条件に合ったので、裁きを免れました。外面的には、それは神が思い直されたように見えたのです。

エレミヤ書18章7～10節にはこうあります。「わたしが、一つの国、一つの王国について、引き抜き、打ち倒し、滅ぼすと言ったそのとき、もし、わたしがわざわいを予告したその民が立ち返るなら、わたしは下そうと思っていたわざわいを思い直す。わたしが、一つの国、一つの王国について、建て直し、植えると言ったそのとき、もし、それがわたしの声に聞き従わず、わたしの目に悪であることを行うなら、わたしはそれに与えると言った幸せを思い直す」。神は罪人が悔い改めて、ご自身のもとに立ち返るのを待っておられます。それは、放蕩息子を待つ父と同じです。

ヨナ書4章

主に祈った。「ああ、主よ。私がまだ国にいたときに、このことを申し上げたではありませんか。それで、私は初めタルシシュへ逃れようとしたのです。あなたが情け深くあわれみ深い神であり、怒るのに遅く、恵み豊かで、わざわいを思い直される方であることを知っていたからです。」

（ヨナ書4・2）

この章から以下のことを学びましょう。（1）ニネベの人々が悔い改めたのを見て、ヨナは不機嫌になり、死を願って祈ります。（2）ヨナは山頂に仮小屋を建て、町の様子を観察します。（3）神は、唐胡麻を用いて、ヨナに教訓を与えます。（4）ヨナが唐胡麻を惜しむなら、神がニネベの人々を惜しむのは当然のことです。

不満を口にするヨナ

（1）ヨナの宣教は、大成功を収めました。普通なら、大喜びし、主に感謝を献げるところですが、ヨナは不機嫌になります。①彼は、自分がなぜタルシシュに逃れようとしたかを説明します。それは、神があわれみ深いので、きっと、わざわいを思い直すにちがいないと感じていたからです。②次に、死を願って祈ります。不従順のゆえに一度死んだ彼が、ここでは成功のゆえに再度死にたいと願っているのです。不可解なことです。

（2）ヨナが腹を立てた理由はなんでしょうか。①多くの学者が、ヨナは異邦人を嫌っていたからだと解説します。しかし、それだけでは説明不十分だと思います。②ヨナが召される前から、預言者アモスは、北王国がアッシリアによって滅ぼされることを預言していました。もし、ヨナの宣教によってニネベが悔い改め、裁きを免れるなら、それはそのままイスラエルの滅びにつながります。③ヨナは、「私がまだ国にいたときに」（2節）ということばを使っています。その言い回しから、彼が愛国者であり、国粋主義者であったことが分かります。彼は、イスラエルを愛するあまり、敵であるニネベを救いたくはなかったのです。

（3）神は、「あなたは当然であるかのように怒るのか」（4節）と問われました。ヨナ自身は、すでに神の恵みと赦しを味わっていました。それにもかかわらず、彼は、神がニネベの人たちを赦したことに我慢がならないのです。この怒りは不条理なものです。しかし、神はそのヨナをなおも恵みによって扱い、自分の頭で考えるようにと、優しく「あなたは当然であるかのように怒るのか」と問われたのです。

（4）イエスもまた、パリサイ人たちから非難を浴びたとき、こう言われました。「わたしは、父から出た多くの良いわざを、あなたがたに示しました。そのうちのどのわざのために、わたしを石打ちにしようとするのですか」（ヨハ10・32）。神がしておられる良いわざを喜ぶことができる人は、幸いです。

ヨナへの教訓

（1）ヨナは、町を一望できる山上に仮小屋を建て、40日の間にニネベに何が起こるかを見極めようとしました。①仮小屋だったので、灼熱の太陽が容赦なくヨナの頭上に照りつけました。②そこに、神の介入がありました。神は、短時間で成長し大きな葉を茂らせる唐胡麻を備え、ヨナを喜ばせました。そして翌日には、1匹の虫を送り、その唐胡麻を枯れさせます。ヨナは、落胆しました。③太陽が照りつけた上、熱風を伴う東風まで吹いてきました。ヨナは衰え果て、再び自らの死を願うようになりました。「私は生きているより死んだほうがましだ」（8節）。

（2）視聴覚教育が終わったので、今度はことばによる教育が始まります。①神は、「この唐胡麻のために、あなたは当然であるかのように怒るのか」（9節）と問いかけます。すべては神の恵みによって与えられたものです。ヨナはその恵みに何度も浴してきました。怒る理由など、何もないのです。②ほかの人が神から祝福を受けているのを見て、嫉妬してはなりません。そのようなときは、自分も神の恵みを受けていることを思い出すべきです。③次に神は、一夜で生え一夜で滅びた唐胡麻と、ニネベの町の人々を比較されます。前者には魂はありませんが、後者には魂があります。神は、人々の魂の行く末を心配しておられるのです。神が40日間の猶予を与えた理由は、ニネベの人々（12万人以上）が悔い改めることを知っておられたからです。

ヨナ書の終わり方は唐突ですが、ヨナは神の意図を理解したと解釈すべきでしょう。私たちの場合も、伝道の結果が予想どおりに行かない場合があります。しかし、結果はすべて神の御手の中にあります。私たちに要求されているのは、神の命令に忠実であることです。

ミカ書1章

モレシェテ人ミカにあった主のことば。これは、ユダの王ヨタム、アハズ、ヒゼキヤの時代に、彼がサマリアとエルサレムについて見た幻である。

（ミカ書1・1）

この章から以下のことを学びましょう。（1）ミカは、北王国と南王国の両方に向けて預言を語りました。（2）ミカは、低地の町々を列挙しながら、ことば遊びによって自らの悲しみを表現します。

ミカの預言

（1）ミカとは、「誰が主のようであろうか」という意味です。①イザヤと同時代の預言者です。②出身地は、モレシェテ・ガテです（エルサレムの南西30㎞）。③彼が活動した時代の南王国の王は、ヨタム、アハズ、ヒゼキヤです。④ミカの預言は、サマリア（北王国）とエルサレム（南王国）の両方に向けられたものです。⑤イスラエルの希望は、裁きを免れることによってではなく、裁きを通して与えられるというのが、ミカの預言の中心です。

（2）2節で、神の法廷が招集されます。「聞け」（ヘブル語のシャマ。申6・4参照）で始まっている節は、1章2節、3章1節、6章1節ですが、それぞれがミカ書の3区分の始まりとなっています。①判事である神は、世界を証人に招いて、被告人であるイスラエルの民を裁こうとしておられます。②4節は、神の裁きの結果としてのアッシリア捕囚を描いています。サマリア（北王国）は、前722年に滅亡します。③サマリアは、イスラエルの神でない神々（偶像）を礼拝していました。ユダ（南王国）においては、善王でさえも偶像礼拝の影響を完全に取り除くことはしませんでした。それゆえ、神の裁きが下ります。

預言者の嘆き

（1）サマリアを征服したアッシリアは、ユダにまで迫って来ます。自分の国が略奪されることを思い、ミカは涙を流します。①「裸足で、裸で歩く」（8節）とは、喪に服している姿を表しています。②ジャッカルとだちょうは、荒野に住む動物です。ミカは、ユダの地が荒れ果てることを思い、嘆き悲しんでいます（イザ34・13、エレ50・39）。③ユダの荒廃は、最終的にはバビロンの侵略によって成就するものです。

（2）アッシリアはサマリアを滅ぼしますが、エルサレムを滅ぼすことはありません。ミカは注意深く書いています。「エルサレムにまで達する」（9節）とだけあって、「エルサレムを滅ぼす」とはなっていません。

ユダの町々の破壊

（1）海岸地帯と山地の中間に、「低地」と呼ばれる地域があります（海抜約400m）。ミカは、その低地にある町々を列挙し、ことば遊びを通して、心の痛みを詩的に表現します。①「ガテで告げるな。決して泣いてはならない」（10節）。ガテは、「告げる」という意味です。ユダの悲劇を敵に告げて、彼らを喜ばせてはならないということです。②「ベテ・レ・アフラでちりの中を転げ回れ」（10節）。「ベテ・レ・アフラ」とは、「ちりの家」という意味です。意訳すると、「ちりの家で、ちりの中にころび回って喪に服せ」という意味になります。③「シャフィルに住む者よ、裸になって恥じながら通り過ぎよ」（11節）。「シャフィル」とは、「美しい」という意味です。美しい町から裸で連行されることは、より深い悲劇となります。④「ツァアナンに住む者は出て来ない」（11節）。「ツァアナン」とは、「出て来る」という意味です。意訳すると、「出て来るという名の町の住民たちは、自己防衛の戦いにさえも出て来ない臆病者たちである」となります。⑤「ベテ・エツェルの嘆きは、あなたがたから、立つところを奪い取る」（11節）。「ベテ・エツェル」とは、「隣の町」という意味です。意訳すると、「頼りにしていた隣の町にも嘆きの声が起こり、そこからの援助は期待できなくなった」となります。⑥「マロテに住む者は、病むほどに幸せを待ち望む」（12節）。「マロテ」とは、「苦い」という意味です。意訳すると、「この町の住民は幸いが来ることを待っていたが、エルサレムにまで敵が攻め上るのを見て、苦々しい思いを味わうようになった」となります。⑦「ラキシュに住む者よ、戦車に早馬をつなげ。そこは娘シオンにとって罪の始まり。……」（13節）。「ラキシュ」の意味は、「速く走るらくだ」のことでしょう。意訳すると、「ラキシュの住民よ。らくだを駆って町から逃げよ」となります。⑧「それゆえ、あなたは　別れの贈り物をモレシェテ・ガテに与える」(14節)。「モレシェテ・ガテ」とは、「贈り物」という意味です。意訳すると、「ラキシュは、ペリシテ人が支配しているモレシェテ・ガテに贈り物を届け、アッシリア軍から守ってほしいと懇願するようになる」となります。⑨「アクジブの家々は、イスラエルの王たちにとって欺く者となる」(14節)。「アクジブ」とは、「欺き」という意味です。意訳すると、「アクジブは期待に反して、助けとはならなかった」となります。⑩「マレシャに住む者よ、わたしは再び、侵略者をあなたのところに送る」(15節)。「マレシャ」は、「モレシェテ」と同じく「贈り物」という意味です。この町は敵への贈り物となります。⑪「イスラエルの栄光はアドラムまで行く」(15節)。アドラムは、ダビデが逃れた町として有名です(1サム22・1)。「イスラエルの指導者たちは、アドラムに逃亡するようになる」という意味でしょう。

もし私たちが、自分の町の滅びを事前に知らされたとするなら、どのような行動を取るでしょうか。涙とともに祖国の救いのために執りなしの祈りを献げる人は幸いです。

ミカ書2章

わざわいだ。不法を謀り、寝床の上で悪を行う者。朝の光とともに、彼らはこれを実行する。自分たちの手に力があるからだ。

（ミカ書2・1）

この章から以下のことを学びましょう。（1）ミカは、民の罪の本質が貪欲にあることを指摘します。（2）罪に対する裁きは、捕囚です。（3）12節と13節は、イスラエルの救いを約束した終末預言です。

貪欲に対する裁き

（1）ミカは、民の罪の本質が貪欲にあることを指摘します。①罪を犯しているのは、裕福な上流階級の人たち（指導者たち）です。②彼らは、寝床の上で詳細に計画を練り、朝になるとそれを実行します。③彼らには力があるので、合法的な行為に見せかけながら、略奪行為を行うことができるのです。④家族の遺産となるべきものが、合法的な体裁を取って略奪されています（レビ25・8～55参照）。隣人のものを欲しがるのは、罪です（出20・17）。

（2）裁き主である主が判決を下されます（3節）。①「わざわい」と訳されていることばは、ヘブル語では「ラアー」です。このことばには、「悪い」という意味もあります。つまり神は、イスラエルの民の「道徳的罪（悪）」に対して「わざわい」をもって応えると言われるのです。（ことば遊び）。②神の裁き（わざわい）とは、敵がやって来て、彼らの土地を略奪するということです。③この略奪によって、モーセの律法が保証していた家族への遺産相続が実行できなくなります。

イスラエルの大罪

（1）6節には、『戯言を言うな』と彼らは戯言を言う。『そんな戯言を言ってはならない。辱めを受けることはない。』」とあります。①ミカの預言を批判しているのは、イスラエルの民とも偽預言者たちとも取れます。両方であったのかも知れません。②イスラエルの民は、神の真実と愛は信じていましたが、神の別の性質である「義」や「聖」については関心を払おうとはしませんでした（アモ2・12、7・

16、イザ30・10参照)。

(2)民の罪に対する裁きは捕囚です。カナンの地は安住の地としてイスラエルの民に与えられましたが、もし彼らが罪を犯すなら、その地は彼らを吐き出すことになります。これが土地の契約(申29、30章)の内容です。

イスラエルの残れる者

(1)12〜13節は難解な箇所ですが、他の聖書箇所も参考にしながら、その預言的意味を探ってみましょう。この学びは、大患難時代とメシアの再臨に関する学びとなります。

(2)1行目の「必ずみな集め」と、2行目の「必ず呼び集める」とは、同じことを指しています(対句法)。①終末時代に救われるイスラエル人の数は、どれくらいいるのでしょうか。イザヤ書10章21節では、「残りの者、ヤコブの残りの者は、力ある神に立ち返る」とあり、救われるのは「イスラエルの残れる者」(少数)であることが分かります。②ゼカリヤ書13章8〜9節で、大患難時代にユダヤ人の3分の1が生き残ることが預言されています。つまり、「イスラエルの残れる者」とは、大患難時代を生き延びた3分の1のユダヤ人であることが分かります。③3分の1のユダヤ人が生き延びる理由は、彼らが一つの所に集められ、守られるからです。④その場所は、どこでしょうか。終わりの時代に、ユダヤ人たちは山に逃げます(マタ24・16)。そこは「荒野」(黙12・6)、「岩場の上の要害」(イザ33・16)です。ダニエル書11章41節では、ヨルダンの東側の地域は破壊を免れると預言されています。⑤以上の預言を調べても、土地の名称は出てきません。それが出てくるのはミカ書2章12節です。「わたしは彼らを、囲いの中の羊のように、牧場の中の群れのように、一つに集める」。その地名は「ボツラ」ですが、日本語訳や多くの英語訳では、「ボツラ」という地名を表記するのではなく、その意味を訳して「囲いの中」としています(英語訳では、ASVがボツラと訳しています)。この聖句から、イスラエルの民が逃れる場は「ボツラ」であることが分かります。ここは今のヨルダンのペトラという町です。

(3)次に、「イスラエルの残れる者」の救いとメシアの再臨が、どういう順番で起こるのかについて学んでみましょう。①「ボツラ」に避難したイスラエル人を滅ぼそうとする大軍が、攻め上って来ます。②その時、イスラエル人たちの中に深い悔い改めが起こります（ゼカ13・8～9）。③イスラエル人の悔い改めが起こったときに、メシアが再臨されます。「打ち破る者」（13節）とは、メシアのことです。④「彼らの王」（13節）ということばは、メシアの人性を示し、「主」ということばは、メシアの神性を示しています。つまり、メシアは人性と神性を併せ持ったお方だということです（イザ34・1～7、63・1～6参照）。

パウロはローマ人への手紙11章26節でこう書いています。「こうして、イスラエルはみな救われるのです」。このことは文字どおり成就します。「みな」とは大患難時代を生き延びる3分の1のイスラエル人のことです。そしてパウロは、「神の賜物と召命は、取り消されることがないからです」（29節）と結論づけています。

イスラエルの民族的救いが成就する前に、私たち異邦人に救いがもたらされました。そのことのゆえに神に感謝しましょう。また、異邦人伝道とユダヤ人伝道とは車の両輪であることを覚え、神の国拡大のために熱心に祈り、奉仕しましょう。

ミカ書3章

これを聞け。ヤコブの家のかしらたち、イスラエルの家の首領たち。あなたがたは公正を忌み嫌い、あらゆる正しいことを曲げている。流血でシオンを、不正でエルサレムを建てている。（ミカ書3・9〜10）

この章から以下のことを学びましょう。（1）ミカは、偽預言者も含めて、イスラエルの指導者層の罪を厳しく追及します。（2）彼らは、エルサレムには神殿が建っているので、エルサレムが滅びることはないと確信していました。（3）しかし、指導者層の罪のために、エルサレムは滅ぼされます。

指導者の罪

（1）ミカ書の第2のメッセージが、ここから始まります（3〜5章）。ミカはイスラエルの指導者たちを容赦なく糾弾します。①「あなたがたは公正を知っているはずではないか」（1節）。つまり、指導者たちは神の律法、正義、裁きを知っていたということです（6・8、申10・12〜13）。②しかし彼らは、御心を知りながら、それとは正反対のことを行っていました（2〜3節）。彼らは、野獣が獲物を食いちぎるように民衆を搾取し、苦しめていました。③彼らは民を苦しめながら、厚かましくも主の助けを求めて祈ります。しかし主は、お答えになりません（4節）。

（2）次にミカは、偽預言者たちの罪を糾弾します。①彼らの使命は、イスラエルの民を主の道に導くことでした（申13章、18章参照）。②しかし偽預言者たちは、民を導く代わりに彼らを惑わせ、偽りの道へと導いていました。③彼らは、自分に何かを与えてくれる者は祝福するが、そうでない者は祝福しないという原則で動いていました（5節）。④彼らは、民を光の中にではなく闇の中に導いたので、神もまた、彼らを闇の中へと導かれます（6節）。⑤偽預言者たちは、神からの答えがないので、すべて恥を見ます。「口ひげをおおう」（7節）とは、そういう意味です。⑥彼らは、神からの啓示がないのに、それを受けたかのように語り、人々を欺いています（1サム28・6、アモ8・11〜12参照）。

（3）「しかし、私には力が満ちている。主の霊によって、公正と勇気に満ちている。ヤコブにはその背きを、イスラエルにはその罪を告げる」（8節）。①真の預言者は、主の霊によって活動します。②真の預言者が力と公義と勇気に満ちているのは、聖霊に導かれているからです。③真の預言者には、道徳的力があります。彼らは、人を恐れずに、神の義と裁きを宣言します。ミカもまた聖霊の力によって真理を語った真の預言者のひとりです。私たちも、神だけを恐れることを学ぼうではありませんか（マタ10・28）。

指導者階級の裁き

（1）これまで挙げられた者たちを含めて、指導者階級（首領たち、祭司たち、預言者たち）の罪が指摘されます。①彼らは、エルサレム（シオン）を不正と殺人という土台の上に建てています。②彼らの最大の関心事は、経済的利得です。③しかし彼らは、自らの罪を省みようとはしません。それどころか、「主は私たちの中におられるではないか。わざわいは私たちの上に及ばない」（11節）と豪語しています。神殿が建っている限り、自分たちの上にわざわいが下ることはないというのが彼らの信仰です。これは「お守り」信仰と同じです。④このような誤った確信は、アッシリアのセンナケリブがエルサレム攻撃に失敗して以降、ますます強固なものになったと思われます。

（2）しかし、指導者層の罪のゆえに、エルサレムは滅ぼされます（12節）。①作物を育てるためには、畑を耕し、平らな地にする必要がありますが、それと同じように、エルサレムが再出発を切るためには、裁きによって平らな地とされる必要があります。②かつて主が住まわれたエルサレムが、やがて人の住まない廃墟となります。

イエスはこう宣言されました。「エルサレム、エルサレム。預言者たちを殺し、自分に遣わされた人たちを石で打つ者よ。わたしは何度、めんどりがひなを翼の下に集めるように、おまえの子らを集めようとしたことか。それなのに、おまえたちはそれを望まなかった。見よ。おまえたちの家は、荒れ果てたまま見捨てられる。わたしはおまえたちに言う。

今から後、『祝福あれ、主の御名によって来られる方に』とおまえたちが言う時が来るまで、決しておまえたちがわたしを見ることはない」（マタイ23・37～39）。イエスのこの宣言は、ミカ書3章12節と軌を一にするものです。そして今も、大半のユダヤ人は、イエスを拒否しています。これもまた、指導者層の責任と言えます。指導者層の悔い改めのために祈りましょう。

ミカ書4章

その終わりの日、主の家の山は、山々のかしらとして堅く立ち、もろもろの丘よりも高くそびえ立つ。そこへもろもろの民が流れて来る。（ミカ書4・1）

この章から以下のことを学びましょう。（1）ミカは、メシア的王国の成就を預言します。（2）そのとき、エルサレムが世界の中心となり、異邦人諸国がそこに上って来ます。（3）メシア的王国では、世界平和が実現します。（4）イスラエルの民の約束の地への回復が成就します。（5）メシア的王国が成就する前に、患難期が地上を襲います。

メシア的王国

（1）1～5節は、メシア的王国（千年王国）の預言です（イザ2・1～4参照）。①「主の家の山」（1節）とは、エルサレムのことです。メシア的王国が出現する前に、地上の地形は激変し、高い山々が低くされ、エルサレムが世界最高峰の山となります。②異邦人たちは、エルサレムに上って来るようになります。目的は、メシアから直接教えを聞き、その道を歩むためです。③エルサレムは、神のことばを学ぶ世界の中心地となります。

（2）メシア的王国では、世界的平和が成就します。①メシアは、国際紛争を裁き、公平な判決を下します。②「彼らはその剣を鋤に、その槍を鎌に打ち直す」（3節）。これは、武器が生産用具に作り変えられることを象徴的に預言したものです。③国際関係だけでなく、個人生活もまた安全、繁栄、安心に満ちたものとなります（4節）。④ミカの時代、異邦人諸国は偶像を礼拝していましたが、メシア的王国においては、純粋な礼拝が献げられます。

メシアに従う民

（1）6～8節は、メシアに従って住む民の預言です。これは、イスラエルの回復の預言でもあります。①古代中近東では、滅びた町の住民たちは離散し、やがて他民族と同化するという運命をたどりました。②しかし、イスラエルの民は約束の地に回復されます（6節）。彼らは「残りの者」ですが、強い国民となります。③メシアは、王として彼らを統治されます（7節）。

（2）「あなたは、羊の群れのやぐら、娘シオンの丘。あなたには、あのかつての主権、娘エルサレムの王国が戻って来る」（8節）。①「羊の群れのやぐら」は、原文では「ミグダル・エデル」です。このことばは、訳さずに地名として残しておいたほうがいいと思います。②創世記35章19～21節は、ミグダル・エデルという地名がベツレヘム（あるいはその近郊）であることを示しています。③そう解釈すると、8節は、ベツレヘム（メシア生誕の地）とエルサレム（メシアが統治する地）がともに栄光を受けるようになるという預言であることが分かります。

患難期

（1）ミカは、メシア的王国が成就する前に襲ってくる患難期についても預言します。①旧約聖書でも新約聖書でも、患難期は「産みの苦しみ」として表現されることが多いです。②この期間、イスラエルには指導者（王、議官）がいなくなり、「産みの苦しみ」が彼らを襲います（10節）。エレミヤ書

30章4～7節では、患難期が「ヤコブには苦難の時」と呼ばれています。③終末時代においては、バビロンが世界の中心地となり、イスラエルの民はバビロンに連行されます。しかし主は、イスラエルの民を救出されます（ゼカ14・1～2参照）。④「今、多くの国々があなたに敵対して集まり、そして言う。『シオンは汚されるがよい。われわれはこの目でじっとそれを見ていよう』と」（11節）。この聖句は、ハルマゲドンの戦いの預言です。主はエルサレムにとどまっているイスラエルの民を力づけ、敵に対して勇敢に戦うように励まします。その結果、敵は甚大な被害を受けます。⑤ミカ書5章1節は、ヘブル語聖書では4章14節です。「今、軍勢をなす娘よ、勢ぞろいせよ。包囲網が私たちに対して設けられた。彼らは、イスラエルをさばく者の頬を杖で打つ」（5・1）。これは、エルサレムは抵抗するものの、最終的には敗北することを示しています。

（2）終末の出来事を整理すると、次のようになります。①異邦人の軍隊がメギドの平原に集結する。②彼らはエルサレムに攻め上る。③イスラエルの民は大いに健闘するが、少数であるため最後は敗北する。④エルサレムで勝利した異邦人の軍隊は、ボツラに避難しているイスラエルの民を滅ぼすためにさらに進軍する。⑤ボツラに隠れているイスラエルの民は、メシアを受け入れる。⑥その時、メシアが地上に再臨される。

預言者ミカは、神の啓示を通して、終末時代に何が起こるかを知るようになりました。私たちは、ミカ書を学ぶことによって、将来に確信を持つ者とされました。そのことのゆえに、主の御名をたたえましょう。

ミカ書5章

「ベツレヘム・エフラテよ、あなたはユダの氏族の中で、あまりにも小さい。だが、あなたからわたしのために　イスラエルを治める者が出る。その出現は昔から、永遠の昔から定まっている。」（ミカ書5・2）

この章から以下のことを学びましょう。（1）メシアはユダのベツレヘムで誕生することが預言されます。（2）メシアは、人性と神性の両方を持っておられます。（3）イスラエルの民は、患難期が終わるまで苦難を通過します。（4）メシアは、反キリストの軍勢を打ち破り、地上に平和を確立されます。

メシアの出現

（1）イスラエルの民を患難から救い出し、地に平和をもたらすのはメシアです。この箇所は、そのメシアに関する預言です。

（2）ミカ書5書2節は、よく知られたメシア預言のひとつです。①メシア誕生の地は、ユダのベツレヘムです。これは、メシアが人間として誕生することを教えています。②「その出現は昔から、永遠の昔から定まっている」（2節）「昔」は、ヘブル語で「ケデム」です。このことばは、箴言8章22～23節やイザヤ書37章26節では、神に関して用いられています。このことばがメシアに関して用いられていることで、メシアが神性を持っていることが示されています。③メシアが人性と神性の両方を持っていることは、イザヤ書9章6～7節、エレミヤ書23章5～6節などでも預言されています。「ひとりのみどりごが私たちのために生まれる。……その名は『不思議な助言者、力ある神、永遠の父、平和の君』と呼ばれる。その主権は増し加わり、その平和は限りなく、ダビデの王座に就いて、その王国を治め、さばきと正義によってこれを堅く立て、これを支える。……」（イザ9・6～7）。

（3）3節の前半には、「それゆえ、彼らはそのままにしておかれる。産婦が子を産む時まで」とあります。彼ら（イスラエルの民）は、患難期が終わるまで（産婦が子を産む時まで）、苦難を通過します。

その後、彼らの救いの時がやってきます。
（4）3節の後半には、「そのとき、彼の兄弟のほかの者は　イスラエルの子らのもとに帰る」とあります。イスラエルが回復される時、2つのことが起こります。①イスラエルとユダは、ひとつの民として回復されます。②メシアによる統治が実現します（4節）。
（5）イエスがベツレヘムで誕生されることが、その700年も前に預言されていたとは、なんという驚きでしょうか。私たちの神は、時間を超越して、永遠から永遠まで存在しておられるお方です。この方を礼拝しようではありませんか。

平和の確立

（1）次に、メシアによる平和がどのようにして確立されるのかが預言されます。①「アッシリアが私たちの国に来て、私たちの宮殿を踏みにじるとき、私たちはこれに対抗して七人の牧者、八人の指導者を立てる」（5節）。ここでのアッシリアとは、反キリストに率いられた軍勢のことです。その軍勢がエルサレムの神殿を破壊する時、イスラエルの民はメシアの力を受けて対抗します。「7人」は完全数であり、「8人」はそれにプラス1の数です。つまり、必要とされる以上の指導者たちが立てられるということです。②「アッシリアの地」と「ニムロデの地」は、同じ意味です。そこは反キリストの本拠地で、イスラエルの民はその本拠地を打ちます。③イスラエルの民をアッシリア（反キリストの軍勢）から救い出すのは、メシアです（6節）。
（2）「ヤコブの残りの者」（7節）とは、「イスラエルの残れる者」と同じ意味です。患難期を通過した「イスラエルの残れる者」は、メシアから力を受けて敵に勝利します。そのとき彼らは、2つの役割を果たします。①イスラエルの神を信じる異邦人諸国にとっては、イスラエルは「露」となり「夕立」となります（7節）。つまり、祝福となるということです。②しかし、イスラエルの神に反抗する異邦人諸国にとっては、イスラエルは「獅子」となります。つまり、脅威となるということです（8節）。
（3）メシアによる平和が成就すると、次の5つのものが取り除かれます。①武器（10節）。②要塞（11節）。③呪術師、占い師（12節）。④刻んだ像と石の柱（13～14節）。⑤神に反抗した国々（15節）。

メシア的王国においては、神は贖われた聖なる民を統治されます。今神は、ご自身の名で呼ばれる民を異邦人の中から呼び集めておられます（使15・17）。恵みと信仰によって、神の民とされたことを感謝しようではありませんか。

ミカ書6章

主はあなたに告げられた。人よ、何が良いことなのか、主があなたに何を求めておられるのかを。それは、ただ公正を行い、誠実を愛し、へりくだって、あなたの神とともに歩むことではないか。（ミカ書6・8）

この章から以下のことを学びましょう。（1）ミカ書の第3のメッセージは、主の法廷での対話です。（2）主がイスラエルの民のために為してきたことが4つ列挙されます。（3）イスラエルの民は悔い改めますが、それは表面的なものです。（4）6章8節は、本書の中心聖句です。

主の法廷

（1）ここから、ミカ書の第3のメッセージ（6～7章）が始まります。この箇所は対話形式で書かれていますので、話し手が誰であるかを理解することが大切です。

（2）1～2節は、ミカのことばです。①被告は、イスラエルの民です。②証人となり、判事となるのは、「山々」です。山々は不動であり、ものごとの一部始終を目撃しているという理解が背景にあります（申4・26、30・19、31・28、イザ1・2参照）。③原告は、主です。

（3）3節は、主がイスラエルを訴えることばです。①主は、反逆の民に対して「わたしの民よ」と呼びかけます。主が彼らを裁くのは、彼らを愛しているからです。②主は、自分の側にどのような落ち度があったのかと、イスラエルの民に迫ります。

（4）4～5節では、主がイスラエルの民のために為してきたことが4つ列挙されます。①イスラエルの民をエジプトから買い戻した（出エジプトの出来事）。②指導者を与えた。モーセは預言者、アロンは大祭司、ミリアムは女教師でした。③モアブの王バラクと、ベオルの子バラムは、何度もイスラエルの民を呪ったが、主はそれを祝福に変えた。④シティム（ヨルダン川東岸）からギルガル（ヨルダン川西岸）までの旅は、主が契約に忠実な方であることを証明した（5節）。この旅は、国境を越えて約束の地に入る旅でした。主の側に落ち度はありません。イスラエルの民に残されている道は、自らの罪を告白し、悔い改めることだけです。

（5）6～7節は、イスラエルの民のことばです。①ついにイスラエルの民は、自らの罪を認識し、それを告白します。しかし、その告白は表面的なものです。②彼らの関心事は、外側の行為だけです（6節）。③彼らは、主に献げるいけにえの可能性を数え上げています。「全焼のささげ物」、「一歳の子牛」、「幾千の雄羊」、「幾万の油」などがそれです。④ついに彼らは、長子を献げる可能性さえ考えます。彼らの頭の中には、イサクを献げたアブラハムのことがあったのでしょう。

（6）8節でミカは、主の思いを代弁します。これは、ミカ書の中心聖句です。①「公正を行い」とは、モーセの律法を正しい動機で実行することです。②「誠実を愛し」とは、隣人愛の実践です。③「へりくだって、あなたの神とともに歩む」とは、日々神との交わりを楽しむということです。ミカ書6章8節の教えは、マタイの福音書22章37～40節を想起させます。聖書全体の教えは、2つの愛（神への愛と隣人への愛）に集約されます。

イスラエルの民の失敗

（1）9節以降、再び主のことばに戻ります。イスラエルの民はミカ書6章8節の命令を実行することに失敗しました。①彼らは、主の正義を行うことに失敗しました。そのことを象徴しているのが、「升目不足の升」、「不正な秤」、「欺きの重り石の袋」などです。これはモーセの律法で禁じられていることです（レビ19・35～36。申25・13～16参照）。②富む者たちは、社会的不正義を行いました（12節）。彼らは、隣人愛の実践に失敗しました。

（2）第3の失敗に入る前に、罪のゆえに下る裁きの内容が挿入句として宣言されます（13～15節）。裁きが下ると、3つの悲劇が起こります。①土地の荒廃（13節）。②飢饉（14節）。③収穫物の不作（15節）。

（3）第3の失敗は、偶像礼拝の罪です。①オムリは、北王国で新しい王朝を始めた人物です。彼は、彼以前のどの王よりも、金の子牛の礼拝を強調しました（1列16・25～26）。②アハブは、フェニキアからイゼベルを妻に迎え、北王国にバアル礼拝を広めた王です。彼もまた父オムリと同様、悪王です（1列16・30～33）。

内面的な義（信仰）が伴っていないなら、外面的な儀式にはなんの意味もありません。内面的な実質があって初めて、儀式に意味が出てくるのです。そのことを覚え、主の前を真実に歩むことを志しましょう。

ミカ書7章

しかし、私は主を仰ぎ見、私の救いの神を待ち望む。私の神は私の言うことを聞いてくださる。私の敵よ、私のことで喜ぶな。私は倒れても起き上がる。私は闇の中に座しても、主が私の光だ。（ミカ書7・7〜8）

この章から以下のことを学びましょう。（1）ミカは、イスラエルの民を襲う患難期について預言し、大いに嘆いています。（2）しかし彼は、闇の中にあっても、そこに主の光があることを見ています。（3）終わりの日に、イスラエルの民は回復されます。（4）ミカは、自分の名前を用いて、神をたたえます。

イスラエルの民に下る最終的な裁き

（1）1〜6節で、民に下る最終的な裁き（患難期）が預言されます。①この文脈では、「初なりのいちじく」（1節）とは「義人（敬虔な者）」、つまり、「イスラエルの残れる者」のことです。②教会が携挙された直後の時代、地上には不信者しか残らなくなります。その直後に、患難期が訪れます。

（2）ミカは、イスラエルの民が通過する苦難を覚え、「ああ、なんと悲しいことだ」（1節）と嘆いています。①「あなたを見張る者の日」（4節）とは、裁きの日、患難期のことです。②患難期になると、隣人も、親友も、妻でさえも信用できなくなります。また、家族関係も破壊されます（マタ10・34〜36）。

裁きの中にある希望

（1）「しかし、私は主を仰ぎ見、私の救いの神を待ち望む。私の神は私の言うことを聞いてくださる」（7節）。①ミカは、闇の中（患難期）にあっても、そこに主の光があるのを見ています。②ミカが見ている希望とは、イスラエルの民の回復です。③「敵」（8節）ということばは、女性名詞の単数形で、イスラエルの敵をひとまとめにした集合名詞です。つまり、すべてのイスラエルの敵に向かって、「私のことで喜ぶな」と語っているのです。④イスラエルの民は、自らの罪のゆえに裁きが下っていることを認めるようになります（9節）。それが、回心の時です。⑤「主は私を光に連れ出してくださる。私は、その義を見る」（9節）とは、メシア再臨の預言です。⑥メシア再臨の時、イスラエルの敵は、恥に包まれます。その時、「私の目は、確かに見る。今に、敵は道の泥のように踏みつけられる」（10節）という預言が成就します。

回復の約束

（1）11～13節で、イスラエルの民の回復が預言されます。イザヤ書28章14～22節は、より詳細にこのテーマについて預言しています。①イスラエルの民が反キリストと契約を結ぶことが預言されます。②その契約の結果、患難期が到来します。③それが終わると、エルサレムの回復と拡張の時が訪れます。④イスラエルの民は、2つの国から帰還して来ます。アッシリアとエジプトがそれです。⑤「しかし、その地は、そこに住む者たちのゆえに、彼らの行いの実によって荒れ果てる」（13節）。これは、回復の前に起こる「地の荒廃」の預言です。

（2）回復の約束に応答して、民がその成就を求めて祈りを献げます（14節）。「果樹園」と訳されたことばは「カルメル」ですが、カルメルはカナンの地の西端にあります。バシャンとギルアデは、ヨルダン川の東側にあります。つまり民は、主の支配が西から東まで全地に及ぶようにと祈っているのです。

辱めを受けるイスラエルの敵

（1）出エジプトの出来事では、イスラエルの民を迫害したエジプト人たちが辱めを受けました。それと同じように、反ユダヤ主義に立つ異邦人諸国もまた辱めを受けるようになります。

（2）17節は、主の裁きを恐れて震えている様子を描写しています。①反ユダヤ主義政策を実行してきた異邦人諸国は、メシアの再臨の後に裁きを受けます。②異邦人諸国の裁きの預言は、旧約聖書（ヨエ3・1～3）にも、新約聖書（マタ25・31～46）にもあります。主イエスもまた、同じことを預言されました。羊の異邦人は祝福を受け、山羊の異邦人は裁きを受けます。両者の違いは、患難期にユダヤ人に対してどういう行動を取ったかの違いです。

神への賛美

（1）「あなたのような神が、ほかにあるでしょうか」（18節）。①このことばは、ミカという名前の意味と同じです（ことば遊び）。②ミカは、モーセのことばを下敷きにしながら、イスラエルの民の救いについて語っています（出15・11）。③19節は、出エジプトの出来事と同じような奇しいわざを行ってくださいという願いです。

（2）イスラエルの民が救われる理由が20節に記されています。出エジプトの出来事は、アブラハム契約に基づいて行われた神の奇跡のみわざです。それと同じように、イスラエルの民の救いも、アブラハム契約に基づいて行われる神のみわざなのです。神がアブラハム契約においてイスラエルの民に約束されたことは、メシア的王国において、すべて成就します。

私たち異邦人クリスチャンは、メシアである主イエスを通して、アブラハム契約の「霊的祝福」に与っています（エペ3・6）。異邦人クリスチャンは、ユダヤ人と共同の相続人となりました。それゆえ、ユダヤ人に対して誇ってはなりません。むしろ、彼らに感謝し、その救いのために祈り、奉仕をすべきです。

ナホム書1章

主はねたんで復讐する神。主は復讐し、憤る方。主はご自分に逆らう者に復讐し、敵に対して怒る方。（ナホム書1・2）

この章から以下のことを学びましょう。（1）ナホムが語ったのは、ニネベに対する裁きのメッセージです。（2）アッシリアを裁く主のご性質が列挙されます。（3）アッシリアの滅びは、ユダの人々にとっては福音となりました。

ナホム書の概要

（1）ナホム書の概要を確認します。①ナホムとは、「慰めに満ちた」という意味です（ノア「休息」と同じ語源）。②しかし本書は、その意味とは裏腹に、アッシリアに対する厳しい裁きを預言した書です。③ナホムはエルコシュ人で、南王国で活動した預言者です。ニネベが滅びたのは前612年ですから、それ以前に活動した預言者です（恐らくマナセ王の時代）。

（2）アッシリアに対する預言は、アッシリアに苦しめられていたユダの人々にとっては、大きな慰めとなりました（7節）。

主のご性質

（1）「主はねたんで復讐する神。主は復讐し、憤る方。主はご自分に逆らう者に復讐し、敵に対して怒る方」（2節）。この聖句が1章の中心聖句です。隆盛のただ中にあったニネベを滅ぼす方とは、どのような方なのでしょうか。①主は、ねたんで復讐する神です。神は、罪をそのまま放置されるお方ではありません。②主は、怒るのに遅い方です（出34・6〜7）。主は預言者ヨナをニネベに遣わし、ニネベの町を救いました。しかし、次の世代のニネベの人々は、もとの罪深い姿に戻り、神の怒りを招くことになりました。③主は、力ある神です。それゆえ、ニネベの罪を裁くことができるのです。

（2）神の力は、4つの領域に及んでいます。①神は、天候を支配しておられます（3節）。②神は、水を支配しておられます（4節）。③神は、乾いた地を支配しておられます（5節）。④最後に、神は、全人類を支配しておられます（5節）。

（3）力ある神の前に立ち得る人など、どこにもいません（6節）。しかしナホムは、主は砦の神でもあることを私たちに告げています。これこそが、良き知らせなのです。

ニネベの滅び

（1）主に対する罪のゆえに、主からの裁きがニネベに下ります（9節）。①「絡みついた茨」（10節）のように、ニネベはすぐに燃え尽きます。②酔っぱらいは、現実と夢の区別がつかず、誤った希望を抱くものです。まさにそれが、ニネベの状態です（10節）。③彼らは、「乾ききった刈り株のように焼き尽くされる」（10節）のです。

（2）「おまえたちの中から、主に対して悪を謀り、よこしまなことを企てる者が出た」（11節）。①これは、センナケリブのことです。②「よこしまなこと」は、ヘブル語では「ベリアル」で、旧約聖書においてはサタンの呼称です。つまり、アッシリアの王センナケリブは、サタンの使者だということです（イザ36、37章参照）。

（3）12～13節は、ユダに対する慰めのことばです。①エルサレムを包囲した時、アッシリア軍は、兵士の数の多さのゆえに勝利を確信し、心安らかに休んでいました。②しかし、いかに数の上で勝っていても、主の前では敗北するしかありません。③アッシリアの滅びと並行して、ユダの解放が宣言されます。

ユダへの良い知らせ

（1）14節は、再びアッシリアに向けて語られたことばです。①アッシリア人たちは、名を残すために多くの記念碑を建てていましたが、その願望は完全に打ち砕かれます。子孫がいなくなるからです。②アッシリアの偶像は、主によって破壊されます。③アッシリア人たちは、墓に葬られます。邪悪で、罪深い者だからです。

（2）アッシリアの滅びの預言は、ユダにとっては良い知らせです。「見よ。良い知らせを伝える人の足が、平和を告げ知らせる人の足が山々の上にある」（15節）。①この聖句は、イザヤ書52章7節の引用です（メシアによる終末的な慰めの預言）。②ナホムはそれを、「アッシリアからの解放」という意味で適用しています。

（3）ユダの人々に、エルサレムに上り、巡礼祭を祝えという勧めがなされます(15節)。その理由は、エルサレムに上る途中で妨害する者がいなくなるからです。

現代の「良い知らせ」とは、イエス・キリストの福音のことです。隣人に福音を伝えるのは、実に麗しい行為です。たとえ隣人から疎まれたとしても、神には喜ばれています。機会を見つけて、喜びの知らせを伝えることを実行しようではありませんか。

ナホム書2章

追い散らす者が、おまえに向かって上って来る。塁を見守り、道を見張れ。腰を強くし、大いに力を奮い立たせよ。主がヤコブの威光を、イスラエルの威光のように回復されるからだ。まことに、荒らす者が彼らを荒らし、彼らのぶどうの枝を損なう。（ナホム書2・1～2）

この章から以下のことを学びましょう。（1）バビロンとメディアの合同軍が、ニネベを征服します。（2）この戦いの目的は、①アッシリアに対する主の報復と②イスラエルの栄光の回復です。（3）アッシリアを滅ぼすのは、主ご自身です。

主の報復

（1）1節は、ニネベに対して語られた裁きの預言です。①「追い散らす者」とは、バビロンとメディアの合同軍のことです。侵略軍を指揮したのは、ネブカドネツァルの父ナボポラッサです。②「塁を見守り、道を見張れ。腰を強くし、大いに力を奮い立たせよ」は、ニネベに対する警告のことばです(皮肉的表現)。

(2)戦いの目的が2節に記されています。「主がヤコブの威光を、イスラエルの威光のように回復されるからだ。まことに、荒らす者が彼らを荒らし、彼らのぶどうの枝を損なう」。①この戦いは、アッシリアに対する、主の報復です。アッシリア軍は、北王国を滅亡させ、南王国の町々を破壊し、首都エルサレムを包囲しました。「彼らのぶどうの枝を損なう」とは、イスラエルの民の子孫たちを殺したということです。②この戦いによって、アッシリア(ニネベ)は滅び、イスラエルの栄えが回復されます。

(3)3~7節では、戦争の様子が実に生き生きと描写されています。①侵略軍は、見事に武装しています。盾は赤く、服は緋色、戦車は鉄の火のようです。当時は、戦車に松明を灯して走ることがよく行われました。夜戦に備えてのことです。②侵略軍は、ニネベの町に入り、その通りや広場を駆け巡ります。「稲妻のように走る」(4節)とは、動きが素早いことを表現したことばです。③「高貴な人は呼び出されるが、途中でつまずき倒れる。人々は町の城壁へ急ぐが、そこに外から柵が設けられる」(5節)。城壁を守ろうとして慌てふためいている様子が、よく表現されています。④「いくつもの川の水門が開かれ、宮殿は消え去る」(6節)。ニネベは、2つの川の間に建てられた町でしたが、この町の崩壊は、川の氾濫によってもたらされます。⑤「王妃は捕らえられ」(7節)とあります。原語では「フツァブ」ですが、これは王妃の固有名詞かもしれません。王妃が捕らえられることは、その国が征服されたということです。

ニネベ陥落

(1)8~9節では、ニネベが陥落する様子が描かれています。①安定した都、人口と富が豊かにあった都に、一大事が起こります。②「水が流れ出る池のようだ」(8節)とは、勇敢なアッシリアの兵士たちが恐れをなして逃亡している様子の描写です。③指揮官が止まるように命じても、その声に聞き従う者は誰もいません。

(2)主からバビロンとメディアの合同侵略軍に声がかかります。「銀を奪え。金も奪え。その財宝には限りがない。あらゆる尊い品々があふれている」（9節）。今までニネベが蓄えてきた富が、一瞬のうちに奪われてしまいます。

（3）ニネベが陥落したのは、主によることです。「不毛、空虚、そして荒廃。心は萎え、膝は震える。どの腰もわななき、どの顔も青ざめる」（10節）。①「不毛、空虚、荒廃」はヘブル語で、「ブカー、ムブカー、ムブラカー」です。ことば遊びによって、この破壊が徹底的なものであったことが印象づけられます。②傲慢に満ちていたアッシリア人の顔は、恐怖のために青ざめます。③「獅子の住みかはどこか」（11節）との問いが発せられます。雄獅子はアッシリアの象徴、若い獅子は王子たちの象徴です。雄獅子（王）は、獲物（外国の国々）を引き裂き、自らのほら穴に入れていました。しかし、それらの富はすべて持ち去られます。

（4）「見よ、わたしはおまえを敵とする」（13節）。ニネベを滅ぼすのはバビロンとメディアの合同軍ですが、実際にそれを行うのは主ご自身です。アッシリアは、近隣諸国に使者を派遣し、過酷な貢ぎ物を要求してきましたが、今後はそれが不可能になります（13節）。

ニネベの最期を見ていると、主イエスのことばが思い浮かびます。「愚か者、おまえのたましいは、今夜おまえから取り去られる。おまえが用意した物は、いったいだれのものになるのか」（ルカ12・20）。神の前に謙遜になることを学びましょう。地上に富を蓄えるよりも、永遠に価値あることのために働くことを志しましょう。

ナホム書3章

「アッシリアの王よ。おまえの牧者たちは眠り、高貴な者たちはじっととどまっている。おまえの民は山々の上に散らされ、集める者はだれもいない。」（ナホム書3・18）

この章から以下のことを学びましょう。（1）ニネベは、その悪行のゆえに神の裁きを受けます。（2）ニネベの裁きは、速やかに、完全に実行に移されます。（3）アッシリアによって苦しめられていた諸国は、ニネベの崩壊を喜びます。

ニネベ陥落の理由

（1）この章では、ニネベの悪行が列挙されます。①ニネベは、「流血の町」（1節）と呼ばれています。「血」ということばは、複数形になっています。つまり、ニネベはありとあらゆる血を流してきた町だということです。②虚偽、略奪、強奪もまた、ニネベの悪行です。宮廷では虚偽が横行し、不正に基づく略奪は日常茶飯事でした。国外においては、諸国の強奪をくり返していました。③主は、そのような悪行を憎まれます。3節は、ニネベが敵の攻撃を受ける様子を描いたものです。

（2）ニネベ陥落の第2の理由は、悪魔的宗教です（4節）。①ニネベは麗しい町でしたが、それが遊女（悪魔的宗教を取り入れた）になり下がってしまいました。②また、周辺諸国に悪魔的宗教を広める役割を果たしました。ユダもまた、その悪影響を受けました。③遊女は裸をさらすことになります（5節）。つまり、悪魔的宗教の本質が白日の下にさらされるということです。④ニネベは完全に滅び、その住民を慰める人はひとりもいなくなります。

（3）ニネベ陥落の第3の理由は、テーベに対して行った残虐な行為です。①テーベは、上エジプトの首都で大いに栄えた町です。この都は、ナイル川の4つの支流によって守られた、ニネベよりも堅固な要塞でした。②テーベは、4つの同盟国を持っていました。クシュ（エチオピア）、エジプト（下エジプトのこと）、プテ（ソマリア）、ルブ（リビア）。③堅固な守りと4つの同盟国を有していたにもかかわらず、テーベはアッシリアによって滅ぼされました(前663年、アッシュールバニパル王によって)。④10節には、アッシリアの残忍な行為が列挙されています。敵の幼子を八つ裂きにするのは、アッシリアの常套手段でした。兵士たちは、高貴な者たちを奴隷として売り飛ばすために、くじを引きました。

(4)以上の悪行のゆえに、ニネベは陥落します。①「酔いしれて」(11節)というのは、神の怒りの杯によって酔いしれる(恐れる、裁きを受ける)ということです。②ニネベの滅びは、速やかにやってきます(12節)。「初なりの実をつけたいちじく」とは、収穫期の最初に実るもので、すぐに食べられてしまいます(黙6・13参照)。③私たちが信じる神は、愛であり、義であり、聖であるお方です。そのお方の前では、残忍な行為が見過ごしにされることはあり得ません(詩73篇)。

ニネベの陥落の預言

(1)14〜17節には、ニネベの完全な崩壊が預言されています。①アッシリア兵たちは女のように弱くなり、敵に対抗することができなくなります。②「包囲の日に備えて水を汲み、おまえの要塞を強固にせよ。泥の中に入り、粘土を踏みつけ、れんがの型を取れ」(14節)。これは、皮肉のことばです。いくら準備しても負け戦なのですが、それでも準備せよというのです。③ニネベの人口は、バッタやいなごのように多いのですが、町を救うための役には立ちません。それどころか、彼らは商人たちが集めてきた富に襲いかかり、それを略奪するようになります。④いなごのような集団は、指導者から一般の民に至るまで、逃げ去るようになります。

(2)ニネベの崩壊により、住民たちは希望のない民となります(18節)。—ニネベの住民たちには、民を集める指導者が与えられていません。それゆえ、これは絶望的な状況なのです。②また彼らには、慰めは与えられません(19節)。慰められないどころか、彼らのうわさを聞いた諸国民たちは、大いに喜びます。程度の差はあっても、すべての国がアッシリアによって苦しめられていたからです。

詩篇39篇で、ダビデは人生のむなしさをこう歌っています。「まことに　人は幻のように歩き回りまことに　空しく立ち騒ぎます。人は蓄えるが　だれのものになるのか知りません。主よ　今　私は何を待ち望みましょう。私の望み　それはあなたです」（6～7節）。神こそ私たちの望みであり、慰めです。

ハバクク書1章

いつまでですか、主よ。　私が叫び求めているのに、あなたが聞いてくださらないのは。「暴虐だ」とあなたに叫んでいるのに、　救ってくださらないのは。（ハバクク書1・2）

この章から以下のことを学びましょう。（1）ハバクク書は、ハバククと神の対話を記した書です。（2）ハバククの第1の疑問は、「神はどうして民の罪をそのまま放置しておられるのか」というものです。（3）第2の疑問は、「なぜユダよりも罪深いバビロンを用いてユダを裁くのか」というものです。

ハバククという預言者

（1）ハバククとは、「抱擁する」、「抱きしめる」、「容認する」などの意味です。彼に関しては、南王国ユダの預言者であるということ以外は分かりません。彼の活動は、ニネベ陥落（前612年）以前から始まっていたと思われます。

（2）本書は、ハバククと神の対話を記録した書です。①テーマは、「救い」、「信仰」、「信仰義認」などですが、さらに重要なテーマがあります。②ハバククは、2節で、「いつまでですか。主よ」と神に訴えています。これは、地上における「悪と罪の問題」を解決してほしいという叫びでもあります。③最終的にハバククは、「メシアの来臨こそ、すべての問題の解決になる」という結論にたどり着きますが、これが本書の重要なテーマです。

（3）本書は、新約聖書によく引用されています。①「見よ。彼の心はうぬぼれていて直ぐでない。しかし、正しい人はその信仰によって生きる」（2・4）。この聖句は、ローマ人への手紙1章17節に引用されています（ガラ3・11も参照）。②さらに、2章3～4節は、ヘブル人への手紙10章37～38節に引用されています。

（4）ハバクク書のメッセージは、極めて現代的な意味と適用を持っています。私たちもまた、メシアの再臨を待ち望んでいます。私たちに必要なのは、信仰と忍耐と忠実な歩みです。

第1の疑問

（1）第1の疑問は、「神はどうして民の罪をそのまま放置しておられるのか」というものです（2節）。①南王国では律法は実行されず、放置されたままになっています。②それどころか、悪者が正しい人を圧迫し、裁判においては裁きが曲げられています。

（2）彼の疑問に対して、神からの回答が与えられます。①それは、神がユダを裁くための器を起こされるというものです。ユダの暴虐を裁く器は、これまた暴虐を特徴とするカルデア人（バビロン）です（5節）。②この時点では、バビロンは小国でした。それゆえ、この国が強国として歴史の舞台に登場することは、驚くべき出来事なのです。③この国民は、非常に速く移動し、短期間のうちに世界を征服するようになります。④彼らは戦略に長けており、いかなる要塞を持った国でも、容易に征服してしまいます。⑤彼らは偶像礼拝者でしたが、その上に、自分の力を神とするという罪の上塗りをしました（11節）。しかし、自分の力を過信することが、彼らの最大の弱点となりました。バビロンは、その傲慢な態度のゆえに、神に裁かれることになります。

第2の疑問

（1）ハバククの心に、第2の疑問が湧いてきました。しかし彼は、その疑問を口にする前に、まず神への信頼を告白します。①彼は、イスラエルの民が完全に滅びることはないと確信しています。その理由は、神と彼らの間に契約関係があるからです（12節）。②彼は、神が次の2つの目的をもってバビロンを立てられることを理解しました（12節）。ユダを裁くため、そして、ユダを矯正するため。そこまでは理解しましたが、どうしても分からないことがありました。それが第2の疑問です。

（2）第2の疑問は、「なぜユダよりも罪深いバビロンを用いてユダを裁くのか」というものです（13節）。①これは、20世紀のホロコーストに関する疑問と同じです。「ユダヤ人が罪人であることは分かるが、なぜそれよりもはるかに罪深いナチス・ドイツを用いてユダヤ人を裁くのか」。②15節では、バビロンが漁師で、ユダの民は魚にたとえられています。③バビロンは、ユダの民を引きずり上げた網を礼拝します（16節）。つまり、自らの軍事力を誇り、それを神とするということです。④ハバククは、バビロンはいつまでこのような暴虐を働くのかと大いに恐れます。

第2の疑問に対する回答は、2章で与えられます。「この幻は、定めの時について証言し、終わりについて告げ、偽ってはいない。もし遅くなっても、それを待て。必ず来る。遅れることはない」（ハバ2・3）。この聖句を自分のものとし、心に蓄えようではありませんか。

ハバクク書2章

「見よ。彼の心はうぬぼれていて直ぐでない。しかし、正しい人はその信仰によって生きる。」

（ハバクク書2・4）

この章から以下のことを学びましょう。（1）ハバククは、第2の疑問に対する回答を板の上に書くように命じられます。（2）神は、「正しい人はその信仰によって生きる」と語られました。（3）5つのあざけりの歌によって、バビロンの滅亡が預言されます。

幻を書き記せ

（1）ハバククの第2の疑問は、「ユダを裁くために、なぜそれ以上に罪深いバビロンを用いるのか」というものでした。①ハバククは、真剣に神からの答えを待ちました。この姿勢は、すべての信仰者が学ぶべきものです。②「物見のやぐら」（1節）とは、畑の真ん中に立つ見張りの塔です。

（2）主からの答えは、幻の形でやってきました

（4～20節）。①ハバククは、その内容を板の上に書くように命じられます（2節）。②それを読んだ人たちは、短時間のうちに、次々に隣人たちにその内容を伝えるようになります。その様子は、あたかも急使が走っているかのようです。③人間の目には遅れているかのように見えても、神の計画は、神の時がくると必ず成就します。それゆえ、神の約束を信じる者たちは、忍耐を働かせて神の時を待つ必要があるのです。

幻の内容

（1）「見よ。彼の心はうぬぼれていて直ぐでない。しかし、正しい人はその信仰によって生きる」（4節）。①「うぬぼれた人」とは、神のことばを信じない人のことです。②しかし、神のことばを信じ、それに従って生きる人は信仰者であり、義人です。③信仰者は、「今の自分には理解できないことがあるが、それでも私は神の約束を信じる」と告白します（ロマ1・17、ガラ3・11）。

（2）神は、傲慢なカルデア人は必ず滅ぼされると預言されます（5節）。①酩酊という罪。酩酊と高ぶりは、双子のようなものです（ダニ5章参照）。②貪欲という罪。カルデア人たちは諸国を略奪し、富を自分のもとに集めましたが、貪欲な心が満たされることはありませんでした。神の視点からは、彼らの貪欲は「よみ（シオール）」のようであり、「死」のようです。

5つのあざけりの歌

（1）第1の歌（6～8節）。カルデア人の第1の罪は、貪欲です。①6節には、債権者が貸した以上のものを取り立てるので、債務者が怒って反抗して来るという図式が描かれています。②カルデア人は、多くの国々を略奪しました。今度は、略奪された側が、カルデア人を略奪する番です。カルデア人は、ペルシアとメディアによって滅ぼされます。

（2）第2の歌（9～11節）。カルデア人の第2の罪は、不正の利得です（9節）。①不正の利得を用いて、彼らは大きな家を建て、自分と家族を富ませようとしました。②「自分の巣を高い所に構える」（9節）とは、王家の宮殿を指します。③建材として用いられた石や梁は、彼らが不正の利得で自らの家を建設したことの証拠として残ります。
（3）第3の歌（12～14節）。カルデア人の第3の罪は、「流血」と「不正」です（12節）。①諸国民を奴隷として使役して築き上げた王国は、火で焼かれ、跡形もなくなります。②「まことに、水が海をおおうように、地は、主の栄光を知ることで満たされる」（14節）。この聖句は、イザヤ書11章9節の引用で、メシア的王国（千年王国）の預言となっています。ここでハバククが語っているのは、カルデア人に代表される神の敵が全滅し、主の栄光が地を覆うようになるのは、メシア的王国においてであるということです。
（4）第4の歌（15～17節）。カルデア人の第4の罪は、ぶどう酒を使った「恥ずべき行為」です（15節）。①彼らは友を酔わせ、略奪行為を実行します。②彼らの略奪行為は、人間に対してだけでなく、自然界や動物界に対しても行われます。③隣人を酔わせたカルデア人たちは、神の怒りの杯を飲まされるようになります（エレ25・15～17参照）。
（5）第5の歌（18～20節）。カルデア人の第5の罪は、偶像礼拝です（18節）。①創世記の記述によれば、バビロンは偶像礼拝が誕生した地です（創11章）。②カルデア人の偶像は無力で、人を救うことができません。
「しかし主は、その聖なる宮におられる。全地よ、主の御前に静まれ」（20節）。イスラエルの神を忘れ、物言わぬ偶像に助けを求めることは、愚かなことです。今、神の前に静まり、私たちが信頼できるお方は唯一であることを告白しようではありませんか。

ハバクク書3章

神はテマンから、聖なる方はパランの山から来られる。その威光は天をおおい、その賛美は地に満ちている。（ハバクク書3・3）

この章から以下のことを学びましょう。（1）ハバククは、神の約束が速やかに成就するようにと祈ります。（2）患難期の到来を知らされたハバククは、神のあわれみを求めて祈ります。（3）最後に、「イスラエルの残れる者」の信仰が描写されます。彼らは、メシアの再臨を信じ、勝利の祈りを献げます。

ハバククの祈り

（1）神からの回答を得たハバククは、神の約束が速やかに成就するように祈ります。と同時に、今は理解できないことがあっても、主の再臨の時にはすべて解決するという信仰を告白します（3～15節に再臨のテーマが出てきます）。

（2）2節は難解です。「主よ、私はあなたのうわさを聞きました。主よ、あなたのみわざを恐れています。この数年のうちに、それを繰り返してください。この数年のうちにも、あわれみを忘れないでください。激しい怒りのうちにも、あわれみを忘れないでください」。①ハバククが恐れている理由は、主の裁きに関する預言が与えられたからです。彼は、少なくとも患難期の到来は理解したのです。②「年」ということばは、原文では複数形です（それゆえ、「数年」と訳されています）。つまりこれは、短期間の間に主の計画が成就するようにという祈りです（黙示録の預言から言えば、これは7年間です）。③さらにハバククは、患難期において「あわれみを忘れないでください」と祈っています。神の恵みとあわれみがなければ、私たちは神の前に出ることができません（詩78・38参照）。

（3）メシア再臨の場所は、ミカ書2章12節によれば、エドムの首都ボツラ（現在のペトラ）です。①3節では、「神はテマンから、聖なる方はパランの山から来られる」と預言されています。ボツラ（ペトラ）からエルサレムに向かうと、最初に出てくる町がテマンです。道程は、ボツラ、テマン、パランの荒野、エルサレム近郊のヨシャファテの谷（キデロンの谷）、そしてエルサレムです。②メシアの再臨が、シャカイナグローリーの現れとして描写されています（ゼカ14章参照）。③メシアの再臨は、罪人には恐ろしい出来事です（6節）。震え上がる諸国の民とは、イスラエルを滅ぼすために侵攻した国々です。

（4）メシアの再臨に伴い、様々な異変が起こります。①8～10節には、地上に起こる異変が描かれています。②11節には、宇宙で起こる異変が描かれています。③12～15節には、最終戦争（ハルマゲドンの戦い）が描写されています。「あなた」とは、メシアのことです。メシア再臨の目的は、イスラエルを救うためです（イザ63・1～7参照）。④「悪しき者の頭」とは、反キリストのことです。再臨の時、反キリストが最初に滅ぼされます。「その時になると、不法の者が現れますが、主イエスは彼を御口の息をもって殺し、来臨の輝きをもって滅ぼされます」（2テサ2・8）。⑤敵は、イスラエルの民を追い散らそうとして荒れ狂いますが、メシアは超自然的な力をもってイスラエルの敵を撃破されます。

（5）ハバククは、様々な疑問や矛盾に対する答えを、メシアの再臨の中に見いだしました。メシアが地上に再臨される時、すべての悪は滅ぼされ、矛盾が解決します。

「イスラエルの残れる者」の信仰

（1）本書の最後で、「イスラエルの残れる者」（真の信仰者）の信仰が描写されます。①ハバククは、恐れ、震えました（16節）。恐れの理由は、イスラエルの救いが成就する前に、患難期があり、ハルマゲドンの戦いがあるからです。②ハバクク(信仰者)にできるのは、神の御心が成就するのを静かに待つことだけです（16節）。

（2）17節で、ハバククの祈りが、実は「勝利の祈り」であることが明らかになります。患難期の絶望的な状況の中で、ハバククは祈ります。「しかし、私は主にあって喜び躍り、わが救いの神にあって楽しもう」（18節）。逆境が、ハバククを神に近づけたのです。ここに、本物の信仰があります。

（3）19節に、「私の主、**神**は、私の力。私の足を雌鹿のようにし、私に高い所を歩ませる」とあります。これは、神への絶対的な信頼の表明です。

本書の中心的な教えは、２つあります。①「正しい人はその信仰によって生きる」（２・４）。信仰者は、理解できないような状況に遭遇しても、神の計画が最善であることを信じて前進します。②不可解なことや矛盾に思えるようなことは、メシアの再臨の時にすべて解決します。それを信じて歩むのが真の信仰者です。

ゼパニヤ書1章

「わたしは必ず、すべてのものを　大地の面から取り除く。　――主のことば――　わたしは人と獣を取り除き、　空の鳥と海の魚を取り除く。悪者どもをつまずかせ、　人を大地の面から断ち切る。――主のことば――」

（ゼパニヤ書1・2～3）

この章から以下のことを学びましょう。（1）ゼパニヤは、エルサレムに向かって主の日の預言を語りました。（2）主の日がくると、罪と社会的不正義に対して神の裁きが下ります。（3）主の日の目的は、地上から罪と罪人を一掃することです。

ゼパニヤという預言者

（1）ゼパニヤという名前の意味は、「主が隠される者」です。彼は、ヨシヤ王の時代（前640～609年）に南王国で活動しました。彼の家系が、4代前まで記されています（1節）。その理由は、4代前のヒゼキヤ王（2列18・1～20・20）が先祖に当たるからです。彼と同時代の預言者としては、ナホム、ハバクク、エレミヤなどがいます。

（2）当時の南王国の宮廷は、腐敗で満ちていました。特に、混合宗教の問題がありました。ゼパニヤのメッセージのテーマは、主の日（患難期）です。

裁きの預言

（1）神は、「わたしは必ず、すべてのものを　大地の面から取り除く」（2節）と言われます。①主の日がくると、箒で掃き清められるように、悪が取り除かれます。②一掃される順番は、人、獣、空の鳥、海の魚の順です。天地創造の時とは逆の順番です（創1・20～26）。③「悪者どもをつまずかせ」（3節）は、新共同訳では「神に逆らう者をつまずかせ」と訳されています。「神に逆らう者」とは偶像のことでしょう。④「人を大地の面から断ち切る」（3節）とありますが、これはヘブル語のことば遊びです。人（アダム）を地（アダマー）から一掃するというのです。

（2）次に、ユダに下る裁きが預言されます。①ユダの中でも、エルサレムに下る裁きが最も厳しいものとなります。②エルサレムは神の都であり、国の指導者たちの背信は見逃すことができないからです。
（3）5種類の人々が糾弾されます。①「バアルの残り」（4節）。ヨシヤ王の時代に宗教改革が行われましたが、それでも少数のバアル礼拝者たちが残っていました。②「偶像の祭司たち」（4節）。③「屋上で天の万象を拝む者ども」（5節）。申命記4章19節は、天体の礼拝を禁じています。④「主に誓いを立てて礼拝しながら、ミルコムに誓いを立てる者ども」（5節）。天体礼拝やミルコム礼拝は、マナセ、アモンの治世において広く行われていたことです。その悪習慣は、ヨシヤの治世になっても残っていたのです。⑤「主に従うことをやめた者ども、主を尋ねず求めない者ども」（6節）。
（4）「主の日は近い」（7節）というのがゼパニヤ書のテーマです。その日には、罪と社会的不正義に対して神の裁きが下ります。①罪人が裁きのために分けられます（7節）。彼らは滅ぼされ、その死体は空の鳥や野の獣の餌食となります（エゼ39章、黙19章）。②同じ日に、王家の者たちにも裁きが下ります。彼らは外国の服をまとい、外国の習慣を取り入れています。これは律法違反です（民15・38～39、申22・11～12）。③さらに、「神殿の敷居を跳び越える者」（9節）が裁かれます。これは偶像礼拝者たちのことでしょう。④「主人の家を暴虐と欺きで満たす者ども」（9節）も裁きを受けます。
（5）商人たちも、「その日」に裁かれます。①「魚の門」（10節）、「第二区」（10節）、「丘」（10節）、「マクテシュ区」（11節）などはすべて庶民の居住区です。それらの地区がすべて滅ぼされます。商売上の不正と不義が蔓延していたからです。②「主は良いことも、悪いこともしない」という彼らの神学は、間違っています。

主の日の描写

（1）主の日が絵画的に描写されます。①14節では、「近い」、「近く」、「すぐにも来る」と、同じ意味のことばが3度くり返されています。その日は、悲痛な叫びが上がる日、勇士でさえも悲鳴を上げる日です。②15節以降では、主の日がいかに恐怖に満ちた日であるかが描写されます。③主の日の目的は、地上から罪と罪人を一掃することです。裁きの結果、罪人は無残な姿になり（申28・28～29参照）、偶像も、富も、彼らを救い出すことはできません（18節）。

（2）ヨハネの黙示録6章15～17節には、大患難時代に起こる叫びが記されています。この描写は、ゼパニヤ書の主の日の預言と合致します。

キリストにある者は、神の怒り（患難期）から解放されています。そのことに感謝し、イエス・キリストの福音を宣べ伝えましょう。

ゼパニヤ書2章

ともに集まれ、集まれ。恥知らずの国民よ。御定めが行われて、その日が籾殻のように過ぎ去らないうちに。主の燃える怒りが、まだあなたがたを襲わないうちに。主の怒りの日が、まだあなたがたを襲わないうちに。

（ゼパニヤ書2・1～2）

この章から以下のことを学びましょう。（1）イスラエルの民の回復（不信仰な状態での回復）が預言されます。（2）主を求める者は、患難期において、主によってかくまわれます。（3）イスラエルの民を苦しめた諸国は、主の裁きを受けます。

イスラエルの民の回復

（1）この章では、主の日がくる前にイスラエルの民の回復があるという預言がなされます。イスラエルの民の回復は、2段階でやってきます。①不信仰な状態での回復と、②信仰のある状態での回復です。まず、不信仰な状態での回復が預言されます。

（2）「国民」（1節）と訳されたことばは、「ゴイ」です。通常は異邦人を指しますが、ここではイスラエルの民に対して使われています。彼らが神を忘れ、異邦人のようになったからです。

（3）「集まれ、集まれ」（1節）と2度呼びかけられています。①これは回復への呼びかけです。これの回復は、主の日の前に成就します。「……ないうちに」という表現が、3回出てきます。これは、イスラエルの民の回復が患難期の前に起こることを示しています。②1948年のイスラエル建国は、この預言の成就です。しかし、彼らはいまだに不信仰な状態にとどまっています。

（4）3節は、イスラエルの残りの者（真の信仰者）への呼びかけです。①「求めよ」が3回くり返されます。②もし主に立ち返るなら、主の怒りの日に、かくまってもらえるかもしれないというのです。③ゼパニヤという名前の意味は、「主が隠される者」でした。この箇所では、預言者の名前とメッセージが合致しています。④患難期に神がイスラエルの民を隠す場所は、ボツラ（今のペトラ）です（イザ34・6、63・1）。

周辺諸国の裁き

（1）周辺諸国への裁きが預言されます（2・4～15）。その意味は、もしこれらの周辺諸国が神の裁きに遭うとするなら、神の民であるイスラエルはより厳しい裁きに遭う、ということです。周辺諸国が4つ列挙されます。①ペリシテの地（西方）。②モアブとアンモン（東方）。③エチオピア（南方）。④アッシリア（北方）。

（2）ペリシテの地は5大都市連合ですが、そのうちの4つの名前が挙げられています（ガテは出ていません）。①「ガザは捨てられ」、②「アシュケロンは荒れ果てる」。③「アシュドデは真昼に追い払われ」、④「エクロンは根こぎにされる」。「海辺に住む者たち」、「クレタ人の国」（5節）は、ペリシテ人のことです。この預言のとおりに、ペリシテ人たちは歴史からその姿を消しました。

（3）モアブとアンモンは、ロトの子孫です。その出自は、罪にまみれたものでした（2人の娘たちが父のロトによって身ごもった）。①彼らの罪は、反ユダヤ主義の罪です（民22～24、1サム11、2サム10、ネヘ4、エレ40・14など参照)。②モアブとアンモンは、ソドムとゴモラのようになります。③彼らの地は、イスラエルの残れる者たちが受け継ぐようになります。④しかし、10～11節にはモアブとアンモンに対する希望の預言が書かれています。彼らの罪は裁かれますが、最後には(メシア的王国)、彼らの中から主を礼拝する者たちが出ます。

(4)クシュ(エチオピア)は、イスラエルの南に位置する国です。この国に関する預言は12節だけです。この預言は、前664年に成就しました。当時エチオピアはエジプトを支配していました。それで、南の国がエジプトではなく、エチオピアになっています。この年、アッシリアのアッシュール・バーン・アプリはテーベに侵入し、これを滅ぼしました(ナホ3・8参照)。

(5)アッシリアの滅びの預言(13節)は、前612年に成就しました。滅びの直前、ニネベは「私だけは特別だ」(私しかいない)と豪語していました(イザ47・8)。彼らは主を侮っていました。

主の民が軽蔑されるのは、主ご自身が軽蔑されるのと同じです。主は、ご自身の民を守ってくださいます。主イエスの十字架の場面で、次のような描写が出てきます。「通りすがりの人たちは、頭を振りながらイエスをののしった」(マタ27・39)。神を罵る人は、やがて神と人に罵られるようになります。人々の前で主イエスを告白する人は幸いです。なぜなら、主が天の父の前でその人を認めてくださるからです。

ゼパニヤ書3章

「そのとき、わたしはあなたがたを連れ帰る。そのとき、わたしはあなたがたを集める。まことに、あなたがたの目の前で　わたしがあなたがたを元どおりにするとき、わたしは、地のあらゆる民の間で　あなたがたに栄誉ある名を与える。──主は言われる。」（ゼパニヤ書3・20）

この章から以下のことを学びましょう。（1）エルサレムの裁きと諸国の裁きが宣告されます。（2）2章で語られた諸国民への裁きが再度出てくる理由は、イスラエルの民を悔い改めに導くためです。（3）イスラエルの新生とシオンへの帰還が約束されます。

エルサレムの裁き

（1）エルサレムの裁きと諸国の裁きが宣告されます。1～5節は預言者のことば、6～8節は主ご自身のことばです。エルサレムの4つの罪が指摘されます。①預言者の呼びかけを聞こうとしない町（申4・32～36参照）。②預言者が語る戒めを受け入れようとしない町。③主に信頼しない町。④神に近づこうともしない町。

（2）次に、4種類の指導たちの罪が指摘されます。①高官たち。彼らは、雄獅子のように民を襲い、貪欲に振る舞っていました。②都をさばく者たち。裁判官たちもまた、狼のように利己的な欲望のままに行動していました。③偽預言者たち。預言者たちは、堕落していました（エレ8・10参照）。④祭司たち。祭司は、民に律法を教えることに失敗していました。

諸国の裁きと回心

（1）6～8節では、主が1人称で語られます。①2章で語られた諸国民への裁きが、再度要約した形で出てきます。その理由は、イスラエルの民を悔い改めに導くためです。②6～7節で使用されている動詞は、預言的完了形です。主の目には、すでに起こっているのです。③イスラエルの民は、矯正的懲罰を受ける必要がありましたが、主からの警告に耳を傾けず、より堕落していきました。

（2）8節は、ハルマゲドンの戦いの要約です。と同時にイスラエルの回復の預言ともなっています。①患難期の最後に、諸国の軍隊が侵攻して来ます。②その時、メシアが地上に再臨されます。神の民イスラエルを滅ぼそうとする勢力は、再臨のメシアによってすべて滅ぼされます。

（3）9節は、患難期に救われる異邦人がいるということを預言しています。①患難期に救われた異邦人（羊の異邦人）は、ユダヤ人の回復のために貢献するようになります（10節）。②羊の異邦人に助けられながら、離散の民は、遠い地から主への贈り物を携えて帰還して来ます。

イスラエルの新生と帰還

（1）11～13節は、「イスラエルの新生」の預言です。①神は、イスラエルの中からも罪と罪人を取り去られます。その結果、イスラエルは、過去の自分の行為のゆえに恥を見ることがなくなります（11節）。②「へりくだった、貧しい民を残す」（12節）とは、イスラエルの残れる者たちのことです。神は、イスラエルの中に真の信仰者を起こし、彼らを祝福されます。③新生体験をしたイスラエルの民は、主に似た者と変えられて行きます。④イスラエルの民は、良き羊飼いに養われる羊のようになります（詩23篇、ヨハ10章参照）。

（2）14～15節は、帰還に伴う喜びの歌です。喜ぶ理由が5つあります。①イスラエルの罪が取り除かれ、神の裁きが取り去られた（15節）。②イスラエルの敵は、主によって滅ぼされた（15節）。③主が王としてエルサレムに住み、そこから全世界を統治される（エレ3・16～17も参照）。④イスラエルは、敵を恐れる必要がなくなる（16節）。⑤神ご自身が、イスラエルの民との交わりを喜んでくださる（17節）。

（3）18節は、イスラエルの民の帰還を約束しています。①神は、「例祭から離れて悲しむ者たち」をシオンにお集めになります。②イスラエルの民は、恥から解放され、栄誉ある民とされます。

（4）19節は、イスラエルの敵が罰せられることを宣言しています。

（5）最初の帰還の預言は、不信仰な状態での帰還でした（2・1～2）が、20節は、信仰のある状態での帰還を預言しています。イスラエルの民には、栄誉ある名が与えられます。

ゼパニヤは、祝福の約束をもってこの預言書を終えます。この書から学ぶべき教訓は、神の約束は永遠に変わらないということです。終わりの日に、イスラエルの民は約束の地に回復されます。私たちに与えられた神の約束は、すべて成就します。そのことを全面的に信じる人は幸いです。

ハガイ書1章

シェアルティエルの子ゼルバベルと、エホツァダクの子、大祭司ヨシュアと、民の残りの者すべては、彼らの神、主が預言者ハガイを遣わされたとき、彼らの神、主の御声と、ハガイのことばに聞き従った。民は主の前で恐れた。主の使者ハガイは主の使命を受けて、民にこう言った。「わたしは、あなたがたとともにいる――主のことば。」

（ハガイ書1・12～13）

この章から以下のことを学びましょう。（1）ハガイは、エルサレムで活動した預言者です。（2）彼の活動期間はわずか3～4か月ですが、その短い期間に、民を励まし、神殿再建の工事を再開させます。（3）彼の奉仕が成功した理由は、聖霊の働きがあったからです。

ハガイ書の概要

（1）ハガイは、エルサレムで活動した預言者です。①「ハガイ」という名は、ヘブル語の「祭り（ハグ）」から出たものです。②彼は、ゼカリヤと同時代の預言者（捕囚期後の預言者）です（エズ5・1、6・14、ゼカ8・9など参照）。③「ダレイオス王の第二年、第六の月の一日」は、前520年に当たります。活動期間は、わずか3～4か月です。

（2）ペルシア王キュロスの勅令（前538年）により、すべての民が故国帰還を許可されました。①ユダヤ人も、エルサレムへの帰還と神殿の再建が許可されました（エズ1・2～4、6・3～5）。②総督ゼルバベル率いる約5万人のユダヤ人は、エルサレムに帰還し、すぐに神殿の再建に着手しました。③神殿の基礎は2年後に完成しましたが、サマリア人や周辺民族の妨害のために、工事は中断したままになりました。④その状態がダレイオス大王の代まで続きます（エズ4・1～5、24）。ハガイとゼカリヤが預言者としての活動を開始したのは、ダレイオスの第2年目（前520年）です。

民の罪とその結果

（1）「万軍の主」（2節）という御名は、預言者ハガイ、ゼカリヤ、マラキが好んで使ったもので、神の全能の力を示しています。①主がイスラエルを「この民」と呼んだ理由は、イスラエルが罪を犯しているからです（ホセ1・9参照）。②民の罪とは、「時はまだ来ていない。主の宮を建てる時は」（2節）と言っていることです。③それに対して神は、「この宮が廃墟となっているのに、あなたがただけが板張りの家に住む時だろうか」（4節）と問われます。恐らく民は、15年前に神殿を建てようとした際に用意した杉材を、自分の家のために用いていたのでしょう。

（2）罪の呪いが民の上に下っていました。①収穫が少ない、②食糧が不十分である、③ぶどう酒が不足している、④衣服が不足している、⑤労働が空しくなっている、などなど。これらの呪いの背後には、神とイスラエルの契約関係がありました（申28・38～40）。

罪の治療法

（1）ハガイは、罪の治療法を示します（7～8節）。①「あなたがたの歩みをよく考えよ」（7節）とは、過去15年の不作為の結果を熟慮せよということです。②罪の治療法が3つの動詞（命令形）で示されます。「山に登り、木を運んで来て、宮を建てよ」。神殿建設のために調達していた杉材は、すでに家々の建設のために使用されていたのでしょう。

（2）さらに主は、過去に下った裁きを指摘されます。①「あなたがたは多くを期待したが、見よ、得た物はわずか」（9節）。②「あなたがたゆえに、天は露を滴らすのをやめ、地はその産物を出すのをやめた」（10節）。露が降らないと、夏の収穫物（特にぶどう）は枯れてしまいます。③その地を飢饉が襲い、様々なものがその影響を受けました（11節）。

積極的応答

（1）ハガイのことばに、まず指導者たちが積極的に応答しました。①ゼルバベルは政治的指導者、ヨシュアは宗教的指導者です。②次に、「民の残りの者すべて」（12節）が積極的に応答しました。ここでの「民の残りの者」は、単に「残された少数者」の意味です。③積極的応答が生まれた理由は、ハガイのことばが主からのものであると認められたからです。

（2）主は、民の積極的応答を喜ばれました（13節）。①主からのことばとは、「わたしは、あなたがたとともにいる」というものでした。②ついに民は行動を起こしました。「それは第六の月の二十四日のことであった」（15節）。つまり、最初のメッセージから23日後に、民が行動を起こしたということです。

ハガイのように短時間で民を動かした預言者は稀です。その背後には、主（聖霊）の働きがありました。私たちにも、そのような聖霊の励ましが必要です。

ハガイ書2章

「この宮のこれから後の栄光は、先のものにまさる。──万軍の主は言われる──この場所にわたしは平和を与える。──万軍の主のことば。」（ハガイ書2・9）

この章から以下のことを学びましょう。（1）第2のメッセージは、この宮の栄光は先のものにまさるという励ましです。（2）第3のメッセージは、翌年の豊作を約束するものです。（3）第4のメッセージは、ゼルバベルを励ますためのものです。

第2のメッセージ

（1）「第七の月の二十一日」に主のことばがありました(仮庵の祭りの最終日。レビ23・34〜43参照)。①収穫が乏しいので、民の心は沈んでいたでしょう。②第2のメッセージは、このような失望の時、神殿再建に着手してから3週間半後にやってきました。③ユダの総督ゼルバベル（政治的指導者）、大祭司ヨシュア（宗教的指導者）、民の残りの者（一般大衆）

に対して、励ましのことばが届けられます。
（2）「かつての栄光に輝くこの宮」（3節）は、ソロモンの神殿です。①その神殿が破壊されたのは前586年で、それから66年後（前520年）に再建工事が始まりました。つまり、70歳以上の老人ならソロモンの神殿を見たことがあるのです。②ソロモンの神殿と比較すると、第2神殿はみすぼらしく見えたはずです（3節。エズ3・8〜13参照）。
（3）4〜5節は、ゼルバベルとヨシュアに与えられた励ましのことばです。①「仕事に取りかかれ」（4節）とは、再建工事を延期するなということです。②この命令には約束が伴っています。それが、「わたしがあなたがたとともにいるからだ」（4節）というものです。③出エジプトの時代と同じように、今も聖霊は民の間で働いています（5節）。それゆえ恐れる必要はないのです。
（4）メシア的王国（千年王国）が地上に設立される前に、天と地、海と陸が揺り動かされる時がやってきます（6節）。これは患難期の預言です（イザ13・13参照）。
（5）千年王国の神殿は、豪華に飾られたものとなります（エゼ40〜48章）。なぜなら、諸国の民が宝物をもたらすからです（7〜8節）。
（6）「この宮のこれから後の栄光は、先のものにまさる。──万軍の主は言われる──」（9節）。①この宮の将来の栄光は、ソロモンの神殿をはるかに凌ぐものとなります。②この預言は、メシアであるイエスが神殿に来られた時に成就しました。③イエスは「平和の君」です（イザ9・6）。イエスは、初臨において霊的平和をもたらし、再臨において肉体的平和をもたらされます。

第3のメッセージ

（1）第3のメッセージは、第2のメッセージから約2か月後、神殿再建に着手してから3か月後に語られたものです（1・15参照）。①この年の収穫は、不作でした。民の疑問は、神殿再建に着手したのに、なぜ不作に終わったのかということです。②そこで主は、ハガイを通して、なぜ収穫が少ないのかを説明されます。
（2）11〜14節は、モーセの律法に関する2つの質問を通して、聖は転移しないが、汚れは転移するということを教えています。その教えの適用は、イスラエルの民は汚れた民となったので、その汚れは、神へのささげ物に転移しているということです。

（3）15〜17節で、主は、神殿再建を放置した15年間のことを思い起こせとお語りになります。①畑の収穫は激減しました。②裁きの原因は、民の不信仰です。

（4）18節で、再建工事を開始してからきょうまでのこと（第6の月の24日〜第9の月の24日までの3か月間）を考えよという命令が下ります。①その間にも、豊かな収穫はありませんでした。その理由は、民の汚れが収穫物に転移したからです。②しかし、翌年の収穫は大いに祝されます。その理由は、民が主への信頼を表明したからです。

第4のメッセージ

（1）21〜22節は、ゼルバベルに対する励ましのメッセージです。①「天と地を揺り動かし」（21節）ということばは、メシア的王国が成就する前の患難期を預言したものです。②このとき、反キリストは敗北し、反キリストの軍勢は倒されます。ハルマゲドンの戦いにおいて、このことが成就します。

（2）23節で、ゼルバベルは、「わたしはあなたを選んで印章とする」との約束を受けます。「印章」というのは、「王の印」、「権威の印」（エス8・8参照）のことです。王の印章は、王の指から離れることはありません。

クリスチャン生活においても、試練が襲ってくることがあります。しかし、神は試練の中に置かれている聖徒たちに、励ましのことばを与えてください ます。

ゼカリヤ書1章

「それゆえ、主はこう言われる。『わたしは、あわれみをもってエルサレムに帰る。そこにわたしの宮が建て直される。――万軍の主のことば――測り縄がエルサレムの上に張られる。』もう一度叫んで言え。『万軍の主はこう言われる。わたしの町々には、再び良いものが満ちあふれ、主は再びシオンを慰め、再びエルサレムを選ぶ。』」（ゼカリヤ書1・16～17）

この章から以下のことを学びましょう。（1）ゼカリヤは、捕囚期後の預言者で、その活動は50年に及びます。（2）第1の幻は、「異邦人諸国はイスラエルを苦しめるが、神は必ずご自身の民を回復される」というものです。（3）第2の幻は、「イスラエルを苦しめた4つの異邦人諸国は、神が立てた4人の人物によって裁かれる」というものです。

ゼカリヤ書の概要

（1）ゼカリヤは、「イドの子ベレクヤの子」（1節）です。イドの意味は「彼の時」、ベレクヤの意味は「主は祝福する」、ゼカリヤの意味は「主は覚えている」です。3つを総合すると、「主は覚えておられ、ご自身の時が来たなら、その民を祝福される」という意味になります。

（2）ゼカリヤが活動を開始したのは、ダレイオスの第2年の第8の月（前520年）です。①彼の活動期間は、50年にも及びます（前470年まで）。②本書のテーマは、「異邦人の時におけるイスラエル」です。③アブラハム契約（無条件契約）のゆえに、神がイスラエルの民を見放すことはあり得ません。ゼカリヤが語る「悔い改めへの招き」は、そういう歴史的文脈の中で理解する必要があります。

第1の幻

（1）「ダレイオスの第二年」（7節）（前520年）に、ゼカリヤは、連続した8つの幻を見せられます（エルサレムの将来に対する神の計画）。①この幻に登場する「赤い馬に乗った人」、「主の使い」、「ゼカリヤと話している御使い」は、すべて同一人物です。②旧約聖書で「主の使い」は、受肉前の第2位格の神を指します。③「谷底」(8節)は「低い地、窪地」という意味で、ここでは象徴的に異邦人世界を表しています。④「赤毛や栗毛や白い馬」は、異邦人世界を統治する天使たちを象徴しています。⑤「地を行き巡る」(10節)とは、天使の活動を表現することばです。彼らの報告では、地上の人々はすべて安らかに住んでいました。これは朗報のように聞こえますが、イスラエルにとってはそうではありません。なぜなら、神がイスラエルに対して持っておられる計画が何も進展していないということだからです。

(2)12節で、主の使いは「万軍の主」に執りなしの祈りを献げます。①これは、子なる神が父なる神に献げる執りなしの祈りです。②「七十年」は、捕囚の期間です(エレ25・11〜12、29・10)。③万軍の主からの答えが与えられ、ゼカリヤは、7つの祝福を大声で叫ぶように命じられます。

(3)7つの祝福を見てみましょう。①神は、エルサレムとシオンを、ねたむほど激しく愛しておられる(契約に基づく愛)。②神は、反ユダヤ主義の異邦人諸国に対して大いに怒っておられる。③神は、「わたしは、あわれみをもってエルサレムに帰る」(16節)と言われる(エゼ43・5参照)。④「そこにわたしの宮が建て直される」(16節)と約束される(千年王国の神殿において成就する約束)。⑤「測り縄がエルサレムの上に張られる」(16節)(エルサレムの再建が始まるという約束)。⑥「わたしの町々には、再び良いものが満ちあふれ」(17節)。⑦「主は再びシオンを慰め、再びエルサレムを選ぶ」(17節)。

第2の幻

(1)第2の幻は、「四つの角と四人の職人」です。①「角」は権力を象徴することばです。②エルサレムを攻撃し、蹴散らした角とは、次の4つの異邦人王国です(ダニ2章、7章参照)。バビロン、メド・ペルシア、ギリシア、ローマから始まる帝国主義の王国。③第4の王国の最後の部分は、反キリストによる支配です。

(2)4人の職人は、4つの角を裁くために、神によって立てられた4人の人物です。①キュロス王はバビロンを滅ぼしました。②アレクサンドロス大王はメド・ペルシアを滅ぼしました。③ポンペイウスはギリシアを滅ぼし、ローマ帝国の基礎を作りました。④そして、イエス・キリストは、反キリストに統治される第4の王国を滅ぼされます。

神は、異邦人王国を支配しておられます。4つの角と4人の職人の幻は、アブラハム契約の条項（創12・3）が成就するという預言になっています。

ゼカリヤ書2章

「主は聖なる土地で、ユダをご自分の受ける分とし、エルサレムを再び選ばれる。」

（ゼカリヤ書2・12）

この章から以下のことを学びましょう。（1）第3の幻は、メシア的王国におけるエルサレムの再建を預言しています。（2）この幻は、バビロン捕囚から帰還したユダヤ人たちを励ましました。（3）メシアの再臨の時、イスラエルの敵は滅ぼされます。

第3の幻

（1）第3の幻（1〜5節）の内容を要約すると、「エルサレムはメシア的王国の都となる」ということです。登場人物は、ゼカリヤ、測り綱を持つ人（受肉前のメシア）、一般の御使い、です。①測り綱を持つ人は、エルサレムを測りに行こうとしています。測り綱は、建設作業が始まろうとしていることを示しています。つまりそれは、エルサレム再建の象徴です。②もう1人の御使い（一般の御使い）が登場しますが、彼は測り綱を持つ人（メシア）から命令を受け、ゼカリヤ（あの若い者）に次のメッセージを伝えます。「エルサレムは、その中に人と家畜があふれ、城壁のない町のようになる。わたしが　――主のことば――それを取り巻く火の城壁となる。わたしがそのただ中で栄光となる」（4〜5節）。

（2）4〜5節のことばは、バビロン捕囚から帰還し、霊的にも物質的にも苦悩していたイスラエルの民に大きな励ましを与えました。①エルサレムは、「城壁のない町」となります。その理由は、城壁で囲めないほど町が繁栄し、多くの人と家畜が住むようになるからです。さらに、「城壁のない町」とは安全な町という意味にもなります（エゼ38・11）。繁栄したエルサレムの姿は、メシア的王国でのエルサレムの姿です。②石の城壁ではなく、主ご自身が「火の城壁」となってエルサレムの町を取り巻いてくださいます。エルサレムに攻め上ろうとする者は、すべてその火によって焼き尽くされます。③極めつけは、「わたしがそのただ中で栄光となる」という約束です。これは、町の中にメシアが臨在してくださり、シャカイナグローリーを輝かせてくださるということです。

第3の幻の解説

（1）「さあ、すぐに、北の国から逃げよ。……」（6節）。「北の国」とは、バビロンを指します。イスラエルの民は、エルサレムに帰還するように命じられます。大患難時代の状況を見ると、確かにユダヤ人がバビロンに住んでいます（黙18章）。

（2）「あなたがたを略奪した国々に主の栄光が私を遣わした後、万軍の主がこう言われたからだ。『あなたがたに触れる者は、わたしの瞳に触れる者。見よ、わたしは彼らに手を振り上げる。彼らは自分に仕えた者たちに略奪される』と。このときあなたがたは、万軍の主が私を遣わされたことを知る」（8〜9節）。①ここには、遣わした方（万軍の主）と、遣わされた方（メシア）が出てきます。これは、神の位格が複数あることを教えています。②イスラエルの民は、主の瞳です。つまり、敵がそれに触れようとした瞬間に、神の御手がその手を払いのけるのです。③イスラエルの敵は、戦いに敗れ、捕虜となります。そのタイミングは、「万軍の主が私を遣わされた」時、つまり、メシア再臨の時です。④この背後には、創世記12章3節のアブラハム契約の付帯条項があります。「わたしは、あなたを祝福する者を祝福し、あなたを呪う者をのろう」。

（3）「娘シオンよ、喜び歌え。楽しめ。見よ。わたしは来て、あなたのただ中に住む。――主のことば――」（10節）。①イスラエルの民は、喜び歌い、楽しむように命じられます。その理由は、神が彼らの中（エルサレム）に住んでくださるからです。②さらに、多くの国々（異邦人）が神の民となるからです。③それが成就するのは、再臨の時（万軍の主が私をあなたに遣わされた時）です。④その時、ユダは主が相続する地（取り分）となり、エルサレムは選びの町として再建されます。この箇所では、約束の地を指すことばとして「聖なる土地」が使われていますが、このことばはここにしか出てきません。

すべて「肉なる者」（有限な人間）は、恐れをもって主の御前に沈黙せねばなりません。なぜなら、やがてメシアが地上に再臨されるからです。その時、国々の繁栄は取り去られ、エルサレムは高く上げられます。神を恐れることを学びましょう。神を恐れることは、知識の始まりです。

ゼカリヤ書3章

御使いは、自分の前に立っている者たちにこう答えた。「彼の汚れた服を脱がせよ。」そしてヨシュアに言った。「見よ、わたしはあなたの咎を除いた。あなたに礼服を着せよう。」私は言った。「彼の頭に、きよいターバンをかぶらせなければなりません。」すると彼らは、彼の頭にきよいターバンをかぶらせ、服を着せた。そのとき、主の使いはそばに立っていた。（ゼカリヤ書3・4〜5）

この章から以下のことを学びましょう。（1）第4の幻は、イスラエルの清めと回復を約束していいます。（2）主の使いは、大祭司ヨシュアの不義を除き、礼服を着せようと約束されます。（3）ヨシュアと彼の同僚たち（一般の祭司）は、きたるべきメシアの「型（しるし）」となる人々です。

第4の幻

（1）第4の幻（1〜5節）の場面は、天の法廷です。①サタンは訴える者、大祭司ヨシュア（エズ2・2、ネヘ7・7）は被告人、主の使い（メシア）は弁護士です。ヨシュアは、民の代表であり、祭司職の象徴です。②サタンは、大祭司ヨシュアを訴えます。③それに対して、主はサタンをとがめます。「とがめる」ということばには、非常に強い意味が込められています。④「この者は、火から取り出した燃えさしではないか」（2節）とは、「バビロン捕囚から解放され、これからも役に立つ民ではないか」という意味です。

（2）3節では、ヨシュアは汚れた服を着て、主の使いの前に立っていました。①これは、イスラエルの民が罪の中にあったことを示しています。このままの状態では、神の祝福を受けることができません（イザ4・3〜4、64・6参照）。②主の使い（メシア）は、その不義を除き、礼服（義の衣）を着せようと約束されます（4節。イザ61・10参照）。祭司の国イスラエルは、再び義の衣をまとい、聖なる務めに就くようになります。③ヨシュアが頭にかぶったきよいターバンは、祭司職の回復を示しています。

ヨシュアへのメッセージ

（1）ヨシュアを再聖別するに当たって、主の使いは2つの条件を出します（7節）。①「あなたがわたしの道に歩み」とあるのは、個人的生活を指しています。②「わたしの戒めを守るなら」とあるのは、祭司としての義務のことです。

（2）以上の2つの条件が整うなら、彼に3つの特権が与えられます。①「わたしの家を治め」とは、神殿礼拝に関する権威のことです。②「わたしの庭を守るようになる」とは、誰が神殿に入るかを決める権威のことです。神殿は、「あらゆる民の祈りの家」（イザ56・7）とならねばなりません。③「この立っている者たちの間に出入りすることをわたしはあなたに許す」とは、天使たちと同じように神の御座に近づくことができるという意味です。これは、メシア的王国においてイスラエルの上に成就する約束です。

（3）ヨシュアと彼の同僚たち（一般の祭司）は、きたるべきメシアの「型（しるし）」となる人々です（8節）。つまり、メシア来臨を象徴する者となるということです。①メシアは、「わたしのしもべ」、「若枝」と呼ばれています。「しもべ」というタイトルに関しては、イザヤ書40〜55章（特に52・13〜53・12）がよく説明しています。②「若枝」に関しては、ゼカリヤ書6章12〜13節に取り上げられています。

（4）9節でヨシュアの前に置かれた石は、メシアの象徴です。①「七つの目」は、メシアの全知と遍在を指しています。メシアは、私たちのための完全な大祭司となられます。②「見よ、わたしはそれに文字を彫る」とは、その石にメシアの名を刻むという意味です。③「一日のうちに、わたしはその地の咎を取り除く」とは、一日でイスラエルの回心が成就するということです。この聖句は、終末時代におけるイスラエルの民族的救いの預言となっています。

（5）10節は、メシア的王国の成就を預言しています。①「その日」とは、メシアの再臨の日のことです。②イスラエルの救いの後に、地上にメシア的王国が成就します。③「ぶどうの木といちじくの木の下に招き合う」という表現は、平安と繁栄を示すもので、旧約聖書ではよく出てきます（1列4・

25、イザ36・16、ミカ4・4など参照）。

今の世は、崩壊の過程をたどっています。神が私たちに用意された祝福は、メシア的王国（千年王国）と、その先にある新天新地（永遠の秩序）です。今自分が歴史のどこに立っているかを認識し、神の計画に沿ってクリスチャン生活を送ることを志そうではありませんか。

ゼカリヤ書4章

『ゼルバベルの手がこの宮の礎を据えた。彼の手がそれを完成させる。』そのときあなたは、万軍の主が私をあなたがたに遣わされたことを知る。だれが、その日を小さなこととして蔑むのか。人々はゼルバベルの手にある重り縄を見て喜ぶ。これら七つは、全地を行き巡る主の目である。」（ゼカリヤ書4・9〜10）

この章から以下のことを学びましょう。（1）第5の幻は、ゼルバベルへの励ましであり、イスラエル回復の預言でもあります。（2）燭台の左右にある2本の木は、黙示録11章に登場する2人の証人です。（3）彼らの働きによって、イスラエルは「諸国民の光」としての役割を果たすことになります。

第5の幻

（1）全体が金でできた、1つの燭台があります。

①燭台は、イスラエルの象徴です。イスラエルには、「諸国民の光」となるという使命が与えられて

います（イザ62・1～2参）。②さらに、燭台がメシアを象徴する場合もあります（イザ42・6、49・6）。メシアもまた「異邦人の光」となります。③燭台の上部に「鉢」（油を入れる容器）があり、その鉢の上（おそらく容器の縁）には「七つのともしび皿」があり、それぞれ「七本の管」が付いていました。つまり、7×7で49本の管が、油を入れる鉢と7つの皿をつないでいたということです。これは、油の供給が十分にあることを示しています。④さらに、2本のオリーブの木が、燭台（鉢）の左右に置かれていました。2本のオリーブの木と油を入れる容器とは、2本の金の管でつながっています(12節)。2本のオリーブの木が提供する油は、切れることがありません。この油は聖霊を象徴しています。

（2）ゼカリヤは「主よ、これらは何ですか」（4節）と質問します。彼が質問しているのは、この幻の意味ではなく、それが与えられた目的です。①落胆しているゼルバベルに、励ましのことばが語られます。「権力によらず、能力によらず、わたしの霊によって」（6節）。②これは、聖霊の力によって神殿が再建されるという意味です。

（3）7節の「山」とは、ペルシア王国のことです。①その山が崩されて、平地となります。その結果、ゼルバベルは神殿を完成するようになります。その神殿の工事を開始した彼が（エズ3・8）、それを完成させます（エズ6・14～15）。「かしら石」とは、最後に据える石です。②神殿が完成したとき、ゼカリヤが主の預言者であることが証明されます。③神殿工事着工の日に、その始まりは小さいとあざけった人たちがいました（エズ3・12、ハガ2・3）。彼らは、神の御業の大きさを理解しなかったのです。④7つのともしび皿は、「全地を行き巡る主の目」（10節）です。これは、聖霊の全知・遍在の性質を描写しています。その7つの皿が、「重り縄」(工事に使う錘《おもり》）を見て喜びます。つまり、神はゼルバベルによる神殿再建を喜んでおられるということです。

（4）ゼカリヤは主の使いに、「燭台の左右にある、この二本のオリーブの木は何ですか」（11節）と尋ねます。①2本のオリーブの木は、預言的には新しい要素だったので、それが何かと尋ねたのです（12節でさらに詳しく尋ねます）。②回答は、「これらは、全地の主のそばに立つ、二人の油注がれた者だ」（14節）というものでした。③2本のオリーブの木は、ヨシュアとゼルバベルを指し示していると考えられます。④と同時に、祭司であり王であるメシアを指し示しているとも言えます（このテーマは、6章で取り上げます）。

（5）2本のオリーブの木の究極的成就は、患難期にやってきます。①黙示録11章3～13節に登場する2人の証人がそれです。②2人の証人は、患難期の前半の3年半に伝道しますが、ユダヤ人たちは彼らを拒否します。③彼らは、患難期の中間に、反キリストによって殺され、その死体は、エルサレムの街路に3日半の間、さらされます。④しかし、聖霊の力によって彼らは復活します。その後彼らは、雲に乗って天に上ります。⑤「そのとき、大きな地震が起こって、都の十分の一が倒れた。この地震のために七千人が死んだ。残った者たちは恐れを抱き、天の神に栄光を帰した」（黙11・13）。これがユダヤ人の民族的回心につながります。

2人の証人は、イスラエルの民が「諸国民の光」となれるように、彼らに聖霊の油を届ける源となります。ここでも、「小さな始まりを侮ってはならない」という原則が生きています。小さな第一歩を踏み出す重要性を学ぼうではありませんか。

ゼカリヤ書5章

「わたしがそれを送り出す。――万軍の主のことば―― それは盗人の家に、また、わたしの名によって 偽りの誓いを立てる者の家に入り、その家の真ん中にとどまって、その家を梁と石とともに絶ち滅ぼす。」（ゼカリヤ書5・4）

この章から以下のことを学びましょう。（1）第6の幻は、空飛ぶ巻物です。この幻は、「律法を破る者は律法によって裁かれる」ということを教えています。（2）第7の幻は、エパ枡です。この幻は、イスラエルの中から「邪悪」が取り除かれ、それがシンアルの地へ移されるという預言です。

第6の幻

（1）第6の幻（1～4節）は、空飛ぶ巻物です。この幻が教えているのは、「律法を破る者は律法によって裁かれる」ということです。①預言的には、「巻物」は神からのメッセージや託宣を指します。②空飛ぶ巻物は、誰でも読めるように開かれた状態になっていました。長さは20キュビト（8・9m）、幅は10キュビト（4・45m）ですから、非常に大きな巻物です。

（2）「すると彼は私に言った。『これは全地の面に出て行くのろいだ。盗む者はみな、一方の面に照らし合わせて取り除かれ、また、偽って誓う者はみな、もう一方の面に照らし合わせて取り除かれる。』」（3節）。①「盗む者」とは、十戒の第8戒の違反者です。「偽って誓う者」は、十戒の第3戒の違反者です。②彼らは、自分たちが違反した律法によって裁かれます。③空飛ぶ巻物は、全地の面に出て行き、違反者を取り除きます。④「のろい」を遣わすのは、万軍の主です（4節）。⑤「のろい」は、盗人の家と、「わたしの名によって偽りの誓いを立てる者」（第3戒違反者）の家に入ります。

（3）パウロは、律法と信仰の関係について次のように論じています。「律法の行いによる人々はみな、のろいのもとにあります。『律法の書に書いてあるすべてのことを守り行わない者はみな、のろわれる』と書いてあるからです。律法によって神の前に義と認められる者が、だれもいないということは明らかです。『義人は信仰によって生きる』からです」(ガラ3・10〜11)。律法がもたらす「のろい(裁き)」は、ユダヤ人たちを霊的回復へと導く神の方法です。律法によっては「のろい」を受けるしかない私たちが、信仰によって「義」とされました。この原則は、ユダヤ人でも異邦人でも同じです。

第7の幻

(1)第7の幻(5〜11節)は、イスラエルの中から「邪悪」が取り除かれ、それがシンアルの地(バビロン)へ移されるという預言です。①ゼカリヤは、エパ枡を見せられます。乾いた物を量る枡で、容量は約22リットルありました。当時使用されていた枡としては、最大のものです。②主の使いは、「これは、出て行くエパ升だ」だと言い、「これは、全地にある彼らの罪だ」と言います(6節)。つまり、エパ枡の中に罪がいっぱい詰まっているということです。③「見よ。鉛のふたが持ち上げられると、エパ升の中に一人の女が座っていた」(7節)。「鉛のふた」は、枡の中の罪を押し込めておくための重いふたです。その鉛のふたを持ち上げると、中にひとりの女が座っていました。この女は偶像礼拝、また、罪の象徴です。④「彼は、『これは邪悪そのものだ』と言って、その女をエパ升の中に閉じ込め、エパ升の口の上に鉛の重しを置いた」(8節)。

(2)「それから、私が目を上げて見ると、なんと、二人の女が出て来た。その翼は風をはらんでいた。彼女たちには、こうのとりの翼のような翼があり、あのエパ升を地と天の間に持ち上げた」(9節)。①このエパ枡は、新しく登場した2人の女によって持ち上げられます。彼女たちは良い天使ではなく、悪霊です。一般の天使が女性の姿を取ることはないし、また、翼を持つこともありません。悪霊が神の命令によってこれを為しているのです。②この女たちは、エパ枡をシンアルの地に運ぼうとしています。③シンアルの地は、悪の源となった地で、バビロンのことです(創10・10、11・2、14・1)。悪は元いた場所に送り返され、そこで葬られます。

黙示録18章では、バビロンは世界政治の中心となります。と同時に、世界経済の中心ともなります。バビロンの商人たちは、「不正の枡」(虚偽の商法)

を使って裕福になりますが、最後は裁きを受けます。

このようにして、イスラエルの民の中にあった「邪悪」は、終末時代には完全に取り除かれます。私たちも、今からその準備にかかりましょう。社会生活において、また経済活動において、「正しい枡」を使用することを心がけようではありませんか。

ゼカリヤ書6章

「私が再び目を上げて見ると、なんと、四台の戦車が二つの山の間から出て来た。山は青銅の山であった。第一の戦車には赤い馬が、第二の戦車には黒い馬が、第三の戦車には白い馬が、第四の戦車には斑毛の強い馬が、数頭ずつつながれていた。」（ゼカリヤ書6・1～3）

この章から以下のことを学びましょう。（1）第8の幻は、メシア的王国設立の前に行われる異邦人諸国の裁きの預言です。（2）裁きの器として、4台の戦車が全地に派遣されます。（3）金の王冠を大祭司ヨシュアにかぶらせることには、預言的意味があります。

第8の幻

（1）第8の幻（1～8節）は、神はメシア的王国を設立する前に、異邦人諸国を裁かれるという預言です。①「二つの山」（1節）とは、モリヤの山とオリーブ山です。その間にキデロンの谷があります（ヨシャパテの谷。ヨエ3・2、12）。②そこは、異邦人諸国の裁きが行われる場所です。「青銅の山」とありますが、「青銅」は裁きの象徴です。

（2）第1の幻（1章）では、赤や、栗毛や、白い馬が、地を行き巡って、その報告を主の使いにもたらしました。第8の幻では、4台の戦車(赤、黒、白、斑毛の馬たちに引かれた戦車）が、全地に派遣されます（2～3節）。この幻は、ダニエル書7章1～3節に出てくる4頭の獣（4つの異邦人王国）と関連しています。

（3）「御使いは答えた。『これらは天の四方の風だ。全地の主の前に立った後に、出て行くことになる。そのうちの黒い馬は北の地へ出て行き、白い馬は西へ出て行き、斑毛の馬は南の地へ出て行く。』……」（5～7節）。①北へ出て行く黒い馬は、バビロンを裁く神の使いです。②その後に出て行く白い馬は、メド・ペルシアを裁く神の使いです。③南の地に出て行く斑毛の馬は、ギリシアを裁く神の使いです。④「強い馬」とは、第1の戦車を引く赤い馬です（2節)。この馬は地を駆け巡ろうとしていますので、世界に広がった帝国を裁く神の使いです。⑤ゼカリヤは、北の地に出て行った黒い馬を見るように命じられます（8節)。この馬は、バビロンを裁く馬ですが、ゼカリヤの時代にはすでにバビロンは裁かれていました。そして、次の帝国であるメド・ペルシアも、崩壊しつつありました。つまり、神の計画は着々と進行しているということです。

8つの幻の結論

（1）バビロンから帰還した3人の捕囚民（ヘルダイ、トビヤ、エダヤ）が、神殿にささげ物を持って来ました（バビロンのユダヤ人共同体からの献金を運んで来たのかもしれません)。①ゼカリヤは、それ(銀と金)を受け取り、ゼパニヤの子のヨシヤ(金物職人）の家に行って、王冠を作らせます。②そして、その王冠を大祭司ヨシュアにかぶらせます。大祭司に対して王の戴冠式を行うというのが、ここでの象徴的行為です。③この象徴的行為には、2つの意味があります。遠い将来に向けての教訓（12～13節）と、近い将来に向けての教訓（14～15節）です。

（2）遠い将来に向けての教訓とは、これです。ゼカリヤはそれを大祭司ヨシュアに伝えます。

「万軍の主はこう言われる。見よ、一人の人を。その名は若枝。彼は自分のいるところから芽を出し、主の神殿を建てる。彼が主の神殿を建て、彼が威光を帯び、王座に就いて支配する。その王座の傍らに一人の祭司がいて、二人の間には、平和の計画がある」（12〜13節）。①これは、メシア預言です。「若枝」というのはメシアのことです。このお方は、大祭司の役割と王の役割の2つを同時に行われます。②モーセの律法では、大祭司はレビ族から、王はユダ族から出ます。従って、1人の人物が両方の職責を兼ねることはできません。しかし、イエスはユダ族出身であり、かつ、メルキゼデク系の祭司です（ヘブ5・6）。それゆえ、大祭司であり王でもあるのです。

（3）近い将来に向けての教訓とは、これです。「その冠は、ヘルダイ、トビヤ、エダヤ、ゼパニヤの子ヨシヤの記念として、主の神殿の中に残る。また、遠く離れていた者たちも来て、主の神殿を建てる。このときあなたがたは、万軍の主が私をあなたがたに遣わしたことを知る。……」（14〜15節）。①神殿の再建が終わると、その冠が神殿に安置されるようになります。②その時、ゼカリヤが主によって遣わされた預言者であることが証明されます。

捕囚民たちが神殿の再建に貢献したように、私たち異邦人が主のご計画の成就に貢献する時が来ています。大祭司であり王であるイエスを礼拝し、この方にお従いしましょう。

ゼカリヤ書7章

そのとき、ベテルは主の御顔を求めるために、サル・エツェルとレゲム・メレクおよびその従者たちを遣わして、万軍の主の宮に仕える祭司たちと、預言者たちに尋ねた。「私が長年やってきたように、第五の月にも、断食をして泣かなければならないでしょうか。」すると、私に次のような万軍の主のことばがあった。

（ゼカリヤ書7・2～4）

この章から以下のことを学びましょう。（1）7章から、本書の第2区分に入ります（7・1～8・23）。（2）ベテルの住民たちが、断食に関する質問をもってエルサレムに上って来ました。（3）主からの答えは、民の偽善を叱責するものでした。（4）帰還した民も、捕囚前の民と同じように、偽善という罪を宿していました。（5）主への不従順が、バビロン捕囚のそもそもの原因でした。

断食に関する質問

（1）時代は、ダレイオス王の第4年、第9の月（キスレウ）の4日です（前518年12月7日）。これは、ゼカリヤが8つの幻（1～6章）を見た時から約2年後、神殿の再建を再開してからも約2年後のことです（ハガ1・12～15参照）。神殿が完成するのはこの時から2年後ですから（エズ6・14～16）、この出来事は、4年間の神殿工事の中間時点で起こったものです。

（2）ベテルは、南北朝時代に金の子牛が安置されていた場所です。そのベテルの住民たちが、主からの答えを求めて、エルサレムに上って来ました（エルサレムの優位性を認めるようになった）。①派遣されて来たのは、サル・エツェルとレゲム・メレクおよびその従者たちです（2人の名はバビロンの名前。祖国に帰還して来た新しい世代）。②彼らの質問は、「なおも第5の月の断食を継続すべきかどうか」というものでした。第5の月の断食とは、バビロン軍による神殿崩壊を記念する断食のことです。

（3）この質問は、主の御心を問うものでした。そこでゼカリヤは、まず主からの叱責のことばを伝えます（5節）。①主からの答えは、民と祭司の利己的で不真実な断食をなじるものでした。②「第七の月の断食」とは、ユダの総督ゲダルヤの暗殺を記念する断食です（2列25・22～25）。③「七十年の間」とあるのは概数で、捕囚期間の70年が終わりに近づいていたことを示しています。④「このわたしのために断食したのか」とは修辞疑問文で、「ノー」という答えを想定したものです。⑤「あなたがたが食べたり飲んだりするとき、食べるのも飲むのも、自分たちのためではなかったか」（6節）もまた修辞疑問文で、この場合は、「イエス」という答えを想定しています。

（4）捕囚期前から主は語っておられました（7節）。①「先の預言者たち」とは、捕囚期前預言者たちのことです。②もしイスラエルの民が、預言者たちのことばに聞き従っていたなら、バビロン捕囚という悲劇を通過することはなかったのです。そして、断食すべきかどうかという質問も、する必要がなかったのです。③しかし、彼らは偶像礼拝と偽善的行為のゆえに、バビロン捕囚に引かれて行きました。

預言者に不従順な民

（1）8～9節は、「先の預言者たち」が語ったメッセージの説明です。①社会正義の秩序を確立すること（イザ42・1、4、ミカ6・8参照）。②互いに誠実を尽くし、あわれみ合うこと。③やもめ、みなしご、在留異国人、貧しい者を虐げないこと（申10・18、イザ1・17参照）。④互いに対して、心の中で悪を企まないこと。

（2）しかし、預言者たちに対する民の反抗は、徐々に激しくなって行きました。①彼らは拒んでこれを聞こうともせず、②肩を怒らせ、③その耳を鈍くして聞き入れませんでした。④最後に彼らは、その心を金剛石のように頑なにしました。彼らは、神の御霊によって啓示された預言者たちの教えに反抗しました。これがバビロン捕囚の原因です（2歴36・14～16、エレ8・18～22）。

（3）14節は、神の裁きの預言です。国が荒廃するという部分は、バビロン捕囚によって成就しました。しかし、イスラエルの民が他国に吹き散らされるという部分は、紀元70年のエルサレムと神殿の崩壊によって成就します。

断食に関する質問への答えは、8章で与えられます。この章では、帰還したイスラエルの民の偽善が指摘されました。私たちもまた、神学論争に心が奪われるあまり、主の前における真実な信仰をないがしろにするようなことがあってはなりません。偽善から離れ、神の命令を実行しながら、地上生涯を歩もうとする人は幸いです。

ゼカリヤ書8章

万軍の主はこう言われる。「見よ。わたしは、わたしの民を　日の出る地と日の沈む地から救い、彼らを連れ帰り、エルサレムのただ中に住まわせる。　このとき、彼らはわたしの民となり、わたしは真実と義をもって彼らの神となる。」

（ゼカリヤ書8・7〜8）

この章から以下のことを学びましょう。（1）7章で紹介されたテーマは断食でしたが、8章の冒頭では、断食（悲しみの表現）が喜びに変えられることが預言されます。（2）この章の内容は、先の時代になって成就することの預言です。（3）ユダヤ人たちは、およそ1900年ぶりに祖国を建国しました。これは、主がシオンを見捨てておられないことの証拠です。

将来起こる回復とエルサレムの繁栄

（1）主は、シオンをねたむほど激しく愛しておられます（2節）。それゆえ、将来起こるエルサレムの繁栄が預言されます。①「わたしはシオンに帰り」（3節）とは、再臨の預言です。②主がエルサレムの中に臨在されるので、そこは「真実の都」と呼ばれるようになります（イザ1・26、60・14参照）。③シオンの山は、「聖なる山」と呼ばれるようになります。これはメシア的王国が成就するという預言です（エゼ40〜48章）。④メシア的王国では、長寿の者たちと子どもたちがともにいて、そこに住むようになります（4〜5節）。⑤このことは人間の目には不思議なことですが、神にとっては不思議ではありません。

（2）主はご自分の民を東の国からも西の国からも救い出し、シオンに帰還させ、エルサレムに住まわせます（7〜8節）。「彼らはわたしの民となり、わたしは真実と義をもって彼らの神となる」とは、イスラエルの民の民族的救いを預言したものです。

ゼカリヤと同世代の者たちへのメッセージ

（1）次に、同世代の者たちへのメッセージが語られます（9〜17節）。①過去の世代は、預言者たちの声を無視しましたが、この世代の者たちはそうであってはなりません。②神殿建設を怠っていたときには、3つの呪いが民を苦しめていました。収入がない、外敵が存在したので平安がない、互いの間に争いがある。

（2）しかし主は、この世代の者たちを祝福しようとしておられます（11節）。①彼らには農業の祝福が与えられます（12節）。②呪いを受けていた民に祝福が与えられます（13節）。「ユダの家よ、イスラエルの家よ」とあるのは、12部族全部がシオンの地に帰還していたことを示しています。③主は先祖たちを裁かれたが、この世代の者たちは祝福すると言われます（14〜15節）。

（3）16〜17節は、預言者たちが語ってきたメッセージの要約です。①真実を語ること。②町の中で真実と平和の裁きが実行されること。③互いに悪を計らないこと。④偽りの誓いをしないこと。

断食に関する質問への回答

（1）ここに至ってようやく、断食に関する質問への回答が与えられます（18〜23節）。①第4の月の断食は、ネブカドネツァルによるエルサレムの城壁破壊を嘆く断食です（2列25・3〜4、エレ39・2、52・6〜7）。②第5の月の断食は、神殿崩壊を嘆く断食です（伝承では、神殿崩壊日は、第5の月の9日、「ティシャ・ベ・アヴ（アヴの月9日）」と称される。太陽暦の7月末から8月）。ユダヤ教では、贖罪の日に次いで重要な断食日です。③第7の月の断食は、ユダの総督ゲダルヤの暗殺を記念する断食です（2列25・22〜25）。④第10の月の断食は、ネブカドネツァルによるエルサレム包囲開始を嘆く断食です（2列25・1、エレ39・1、52・4）。

（2）これらの断食は、ユダヤ人たちが自発的に始めたものであって、神の視点からは、してもしなくてもよいものです。重要な点は、悲しみの象徴である断食が、喜びの祭りに変えられる日がくるということです。民がすべきことは、主の命令に聞き従い、それを実行することです。

（3）20〜23節は、将来の喜びを描いています。この祝福の約束は、メシア的王国で成就します。①エルサレムは、再び世界の中心となります（20〜21節。イザ2・2〜3）。②ユダヤ人もまた、異邦人の関心の的となります（23節）。「外国語を話すあらゆる民のうちの十人」とは、「多くの異邦人」という意味です。神がイスラエルの民とともにおられることを、すべての異邦人が認めるようになります。メシア的王国においては、ユダヤ人は全世界に神の愛を届ける管となるのです。

私たちの神は、約束を守り、それを実現に至らせるお方です。神にとって不可能はありません。

ゼカリヤ書9章

娘シオンよ、大いに喜べ。娘エルサレムよ、喜び叫べ。見よ、あなたの王があなたのところに来る。義なる者で、勝利を得、柔和な者で、ろばに乗って。雌ろばの子である、ろばに乗って。（ゼカリヤ書9・9）

この章から以下のことを学びましょう。（1）9～14章は、終末に関する預言で、メシアの到来に伴う裁きと祝福がテーマになっています（この箇所には、2つの「宣告」が出てきます）。（2）第1の「宣告」（9～11章）は、アレクサンドロス大王がイスラエルの敵を征服するという預言です。（3）ユダヤ人の王の到来が預言されます。9節は初臨、10節は再臨の預言です。

アレクサンドロス大王

（1）アレクサンドロス大王は、ペルシア軍を破り（前３３３年）、翌年、地中海沿岸諸都市とシリアの諸都市を陥落させながら、エジプトに向かいます。彼は、神が用いる裁きの器です。

（2）彼によって征服される町々が列挙されます。①ハデラクはシリアの都市であり、ダマスコはシリアの首都です。②ハマテは、イスラエルの北端にある要塞都市です。③主の裁きはツロとシドンにも及びます（2節b）。この両都市は、前３３２年に滅ぼされました（イザ23章、エゼ28章、アモ１・９～10）。④ペリシテの４つの都市が列挙されます。アシュケロン、ガザ、エクロン、アシュドデ（ガテはこの当時すでにイスラエルの領土になっていたので、その名が出ていません）。ペリシテの諸都市は滅ぼされますが、ペリシテ人の残された者たちは、神の民となります（7節）。

（3）神に敵対する諸都市が滅ぼされても、エルサレムは例外です。①8節の前半は、アレクサンドロス大王がエルサレムを攻めずに通過するという預言です。②8節の後半は、メシア的王国の預言です。「虐げる者はそこを通らない」とありますが、この預言はメシア的王国が到来しなければ成就しないものです。

ユダヤ人の王の到来

（1）次にゼカリヤは、ユダヤ人の王の到来を預言します。9節がメシアの初臨、10節がメシアの再臨の預言です。その王の性質が3つ挙げられます。①「義なる者」（イザ45・21、53・11、エレ23・5～6）。②「勝利を得」。ギリシア人の王は征服するために来ますが、ユダヤ人の王は救うために来られます。③「柔和な者」。メシアは、受難のしもべとして来られます（イザ53・2）。

（2）メシアは、まだ誰も乗ったことのない「子ろば」に乗って来られます。当時は、高貴な身分の者や祭司たちが、ろばに乗りました。馬に乗るのは戦士です。イエスが子ろばに乗られたということは、平和の君として来られたことを意味しています（マタ21・1～11）。

（3）10節は、メシアの再臨の預言です。①イスラエルの地から戦争がなくなります。南北に分裂していたイスラエルの民は、1つの民とされます。そして、イスラエル全土から、戦車、軍馬、戦いの弓などの武器が取り去られます。②メシアによる統治が始まります。③「海から海へ」は、死海（東の国境）から地中海（西の国境）までという意味です。④「大河」は、ユーフラテス川（北の国境）です。通常は、ユーフラテス川からエジプトの川までという表現になるのですが、ここでは「地の果てに至る」となっています。メシアの統治による平和が、全世界に及ぶことが預言されています。

イスラエルの贖い

（1）「あなたについても、あなたとの契約の血のゆえに、わたしはあなたの捕らわれ人を、水のない穴から解き放つ」（11節）。①ユダヤ人の解放が実現する土台は、アブラハム契約です（創15章）。出エジプトはアブラハム契約のゆえに可能になりましたが、これと同じことが終末時代にも起こります。②「水のない穴」とは、牢獄のことです。イスラエルの民は、牢獄から解放されるように、離散の地から解き放たれます。③イスラエルは、諸国民の中の長子です（出4・22～23）。長子には、罰も祝福も2倍のものが与えられます（12節）。2倍の罰の預言はエレミヤ書16章18節に、2倍の祝福の預言はイザヤ書40章2節にあります。

（２）13～17節は、イスラエルの勝利の預言です。①13節では、ユダが弓となり、エフライムが矢となることが預言されます。②14～16節では、主の助けによってイスラエルの民が勝利することが、絵画的に描写されます。③17節では、「贖いの結果と主への賛美」が描かれています。

イスラエルは神から見放された民ではなく、終末時代に贖われる民であることを覚えましょう。贖いの土台はアブラハム契約です。私たちの救いもまた、変わることのない神の契約に則っています。

ゼカリヤ書10章

「わたしは彼らを諸国の民の間にまき散らすが、彼らは遠く離れてわたしを思い出し、その子らとともに生き延びて帰って来る。わたしは彼らをエジプトの地から連れ帰り、アッシリアから集める。わたしはギルアデの地とレバノンへ彼らを連れて行くが、そこも彼らには足りなくなる。」（ゼカリヤ書10・9～10）

この章から以下のことを学びましょう。（１）メシア的王国においては、雨の祝福が回復します。（２）ユダ族から４つの素晴らしいものが出ます。（３）イスラエルの民は、終末の時には真の羊飼いによって導かれます。

イスラエルの救い

（１）旧約聖書は、４種類の雨を区別しています。①先の雨。これは秋の雨とも言われ、耕作を開始する時期に降る雨です（10～11月頃）。ヘブル語では「ヨレー」と言います。②それ以降に降る普通の雨

（12～2月頃）。ヘブル語では「マター」と言います。③普通よりも激しく降る大雨（やはり12～2月頃）。ヘブル語では「ゲシェム」と言います。④後の雨。これは春の雨とも言われ、収穫期に降る雨です（3～4月頃）。ヘブル語では「マルコシュ」と言います。春の雨が終わると、約半年間の乾季に入ります。

（2）以上の知識を前提に、1節を読んでみましょう。「主に雨を求めよ、後の雨の時に。主は稲光を造り、大雨を人々に、野の草をすべての人に下さる」。①後の雨（春の雨）は少量の雨ですが、その時期に、「雨（普通の雨）」（マター）を求めよというのです。②すると、主はその祈りに答えて、「大雨」（ゲシェム）を降らせてくださいます。つまり、少し願っただけなのに、多くの祝福が注がれるということです。③その雨は水量が十分あるので、人々も、野の植物も、すべて潤されます。

（3）イスラエルの回復が成就したとき、雨の祝福も回復します（メシア的王国での状況です）。①モーセの律法では、雨の祝福は従順の結果として与えられるものです（レビ26・3～4。申11・13～15）。②しかし、メシア的王国では、雨の祝福は、少し願っただけで、それ以上のものが与えられるのです。

（4）2～3節で、偶像礼拝が糾弾されます。①テラフィムは、家の守り神です。②占い師や夢見る者（偽預言者）も、叱責を受けます。③霊的指導者がいないので、人々は羊飼いのいない羊のようにさまよいます。④イスラエルの民が契約に違反するとき、神の怒りは燃え上がります（出22・22～24、申6・14～15）。この箇所では、神の怒りは指導者たち（羊飼いたち）に向かって燃えています。「雄やぎ」は、指導者を指す比ゆ的ことばです。⑤さまようイスラエルの民を力づけ、勝利へと導くのは、万軍の主です。

（5）4節では、ユダ族から4つの素晴らしいものが出てきます。①「かしら石」。これは、メシアを象徴しています（詩118・22、イザ28・16、エペ2・20）。②「杭」。これによって、テントは安定した状態に保たれます。そのように、国を安定させる指導者が、ユダ族から出現します。③「戦いの弓」。ユダ族は主の戦いのための武器となります。④「指揮する者」。これは指導者たちのことです。

（6）5～7節では、神によって勝利するイスラエルの民の様子が描写されています。①主は彼らを約束の地に連れ戻されますが、その理由は、「わたしが彼らをあわれむからだ」というものです。②喜ぶ民の様子が描かれています。私たちも、救いが完成する日、同じような喜びに満たされます。

イスラエルの回復

（1）イスラエルの民は、さまよっていましたが、終末の時には、真の羊飼いによって導かれます（8節）。①「合図をして」というのは、「口笛を吹いて」という意味です（士5・16）。②メシアは贖われた民を約束の地に呼び集め、その数は膨大なものになります（9節）。

（2）エジプトとアッシリアは、捕囚という苦難を象徴する国々です（10節）。その苦難の地からイスラエルの民は寄せ集められます。①ギルアデは、ヨルダン川の東北に位置する放牧に適した地です。②レバノンは、約束の地の北限です。③10節が伝えているメッセージは、メシア的王国においては、約束の地の周辺部でさえも人が住み着き、空いている場所がなくなるということです。④イスラエルの民の帰還を妨害する海（紅海）と川（ナイル川）は、主によって打たれ、無力になります。

メシア的王国成就の条件は主の再臨であり、主の再臨の条件はイスラエルの民の救いです。世界の歴史は動いています。私たちは、ますますメシア的王国の成就に近づいています。

ゼカリヤ書11章

レバノンよ、おまえの門を開け。　火がおまえの杉の木を焼き尽くす。　もみの木よ、泣き叫べ。杉の木は倒れ、見事な木々が荒らされたから。バシャンの樫の木よ、泣き叫べ。　深い森が倒れたから。　牧者たちの嘆きの声がする。　彼らの見事な木々が荒らされたから。　若い獅子の吼える声がする。　ヨルダンの茂みが荒らされたから。（ゼカリヤ書11・1〜3）

この章から以下のことを学びましょう。（1）イスラエルの民は、真の牧者であるメシアを拒否した結果、裁きを受けます。（2）ゼカリヤは、真の牧者であるメシアの型です。（3）愚かな牧者は、イスラエルの民を搾取します。

真の牧者の拒否

（1）イスラエルの民がメシアを拒否した結果、土地が荒廃します（1〜3節）①「レバノンよ」は、神殿のことです。これは、神殿崩壊の預言です。②「バシャンは、エルサレムを指しています。「深い森」は、密集した家々のことです。③「牧者たち」は、イスラエルの指導者たちのことです。彼らは、エルサレムと神殿の崩壊を見て嘆きます。④「若い獅子」は王子たちのこと、「ヨルダン」はヨルダン渓谷のことです。ここもまた荒廃します（エレ12・5、49・19、50・44参照）。⑤メシア拒否による土地の荒廃とユダヤ人の世界離散は、終末におけるイスラエルの民の回復の前提となります。

（2）ゼカリヤは、1つの使命を受けます。「屠られる羊の群れを飼え」（4節）。①「屠られる羊」とは、イスラエルの民のことです。②「飼え」とは、神のみことばを教え､彼らを霊的に導けということです。

（3）5節は、イスラエルの指導者たちの無関心を預言しています。①「これを買った者」とは、ローマ人のことです。②「これを売る者」とは、イスラエルの指導者たちのことです。彼らは、ローマに対して売国的行為を行いますが、同胞たちの苦境については無関心です。③6節で、神ご自身も、イスラエルの民を惜しまないと宣言されます。④ゼカリヤに与えられた「屠られる羊の群れを飼え」という使命は、究極的にはメシアが実行されるものです。ゼカリヤは、メシアの型です。

（4）7節の「羊の商人たちのために」は、「貧しい（弱い）羊たちのために」と訳すべきです。その意味は、ゼカリヤはイスラエルの民全体に奉仕をするが、その中でも特に、「貧しい羊たち」を養うということです。「貧しい羊」とは、イスラエルの残れる者（真の信仰者）のことです。①ゼカリヤは2本の杖を取り、それぞれ「慈愛」「結合」と名づけます。②「慈愛」は神の守りを、「結合」は民の一致を表しています。

（5）ある時点で、ゼカリヤは羊たちを養うことを止めます（8～9節）。①その理由は、3人の牧者がゼカリヤに反抗したからです。②10節で、ゼカリヤは慈愛の杖を折ります。異邦人諸国の攻撃からイスラエルの民を守るという約束を破棄するためです（ルカ19・41～44参照）。③しかし、イスラエルの残れる者たちは、ゼカリヤが主のことばを語っていることを理解し、それを信じます（11節）。

（6）ゼカリヤは指導者たちに、自分の働きに対する賃金を要求します（12節）。①指導者たちは、銀30シェケルを払いました。これは、殺された奴隷の値段です（出21・32）。指導者たちは、ゼカリヤの働きを軽蔑したのです。②そこで主は、ゼカリヤにこう命じます。「それを陶器師に投げ与えよ。わたしが彼らに値積もりされた、尊い価を」（13節）。③ゼカリヤは、それを神殿の付近にあった陶器師の地区に投げ込みます。④以上のことは、キリストの生涯において成就しました（マタ26・14～16、27・3～10）。

（7）ゼカリヤは、「結合」という杖を折ります（14節）。その意味は、イスラエルの間の兄弟関係を破壊するということです。これは、紀元66～70年に成就しました。ローマに対抗する熱心党の運動は内部分裂をくり返し、その結果戦闘能力を落としました。

愚かな牧者

（1）ゼカリヤは、愚かな牧者として振舞うように命じられます（15節）。①愚かな牧者と真の牧者の間には、大きな違いがあります（16節）。②真の牧者は、迷い出た羊や散らされた羊を捜し出しますが、愚かな牧者は、肥えた羊を屠って食べ、そのひづめを裂きます。③17節では、愚かな牧者に対する呪いの宣言がなされます。

今でもユダヤ人たちは、イエスが真の牧者であることを認めていません。ユダヤ人の救いは、メシアの再臨と深く関係しています。彼らの霊の目が開かれるように祈りましょう。

ゼカリヤ書12章

「わたしは、ダビデの家とエルサレムの住民の上に、恵みと嘆願の霊を注ぐ。彼らは、自分たちが突き刺した者、わたしを仰ぎ見て、ひとり子を失って嘆くかのように、その者のために嘆き、長子を失って激しく泣くかのように、その者のために激しく泣く。」(ゼカリヤ書12・10)

この章から以下のことを学びましょう。(1)この章から第2の宣告(12〜14章)が始まります。(2)第2の宣告では、第1の宣告の内容(メシアの到来、イスラエルの解放と回復)が、いかにして成就するのかが詳述されます。(3)イスラエルの民の回心は、ハルマゲドンの戦いの最後に、聖霊の傾注によって起こります。

ハルマゲドンの戦い

(1)1節では、まず神の主権が強調されます。2〜3節は、ハルマゲドンの戦いの預言です。①すべての異邦人国家は、エルサレムに向かって攻め上ります（ヨエ3・9〜13、ゼカ14・1〜2）。②エルサレムは、彼らにとって「酔わせる杯」となります。「杯」は、神の怒りを意味します。③さらにエルサレムは、そこを攻める者にとって「重い石」となります（持ち運ぶ者は傷を負う）。

（2）「その日」（4節）、神は敵を撃退されます。「わたしはユダの家の上に目を見開き」とは、ユダの家の上に神の守りがあるということです。

（3）5節では、エルサレムの住民とユダの住民が区別されます。①ユダの住民たちは、エルサレムの住民たちの勇敢な戦いから励ましを受け、奮い立って敵を撃破します。②敵は撃破されますが、エルサレムは安泰です（6節）。

（4）「主は最初にユダの天幕を救う。ダビデの家の栄えと、エルサレムの住民の栄えが、ユダ以上に大きくならないようにするためである」（7節）。この節は難解です。①「ダビデの家」とは、支配者階級を指しているのでしょう。つまり、ユダの住民（庶民）とエルサレムの住民（支配者階級）が対比され、主が初めに救うのは庶民だということです。②「ユダの天幕」ということばは、ユダの住民たちが避難所にあって天幕生活をしていることを示しています。その避難の地は、「ボツラ」（今のペトラ）です（イザ34・6、63・1参照）。③ハルマゲドンの戦いの順番は、次のようになります。再臨のメシアは先ずボツラで勝利され、次にエルサレムの住民を守られます。その結果、エルサレムの住民たちは立ち上がり、勝利します。

イスラエルの救い

（1）「わたしは、ダビデの家とエルサレムの住民の上に、恵みと嘆願の霊を注ぐ。彼らは、自分たちが突き刺した者、わたしを仰ぎ見て、ひとり子を失って嘆くかのように、その者のために嘆き、長子を失って激しく泣くかのように、その者のために激しく泣く」（10節）。この節は、非常に重要です。①ハルマゲドンの戦いの終わりに、神は聖霊をイスラエルの民の上に注がれます。②聖霊は、イスラエルの民に救いをもたらす役割を果たしますので、「恵みの霊」と呼ばれます。さらに、イスラエルの民に嘆願の思い（祈り）を与えるので、「嘆願の霊」とされます。③イスラエルの民は、「自分たちが突き刺した者」を仰ぎ見ます。「わたし」とありますので、話し手がキリストだということが分かります（ヨハ19・34、19・36〜37）。④メシアを拒否し続けたことが、いかに重大な罪であったかを理解したイスラエルの民は、激しく泣きます。しかし、この嘆きは無駄に終わるものではありません。なぜなら、イスラエルの民の回心は、メシアの再臨、千年王国の成就へとつながっていくからです。

（2）12〜14節では、各氏族の名が列挙されています。①ダビデの家の氏族は、その氏族だけで嘆き、その妻たちは、妻たちだけで嘆きます。ナタンの家も同じです。ナタンの家は王家で最小の家です。それが特筆されている理由は、悔い改めが王家の上から下まで及ぶことを示すためです（2サム5・14、ルカ3・31参照）。②レビの家の氏族についても、同じことが書かれています。③王家と祭司以外の残りの氏族とその妻たちも、同じようにして嘆きます。聖霊の傾注によって、このような国家的な悔い改めが起こるのです。

（3）13章1節の「一つの泉が開かれる」は、聖霊の傾注を表しています。聖霊は、2つの祝福をもたらします。①「罪」の清めとは、「義認」のことです。②「汚れ」の清めとは、「聖化」のことです。

イスラエルの民の救いが成就するのは、新しい契約（エレ31・33〜34）のゆえでもあります。私たち異邦人もまた、その契約に招かれました。義認と聖化の恵みのゆえに、感謝しようではありませんか。

ゼカリヤ書13章

「わたしはその三分の一を火の中に入れ、銀を錬るように彼らを錬り、金を試すように彼らを試す。彼らはわたしの名を呼び、わたしは彼らに答える。わたしは『これはわたしの民』と言い、彼らは『主は私の神』と言う。」（ゼカリヤ書13・9）

この章から以下のことを学びましょう。（1）イスラエルの民の救いに続いて、イスラエルの地の清めが預言されます。（2）偶像が取り除かれ、偽預言者たちが追放されます。（3）メシアの受難とイスラエルの民の離散が預言されます。（4）患難期の試練によって、イスラエルの民は新生へと導かれます。

イスラエルの地の清め

（1）「その日——万軍の主のことば——わたしはもろもろの偶像の名を、この地から絶ち滅ぼす。それらの名はもう覚えられない。わたしはまた、その預言者たちと汚れの霊をこの国から除く」（2節）。

①「その日」（ハルマゲドンの戦い）、イスラエルの民の清め（1節）に続いて、イスラエルの地も清められます。②偶像が徹底的に取り除かれます。③次に、偽預言者たちの追放が起こります。④さらに、悪霊どもが追放されます。

（2）「なお預言する者があれば、その人を生んだ父と母が彼に向かって言う。『あなたは生きていてはならない。主の名を使って嘘を告げたから。』彼が預言しているときに、彼を生んだ父と母が彼を突き刺す」（3節）。偽預言者は、両親によって殺されます。これは、モーセの律法が命じていた内容でもあります（申13・6〜10）。

（3）「その日、預言者たちはみな、自分が預言する幻を恥じる。彼らはもはや人を欺くための毛衣を着なくなる。また彼は、『私は預言者ではない。私は土地を耕す者だ。若いときに人が私を買い取った』と言う」（4〜5節）。①厳しい追及を恐れた偽預言者たちは、それまで着ていた預言者の毛衣を着なくなります（エリヤが着ていたような外套。1列19・13、2列1・8、2・8）。②また、死刑を避けるために自分が預言者であることを否定し、若い時からの農夫であると言い逃れをします。

（4）「だれかが『あなたの両腕の間にある、この打ち傷は何か』と聞くなら、彼は『私の愛人たちの家で打たれたものだ』と言う」（6節）。①質問者は、偽預言者の腕についた傷は、偶像礼拝の際に自ら傷つけたものだと推察しています。②しかし偽預言者は、友人（愛人）の家で負った傷だと偽証します。

メシアとイスラエルの関係

（1）7～9節は、メシアとイスラエルの関係を要約した詩です（11・4～14の「良き牧者」のモチーフの再述）。「剣よ、目覚めよ。わたしの羊飼いに向かい、わたしの仲間に向かえ――万軍の主のことば――。羊飼いを打て。すると、羊の群れは散らされて行き、わたしは、この手を小さい者たちに向ける」（7節）。①「剣よ」は、殺人の手段の擬人化です。死ぬということは、メシアが人間性を持っていることを示しています。②「仲間」とは、「同じ地位にある者」を意味します。つまり、父なる神とメシアが同等の地位にあるという意味です。メシアは、神性と人間性をともに持ったお方です。③羊飼い（メシア）の死は、紀元30年に起こりました。羊が散らされる出来事は、紀元70年に起こりました。エルサレムは崩壊し、イスラエルの民は世界に離散する民となりました。この悲劇は、罪のない人たち（子どもたち）をも襲いました。

（2）「全地はこうなる――主のことば――。その三分の二は断たれ、死に絶え、三分の一がそこに残る」（8節）。①この聖句は、患難期を預言しています。その日には、イスラエル人の3分の2が殺されます。残った3分の1が、救いに与る人々です（マタ24・15～18、黙12・6～17参照）。

（3）「わたしはその三分の一を火の中に入れ、銀を錬るように彼らを錬り、金を試すように彼らを試す。彼らはわたしの名を呼び、わたしは彼らに答える。わたしは『これはわたしの民』と言い、彼らは『主は私の神』と言う」（9節）。①患難期において、イスラエルの民は、火の中に入れられ、銀を練るように練られ、金を試すように試されます。②その結果、彼らはメシアに対する信仰を告白するようになります。メシアは「これはわたしの民」と言い、民は「主は私の神」と言うようになります。

神の計画は完璧であり、神の約束は必ず成就します。歴史を支配しておられる神に信頼を置きながら、地上生涯を歩みましょう。

ゼカリヤ書14章

その日、馬の鈴の上には「主への聖なるもの」と刻まれ、主の宮の中の鍋は祭壇の前の鉢のようになる。エルサレムとユダのすべての鍋は、万軍の主への聖なるものとなる。いけにえを献げる者はみなやって来て、その一つを取ってそれで煮るようになる。その日、万軍の主の宮にはもう商人がいなくなる。（ゼカリヤ書14・20〜21）

この章から以下のことを学びましょう。（1）メシア再臨の時に、地形は激変します。（2）オリーブ山は南北に割け、中央に大きな谷ができます。（3）再臨の時、「すべての聖なる者」がいっしょに地上に戻って来ます。（4）千年王国においては、仮庵の祭りが祝われるようになります。年に一度エルサレムに上ることは、すべての民の義務となります。

ハルマゲドンの戦い

（1）「主の日」（患難期）に、エルサレムは包囲され、略奪され、その場で略奪物が分配されます。

再臨した主が初めに救うのは、ユダの住民です。ユダの住民たちが避難した地は、「ボツラ」（今のペトラ）です（イザ34・6、63・1）。再臨のメシアは、まずボツラで異邦人の国々を滅ぼし、次にエルサレムの住民のために戦われます（使1・11の成就）。これがハルマゲドンの戦いの終盤戦の順序です。

（2）4節は、メシア再臨の時に地形が激変することを預言しています。①オリーブ山が大地震によって南北に割け、中央に、東西に延びる非常に大きな谷ができます。地殻変動は、全地に渡って起こります。②「山々の谷」（5節）は、大地震によって新しくできた谷です。③生き残った人々は、大地震を避けるために、その大きな谷に逃げ込みます。④主の再臨の時、「すべての聖なる者たち」がいっしょに地上に戻って来ます。「聖なる者たち」は、天使とも聖徒とも解釈できます。おそらくその両方を含んでいるのでしょう（天使の帰還に関してはマタ16・27、25・31が、教会時代の聖徒の帰還に関してはユダ14に預言されています）。

再臨の結果

（1）メシアの再臨によって、5つの変化が起こります。①光源の変化（6〜7節）。人々は、太陽や月の光の下で生きるのではなく、新しい光に照らされて生きるようになります。②千年王国の川（8節）。③主は唯一（9節）。偶像はすべて排除されます。④地形の激変（10節）。⑤エルサレムの平安（11節）。

（2）イスラエルに敵対する諸国の軍勢の滅びが預言されます。滅びには、4つの方法があります。①疫病による「腐れ」（12節）。②「仲間打ち」（13節）。③「ユダの人々の参戦」（14節）。④「疫病」（15節）。

仮庵の祭り

（1）「生き残った者」（16節）とは、患難期を生き延びた異邦人のことで、「羊の異邦人」（マタ25・31〜41）です。①彼らは、「万軍の主である王」を礼拝するために、毎年エルサレムに上って来ます（イザ2・2〜4、エゼ40〜48章）。②仮庵の祭り（レビ23・34〜43）は、メシア的王国の予表です。

（2）年に一度、エルサレムに上ることは、すべての民の義務となります（17節）。①これは、「民の代表団」を派遣するということです。②もしこの命令に背くなら、その民の上には1年間雨が降らなくなります。つまり、収穫がないということです。③背いたときの例として、エジプトが取り上げられます。それは、ある時期になると、エジプトが代表団を派遣しなくなる可能性が考えられるからです。④エジプト以外の諸国も、もし代表団を派遣しないなら、エジプトに下るのと同じ刑罰がその地に下ります。

主への聖なるもの

20～21節で、メシア的王国の特徴が「聖さ」であることが示されます。①「主への聖なるもの」ということばは、大祭司のターバンに付けられた金の銘板に刻まれたものです（出28・36～37）。②そのことばが、「馬の鈴の上に」付けられます。つまり、日常的な物までが聖別されるということです。③「主の宮の中の鍋」と「祭壇の前の鉢」（血を入れる鉢）は、その聖さが同一ではありません。しかしメシア的王国では、両者は同質の聖さを有するものと考えられるようになります。それほどに、聖さが普遍的な特徴になるのです。④神殿の中だけでなく、エルサレムとユダの家々にあるすべての鍋が、「主への聖なるもの」となります。

終末的出来事を時系列に並べてみると、携挙→大患難時代→ハルマゲドンの戦い→イスラエルの回心→メシアの再臨→千年王国の成就、となります。私たちは、この大いなるシナリオの実現に向かって進んでいます。

マラキ書1章

「わたしはあなたがたを愛している。――主は言われる―― しかし、あなたがたは言う。『どのように、あなたは私たちを 愛してくださったのですか』と。 エサウはヤコブの兄ではなかったか。 ――主のことば―― しかし、わたしはヤコブを愛した。」（マラキ書1・2）

この章から以下のことを学びましょう。（1）本書には、4種類の「主の使者」が登場します。（2）マラキは、旧約時代最後の預言者です。（3）神殿再建後のイスラエルの民の礼拝は、形式的なものになっていました。（4）対話形式で、神は民と祭司たちの罪を糾弾されます。

イントロダクション

（1）「宣告」（1節）は、ヘブル語では「マッサー（重荷）」です。このことばが出てきたときは、極めて厳しい警告と裁きが預言されます。

（2）「マラキ」は、「私の天使」、「私の使者」という意味です。本書には、4種類の「主の使者」が登場します。①預言者マラキ自身（1・1）。②祭司（2・7）。③メシアの先駆者（3・1）。④最後に、メシアご自身が「契約の使者」として来られます（3・1）。

（3）マラキは、捕囚期以降にユダヤ（特にエルサレム）で活動した預言者です。彼以降、バプテスマのヨハネ登場まで、イスラエルに預言者は出て来ません。「総督（ペハー）」（8節）ということばがペルシア語であることから、彼が活動した時代がペルシア時代であったこと、また、神殿がすでに建っていますので、第2神殿完成以降の時代であったことが分かります（前515年以降）。

（4）彼が取り上げた問題は、ネヘミヤ記で問題とされている内容と合致します。①祭司の腐敗、②信仰のない異邦人との雑婚、③社会的弱者への抑圧、④ささげ物の軽視です。マラキは、政治的指導者ネヘミヤを励ました預言者だと思われます。

主とイスラエルの民の対話

（1）「わたしはあなたがたを愛している」（2節）。

①この愛は、「契約に基づく愛」、「選びの愛」です（申4・37、7・7～8、10・15）。②民の応答は、「どのように、あなたは私たちを愛してくださったのですか」（2節）です。③この時点では、神殿再建工事が完成してから数十年が経過していました。イスラエルは相変わらず大国ペルシアの支配下にあり、神に対する民の感謝の思いは徐々に冷めていきました。

（2）神から3つの回答が与えられます。①イスラエルの苦難は、彼ら自身の責任である。②イスラエルとエドムの違い（差）を見れば、主がイスラエルを愛しておられるのが分かる。③やがて「主の日」（患難期）が来ようとしている。その日には、地上の不義や不公平はすべて清算される。

（3）ヤコブとエサウは双子の兄弟ですが、長子の権利を継承したのはヤコブでした。「愛した」と「憎む」という2つの動詞は、ヘブル的には選び（優先順位）を示すことばであって、感情的なものではありません。

祭司たちの不誠実

（1）イスラエルは「神の子」であり（出4・22、イザ1・2、63・16、エレ31・9、ホセ11・1）、「主のしもべ」でもありました（イザ41・8）。①イスラエルが父であるお方を敬い、主人であるお方を恐れるのは当然のことです。しかし彼らは、逆に神の名を蔑んでいました。②祭司たちは、祭壇の上に汚れたパン（いけにえ）を献げながら、「どのようにして、あなたの名を蔑みましたか」（7節）と質問しています。③主は、それは「悪いことではないのか」（8節）と問われます。人間でさえも受け取らないようなものを、神に献げてよいのでしょうか。

（2）「さあ、今度は神に嘆願したらどうか。……」（9～10節）。①もし悔い改めるなら、神の恵みを受けることができます。②汚れたいけにえを献げるよりも、神殿の戸を閉めて、無意味な礼拝を止めるほうがよほどましなのですが、そうする者は誰もいません。

神の御名の冒涜

（1）将来、異邦人たちが主を王として礼拝し、その御名をあがめる時がきます。（11節）。①このことが起こるのは、メシアの死と復活のメッセージが全世界に伝えられる時です。②将来、異邦人が主をあがめるようになるというのに、イスラエル人たちは、今、主の御名を冒涜しています（12節）。③彼らは、祭儀制度を軽蔑しています（13節）が、それは、神の御名の冒涜です。④汚れたささげ物が神に受け取られることはありません。それどころか、それを献げる者は、呪われます（14節）。

私たちもまた、形式的礼拝や惰性的信仰から脱却し、真の礼拝を献げる聖徒たちの群れに加わろうではありませんか。

マラキ書2章

「祭司たちよ、今、この命令があなたがたに下される。もし、あなたがたが聞き入れず、もし、わたしの名に栄光を帰することを心に留めないなら――万軍の主は言われる――わたしは、あなたがたの中にこののろいを送り、あなたがたの祝福をのろいに変える。もう、それをのろいに変えている。あなたがたがこれを心に留めないからだ。」（マラキ書2・1～2）

この章から以下のことを学びましょう。（1）祭司たちは、律法と契約を軽んじた歩みをしていました。それゆえ、主からの「のろい」が下ります。（2）民もまた、同胞に対する愛を忘れていました。（3）さらに、不信者との雑婚やイスラエル人の妻との離婚などの問題もありました。

律法と契約に不忠実な祭司たち

（1）「命令」（1節）（ヘブル語でミツワー）とは、神からの「宣告」、「警告」のことです。①祭司たちは、律法と契約を無視していました（2節）。②それゆえ、主は彼らに「のろい」を送られます。このことばには定冠詞が付いていますので、これは、モーセの律法が警告している正当な「のろい」です。③マラキの時代、自然災害による不作で、ささげ物が激減していました。また、什一献金がないがしろにされていました。④その結果、祭司の受ける分が減少しました。これは、「のろい」の具体的な現れです。⑤モーセの律法の規定では、汚物（いけにえの動物の糞）は宿営の外で焼かれ、捨てられるものでした（出29・14）。その糞が、祭司たちの顔にまき散らされ、彼らは糞とともに投げ捨てられます（3節）。

（2）レビの歩みが語られます（4～9節）。①レビは、祭司職を代表する人物です。②「レビとの契約」とは、「いのちと平和」を約束する契約です（出32・25～29、民8・5～19、18・16～20、申33・8～11）。③主は、レビとの契約に則って、堕落した祭司たちを裁かれます。④レビは、神から受けた真理を人々に教え、多くの者を主に導きました。⑤祭司は「万軍の主の使い」なのですが、マラキの時代の祭司たちは、多くの者をつまずかせていました。⑥祭司たちが主の道を軽んじたので、主もまた彼らを軽んじられる者とされます。

不真実な民

（1）イスラエルは「唯一の父」を持ち、「唯一の神」を持っています（10節）。①彼らは、兄弟愛に基づく誠実さを互いに示すべきでした。②にもかかわらず、彼らは裏切り、先祖の契約（アブラハム契約）を汚しました。

（2）「ユダは裏切り」とは、社会生活上の約束や契約（商道徳、結婚など）の破棄を意味しています（11～12節）。①民の最大の問題は、不信者との結婚でした。これが大問題になっていたことは、エズラ記やネヘミヤ記からも知ることができます（エズ9・1～6、ネヘ13・21～27）。②問題にされているのは、不信者との結婚です。不信者との結婚は、律法によって禁止されていました（出34・15～16、申7・3参照）。③不信者と結婚している者は、イスラエル共同体から追放されます（12節）。

（3）次に、離婚の問題が糾弾されます。①民は、祈りの答えを得ようとして、主に懇願します（13～

14節）。しかし、主は彼らのささげ物を受け取られません。②そこで民は、「なぜ受け取ってくださらないのか」と問います。③神が彼らのささげ物を喜ばない理由は、離婚にありました。

（4）離婚が問題になるのは、次のような理由からです。①彼女は「若い時の妻」であり、主が証人となって妻とされた女性です（箴5・15～21）。その妻を離縁するのは、裏切り行為です。②彼女は「伴侶」です。このことばには、2人が「一体」であるという意味が込められています（創2・21～24）。③彼女は「契約の妻」です。結婚は契約であり、すでに見たように、主がその証人です。

（5）結婚とは、男女が一体となることです。①結婚は、神によって作られた制度です。②もし信者同士が結婚するなら、「神の子孫」（信仰的な子どもたち）が誕生します。健全な結婚は、「敬虔な子孫」を起こすためのものでもあります。③イスラエルの民は、不信者との結婚だけでなく、イスラエル人の妻との離婚まで実行していました。

祭司たちは、祭司職の源であるレビの信仰に立ち返る必要がありました。また、イスラエルの民は、兄弟愛に基づく誠実さを互いに示すべきでした。私たちも、時代の流れに流されるのではなく、使徒たちの教えに立ち返る必要があります。

マラキ書3章

「見よ、わたしはわたしの使いを遣わす。彼は、わたしの前に道を備える。あなたがたが尋ね求めている主が、突然、その神殿に来る。あなたがたが望んでいる契約の使者が、見よ、彼が来る。──万軍の主は言われる。」（マラキ書3・1）

この章から以下のことを学びましょう。（1）1～6節は、メシアの初臨とメシアの再臨を預言しています。（2）「わたしの使い」とは、バプテスマのヨハネです。（3）「あなたがたが尋ね求めている主」とは、メシアです。（4）従順への呼びかけに対して、2つの応答が生まれます（不信者の応答と信者の応答）。

契約の使者の到来

（1）2章17節に、「あなたがたは、自分のことばで主を疲れさせた」とありました。①それに対する民の回答は、「どのようにして、私たちが疲れさせたのか」というものでした。②この挑戦的な発言に対する神からの回答が、1～6節です。③不真実な民の上に神の裁きが下ろうとしていますが、その前に、恵みの時代が用意されます。

（2）1節（初臨の預言）の話者は、父なる神です。①「わたしの使い」とは、バプテスマのヨハネです（マタ11・10、マコ1・2、ルカ1・76）。②「あなたがたが尋ね求めている主」とは、メシアで、「契約の使者」と同一人物です。③ここでの「主」は、ヘブル語で「アドン」です。このことばは、人間の主人にも用いられるものですが、ここでは定冠詞付きで「ハ・アドン」となっています。つまり、メシアの神性が啓示されているということです。④メシアが来られる神殿とは、ヘロデ大王によって拡張された第2神殿です（マタ21・13）。⑤その方は「契約の使者」、つまり、新約を確立するために来られるメシアです（イザ42・6）。

（3）2～6節は、メシアの再臨の預言です。①メシアは、罪を裁き、神の計画を成就するお方として来られます。②千年王国では、レビの子孫である祭司たちは清められ、再び神殿でいけにえを献げるようになります（3節）。このいけにえは、メシアの死を記念するためのものです。③再臨の日、レビ族だけでなく、民全体が裁かれます（5節）。④不真実であっても、イスラエルが滅ぼし尽くされない理由は、神の契約の愛にあります（6節）。

従順への呼びかけ

（1）神が民の祈りに耳を傾けない理由は、民の不従順にありました（7節）。①神は、イスラエルの民が悔い改めてご自身のもとに帰って来るのを待っておられます。②それにもかかわらず、民は、「どのようにして、私たちは帰ろうか」と返します。しかし神は、この問いに対して回答せずに、次の質問に移ります。

（2）「人は、神のものを盗むことができるだろうか。だが、あなたがたはわたしのものを盗んでいる」（8節）。①「盗んでいる」という動詞は分詞形で、継続した動作を表しています。②しかし民は、「どのようにして、私たちはあなたのものを盗んだでしょうか」と答えます。③そこで神は、「十分の一と奉納物においてだ」と、彼らの罪を指摘されます。④「十分の一をことごとく、宝物倉に携えて来て、わたしの家の食物とせよ。こうしてわたしを試してみよ。……」（10節）。誠実なささげ物に対して、「あふれるばかりの祝福」が約束されます。⑤11節では、いなごの害からの守りが、12節では、周辺の国々がイスラエルの祝福を認めるようになるという祝福が、約束されます。

2つの応答

（1）不信者の応答（13～15節）。①民の応答は、「私たちが何と言ったというのですか」というものでした。罪に対して鈍感な民の姿勢がよく表れています。②彼らは、こう考えています。神を神とも思わずに生きている者たちは、大いに栄えている。つまり、神を試みても罰はこない。

（2）信者の応答（16～18節）。①「主を恐れる者たち」（16節）は、真のイスラエルです。②彼らの真実な姿勢に対する祝福が記されています。それは、主が彼らの祈りに耳を傾けてくださることです。③「主の前で記憶の書が記された」とあります。「記憶の書」とは、信仰者の行動が記された書で、後になって主からの報いを受ける時にそれが開かれます。④真のイスラエルは、主の宝となり、主のものとなります（17節）。⑤「わたしが事を行う日」とは、患難期のことです。真のイスラエル（イスラエルの残れる者たち）は、患難期において主の守りを体験します。

神は、「正しい人（神に仕える者）」と「悪しき者（仕えない者）」を区別されます。これが、私たちが義なる生活をするための動機です。

マラキ書4章

「あなたがたは、わたしのしもべモーセの律法を覚えよ。それは、ホレブでイスラエル全体のために、わたしが彼に命じた掟と定めである。見よ。わたしは、主の大いなる恐るべき日が来る前に、預言者エリヤをあなたがたに遣わす。彼は、父の心を子に向けさせ、子の心をその父に向けさせる。それは、わたしが来て、この地を聖絶の物として打ち滅ぼすことのないようにするためである。」（マラキ書4・4〜6）

この章から以下のことを学びましょう。（1）患難期の到来が預言されます。患難期の目的は、地上から悪を取り除くことにあります。（2）神を信じる者には、祝福された未来が約束されます。（3）4〜6節は、本書のまとめです。メシア到来までの期間、律法に忠実であるようにとの勧告が与えられます。（4）患難期の前に、エリヤが遣わされて来ます。

主の日の告知

（1）ヘブル語聖書では、4章1節は3章19節になっています。「見よ、その日が来る。かまどのように燃えながら。その日、すべて高ぶる者、すべて悪を行う者は藁となる。迫り来るその日は彼らを焼き尽くし、根も枝も残さない。……」（1節）。①「その日」とは、患難期のことです。それは、全地球的規模でやってきます。②高ぶる者や悪を行う者が全滅する理由は、患難期の目的が地上から悪を取り除くことにあるからです。

（2）「しかしあなたがた、わたしの名を恐れる者には、義の太陽が昇る。その翼に癒やしがある。あなたがたは外に出て、牛舎の子牛のように跳ね回る」（2節）。①義人には、祝福された未来が約束されます。②神の栄光（義の太陽）が輝き出て、イスラエルの残れる者たちに「癒やし」をもたらします。これは、霊的癒やしと肉体的癒やしの両方を指しています。③さらに彼らは、牛舎から解き放たれた子牛のように喜び踊ります。④その日、義人は「悪者ども」（3節）を踏みつけ、彼らに勝利します。

まとめ

（1）4～6節は、本書のまとめです。①モーセの律法を忠実に守るようにとの勧告がなされます（4節）。②律法を守る期間は、マラキの時代から2人の使者（バプテスマのヨハネとメシア）の到来までです（3・1）。③この期間を「中間時代」と呼びます。その期間に、モーセの律法は、パリサイ人やサドカイ人たちが付加した口伝律法によって破壊された状態になります。

（2）「見よ。わたしは、主の大いなる恐るべき日が来る前に、預言者エリヤをあなたがたに遣わす。彼は、父の心を子に向けさせ、子の心をその父に向けさせる。それは、わたしが来て、この地を聖絶の物として打ち滅ぼすことのないようにするためである」（5～6節）。①バプテスマのヨハネは、エリヤの型ですが、エリヤ本人ではありません。5～6節を字義どおりに解釈すると、「患難期の前に、エリヤが主から遣わされて来る」という意味になります。②エリヤの使命は、家族の一致をもたらすことにあります。ユダヤ人の家庭では、イエスをメシアだと信じると分裂が起こりますが、それが修復されます。

③本書の最後は、もし神の招きに応答しないなら、「この地を聖絶の物として打ち滅ぼす」という警告で終わります。

メシアの初臨と再臨の間の期間は、神の忍耐とあわれみの時です。今がその時です。この期間に、主に立ち返る人は幸いです。

おわりに

『中川牧師の一日一章』は、全5巻のシリーズになる予定です。内訳は、旧約聖書が「モーセの五書」、「歴史書」、「文学書」、「預言書」の4巻、「新約聖書」が1巻、合計5巻です。

『中川牧師の一日一章』第4巻は、旧約聖書の中の「預言書」を取り上げています。

本書の執筆過程で、痛切に感じたことがあります。

「預言者の涙は、神の涙である」

「預言者が破壊を預言するのは、再建の希望があるから」

「メシアの初臨と再臨は、預言どおりに成就する」

「預言書」の理解なくして、「福音書」を理解することは不可能です。さらに、「福音書」の理解なくして、「書簡」を理解することは不可能です。新約聖書の最後の書「黙示録」は、それまでに啓示された旧新約聖書の集大成となる預言書です。

第4巻「預言書」を書き終わり、メシアであるイエス・キリストをお迎えする心の準備が整ったように感じています。

第5巻「新約聖書」の執筆も守られますように、お祈りをお願いします。

感謝。中川健一

中川健一 プロフィール

ハーベスト・タイム・ミニストリーズ代表

1970 年一橋大卒。6 年間のサラリーマン生活の後、米国トリニティ神学校留学。1979 年同校卒。1979 年から、東京都町田市において開拓伝道開始。1986 年から、福音テレビ放送団体『ハーベスト・タイム・ミニストリーズ』を設立し、テレビ伝道を展開。2010 年 3 月、テレビ伝道終了。それ以降、インターネット上で弟子訓練プログラムを中心とした種々の働きを展開。著書に「日本人に贈る聖書ものがたり」(文芸社) シリーズ (全 4 巻)、「中川牧師の一日一章」第 1 巻 モーセの五書、第 2 巻 歴史書、第 3 巻 文学書(イーグレープ) がある。イスラエルを何度も訪問し、聖書の世界を探求し続けている。

中川牧師の一日一章 —第 4 巻 預言書—

2023 年 9 月 15 日 初版発行

著　　者　中川健一
発 行 者　穂森宏之
編 集 者　高井　透 (ベル・プランニング)
校 正 者　福島さゆみ (Happy Islands Prod)
装 丁 者　三輪義也 (yme graphics)
発 行 所　イーグレープ
〒 277-0921　千葉県柏市大津ヶ丘 4-5-27-305
TEL: 04-7170-1601　FAX: 04-7170-1602
E-mail　p@e-grape.co.jp
ホームページ　http://www.e-grape.co.jp

ISBN 978-4-909170-43-9

Company Profile

E-Grape Co., Ltd.
4-5-27-305 Otsugaoka, Kashiwa-City,
Chiba Pref., Japan 277-0921
Tel. +81-4-7170-1601
Fax. +81-4-7170-1602
Website. http://www.e-grape.co.jp
E-mail. p@e-grape.co.jp
CEO. Hiroyuki Homori
Mobile. +81-90-8807-7764

Establishment

Since January 10, 2002

Mission Statement

E-Grape Co., Ltd., a Christian publishing company, exists to propagate the gospel of Jesus Christ in Japan and beyond.

Motto

"Bearing Fruit for Christ"

Text

"This is to my Father's glory, that you bear much fruit, showing yourselves to be my disciples."
John 15:8

Business Description

Publication of Christian books; Operation of Website Community; Lecture Meetings; Conducting Tours and Event Activities

E-Grape

会社案内

(有)イーグレープ
〒277-0921
千葉県柏市大津ケ丘4-5-27-305
Tel. 04-7170-1601
Fax. 04-7170-1602
ホームページ. http://www.e-grape.co.jp
E-メール. p@e-grape.co.jp
代表. 穂森宏之
携帯電話. 090-8807-7764

創立

2002年1月10日

経営理念

(有)イーグレープはキリスト教書籍出版会社として、日本及び外国でイエス・キリストの福音を広めることに寄与します。

モットー

「行って実を結ぶために」

みことば

「あなたがたが多くの実を結び、わたしの弟子となることによって、わたしの父は栄光をお受けになるのです。」ヨハネ福音書15章8節

事業内容

単行本の出版、ウェブコミュニティーサイト運営、講演会、ツアー等のイベント活動